I⌐ 145
 ⌐ 11

I⌐.1264.
 .6.20.

COLLECTION
DES CHRONIQUES
NATIONALES FRANÇAISES.

CHRONIQUES DE FROISSART.

TOME X.

TOUL, IMPRIMERIE ET FONDERIE DE J. CAREZ.

COLLECTION
DES CHRONIQUES
NATIONALES FRANÇAISES,
ÉCRITES EN LANGUE VULGAIRE
DU TREIZIÈME AU SEIZIÈME SIÈCLE;
AVEC NOTES ET ÉCLAIRCISSEMENTS,
PAR J. A. BUCHON.

TOME X.

PARIS,
VERDIÈRE, LIBRAIRE, QUAI DES AUGUSTINS, N° 25.
J. CAREZ, RUE HAUTE FEUILLE, N°. 16.

1825

LES CHRONIQUES

DE JEAN FROISSART.

SUITE DU LIVRE TROISIÈME.

CHAPITRE XXV.

Comment le roi de Chypre fut tué et meurtri en son lit par son propre frère par l'enortement (conseil) des mécréants pour la bonté et la hardiesse qui étoit au roi.

En ce temps vinrent autres nouvelles en France, car le roi Lyon (Léon) d'Arménie y vint[1], non pas

---

[1] Léon VI roi d'Arménie, de la famille des Lusignan de Chypre, nommé roi en 1365. Il fut le dernier roi chrétien d'Arménie. Le soudan d'Égypte le fit prisonnier, ainsi que sa femme, sa fille et son général Schahan, prince de Gorhigos, dans la forteresse de Gaban, où ils s'étoient retirés. (St. Martin, Mémoires sur l'Arménie, T. 1. P. 402.) Ils furent tous conduits prisonniers au Caire, où le roi d'Arménie perdit sa femme et sa fille: mais, après six ans de captivité en 1381, il fut remis en liberté par le soudan, sur les instantes prières du roi Jean Ier. de Castille. Léon s'embarqua avec les ambassadeurs de Jean Ier. de Castille, et se rendit près du pape Clément VII à Avignon, qu'habitait alors le pape, et de là en Castille où il arriva en 1383. (D. Pedro Lopez de Ayala, Chronique de Jean Ier. aux années 1381 et 1383.) Le roi Jean lui rendit les plus grands honneurs et lui fit don, sa vie du-

en trop grand arroi, mais ainsi comme un roi échassé et bouté hors de son pays, car tout le royaume

rante. des seigneuries de Madrid, de Villa-Réal et d'Andujar. Le conseil municipal de Madrid lui envoya en effet des commissaires pour lui rendre hommage le 2 octobre 1383; et on a un acte daté de Ségovie 19 octobre et signé Léon roi d'Arménie, qui confirme à la ville ses fors et priviléges. (Ayala, note P. 169. T. 2.) Le roi Léon VI passa ensuite en France en 1385. (Grandes Chroniques de France.) En 1386, pour établir la paix entre la France et l'Angleterre, il se rendit auprès de Richard II. à Londres. On trouve dans Rymer, aux années 1385 et 1386, plusieurs actes relatifs à ce prince: tels sont entr'autres les trois actes suivants, qui précédèrent son arrivée.

I. Pro magistro hospitii Leonis regis Armeniæ, et pro ipso rege,

Rex universis et singulis admirallis, etc. ad quos, etc. salutem:

Volentes pro securitate *Johannis de Rusp*, magistri hospitii, magnifici principis, *Leonis regis Armeniæ*, qui in regnum nostrum Angliæ, pro providentiis et negotiis ipsius regis faciendis, de licentiâ nostrâ est venturus, specialiter providere.

Suscepimus ipsum Johannem, cum quinque hominibus et sex equis, quatuor arcubus et viginti et quatuor sagittis barbatis, ac aliis rebus et hernesiis suis quibuscumque, in regnum nostrum Angliæ, per dominium et potestatem nostra, tam per terram, quàm per mare, veniendo, ibidem morando, et exinde at propria liberè redeundo, in salvum et securum conductum nostrum, ac in protectionem et defensionem nostras; suscipimus et ponimus speciales et ideò vobis et cuilibet vestrùm injungendo mandamus quòd, etc. *prout in ejus modi de conductu literis.*

In cujus, etc. per dimidium annum duraturas.

Teste rege apud *Westmonasterium*, vicesimo quarto die octobris.

Per ipsum regem et concilium.

II. Rex eisdem, salutem:

Sciatis quòd

Cum magnificus princeps, Leo rex Armeniæ, in regnum nostrum Angliæ, de licentiâ nostrâ regiâ, sit venturus,

Nos, ut idem rex adventum et reditum, juxta desiderium suum, prosperos optineat et securos, ipsum regem, cum vassallis, hominibus servientibus et familiaribus suis, cujus cumque gradûs fuerint, ac quadraginta equis, nec non bonis et hernesiis suis quibuscumque, in regnum nostrum Angliæ, etc. *ut supra usqueibi*, injungendo mandamus, *et tunc sic:*

d'Arménie dont il se nommoit étoit conquis et

Quod eisdem, regi Armeniæ, aut vassallis, hominibus, servientibus, vel familiaribus suis, cujuscumque gradûs fuerint, in regnum nostrum prædictum, etc. *ut suprà.*

In cujus, etc. per dimidium annum duraturas, *teste ut supra.*

Per ipsum regem et concilium.

III. *De vino pro expensis præfati regis hospitii.*

Rex universis et singulis admirallis, etc. salutem:

Sciatis quòd

Cum *Johannes Rusp*, magister hospitii, magnifici principis *Leonis regis Armeniæ*, centum et quinquaginta couples vini Franciæ, pro expensis hospitii ipsius regis Armeniæ, qui in regnum nostrum Angliæ est venturus, per servientes et attornatos suos, mediante licentiâ nostrâ ducere proponat,

Nos,

Ne idem Joannes, vel dicti servientes et attornati sui, fortè, per aliquos ligeorum nostrorum, in præmissis aliqualiter perturbentur,

Volentes eorum securitati in hac parte specialiter providere,

Suscepimus ipsum Johannem, ac servientes et attornatos suos, cum vino prædicto, ac navibus et vasis vinum illud continentibus, in regnum nostrum Angliæ, per dominium et potestatem nostra, tam per terram, quam per mare, ex causa prædicta veniendo, ibidem morando, et exindè ad propria redeundo, in salvum et securum conductum nostrum, ac in protectionem et defensionem nostras speciales.

Et ideo, etc. *ut in ceteris de conductu literis.*

In cujus, etc. usque ad festum paschæ proximo futurum duraturas.

Teste rege apud *Westmonasterium*, vicesimo octavo die octobris.

Per billam de privato sigillo.

Les négociations du roi d'Arménie paroissent avoir eu quelqu'effet pour calmer la haine des deux adversaires, puisque nous trouvons à l'année 1386, dans Rymer, un plein pouvoir donné à la requête du roi d'Arménie pour traiter de la paix. Nous ne citerons que le commencement de cet acte.

IV. *De tractando cum adversario Franciæ, ad requestum regis Armeniæ.*

Le roy a touz ceux, qi cestes lettres verront ou orront, salutz.

Savoir faisons que nous

Pur l'onur et reverence de nostre seigneur Dieux,

Et pur eschuir l'effusion de sank cristien, et les très grandes mals et damages que, pur l'occasion des guerres entre nous et *nostre adversaire de France*, sont avenuz, avant ces heures, a toute cristientee, et verrais-

gagné, excepté un fort châtel séant en mer, que on

semblablement purront avenir, de jour en autre, si la dite guerre soit continue,

Desirantz auxi nous justifier et nostre querele devant Dieux et tout le mond, et nos souzgiz mettre, quanque en nous est, en pees, quiete, et tranquilite,

Et auxi a les instanz prieres et requestes, qui nous ont este faites par nostre cousyn, *le roi d'Arménye*, q'il nous plerroit condescender et encliner au bone tretee de pees ovesque nostre dit adversaire, et ordeigner de par nous aucunes parsones notables pur assembler ovesque les gentz que mesme nostre adversaire envoieroit, de semblable estat, as certeines jours et lieu, as marches de Caleys, pur le faite de tretee suis-dite,

Confiantz au pleine de les loialtee, sens, avisamentz, et discretions de, noz tres chiere et foialx, l'onurable piere en Dieu *l'evesque de Coventre et Lychfeld: Michel comte de Southfolk* nostre chaunceller: *William de Beauchamp* nostre cosyn capitaine de notre ville de Caleys : *Hugh de Segrave*, et *Johan d'Evereux*, baneretz: *Johan Claubowe* chivaler de nostre chaumbre; et nostre bien ame clerc meistre *Richard Rouhale*, doctour en leys;

Les avons constitutz, ordeinez, deputez, et establiz, constituons, ordeignons, deputons, establions, de nostre certeine science, par cestes noz presentes lettres, noz vrais et especialx messages, commissairs et deputes pur le fait de tretee de pees suis-dite, *etc.*

Le 13 février suivant fut publié l'acte qui suit rapporté par Rymer et qui prouve la reconnoissance du gouvernement Anglois pour les bons soins du roi d'Arménie.

V.. Pro Leone rege Ermeniæ de annuitate concessâ

Rex omnibus ad quos, etc. Salutem:

Sciatis quòd

Ob reverentiam Dei, et sublimis statûs, illustris principis et consanguinei nostri carissimi, *Leonis regis Ermeniæ*, qui regali diademate decoratur,

Considerantes quod idem consanguineus noster, ex tolerantiâ summi regis, à regno suo, per dei inimicos atque suos, mirabiliter est expulsus,

Volentes que sibi in aliquo, ex hac causâ, prout statui nostro competit, subvenire,

Concessimus eidem consanguineo nostro MILLE libras monetæ nostræ

dit Courch [1] et le tiennent les Genevois (Génois), pourtant (attendu) que le châtel leur est une clef et une issue et entrée par mer en allant en Alexandrie et en la terre du soudan; car partout vont Genevois (Génois) et Vénitiens marchander parmi les treus (tributs) que ils payent jusques en la grande Inde, la terre au prêtre Jean [2]; et partout sont-ils

Angliæ, percipiendas singulis annis, ad receptam scaccarii nostri per æquales portiones, quousque, cum Dei adjutorio, recuperare poterit regnum suum supradictum;

Si quis vero contra hanc concessionem nostram quidquit fecerit vel attemptaverit, aut eisdem contravenerit, maledictionem Dei, et sancti Edwardi, atque nostram se noverit incursurum.

In cujus, etc.

Teste rege apud *castrum regis de Windesor*, tertio die februarii.

Per ipsum regem

Léon VI. roi d'Arménie, à son retour d'Angleterre, fixa sa résidence à Paris où il mourut, le 29 novembre 1393, au palais des tournelles, rue St. Antoine, en face de l'hôtel St. Pol où le roi résidoit ordinairement: il fut enterré dans l'église des Célestins; suivant l'usage de son pays, tous les assistants étoient habillés en blanc. Son tombeau se voyoit encore il y a peu de temps au musée des Petits Augustins. (Voyez la Biographie universelle, Mémoires sur l'Arménie par M. St. Martin.) Il a été depuis transporté à St. Denis. J. A. B.

(1) Il me semble assez probable que Froissart aura voulu désigner par ce mot la forteresse de Gorhigos, ville de Cilicie appelée par les anciens Corycus du nom d'une montagne qui se trouvoit dans son voisinage et formoit un promontoire qui s'avançoit vers l'île de Chypre: elle est située au sud-ouest de Tarse sur le bord de la mer. Gorhigos formoit une principauté dépendante des souverains Arméniens. Le dernier des princes qui la possédèrent fut ce même Schahan gendre de Léon VI de Lusignan, dont j'ai parlé dans la note ci-dessus. Schahan, prince de Gorhigos, fut pris avec son beau-père, comme on l'a vu, en 1375 dans la forteresse de Gaban et emmené en captivité au Caire, où il mourut. (Voyez les Mémoires de M. St. Martin, sur la géographie de l'Arménie, article Cilicie.) J. A. B.

(2) On désigne sous le nom de *Prêtre Jean*, *Presbyter Johannes*, dans les relations du moyen âge, un souverain du bout de l'Asie, qu'on

bien venus pour l'or et l'argent qu'ils portent ou pour les marchandises que ils échangent en Alexandrie, au Caire, à Damas ou ailleurs, qui besognent aux Sarrasins; car ainsi faut-il que le monde se gouverne, car ce qui point n'est en un pays est en l'autre; parmi tant sont connues toutes choses. Et ceux qui vont le plus loin et qui le plus s'aventurent sont Genevois (Génois); et vous dis que ils sont par-dessus les Vénitiens seigneurs des ports et des mers et les criement (craignent) plus et doutent les Sarrasins que nuls autres, car par mer ce sont vaillants hommes et de grand fait; et oseroit bien envahir et assaillir une galée de Genevois (Génois) armée quatre galées de Sarrasins. Et eussent porté les Turcks et les Tartres (Tartares) trop grand dommage par plusieurs fois à la chrétienté si Genevois (Génois) ne fussent; mais pourtant (attendu) que ils ont la renommée de être seigneurs des mers qui marchissent (confinent) aux mescréants, ils ont toujours cinquante, que galées que grosses naves (nefs), armées, courants par mer qui gardent les îles. Premièrement l'île de Chypre, l'île de Rhodes, l'île d'Estie (Scio) et toutes les ben-

---

supposoit non seulement converti au Christianisme, mais élevé au sacerdoce. L'opinion la plus commune est que les missionnaires Nestoriens, exagérant leurs succès en Tartarie, ont appelé Prêtre Jean le prince *Wang* de la nation des Kéraïtes, chez laquelle il y avoit alors beaucoup de chrétiens Syriens. Le nom de *Wang* a pu être pris pour celui de Jean mal prononcé, et quant à la prêtrise; il n'y a rien d'impossible à ce qu'il l'eut reçue des Syriens. Plus tard on a cherché le pays de Prêtre Jean dans l'Abyssinie, il n'y étoit pas plus qu'ailleurs. Il n'est pas de sujet sur lequel on ait débité autant de fables. J. A. B.

des (côtes) de mer et de Grèce jusques en la Turquie; et tiennent la ville et ce châtel de Père (Pera) qui siéd en mer devant la cité de Constantinople et le font garder à leurs frais et le rafraîchissent trois ou quatre fois l'an de ce qui leur est de nécessité. Les Tartres (Tartares) et les Turcks y ont aucunes fois essayé comment ils le pussent avoir, mais ils n'en purent venir à chief; ainçois, quand ils y sont venus, ils y ont plus mis que pris, car le châtel de Père siéd sus une vive roche; et n'y a que une seule entrée; et celle les Genevois (Génois) l'ont fortifiée trop grandement. Encore tiennent les Genevois (Génois) un petit par delà Père (Pera) la ville et le châtel de Jaffon[1] qui est trop noble chose et trop grand profit pour eux et pour les pays chrétiens marchissants (limitrophes), car sachez que si Père (Pera) et Jaffon (Caffa), Scie (Scio) et Rhodes n'étoient avecques l'aide des Genevois (Génois), les mécréants venroient (viendroient) courir jusques à Gaëte, voire (même) jusques à Naples au Port de Corvet (Ponte-Corvo) ou à Rome, mais ces garnisons qui sont toudis bien pourvues de gens d'armes et de Genevois (Génois), de naves (nefs) et de galées armées, leur saillent au devant. Par quoi, pour cette doute (crainte), ils ne s'osent aventurer fors que sus les frontières de Constantinople en allant vers la Honguerie (Hongrie) et la Bougerie (Bulgarie). Et si le

---

[1] Il me semble à peu près certain que Froissart veut parler de la ville de Caffa ou Théodosie dans la Crimée, qui étoit le principal comptoir des Génois. J. A. B.

noble roi de Chypre Pierre de Luzignan [1], qui fut si vaillant homme et de si haute emprise et qui conquit la grand' cité d'Alexandrie et Satalie [2], eut longuement vécu, il eut tant donné à faire au soudan et aux Turcks que, depuis le temps Godefroi de Bouillon, ils n'eurent tant à faire que ils eussent eu; et bien le savoient les Turcks et les Tartres (Tartares) et les mécréants qui connoissoient les prouesses de lui et les hautes emprises; et pour lui détruire marchandèrent-ils à son frère Jacques de le occire et murdrir (tuer), lequel leur livra bien ce qu'il leur ot (eut) en convenant (promesse), car il fit occire devant lui le gentil roi son frère gisant en son lit [3]: ce fut bien ennemie chose et mauvaise de occire et murdrir (tuer) si vaillant homme comme le roi de Chypre, qui ne tendoit ni imaginoit nuit ni jour à autre chose fors que il put acquitter la sainte terre et mettre hors des mains des mécréants. Et quand les Genevois (Génois) qui moult l'aimoient, c'étoit raison car il faisoit moult à aimer, sçurent les nouvelles de sa mort, ils armèrent douze galées et les envoyèrent en Chypre et prirent de fait la cité de [4] Fama-

---

[1] Pierre Ier. fils de Hugues IV, auquel il succéda dans le royaume de Chypre en 1361. J. A. B.

[2] Satalie est l'ancienne Attalie, bâtie dans la Pamphilie sur le bord de la mer, vis à vis la pointe occidentale de l'île de Chypre. J. A. B.

[3] Ce ne fut pas Jacques II, fils de Hugues IV et frère de Pierre Ier. de Lusignan, qui commit ce meurtre en 1372, mais son frère Jean, prince de Galilée. Le prince Jean fut lui-même assassiné en 1375 par l'ordre de la reine de Chypre, femme de Pierre Ier. et mère du roi Pierrin alors régnant. J. A. B.

[4] Famagouste fut livré aux Génois en 1374 par la trahison de la reine de Chypre, mère du roi Pierrin. J. A. B.

gouste et Jacques dedans ⁽¹⁾; et coururent la greigneur (majeure) partie du royaume; et si ils n'en cuidassent (eussent cru) pis valoir, ils l'eussent détruit; mais pour tant que les villes y sont fortes et font frontières aux Turcs, ils les laissèrent ès mains des hommes des lieux, excepté la cité de Famagouste, mais celle tiennent-ils pour eux et la gardent; et quand ils l'eurent conquise premièrement, ils en ôtèrent si grand avoir que sans nombre et amenèrent avecques eux en Gênes ce Jacques qui avoit mourdri (tué) son frère, pour savoir que les Genevois (Génois) en voudroient faire. Voir (vrai) est que le roi de Chypre avoit un beau fils lequel ils marièrent ⁽²⁾ et couronnèrent à roi ⁽³⁾; et mirent ce Jacques en étroite prison et n'eurent point conseil de le faire mourir, mais toudis (toujours) tinrent-ils Famagouste. Je ne sais si ils la tiennent encore. Or mourut sus son lit

(1) Jacques sénéchal de Chypre s'étoit retiré dans la forteresse de Buffavante et ne fut pas pris par les Génois dans Famagouste; mais les Génois s'étant plus tard emparés, par une nouvelle trahison de la reine, de la personne du roi Pierrin qui s'étoit rendu à Famagouste sous le prétexte d'une conférence, le prince Jacques, pour délivrer le roi et le pays, se livra comme ôtage entre les mains du général Génois Frégose, et consentit à demeurer en dépôt à Famagouste jusqu'à l'entier acquittement des sommes demandées par Frégose. Celui-ci, malgré la foi donnée, emmena le prince de Galilée prisonnier à Gênes en 1375 avec sa femme Jolande de Bersinie. J. A. B.

(2) Le roi Pierrin ne fut pas marié par l'entremise des Génois : son mariage avec Valentine de Milan, fille de Bernabò Visconti, duc de Milan, sous les auspices, en quelque sorte, de la république de Venise, alliée du roi de Chypre, dut au contraire être peu agréable aux Génois. J. A. B.

(3) Pierrin avoit été couronné en 1372. J. A. B.

le jeune fils au roi de Chypre [1], dont les Genevois (Génois) furent moult courroucés, mais amender ne le purent. Et demeura la terre sans hoir. Je ne sais qui la gouverne maintenant, mais en l'an que je fus en l'hôtel du comte de Foix [2], il me fut dit d'un chevalier de Berne (Béarn), le seigneur de Valentau, que les Genevois (Génois) y avoient grand' part et tenoient Famagouste; et avoit le pays couronné à roi ce Jacques par défaut de hoir : ne sçais comment ni par quelle manière il étoit issu et délivré hors des mains et de la prison des Genevois (Génois).

Quand le roi Léon d'Arménie vint premièrement en France devers le roi et les seigneurs, on lui fit bonne chère; ce fut raison, car il étoit venu de lointain pays; et sçut-on par lui et par ses gens toutes nouvelles du royaume de Grèce et de l'empire de Constantinople, car bien sachez il fut enquis et examiné justement de la puissance des Turcks et des Tartres et lesquels l'avoient mis et bouté hors de son royaume. Tant comme à ces enquêtes et deman-

---

[1] Il mourut en 1382, après 6 mois de langueur, âgé de 26 ans, sans laisser d'enfants. J. A. B.

[2] Froissart étoit chez le comte de Foix en 1388 et à cette époque le sénéchal oncle de Pierrin régnoit en Chypre. Aussitôt la mort de Pierrin, le baron Jean de Briès avoit été nommé régent du royaume et on lui avoit adjoint douze des principaux nobles de l'île pour administrer les affaires jusqu'au retour de Jacques prisonnier à Gênes. Les Génois consentirent à laisser partir Jacques, à condition qu'il leur céderoit à perpétuité la ville de Famagouste avec deux lieues de terrain à la ronde et qu'on leur accorderoit de plus certains avantages commerciaux. Tout leur fut accordé et Jacques, délivré de sa prison avec sa femme et son fils Janus, qui venoit de naître en prison, arriva en Chypre en 1384. J. A. B.

des le roi d'Arménie répondit que le grand Cakem [1] (Khakan) de Tartarie lui avoit toujours fait guerre et lui avoit tollu (ravi) son royaume. « Et ce Cakem (Khakan) de Tartarie, demandèrent ceux qui parloient à lui, est-il si puissant homme? » — « Oïl voir (vraiment), dit-il, car par puissance il a soumis avecques l'aide du soudan l'empereur de Constantinople. » — « Est donc Constantinople, demandèrent les seigneurs, à la loi des Tartres? » — « Nennil, dit-il, mais le Cakem et le soudan ont guerrié longuement l'empereur de Constantinople; et a convenu enfin, autrement l'empereur ne pouvoit avoir paix, que l'empereur de Constantinople, qui fut fils madame Marie de Bourbon et fils de l'empereur Hugues de Luzignan [2], ait donné par mariage sa fille au fils du Cakem [3]; mais l'empereur demeure en sa loi et tous les siens aussi parmi la conjonction de ce mariage.

Adonc fut demandé quelle chose le comte Amé

---

(1) Il s'agit ici probablement du Khakan des Tartares. Khakan est le titre suprême des souverains de la Perse. A l'époque où le roi d'Arménie perdit son royaume, l'autorité du Khakan sur tous les autres souverains de l'Asie mineure n'étoit plus guères que nominale. Ce titre est au nombre de ceux que porte aujourd'hui l'empereur de Constantinople. J. A. B.

(2) Hugues de Lusignan n'épousa point Marie de Bourbon, mais Alix d'Italie et aucun de ses trois fils ne devint empereur de Constantinople. Il y aura là quelque méprise fondée sans doute sur ce que la famille, qui occupoit le trône de Constantinople, s'est souvent alliée avec le Lusignan. J. A. B.

(3) L'histoire rapporte plusieurs mariages entre la famille impériale de Constantinople et le Khakan. Mais peut-être s'agit-il ici tout simplement de Cantacuzène, qui en 341 partagea le trône avec J. Paléologue et maria sa fille Théodore à Orkhan, sultan des Turcs, père d'Amurat. J. A. B.

de Savoie, qui fut si vaillant homme, quand il fut par delà à grand' puissance de gens d'armes chevaliers et écuyers, y avoit fait. On répondit que quand le comte le Savoie fut en l'empire de Bouguerie (Bulgarie) et il fit guerre aux Turcks et aux Tartres si avant comme il pot (put), plenté (beaucoup) ne fut-ce pas, toutefois par vaillance il conquit sur les Tartres et sur la terre du soudan la bonne ville et grosse de Kaliopoli (Gallipoli) et la obtint et y laissa gens pour la garder et défendre; et se tint la ville toujours, le comte de Savoie retourné en son pays [2], tant que le bon roi Pierre de Chypre vesqui (vécut). Mais sitôt que le soudan et le Cakem (Khakan) de Tartarie sçurent que il étoit mort, ils ne doutèrent en rien l'empereur de Constantinople et mistrent (mirent) sus bien cent mille chevaux et vindrent (vinrent) courir devant Constantinople et de là ils allèrent mettre le siége devant Kaliopoli (Gallipoli) et le reconquirent de force et occirent tous les chrétiens qui dedans étoient. Et depuis ont-ils fait à l'empereur de Constantinople si grand' guerre que toute sa puissance n'a pu résister encontre eux; et lui eussent tollu (ravi) son empire, si ne fut par le moyen de sa fille que le fils du grand Cakem de Tartre convoita pour avoir à femme; et est dure chose pour le temps avenir, car les officiers du Cakem (Khakan) sont jà en Constan-

---

(1) Amédée VI, de Savoie, dit le Comte Verd, passa en 1366 en Orient, où il battit les Turcs et reprit Gallipoli sur eux. J. A. B.

(2) Pierre Ier. de Chypre mourut le 18 janvier 1372. J. A. B.

tinople et ne vivent les grieu (grecs) qui là demeurent fors que par eux et par treu (trèves); et si le roi et les princes de la marche de Pounent (Occident) n'y remédient, les choses iront si mal que les Turcks et les Tartres (Tartares) conquerront toute Grèce et convertiront à leur loi; et jà s'en vantent-ils et ne se font que gaber (moquer) et desrizer (rire) des papes qui sont l'un à Rome et l'autre en Avignon; et disent que les deux dieux des chrétiens s'entre-guerroient, parquoi leur loi est plus foible et plus légère à détruire et à condempner (condamner) et y mettent la raison telle quand ceux qui la devroient exaulcier (élever) l'amenrissent (affoiblissent) et détruisent.

Adonc fut demandé au roi d'Arménie si le soudan de Babylone et le grand Cakem (Khakan) étoient les plus grands des royaumes mécréants dont on eut la connoissance en Grèce ni par de là les mers et les monts. Il répondit: « Nennil, car toujours ont été les Turcks les plus nobles, les plus grands, les plus doutés et les plus sages de guerre, quand ils ont eu bon chef; et ils l'ont eu bien cent ans. Et si comme le Cakem (Khakan) de Tartarie tient en subjection l'empereur de Constantinople, le sire de Turquie tient cil (ce) Cakem en subjection; et s'appelle cil sire l'Amorat-Bakin [1]. Et au voir

---

[1] Par ce mot Froissart désigne Amurat fils d'Orkhan, le créateur des janissaires et le premier qui fixa son séjour à Andrinople. Comme il ne succéda qu'en 1389 à son père Orkhan, il n'étoit connu à l'époque dont parle Froissart que sous le titre de Mourad-Beg, c'est-à-dire, Mourad, fils du prince. Froissart aura changé le nom de Beg en Bakin,

(vrai) dire il est moult vaillant homme aux armes et moult prud'homme en sa loi. De l'Amorat-Bakin (Mourad-beg) ne me dois ni ne puis en rien plaindre; car oncques ne me fit mal: il a toujours tenu la guerre sur l'empereur de Bouguerie (Bulgarie) et sur le roi de Hongrie. » — « Et celui Amorat-Bakin (Mourad-beg) dont vous nous parlez est-il de puissance si grand, si cremu (craint) et si renommé? » — « Oïl voir (vraiment), dit le roi d'Arménie, plus que je ne dis; car si l'empereur de Constantinople et l'empereur de Bouguerie (Bulgarie) le crèment (craignent), autant bien le doutent et craignent le soudan de Babylone et le Cakem (Khakan) de Tartarie. Et eut le Cakem (Khakan), si comme on suppose et que j'ai ouï dire aux Tartres, trop plus soumis l'empire et l'empereur de Constantinople, si ce ne fut ce que il doute l'Amorat-Bakin (Mourad-beg); car il connoît bien la nature de l'Amorat (Mourad) que sitôt que il sçait un plus grand de lui, il n'aura jamais joie ni bien si l'aura soumis et subjugué; et pour ce ne veut pas le Cakem (Khakan) faire sur Constantinople tout ce que faire bien pourroit. » — « Et cet Amorat-Bakin (Mourad-beg) a-t-il grand' gent avecques lui? » — « Oïl (oui) voir (vraiment), il n'est oncques si seul, ni ne fut, passé à trente ans, que il ne mène bien cent mille chevaux en sa compagnie; et toujours est-il logé aux champs ni jà ne se mettra en bonne ville. Et pour son corps, il a

---

ce qui n'est pas plus ridicule que d'avoir changé, comme nous le faisons maintenant, celui de Mourad en Amurat. J. A. B.

dix mille Turcks qui le servent et gardent; et où qu'il voise (aille) il mène son père avecques lui. » — « Et quel âge peut avoir l'Amorat-Bakin (Mourad-beg) ? » — « Il a d'âge bien soixante ans [1] et son père quatre-vingt dix [2]; et aime l'Amorat-Bakin (Mourad-beg) grandement la langue françoise et ceux qui en viennent; et dit que de tous les seigneurs du monde il verroit le plus le roi de France et aussi l'état et ordonnance du roi de France; et quand on lui en parole (parle), on lui fait grand bien; et en recommande très grandement les seigneurs. » — « Et cet Amorat-Bakin (Mourad-beg) pourquoi tient-il en paix le Cakem (Khakan) quand il est si grand conquereur?» — «Pourtant (attendu), dit-il, que le Cakem (Chakan) le craint et ne lui oseroit faire guerre; et a certaines villes et certains ports en Tartarie qui rendent à l'Amorat-Bakin grand treu (tribut) tous les ans; et aussi ils sont d'une loi; si ne veut pas détruire sa loi. Et la chose dont il s'est plusieurs fois émerveillé, c'est de ce que les chrétiens guerroyent et détruisent ainsi l'un l'autre et disent entr'eux que ce n'est pas chose due ni raisonnable à détruire gens d'une loi et d'une foi l'un l'autre; et pourtant s'est-il mis en grand' volonté plusieurs fois de venir à grand' puissance en chrétienté et conquérir tout devant lui. Et mieux me vaulsist (eut valu) assez

---

[1] Amurat ou Mourad n'avoit que quarante un ans, quand il succéda à son père Orkhan en 1360. J. A. B.

[2] Orkhan mourut en 1360, âgé seulement de soixante dix ans, après trente cinq ans de règne. J. A. B.

que il m'eut accueilli et conquis de guerre, aussi fit-il à tout mon pays, que le Cakem (Khakan) de Tartarie. » On demanda au roi d'Arménie pourquoi et il répondit ainsi:

« L'amorat-Bakin (Mourad-beg) est un sire de noble condition, et si il étoit plus jeune trente ans que il n'est, il seroit taillé de moult faire grands conquêtes là où il se voudroit traire (porter), car quand il a conquis un pays ou une ville ou une seigneurie, il n'en demande que l'hommage; il laisse ceux en leur créance ni oncques ne bouta, ni jà ne fera, homme hors de son héritage. Il n'en demande que à avoir la souveraine domination. Pourquoi je dis que si il eut conquis le royaume d'Arménie, si comme les Tartres [1] ont fait, il m'eut tenu en paix et mon royaume en nôtre foi et en notre loi parmi la reconnoissance que je lui eusse faite de le tenir à souverain seigneur. Si comme hauts barons qui marchissent (sont limitrophes) à lui font qui sont grecs et chrétiens, qui l'ont pris à souverain seigneur pour leur ôter hors de la doubte (crainte) du soudan et du Cakem (Khakan) de Tartarie. » — « Et qui sont cils (ces) seigneurs, fut-il demandé au roi d'Arménie ? » — « Je vous dirai, dit-il, tout premièrement le sire de Saptalie y est, et puis le grand sire de la Palati et tiercement le sire de Hauteloge [2].

---

(1) Le royaume d'Arménie fut conquis, ainsi qu'on l'a vu, par les Égyptiens. J. A. B.

(2) Il m'est impossible de déterminer ce que sont ces trois lieux de Saptalie, la Palati et Haute-Loge. J'ai fait toutes les recherches possibles et ne suis arrivé à aucun résultat raisonnable. Froissart place plus

ces trois seigneurs et leurs terres, parmi le treu (tribut) que ils lui rendent tous les ans, demeurent en paix ; et n'est Turc ni Tartre qui mal leur fasse. »

Adonc fut demandé au roi d'Arménie si son royaume étoit si nettement perdu que on n'y put avoir nul recouvrance. « Oïl voir (vraiment), dit-il, il ne fait pas à recouvrer si puissance de chrétiens ne vont par delà qui soient plus forts que les Turcs ni les Tartres. Et plus viendra et plus conquerront sur Grèce, si comme je vous ai dit; car excepté la ville que on dit de Courch (Gorhigos) qui est la première ville de mon royaume qui se tient, tout le pays est aux mécréants; et là où les églises souloient (avoient coutume) être, ils ont mis leurs idoles et leurs Mahomets. » — « Et cette ville de Courch (Gorhigos) en Arménie est-elle forte ? » — « M'ait (aide) Dieu, oïl, dit le roi d'Arménie. Elle ne fait pas à prendre, si ce n'est par long siége ou qu'elle soit trahie; car elle siéd près de mer à sec et entre deux roches, lesquelles on ne peut approcher; et si est Courch (Gorhigos) très bien gardée, car si les Tartres la tenoient et une autre bonne ville qui est assez près de là qui s'appelle Adelphe [1], toute

---

bas ces places auprès de la Hongrie, de sorte qu'on ne peut supposer que ce soit Satalie, Tripoli et Alachère (traduction du mot Haute-Loge). La Palati me semble cependant être la Valachie. J. A. B.

(1) Quelques manuscrits disent Filadelphe. Peut-être s'agit-il de Marasch, appelée aussi Kermany et en Syriaque Germaniki. Cette ville, située dans la partie orientale de la Cilicie au milieu des montagnes, fut connue dans le Bas Empire sous le nom de *Germanicia*. Réunie au royaume d'Arménie, elle en suivit la destinée. Il seroit possible que ce

Grèce sans nul moyen seroit perdue et Honguerie (Hongrie) auroit fort temps. »

Adonc fut demandé au roi d'Arménie si Hongrie marchissoit (confinoit) près des Tartres et des Turcs; il répondit et dit: « Ouil, et plus près des Turcs et de la terre à l'Amorat-Bakin (Amurat) que de nulle autre. » Donc fut dit: « C'est grand' merveille comment l'Amorath (Amurat) la laisse tant en paix quand elle est si près marchissant (limitrophe) et il est si vaillant homme et si grand conquéreur. »—« Eh! mon Dieu, dit le roi d'Arménie, il ne s'en est pas faint (épargné) du temps passé et y a mis toute sa peine et entente comment il put porter grand dommage au royaume de Hongrie. Et si ce n'eut été une incidence très fortuneuse qui soudainement lui advint, il fut (seroit) ores moult avant au royaume de Hongrie. » — « Et quelle incidence fut-ce? demanda-t-on au roi d'Arménie. »—« Je le vous dirai, dit-il. »

nom de *Germanicia* eut été traduit en grec par les gens du pays et que ce fut là l'origine du mot Filadelphe ou Adelphe, que lui donne Froissart. Je ne puis trouver dans la géographie d'Arménie de M. St. Martin aucune autre ville qui approche de ce nom. J. A. B.

CHAPITRE XXVI.

Comment le roi d'Arménie fut examiné et comment vingt mille Turcs furent morts et déconfits au royaume de Hongrie.

« Quand l'Amorat-Bakin (Amurat) vit que tous seigneurs qui marchissoient (confinoient) à lui le doutoient et craignoient tant par ses conquêtes comme par ses prouesses et que il avoit au côté devers lui toutes les bondes (côtes) de la mer obéissants jusques au royaume de Hongrie et que le vaillant roi Frédéric [1] de Hongrie étoit mort et étoit le royaume descendu à femmes, il s'avisa que il le conquerroit; et fit son mandement très grand et très spécial en Turquie; et vinrent tous ceux que il avoit mandés. Si s'en vint loger l'Amorat (Amurat) ès plains de Sathalie entre la Palati et Hauteloge, pour donner plus grand' crainte à ses ennemis et étoit son intention que il entreroit au royaume de Hongrie. Et pourtant (attendu) que Hongrie est un royaume et pays enclos et avironné de hautes montagnes dont il vaut mieux, car il en est plus fort, il envoya devant ses ambassadeurs et

---

(1) Le roi de Hongrie, dont il est question ici, ne s'appeloit pas Frédéric, mais Louis Ier. Il étoit mort en 1382, laissant le trône à sa fille Marie qui épousa Sigismond, marquis de Brandebourg, frère de l'empereur Wenceslas. J. A. B.

hérauts atout (avec) un mulet chargé d'un sac plein de grain que on appelle millet et leur dit au partir: « Allez-vous-en en Hongrie devers le comte de Nazarat [1], lequel tient terre outre les montagnes de Molcabée et de Robée [2], par là où nous voulons que nous et notre empire passe, et lui dites de par nous que nous lui mandons, si il veut demeurer ni être en toute sa terre en paix, que il vienne à obéissance devers nous, si comme il voit que le sire de la Palati et le sire de Sathalie et le sire de Hauteloge ont fait; et nous appareille passage; et si il est contre-disant ni rebelle à nous, dites-lui de par nous et lui montrez de fait et par exemple, que je mettrai autant de têtes pour lui détruire en son pays comme il y a en ce sac de grains de millet. » Les ambassadeurs et messagers de l'Amorat-Bakin (Amurat) se partirent sur ce point tous confirmés et avisés quelle chose ils devoient faire, et cheminèrent tant par leurs journées que ils vinrent en Hongrie en la terre du comte de Nazarat (Lazare) au descendant des montagnes et le trouvèrent en l'un de ses châteaux lequel on appelle Arcafourme [3]. Le comte comme sage et bien avisé recueillit les ambassadeurs

---

[1] Peut-être s'agit-il de Lazare, despote de Servie. J. A. B.

[2] Je ne puis reconnoître les lieux que Froissart veut désigner par ces deux mots. Ils doivent avoir subi diverses transfigurations: d'abord le roi d'Arménie peut les avoir défigurés un peu et ses auditeurs ont pu changer sa prononciation pour l'adapter à la leur, de manière à en faire des mots tout à fait différents. Malcabée est peut-être la Moldavie appelée Moldavolachie et Robée la Bessarabie, dont il n'aura conservé que les dernières syllabes. J. A. B.

[3] Je ne sais quelle est cette place. J. A. B.

de Amorat (Amurat) moult doucement et leur fit bonne chère, mais trop grand' merveille ot (eut) quand il vey (vit) entrer en sa cour ce mulet chargé d'un sac; et ne savoit de quoi il étoit plein; et cuida (crut) de commencement que ce fussent besans d'or ou pierres précieuses que l'Amorat (Amurat) lui envoyât pour le attraire et convertir et pour avoir entrée de passage parmi sa terre; mais il disoit que il ne le feroit nullement ni jà ne se lairoit (laisseroit) corrompre pour nul avoir qu'il lui pût envoyer.

« Or vinrent les messagers de l'Amorat-Bakin (Amurat) devant le comte de Nazarat (Larare) et distrent (dirent) ainsi: « Sire de Nazarat, entendez à nous; nous sommes ci envoyés de par haut roi et redouté notre souverain seigneur l'Amorat-Bakin (Amurat), seigneur de Turquie et de toutes les appendances, et vous disons de par lui sur la forme et manière que vous véez et savez que vos voisins font et ont fait; c'est à savoir le sire de la Palati, le sire de Hauteloge et le sire de Satalices; et ouvrez vos pays à l'encontre de sa venue, si vous voulez demeurer en paix. Et là où vous ferez ce, vous serez grandement en la grâce et amour de lui; et si vous êtes rebelle de non vouloir faire, nous sommes chargés de vous dire que l'Amorat (Amurat) mettra en votre terre plus de têtes de hommes armés que il n'a de grains de millet en ce sac. »

« A cette parole firent-ils ouvrir le sac et lui montrèrent quelle chose y avoit dedans. Quand le comte de Nazarat ot (eut) entendu parler les ambassadeurs de l'Amorat (Amurat), si fut tantôt conseillé de répondre froidement; et ne découvrit pas à une fois tout son courage (dessein) et dit: « Recloez (fermez) votre sac, je vois bien quelle chose il y a dedans et vous ai bien ouï et aussi entendu quelle chose l'Amorat (Amurat) me mande; et dedans trois jours je vous en répondrai ; car la requête l'Amorat (Amurat) demande bien à avoir tant de conseil. » Ils répondirent: « Vous parlez bien. »

« Sur cet état et sur la fiance d'avoir réponse ils séjournèrent. Or vous dirai que le comte de Nazarat fit. Sur les trois jours que il devoit répondre, il se pourveit (pourvut) et fit pourveir (pourvoir) son châtel de plus de deux mille chefs de poulailles, chapons et gelines (poules) et les fit tous affamer que en deux jours oncques ne mangèrent. Quand le tiers jour fut venu pour répondre, les ambassadeurs de l'Amorat (Amurat) se trairent (présentèrent) avant. Le comte de Nazarat les appela da-lez (près) lui et leur dit, là où il étoit à une galerie regardant en la cour: « Apoiez (appuyez)-vous ici da-lez (près) moi et je vous montrerai aucune chose de nouvel et tantôt réponse. » Eux qui ne savoient à quoi il pensoit s'apoièrent (appuyèrent) de-lez (près) lui. Les portes du châtel étoient closes, la place de la cour étoit grande et large assez; gens étoient appareillés de faire ce que il avoit ordonné. On ouvrit une chambre ou deux où toute cette poulaille étoit enfermée qui deux jours jeûné avoit. Tantôt on épardit cette sachée de grains de millet devant eux; ils s'y attachèrent par telle façon que en moins de une heure ils l'eurent tout recueilli; et encore de l'autre en eussent-ils mangé assez, car ils avoient grand' faim. Adonc parla le comte de Nazarat aux messagers de l'Amorat (Amurat) et se retourna sur eux et dit: « Beaux seigneurs, avez-vous vu comment le millet que l'Amorat (Amurat) en moi menaçant m'a envoyé est dévoré et mis à nient (néant) par cette poulaille; encore en mangeroient-ils bien assez si ils l'avoient. » — « Oïl, répondirent-ils; pourquoi le dites-vous? » — « Je le dis, pourtant (attendu), dit le comte, que votre réponse gît en ce que je vous ai fait exemple. L'Amorat (Amurat) me mande que si je n'obéis à lui il me mettra dedans ma terre gens d'armes sans nombre. Et lui dites de par moi que je les attendrai; mais il n'en fera jà tant venir qu'ils ne soient tous dévorés, si comme le millet a été de la poulaille. » [1]

(1) Cet apologue paroît avoir été familier aux Orientaux. Le poëte Persan Firdoussi, ayant à parler, dans son poëme épique intitulé Chah-nameh, des conquêtes d'Alexandre, roi de Macédoine, en Asie, sur Darius, s'exprime ainsi: « Dârâ (Darius) envoya alors un message au prince grec, par lequel il lui fit présenter une raquette, une paume et *un sac rempli de grains de sésame*. Son intention étoit de se moquer, par les deux premiers objets, de la jeunesse d'Alexandre, et d'indiquer par le dernier l'armée innombrable avec laquelle il comptait l'attaquer. Alexandre prit dans sa main la raquette et dit: « Ceci est l'image de ma puissance, avec le secours de laquelle je jeterai loin tout comme une paume le pouvoir de Dârâ. » Puis, faisant apporter une poule, il ajouta qu'elle allait montrer ce que deviendrait la nombreuse armée du Chah: la poule, en effet, mangea les grains; et le prince Grec envoya, en outre, une coloquinte à son ennemi, pour lui indiquer l'amertume du sort qui l'attendait. » (Voyez ce fragment de Firdoussi dans les Tableaux his¹. de l'Asie de Klaproth, pag. 19.) J. A. B.

« Quand les ambassadeurs de l'Amorat-Bakin (Amurat) eurent eu cette réponse du comte de Nazarat, si furent tous pensieus (pensifs) et prirent congé et se départirent et firent tant par leurs journées que ils retournèrent là où l'Amorat (Amurat) étoit à grand' puissance. Ils lui recordèrent tout ainsi comme vous avez ouï et comment le comte de Nazarat, par semblant, ne faisoit compte de ses menaces. De cette réponse fut l'Amorat (Amurat) durement courroucé et dit que la chose ne demeureroit pas ainsi et que, voulsist (voulut) ou non le comte de Nazarat, il entreroit par son pays en Hongrie et mettroit toute la terre du comte à destruction, pourtant (attendu) que si présomptueuse réponse il avoit fait.

« Or faut-il que je vous dise quelle chose le comte de Nazarat fit. Il qui se sentoit tout défié de l'Amorat-Bakin (Amurat) et bien savoit que hastéement (promptement) il auroit autres nouvelles de lui, se pourvey (pourvut) grandement sur ce et escripsi (écrivit) et manda tantôt autour de lui à tous chevaliers et écuyers et à toutes gens qui étoient de défense et taillés de garder l'entrée et le pas par où l'Amorat (Amurat) et son peuple devoient entrer en Hongrie, et leur manda étroitement que, ces lettres vues ou les messagers ouïs que devers eux envoyoit, ils se traissent (portassent) avant; car on n'avoit nul jour ; et étoit l'Amorat (Amurat) à (avec) toute sa puissance ès plaines de Hauteloge et qu'il convenoit aider à garder et défendre Sainte Chrétienté. Tous obéirent et vinrent devers le comte qui se pourvéoit fort; et plusieurs y vinrent qui les nouvelles ouïrent qui point ne furent mandés, pour aider à exaulcier (agrandir) notre foi et détruire les mécréants. Encore fit le comte de Nazarat autre chose, car il fit couper les hauts bois ens ès forêts et ens ès montagnes et coucher tout de travers, parquoi les Turcs ne pussent trouver point de nouvel chemin ni faire; et s'en vint sur un certain pas, là où il pensoit et bien savoit et convenoit que l'Amorat-Bakin (Amurat) ou ses gens passassent et entrassent en Hongrie, atout (avec) bien dix mille hommes Hongres et bien dix mille arbalêtriers; et mit sur les deux heles (ailes) des chemins et des pas plus de deux mille hommes puissants, tous tenants haches et guignies (cognées) pour couper les bois et clorre les chemins quand il l'ordonneroit.

« Quand tout ce fut fait, il dit à tous ceux qui avec lui étoient: « Seigneurs, sans faute l'Amorat-Bakin (Amurat) viendra puisque il le m'a mandé; or soyez tous prud'hommes et aidez à garder ce passage; car si les Turcs le conquièrent, toute Hongrie est en péril et en aventure d'être perdue. Nous sommes en fort lieu; un de nous en vaut quatre. Encore nous vaut mieux mourir à honneur en gardant notre héritage et la foi de Jésus-Christ que vivre à honte et en servage dessous ces chiens mécréants, quoique l'Amorat (Amurat) soit certes moult vaillant homme et prud'homme en sa loi. » Tous répondirent: « Sire, nous attendrons l'aventure avecques vous; viennent les Turcs si veulent, nous sommes prêts de les recueillir. »

« Et de toutes ces ordonnances, ni de ce passage garder, ni des hauts bois qui étoient coupés ne savoient rien les Turcs; car le comte de Nazarat, pour la doubtance (crainte) des espies et que leurs convenants (dispositions) ne fussent révélés et sçus devers l'Amorat-Bakin (Amurat), avoit mis certaines gens sur les passages, ens ès quels il se confioit autant comme en lui-même, qui bien gardoient de jour et de nuit que nul n'allât devers les Turcs.

« L'Amorat-Bakin (Amurat) ne mit pas en oubli son emprise, mais dit que il envoieroit voir et visiter à son grand dommage et destruction la terre au comte de Nazarat, car il ne vouloit pas que il fut trouvé en bourde (moquerie) de ce que il avoit promis. Il prit environ soixante mille hommes des siens, car il en avoit bien deux cent mille sur les champs et leur bailla quatre capitaines de sa loi et de son hôtel; le duc Mansion de Meke [1], le garde de Damiette, Aphalorg de Samarie et le prince de Cordes fils à l'Amustant de Cordes qui s'appeloit Brahin; et leur dit ainsi au départir: « Allez-vous-en à (avec) tous vos gens, ceux que je vous ai délivrés, c'est à savoir les dessus nommés; c'est assez pour ouvrir le passage de Hongrie; et entrez en la terre du comte de Nazarat (Lazare) et la détruisez toute. Si très tôt comme je sçaurai que vous y serez logés, je vous irai voir à (avec) tout le demourant (reste)

[1] Tous ces noms sont si défigurés qu'il m'est impossible de les reconnoître. J. A. B.

de mon peuple : je vueil (veux) toute Hongrie mettre en ma subjection et puis le royaume d'Allemagne. Il m'est destiné : si disent les sorts de mon pays et les devins d'Egypte que je dois être sire et roi de tout le monde. Et le lieu où je irois le plus volontiers ce seroit à Rome; car elle est anciennement de notre héritage; et nos prédécesseurs l'ont conquise et gouvernée plusieurs fois et là vueil-je porter couronne. Et menerai le Calipse de Baudes [1] et le Cakem (Khakan) de Tartarie et le Soudan de Babylone qui m'y couronneront. »

« Ceux répondirent qui étoient à genoux devant l'Amorat (Amurat) que ils accompliroient son désir et se départiroient de lui atout (avec) soixante mille Turcs, entre lesquels il en y avoit vingt mille de tous les plus aidables, les plus preux, les plus armerets (vaillants) de toute Turquie et ceux menoient l'avant-garde.

« Tant exploitèrent ceux que ils vinrent entre les montagnes de Nazarat et ne trouvèrent en l'entrée des pas nul empêchement; et se boutèrent ceux de l'avant-garde dedans; et les conduisoient le duc de Meke et le duc de Damiette; et passa cette avant-garde toute l'embûche du comte de Nazarat et encore des autres grand' foison. Quand le comte et les Hongriens virent qu'ils en avoient leur charge, ils firent ouvriers entrer en œuvre et abattre bois et

---

[1] D'autres manuscrits disent le Galifu de Baudas. Il est évident qu'on a voulu désigner par là le calife de Bagdad; mais à cette époque il n'y avoit plus de califes de Bagdad. J. A. B.

gros sapins de travers les pas, et empêchèrent si les détroits que tout fut clos; ni il n'étoit pas en puissance d'homme de point aller avant. Là y ot (eut) enclos bien trente mille Turcs qui furent des Hongres assaillis et traits (tirés) des deux parts des bois. Là furent-ils tellement menés que tous y demeurèrent ni oncques un tout seul n'en fut sauvé; et y furent occis les deux ducs. Bien en y avoit aucuns qui se cuidoient (croyoient) sauver pour entrer ens ès bois; mais non firent, car ils furent chassés et versés et morts, ni oncques Turc ne se sauva. Or retournèrent ceux de l'arrière-garde qui ne purent passer pour le grand empêchement des bois que on leur avoit coupés au devant et recordèrent à l'Amorat (Amurat) le grand meschef qui étoit avenu à ses gens. L'Amorat de ces nouvelles fut moult pensieuf (pensif) et appela son conseil pour savoir quelle chose étoit bonne à faire, car il avoit perdu la fleur de sa chevalerie.

« Par cette déconfiture, dit le roi d'Arménie au roi de France et à ses oncles qui là étoient et aucuns hauts barons de France qui volontiers l'ouoient (entendoient) parler, fut l'Amorat-Bakin (Amurat) grandement retardé de faire ses emprises et a toujours depuis trop grandement douté les chrétiens; car en devant il ne les connoissoit ni n'avoit eu point de guerre à eux fors au soudan et à l'amiral (émir) de Meke et au Cakem (Khakan) de Tartarie et au roi de Tarse, desquels il est aussi tout souverain; ni il n'y a si puissant roi jusques en Inde qui l'ose courroucer. Il a depuis bien mandé au comte de Nazarat que sur saufconduit il le vienne voir; et dit que il le verroit plus volontiers que nul seigneur du monde; et en recorde grand bien, pourtant que si brièvement il se pourvut de conseil et de confort et le montra de fait; et dit bien l'Amurat que il est moult vaillant homme et le cuide (croit) et le tient encore pour plus vaillant homme assez que il ne soit. On a bien conseillé au comte de Nazarat que il le voise (aille) voir et que bien il se put assurer sur son sauf-conduit et que pour rien il ne l'enfreindroit. « Je le crois bien, dit le comte, mais jà ne me verra. Quelle chose aurois-je gagné si il m'avoit vu ni moi lui. » Et plus s'excuse le comte et plus a grand désir l'Amorat de lui voir. Ainsi se tient l'Amorat-Bakin (Amurat) sur les frontières du royaume de Hongrie et subtille nuit et jour comment il n'y peut à puissance entrer pour soumettre le roi et les seigneurs voisins; mais il perd sa peine, car les entrées de Hongrie sont trop fortes, si ce n'est au droit chemin de Constantinople, mais de cette part il n'y fait pas si dur ni si fort entrer comme il fait devers les hauts bois. Et si les hauts bois de Hongrie étoient passés par fortune ou par aventure ou par poure (pauvre) garde, on seroit seigneur de la greigneur (majeure) partie du pays. »

Moult volontiers fut le roi d'Arménie ouï de toutes ses paroles, car elles étoient tant comme aux seigneurs auxquels il les remontroit nouvelles et nature est encline grandement en l'homme à ouïr nouvelles choses. Le roi de France et son conseil eurent grand'pitié de lui, pourtant (attendu) que il étoit là venu de si loin pays que de l'un des corps de Grèce quérir confort et conseil; et pour ce aussi que il étoit roi et l'avoit-on bouté hors de son royaume et n'avoit à présent de quoi vivre ni tenir son état : ce montroit-il bien par ses complaintes. Si dit le roi de France comme jone (jeune) que il étoit pour ces jours : « Nous voulons de fait que le roi d'Arménie, qui nous est venu voir en instance d'amour et de bien de si lointain pays comme de Grèce, que il soit du nôtre tellement aidé et conforté que il ait son état grand et ordonné ainsi comme il apartient à lui qui roi est, si comme nous sommes; et quand nous pourrons de gens d'armes et de voyage nous le conforterons et aiderons à recouvrer son héritage. Nous en avons bonne volonté, car nous sommes tenus de exaulcier (agrandir) la foi chrétienne. »

La parole du roi de France fut bien ouïe et entendue; ce fut raison: nul n'y contredit, mais furent ses oncles et le conseil du roi tout désirant de l'accomplir et outre. Si fut regardé que le roi d'Arménie pour tenir un état moyen seroit assené (assigné) de une rente et revenue par an sus la chambre des comptes et bien payé de mois en mois et de terme en terme. Si fut assigné le dit roi d'Arménie de six mille francs par an et en ot (eut) cinq mille, prestement, pour lui étoffer de chambre et de vaisselles et de autres menues nécessités et lui fut délivré l'hôtel de Saint Audoin [1] de-lez (près) Saint Denis pour là demeurer et ses gens et tenir son état.

---

(1) St. Ouen. Le même lieu mais non pas le même château où Louis XVIII a donné la charte. J. A. B.

Cette recouvrance ot (eut) le roi d'Arménie du roi de France de premier, et toujours en accroissant; on ne l'y amenri (diminua) point, mais accrut; et étoit à la fois de-lez (près) le roi et par spécial aux solemnités.

CHAPITRE XXVII.

Comment le pape Urbain et le pape Clément eurent discussion ensemble et comment les rois de chrétienté furent différents a l'élection pour les guerres d'entre eux.

En ce temps vint messire Ostes (Othon) de Bresvich (Brunswick) [1] en Avignon voir le pape Clément et pour avoir finance et argent, car il avoit fait guerre pour lui et pour l'église aux Romains et à Berthelemieu (Barthélemy) des Aigles qui s'escripsoit (appeloit) et nommoit pape Urbain six, si comme vous savez, et comme il est contenu ci-dessus en notre histoire. Et remontra le dit messire Ostes (Othon) de Bresvich (Brunswick) plusieurs choses au pape et aux cardinaux, desquelles il fut bien cru et ouï, mais de finance il ne put avoir, car la chambre étoit si vide d'or et d'argent que les cardinaux ne pouvoient avoir leurs gages que

---

[1] Othon de Brunswick étoit le quatrième mari de la reine Jeanne Ière. de Naples. J. A. B.

on leur devoit de leurs chapeaux. Si convint messire Ostes (Othon) de Bresvich (Brunswick) partir mal content d'eux. On le délivra d'Avignon et pour r'aller il ot (eut) mille francs dont il ne fit compte. Par ce point fut la guerre du pape Clément plus laide, car oncques puis messire Ostes (Othon) ne s'en voulut ensongnier (embarrasser). Aussi Marguerite de Duras [1] qui se tenoit à Gayette et qui étoit adversaire à la reine de Naples, la femme qui fut au roi Louis et duc d'Anjou, le manda pour aider à faire sa guerre contre les Napolitains. Si se dissimula un temps le dit messire Ostes (Othon) et ne savoit lequel faire. Aucuns de son conseil lui boutoient en l'oreille que il se tint de-lez Marguerite de Duras qui étoit héritière de Naples et de Sicile [2] et lui aidât à défendre et garder son héritage et la presist (prit) à femme, car elle le vouloit bien avoir à mari, pourtant (attendu) que il est de noble sang et de haute extraction ; et se fesist (fît) roi et sire des pays dont elle se clamoit (appeloit) dame ; et les autres lui conseilloient que non et que il en pourroit bien prendre un mauvais coron (parti); car les enfans du roi Louis qui avoit été couronné en la cité de Bar (Bari) étoient jeunes et avoient grand'foison de bons amis et de prochains et par spécial le roi de France leur cousin germain qui les

---

[1] Marguerite, fille de Charles Ier. duc de Duras, avoit épousé en 1368 son cousin Charles de Duras, roi de Naples, compétiteur de Louis, duc d'Anjou. J. A. B.

[2] Marguerite n'étoit pas héritière, mais régente du royaume, pendant la minorité de son fils Ladislas. J. A. B.

vouloit aider et leur dame de mère la reine Jeanne duchesse d'Anjou et du Maine, laquelle étoit de grand pourchas (activité). Toutes ces doutes lui remettoient aucuns de son conseil au devant, pourquoi messire Ostes (Othon) se abstreignit et dissimula par un temps et ne obtenoit ni l'une partie ni l'autre.

En ce temps avoient enclos en la cité de Peruse celui qui s'escripsoit (appeloit) pape Urbain les souldoyers du pape Clément qui se tenoient en Avignon, le sire de Monteroi, un moult vaillant chevalier de la comté de Genieuve (Gênes) et de Savoie et messire Thalebart, un chevalier de Rhodes et messire Bernard de la Salle ; et fut là moult abstreint le dit pape et près sur le point d'être pris ; et ne tint que à vingt mille francs, si comme je fus adonc informé, que un capitaine Allemand, tenant grands routes, qui s'appeloit le comte Conrad, l'eut délivré ès mains des gens le pape Clément, si il les eut eus. Donc messire Bernard de la Salle en fut envoyé en Avignon et démontra tout ce au pape et aux cardinaux ; mais on n'y put entendre tant qu'à délivrer la finance, car la cour étoit si povre (pauvre) que point d'argent n'y avoit. Et retourna messire Bernard mal content au siége de Peruse. Si se dissimulèrent et refreignirent les choses et les Perusiens aussi et cil (ce) comte Conrad et aussi Urbain de ce péril ; et s'en vint à Rome et là se tint.

Bien sçais que au temps avenir on s'émerveillera de telles choses ni comment l'église put cheoir en tel trouble, ni si longuement demeurer ; mais ce fut une plaie envoyée de Dieu pour aviser et exemplier (donner exemple) le clergé du grand état et des grands superfluités que ils tenoient et faisoient; combien que les plusieurs n'en faisoient compte, car ils étoient si aveuglés d'orgueil et d'outre-cuidance que chacun vouloit surmonter ou ressembler son plus grand, et pour ce alloient les choses mauvaisement ; et si notre foi n'eut été si fort confirmée en humain genre et la grâce du Saint-Esprit qui renluminoit les cœurs desvoiés (égarés) et les tenoit fermes en une unité, elle eut branlé et croulé; mais les grands seigneurs terriens, de qui le bien de commencement vient à l'église, n'en faisoient encore que rire et jouer au temps que je escripsi (écrivis) et chroniquai ces chroniques l'an de grâce mil trois cents quatre-vingt dix.

Donc moult de peuple commun s'émerveilloient comment si grands seigneurs tels que le roi de France, le roi d'Allemagne et les rois et les princes chrétiens n'y pourvéoient de remède et de conseil. Or, y a un point raisonnable pour apaiser les peuples et excuser les hauts princes, rois ducs, et comtes et tous seigneurs terriens et exemple : néant plus que le my-œuf [1] de l'œuf ne peut sans la glaire ni la glaire sans le my-œuf, néant plus ne peuvent les seigneurs et le clergé l'un sans l'autre; car les seigneurs sont gouvernés par le clergé, ni ils ne se sauroient vivre et seroient comme bêtes si le clergé

---

[1] Le my-œuf, moyœuf ou moyen de l'œuf est ce que nous appelons le jaune d'œuf. J. A. B.

n'étoit; et le clergé conseille et enorte (exhorte) les seigneurs à faire ce que ils font.

Et vous dis acertes (sérieusement) que, pour faire ces chroniques, je fus en mon temps moult par le monde, tant pour ma plaisance accomplir et voir les merveilles de ce monde, comme pour enquérir les aventures et les armes, lesquelles sont écrites en ce livre. Si ai pu voir, apprendre et retenir de moult d'états; mais vraiment le terme que j'ai couru par le monde, je n'ai vu nul haut seigneur qui n'eut son marmouset (fou), ou de clergé ou de garçons montés par leurs gengles (plaisanteries) et par leurs bourdes (moqueries) en honneurs, excepté le comte de Foix; mais cil (celui-ci) n'en ot (eut) oncques nuls, car il étoit sage naturellement; si valoit son sens plus que nul autre sens que on lui put donner. Je ne dis mie que les seigneurs qui usent par leurs marmousets soient fous, mais ils sont plus que fous, car ils sont tous aveugles et si ont deux yeux.

Quand la connoissance vint premièrement au roi Charles de France de bonne mémoire du différend de ces papes, il se cessa et s'en mit (reposa) sur son clergé. Les clercs de France en déterminèrent, et prindrent (prirent) le pape Clément pour la plus saine partie. A l'opinion du roi de France s'accordèrent et tinrent le roi de Castille et le roi d'Écosse, pour la cause de ce que pour le temps que ce sisme (schisme) vint en l'église, France, Castille et Écosse étoient conjoints ensemble par alliance; car le royaume d'Angleterre leur étoit adversaire. Le roi d'Angleterre et le roi de Portugal furent contraires à l'opinion des royaumes dessus dits, car pareillement ils étoient conjoints ensemble, si vouloient tenir l'opinion contraire de leurs ennemis. Le comte de Flandre en détermina tantôt, si comme il est contenu ci-dessus en cette histoire; car son courage cœur ne s'inclina oncques à Clément qu'il fut droit pape, pour la cause de ce que Clément fut à la première élection à Rome de l'archevêque de Bar (Bari) et cardinal de Genève, que il s'appeloit et escripst (écrivit) au comte de Flandre que ils avoient pape éleu (élu) par bonne et due élection, lequel on nommoit Urbain. Si que, tout comme il vesquit (vécut), il tint cette opinion. Et autant le roi d'Allemagne et tout l'empire; et aussi Hongrie.

Donc en escripsant (écrivant) de ces états et différends que de mon temps je véois au monde et en l'église qui ainsi branloit, et des seigneurs terriens qui se souffroient et dissimuloient, il me alla souvenir et revint en remembrance comment, de mon jeune temps, le pape Innocent régnant en Avignon[1], l'on tenoit en prison un frère mineur durement grand clerc, lequel s'appeloit frère Jean de Roche Taillade. Cil (ce) clerc, si comme on disoit lors et que j'en ouïs parler en plusieurs lieux, en privé non en public, avoit mis hors et mettoit plusieurs autorités et grands et notables, et par spécial des incidences fortuneuses qui advinrent de son temps et sont encore avenues depuis au royaume de France et de la

---

(1) Innocent VI, pape de 1352 à 1362. J. A. B.

prise du roi Jean. Il parla moult bien et montra aucunes voies raisonnables, que l'église auroit encore moult à souffrir pour les grands superfluités que il véoit et qui étoient entre ceux qui le bâton du gouvernement avoient. Et pour le temps de lors que je le vis tenir en prison, on me dit une fois au palais du pape en Avignon un exemple que il avoit fait au cardinal d'Ostie que on disoit d'Arras et au cardinal d'Auxerre qui l'étoient allé voir et arguer de ses paroles. Donc, entre les défenses et raisons que il mettoit en ses paroles, il leur fit un exemple par telle manière comment vous orrez ci ensuivant et veleci (le voici) :

Ce dit frère Jean de Roche Taillade :

« Il fut une fois un oiseau qui naquit et apparut au monde sans plumes. Les autres oiseaux, quand ils le sçurent, l'allèrent voir; pourtant (attendu) qu'il étoit si bel et si plaisant en regard. Si imaginèrent sur lui et se conseillèrent quelle chose ils en feroient; car sans plume il ne pouvoit voler, et sans voler il ne pouvoit vivre. Donc dirent-ils que ils vouloient que il vesquesist (vécut), car il étoit trop durement bel. Adonc n'y ot (eut) là oisel qui ne lui donnât de ses plumes; et plus étoient gentils et plus lui en donnoient; et tant que cil (ce) bel oisel fut tout empenné et commença à voler, et encore en volant prenoient tous les oiseaux qui de leurs plumes lui avoient donné grand' plaisance. Cil (ce) bel oiseau, quand il se vit si au-dessus de plumage et que tous oiseaux l'honoroient, il se commença à énorgueillir et ne fit compte de ceux qui fait l'avoient, mais les bequoit et poignoit et contrarioit. Les oiseaux se mistrent (mirent) ensemble et parlèrent de cel (cet) oisel, que ils avoient empenné et cru, et demandèrent l'un à l'autre quel chose en étoit bon à faire, car ils lui avoient tant donné du leur que ils l'avoient si engrandi et énorgueilli qu'il ne faisoit compte d'eux. Adonc répondit le Paon : « Il est trop grandement embelli de mon plumage, je reprendrai mes plumes. » — « En nom Dieu, dit le Faucon, aussi ferai-je les miennes. » Et tous les autres oiseaux aussi ensuivant, chacun dit que il reprendroit ce que donné lui avoit, et lui commencèrent à retollir (reprendre) et à ôter son plumage. Quand il vit ce, si s'humilia grandement et reconnut or primes que le bien et l'honneur que il avoit et le beau plumage ne lui venoit point de lui, car il étoit né au monde nu et pauvre de plumage, et bien lui pouvoient ôter ses plumes, ceux qui donné lui avoient, quand ils vouloient. Adonc leur cria-t-il merci et leur dit que il s'amenderoit et que plus par orgueil ni par bobant (vanité) il n'ouvreroit. Encore de rechef les gentils oisels (oiseaux) qui emplumé l'avoient en orent (eurent) pitié, quand ils le virent humilier et lui rendirent plumes ceux qui ôtées lui avoient et lui distrent (dirent) au rendre : « Nous te véons volontiers entre nous voler tant que par humilité tu veuilles ouvrer, car moult bien y affiert (siéd) ; mais saches, si tu t'en orgueillis plus, nous te ôterons tout ton plumage et te mettrons au point où nous te trouvâmes. »

« Ainsi, beaux seigneurs, disoit frère Jean aux cardinaux qui étoient en sa présence, vous en avenra (aviendra), car l'empereur de Rome et d'Allemagne et les rois chrétiens et les hauts princes terriens vous ont donné les biens et les possessions et les richesses pour servir Dieu, et vous les dispensez et aliénez en orgueil, en bobant (vanité), en pompes et en superfluités. Que ne lisez-vous la vie de Saint Sylvestre pape de Rome, premier après Saint Pierre [1]? Et imaginez et considérez en vous justement comment Constantin lui donna premièrement les dîmes de l'église et sur quelle condition? Sylvestre ne chevauchoit point à deux cents ni à trois cents chevaux parmi le monde; mais se tenoit simplement et closement à Rome et vivoit sobrement avecques ceux de l'église, quand l'ange par la grâce de Dieu lui annonça comment l'empereur Constantin, qui étoit mécréant et incrédule, l'envoieroit quérir; car il lui étoit aussi révélé par l'ange de Dieu que Sylvestre lui devoit montrer la voie de sa guérison, car il étoit si malade de mesellerie (lèpre) que il chéoit tout par pièces [2]. Et quand il fut devant lui, il lui montra la voie de baptême et le baptisa [3] et il fut guéri. Donc l'empereur Constantin, pour cette grâce et vertu

---

[1] Sylvestre étoit le trente deuxième pape en comptant St. Pierre. Il occupa le trône pontifical de 314 à 336. J. A. B.

[2] Cette tradition est différente de la tradition commune qui attribue la conversion de Constantin à l'apparition de la croix lumineuse placée depuis sur le Labarum. J. A. B.

[3] Ce ne fut pas sous le pontificat de Sylvestre, mais sous celui de son prédécesseur Miltiade ou Melchiade qu'eut lieu en 312 la conversion de Constantin au christianisme. J. A. B.

que Dieu lui fit, il crut en Dieu et fit croire tout son empire et donna à Sylvestre et à l'église toutes les dîmes; car au devant ce les empereurs de Rome les tenoient; et lui donna encore plusieurs beaux dons et grandes seigneuries, en augmentant notre foi et l'église. Mais ce fut son intention que ces biens et seigneuries on les gouverneroit justement, en humilité et non pas en orgueil, ni en bohant (vanité), ni en présomption; mais on en fait à présent tout le contraire : pourquoi Dieu s'en courroucera une fois si grandement sur ceux qui sont et qui au temps avenir viendront, que les nobles qui se sont élargis de donner les rentes, les terres et les seigneuries que ceux de l'église tiennent, s'en refroidiront de donner avant et retouldront (reprendront) espoir (peut-être) ce que donné ont; et si ne demeurera point longuement. »

Ainsi frère Jean de Roche Taillade, que les cardinaux pour ce temps faisoient tenir en prison en Avignon, démontroit ces paroles et exemplioit ceux qui entendre y vouloient; et tant que moult souvent les cardinaux en étoient tous ébahis; et volontiers l'eussent condempné (condamné) à mort, si nulle juste cause pussent avoir trouvée en lui, mais nulle n'en y véoient ni trouvoient; si le laissèrent vivre tant qu'il put durer. Et ne l'osoient mettre hors prison, car il proposoit ses choses si profond et alléguoit tant de hautes écritures que espoir (peut-être) eut-il fait le monde errer. Toutevoies (toutefois) a-t-on vu avenir, ce disent les aucuns, qui ont mieux pris garde à ses paroles que je n'ai, moult des choses que il mit avant et qu'il escript (écrivit) en prison; et tout vouloit prouver par l'apocalypse. Les preuves véritables dont il s'armoit le sauvèrent de non être ars plusieurs fois; et aussi il y avoit aucuns cardinaux qui en avoient pitié et ne le grevoient pas du plus que ils pouvoient [1].

Nous nous souffrirons à parler de toutes telles ennarrations et retournerons à notre principale matière et histoire d'Espagne et de Portugal, aussi de France et d'Angleterre et recorderons des aventures et avenues qui y vinrent en cette saison, lesquelles ne sont pas à oublier.

CHAPITRE XXVIII.

Comment ceux de Lisbonne, qui tenoient la partie du roi de Portugal, envahirent moult grandement ceux de Castille pour les outrageuses paroles que ceux de Castille leur disoient.

Vous avez bien ci-dessus ouï recorder comment le roi Jean fils au roi Dam Pietre de Portugal, qui fut moult vaillant homme et frère bâtard au roi

[1] Les querelles des papes avec les empereurs et avec Philippe-le-Bel, et le scandale de leurs divisions avoient commencé à dessiller les yeux des peuples, et l'esprit de la réforme, qu'on avoit cherché à étouffer dans les buchers au siècle précédent commençoit à se faire jour dans toute l'Europe. J. A. B.

Dam Ferrant étoit entré en la possession et héritage du royaume de Portugal par le fait et enhardissement seulement de quatre cités et villes de Portugal; car on n'en doit pas demander ni inculper les nobles et les chevaliers du royaume de Portugal, car de commencement ils se acquittèrent loyalement envers le roi Damp Jean de Castille et sa femme madame Bétrice (Béatrice), si comme je vous déterminerai et éclaircirai brièvement. Et quoique plusieurs tinssent l'opinion de cette dame, si la nommoient les autres bâtarde, et plus que bâtarde, car elle fut fille d'une dame de Portugal (1), laquelle avoit encore son mari vivant, un chevalier du pays de Portugal, que on appeloit messire Jean Lorens (Lourenço) de Coingne (da Cunha). Et lui avoit le roi de Portugal tollu sa femme. Bien est vérité que madame Eléonor de Coingne (Cunha) il avoit à épouse, et le chevalier bouté hors du pays de Portugal, lequel s'en étoit allé demeurer avecques le roi de Castille; ni il ne s'osoit tenir en Portugal, combien que de haut parage il y fut, pour la doubtance (crainte) du roi qui tenoit sa femme. Ce sont bien choses à émerveiller; car le roi Ferrant de Portugal tenoit sa fille à légitimée et l'avoit faite dispenser du pape Urbain de Rome sixième; et quand la paix fut faite des deux rois de Castille et de Portugal et que un chevalier de Portugal qui s'appeloit messire Jean Ferrant An-

---

(1) Dona Léonor Telles fille de Martinho Affonso Tello et femme de João Lourenço da Cunha. J. A. B.

dere (Amdeiro), lequel étoit tout le cœur et le conseil du roi de Portugal, traita la paix, il fit le mariage de la fille du roi Ferrant au roi Jean de Castille, qui lors étoit vesue (veuf) de la fille le roi Dam Piètre d'Aragon; combien que le roi de Castille et son conseil avoient, au mariage faire, bien mis avant toutes ces doubtes (craintes) de la fille non être héritière de Portugal ; mais le roi de Portugal, pour assurer le roi de Castille, l'avoit fait jurer aux plusieurs hauts nobles de Portugal que, après son décès, ils la tenroient (tiendroient) à dame; et retourneroit le royaume de Portugal au roi de Castille [1]. Et avoit fait le roi de Portugal obliger les bonnes villes envers le roi de Castille à tenir à roi en la somme et peine de deux cent mille francs de France. Et combien que le dessus dit chevalier Jean Ferrant Andere (Amdeiro) se fût embesogné en espèce de bien pour mettre paix et concorde entre Castille et Portugal et pour le desirer et plaisance de son seigneur accomplir, si en fut-il mort et occis de ceux de Lisbonne de la communauté qui ellésirent (élurent) maître Denis (d'Avis) à roi et le vouldrent (voulurent) avoir de force, car ils disoient que, pour recouvrer en Portugal ce que dessous au-dessus, ils ne seroient jà en la subjection du roi de Castille ni

---

[1] Ce traité fut fait par l'entremise de D. Juan Garcia Manrique archevêque de Santiago et chancelier de Castille. (Voyez les conditions dans la Chronique Espagnole de D. *Juan el primero* par D. Pedro Lopez de Ayala et dans la chron. Portugaise de D. Ferrand à l'année 1382. J. A. B.

des Cateloings (Castillans), tant les héent (haïssent)-ils; ni oncques ne les pourroient aimer ni les Casteloings (Castillans) eux. Et disoient les Lisbonnois, qui furent principalement émouvement (cause) de cette guerre, que la couronne de Portugal ne pouvoit venir à femme et que la reine de Castille n'en étoit pas héritière, car elle étoit bâtarde, et plus que bâtarde; car le roi Ferrant vivant et mort, encore vivoit Jean Ferrant de Coingne[1] mari à sa dame de mère, et pour ce élurent-ils à roi maître Denis (d'Avis), et le couronnèrent; et demeurèrent avecques lui de commencement quatre cités et bonnes villes, c'est à entendre: Lisbonne, Evre (Evora), Connimbres (Coïmbre) et le port (Porto) de Portugal, et aussi plusieurs hauts barons et chevaliers de Portugal qui vouloient avoir un roi et un seigneur avecques eux et qui véoient la grand' volonté que les communautés des pays avoient à ce maître Denis (d'Avis). Et une des incidences qui plus émut les communautés premièrement de Portugal à non être en la grâce et subjection du roi de Castille, je le vous dirai.

Les Espagnols que je nomme Casteloings (Castillans), quand fut fait de Castille et de Portugal et que le roi Ferrant eut enconvenancé (promis) le royaume de Portugal à venir après son décès au roi Jean de Castille et que les Espagnols trouvoient les Portingalois, ils se gaboient (moquoient) d'eux et disoient: « O gens de Portugal, veuilliez ou non, vous retournerez en notre danger (pouvoir);

---

[1] Joam Lourenço da Cunha. J. A. B.

nous vous tenrons (tiendrons) en subjection et en servage et vous ensoignerons si comme esclaves et juifs et ferons de vous notre volonté. Les Portingalois disoient et répondoient que jà n'aviendroit ni que jà ne seroient en subjection de nul homme du monde fors que de eux, et pour cette cause et ces paroles reprochables des Espagnols, prindrent (prirent)-ils maître Denis (d'Avis), frère bâtard du roi Ferrant et fils du roi Pietre (Pierre) de Portugal.

Tant que le roi Ferrant vesqui (vécut), il ne fit compte de ce bâtard et n'eut jamais cuidé (cru) ni supposé que les communautés de son royaume, lui mort, l'eussent élu et pris à roi et laissé sa fille: mais si firent et bien l'avoit dit au roi Ferrant Jean Ferrant Andere (Amdeiro) son chevalier, que les communautés avoient grandement sa grâce sur lui et que il seroit bon mort; mais le roi Ferrant avoit répondu que les communautés n'avoient nulle puissance sur les nobles de son pays et que le roi son fils Damp Jean de Castille étoit trop puissant roi pour eux contraindre et châtier, si rebellion avoit en Portugal après sa mort; et que nulle conscience il n'avoit de lui faire mourir ni emprisonner, car son frère étoit homme de religion, et avoit bien sa chevance et grandement, sans penser à la couronne de Portugal. Et pour ce étoit-il demeuré en vie.

A parler par raison et considérer tous les articles et points dessus dits qui sont tous véritables, car moi auteur en ai été suffisamment informé par les nobles du royaume de Portugal, ce sont bien choses à émerveiller de prendre et faire un bâtard roi; mais ils n'y trouvoient nul plus prochain. Et disoient les Portingalois, et encore disent, que la reine de Castille madame Bietres (Béatrice) fille à madame Alienor (Léonor) de Coingue (Cunha) est bâtarde et plus que bâtarde par les conditions dessus dites, ni que jà ne sera reine de Portugal ni hoir qui descende de li (elle). Et cette opinion mit bien avant le comte de Foix à ses gens, quand il les ot (eut) mandés à Orthez et il leur donna à dîner et ils prindrent (prirent) congé à lui, car de toutes ces besognes de Portugal et de Castille il étoit suffisamment informé. Et leur avoit dit : « Seigneurs, demeurez ; vous ne vous avez que faire d'embesogner de la guerre de Castille et de Portugal. Car sachez par vérité que le roi de Portugal ni la reine de Castille, qui fut fille du roi Ferrant de Portugal, n'ont nul droit à la couronne de Portugal ; et est une guerre commencée par esredrie (hérésie) et ennemie chose, si vous en pourroit bien mésavenir et ceux qui s'en embesogneront. » Ses gens avoient répondu que puisqu'ils avoient reçu et pris l'argent d'un autel (semblable) seigneur comme le roi Jean de Castille, ils l'iroient servir et desservir (mériter). Le comte de Foix les laissa atant (alors) ester (rester) ; mais tout ou partie y demeurèrent, si comme vous avez dessus ouï.

Or retournons aux besognes de Portugal ; car elles ne font pas à laisser pour les grands faits d'armes et entreprises qui en sont issus et pour historier et cronisier (chroniquer) toutes choses advenues, afin que au temps avenir on les trouve écrites et enregistrées ; car si elles mouroient ce seroit dommage. Et par les clercs qui anciennement ont écrit et enregistré les histoires et les livres, les choses sont sçues, car il n'est si grand ni si beau mémoire comme est d'écriture. Et véritablement je vous dis, et vueil (veux) bien que ceux qui viendront après moi sachent, que pour savoir la vérité de cette histoire et enquerre justement de tout en mon temps, j'en os (eus) beaucoup de peine, et cerchai (cherchai) moult de pays et de royaumes pour le savoir; et en mon temps congneu (connus) moult de vaillants hommes et vis en ma présence, tant de France comme d'Angleterre, d'Écosse, de Castille e de Portugal et des autres terres, duchés et comtés, qui se sont conjoints eux et leurs gens en ces guerres, auxquels j'en parlai et par lesquels je m'informai et volontiers. Ni aucunement je n'eusse point passé une enquête faite de quelque pays que ce fut, sans ce que je eusse, depuis l'enquête faite, bien sçu que elle eut été véritable et notable. Et pourtant (attendu) que, quand je fus en Berne (Béarn) devers le gentil comte Gaston de Foix, je fus informé de plusieurs besognes, lesquelles étoient advenues entre Castille et Portugal, et je fus retourné au pays de ma nation, en la comté de Hainaut et en la ville de Valenciennes, et je m'y fus rafraîchi un terme, et plaisance me prit à ouvrer et à poursuivre l'histoire que je avois commencée, je me advisai par imagination que justement ne le pouvois pas faire par avoir singulièrement les parties de ceux qui tiennent et soutiennent l'opinion du roi de Castille; et me convenoit donc, si justement voulois ouvrer, ouïr autant bien parler les Portingalois, comme je avois fait les Gascons et Espagnols en l'hôtel de Foix et sur le chemin allant et retournant. Si ne resoingnai (craignis) pas la peine ni le travail de mon corps, mais m'en vins à Bruges en Flandre pour trouver les Portingalois et Lisbonnois, car toujours en y a grand'planté (quantité). Or regardez comment je fis, si c'est de bonne aventure: il me fut dit et je le trouvai bien en voir (vrai), que si je y eusse visé sept ans, je ne pouvois mieux venir à point à Bruges que je fis lors; car on me dit, si je voulois aller à Melles-de-Bourch (Middlebourg) en Zélande, je trouverois là un chevalier de Portugal, vaillant et sage homme et du conseil du roi de Portugal, qui nouvellement étoit là arrivé; et par vaillance il vouloit aller et tout par mer en Prusse. Cil (celui-ci) me diroit et parleroit justement des besognes de Portugal, car il avoit été à toutes et par toutes. Ces nouvelles me rejouirent; et me partis de Bruges avecques un Portingalois (Portugais) en ma compagnie qui connoissoit bien le chevalier; et m'en vins à l'Écluse; et là montai en mer et fis tant par la grâce de Dieu que je arrivai à Melles-de-Bourch (Middelbourg); si m'accointa l'homme qui étoit avecques moi du chevalier cy dessus nommé lequel je trouvai gracieux, sage et honorable, courtois et accointable; et fus delez (près) lui tant comme il me plût à y être environ le jour, car il gissoit à la vère par défaut de vent.

Cil (celui-ci) m'endita (instruisit) et me informa de toutes les besognes advenues entre le royaume de Castille et le royaume de Portugal depuis la mort du roi Ferrant jusques au jour qu'il étoit issu hors du dit royaume; et si doucement et si arréement (en ordre) le me contoit, et tant volontiers, que je prenois grand'plaisance à l'ouïr et à l'écrire. Et quand je fus informé de tout ce que je voulois savoir et vent fut venu, il prit congé à moi et entra en une carraque (vaisseau) grande et forte assez pour aller par mer par tout le monde et pris congé à lui dedans le vaissel. Aussi firent plusieurs riches marchands de son pays qui l'étoient venu voir de Bruges et les bonnes gens de Melledebourch (Middlebourg). En sa compagnie étoit le fils du comte de Novaire [1] de Portugal et plusieurs chevaliers et écuyers du dit royaume, mais on lui faisoit honneur dessus tous; et certainement, à ce que je pus voir et imaginer de son état, de son corps et de son affaire, il le valoit, car bien avoit forme taille, et encontre de vaillant et de noble homme. Or retournai depuis à Bruges et en mon pays: si ouvrai sur les paroles et relations faites du gentil chevalier messire Jean Ferrant Perceck (Pacheco) et chroniquai tout ce que de Portugal et de Castille est advenu jusques à l'an de grâce mil trois cent quatre vingt et dix.

(1) On verra plus tard que le nom de Novaire est mis là pour Nuño Alvarez. J. A. B.

CHAPITRE XXIX.

Comment ceux de Portugal envoyèrent messages en Angleterre pour dire et noncier (annoncer) les nouvelles de leur pays au roi et aux grands seigneurs d'Angleterre.

Or, dit le conte, que après ce que le roi Jean de Portugal ot (eut) déconfit en bataille le roi Jean de Castille au champ de Juberot (Aljubarota), près de l'abbaye que on dit au pays à l'Acabasse (Alcobaza), où tant de nobles gens chevaliers et écuyers du royaume de France et de Gascogne et du royaume de Castille furent morts, et que le roi Jean de Portugal pour cette belle et victorieuse journée fut moult élevé, redouté et honoré des Portingalois (Portugais) et qu'il fut reçu en la cité de Lisbonne à son retour de la bataille à (avec) grand' gloire de tout le peuple et à grand triomphe, la couronne de laurier au chef, si comme anciennement souloient (avoient coutume) les rois faire, quand ils victorioient (triomphoient) et vainquoient ou déconfitoient un roi en bataille; et en ot (eut) la cité de Lisbonne joie et revel (réjouissance); et tenu grand' fête avant le département des barons et chevaliers qui là étoient et les consaulx (conseils) des bonnes villes et cités du dit royaume: un parlement fut fait et ajourné pour avoir consultation et avis des besognes du royaume et comment à leur honneur ils se pourroient chevir et persévérer et tenir leur opinion ferme et stable et en honneur. Car, si comme aucuns sages du pays disoient, or à prime venoit le fort de regarder entr'eux et avoir conseil comment ils se pourroient tellement fortifier contre le roi de Castille et sa puissance que ils demeurassent honorablement en leur victoire et que toujours ils le pussent multiplier et exaulcier (agrandir).

A ce parlement qui fut à Lisbonne en l'église cathédrale que on dit de saint Dominique, ot (eut) plusieurs paroles proposées et récitées et mises avant, lesquelles ne sont pas toutes à réciter ni à recorder: mais l'arrêt du parlement fut tel que on envoieroit en Angleterre devers le duc de Lancastre qui se clamoit (prétendoit) héritier du royaume de Castille de par madame Constance sa femme, laquelle avoit été fille aînée du roi Damp Piètre; et lui écriroit-on ainsi : que si jamais il vouloit clamer droit au royaume de Castille ni ses besognes remettre sus qui avoient été un long temps en balance et en aventure d'être perdues, il venist (vint) en Portugal atout (avec) une bonne charge de gens d'armes et d'archers, car il en étoit temps. Lors fut là dit et parlementé par beau langage du comte de Novaire connétable de Portugal(1): « Puisque nous som-

(1) Nuño Alvarez Pereira, qui avoit si efficacement contribué à donner le trône à son ami, le grand maître d'Avis, fut nommé par lui connétable de Portugal, aussitôt son avènement à la couronne. Nuño Alvarez est le héros le plus célèbre de l'histoire de Portugal. J'ai entre les mains deux chroniques Portugaises, une chronique latine et un poëme épique, consacrés uniquement à célébrer ses exploits. Il maria ses filles à des souverains et se trouva ainsi allié à la plupart des familles royales

mes d'accord d'envoyer en Angleterre devers le duc de Lancastre dont nous pensons à être aidés et confortés, et que ce nous est la voie la plus profitable pour donner doute et crainte à nos ennemis; si regardons et avisons en notre royaume hommes sages et notables qui puissent faire ce message et tellement informer le duc de Lancastre et son conseil que il vienne en ce pays de grand' volonté et fort assez pour résister à nos ennemis, avecques l'aide que il aura de nous; car nous devons bien croire et supposer que le roi de Castille se fortifiera grandement du roi de France et des François, car ils ne se savent où employer. Ils ont trieuves (trèves) aux Anglois jusques à la Saint Jean-Baptiste et les Anglois à eux; et encore ont les François bonne paix et ferme aux Flamands, qui moult les ont embesognés et occupés par plusieurs années. »

Là fut la parole du comte de Novaire (Nuño Alvarez) acceptée; et fut dit qu'il parloit bien et à point et que on feroit ainsi. Lors furent nommés par délibération de conseil et arrêt que le grand maître de Saint Jacques du royaume de Portugal et Laurentien Fougasse [1] un moult sage et discret écuyer et qui bien et bel savoit parler François, iroient en ce message en Angleterre; car à

de l'Europe et cependant son nom n'est pas même mentionné dans un seul des dictionnaires biographiques imprimés en France ou en Angleterre. J. A. B.

(1) Rymer (années 1384, 1385, 1386) cite plusieurs actes relatifs à l'envoi de Ferdinand grand maître de St. Jacques, et Laurent Jean Fogaça chancelier de Portugal, comme ambassadeurs en Angleterre. F. A. B.

l'avis du conseil du roi de Portugal, on n'y pouvoit envoyer pour le présent gens qui point mieux sauroient faire la besogne. Si furent lettres écrites et dictées bien et discrètement en bon françois et en latin aussi, lesquelles se devoient adresser au roi d'Angleterre et au duc de Lancastre et à ses frères les comtes de Cantebruge (Cambridge) et de Bouquinghen (Buckingham); et quand ces lettres furent écrites et grossoyées en latin et en françois, elles furent lues devant le roi et son conseil; si plurent grandement, et lors furent-elles scellées et puis délivrées aux dessus dits, le grand maître de Saint Jacques et Laurentien Fougasse (Fogaça), qui se chargèrent entr'eux deux de les porter en Angleterre au plaisir de Dieu, mais (pourvu) que ils pussent passer sauvement les dangers et périls de mer, les fortunes et les rencontres des ennemis et des robeurs, car otretant (autant) bien a robeurs en mer et plus que en terre. Si eurent une nef que on appelle Lin qui va de tous vents et plus sûrement que nulle autre. Si prindrent (prirent) un jour congé du roi et à l'archevêque de Bragues et à l'évêque de Connimbres (Coïmbre) le grand conseil (conseiller) de Portugal et puis vinrent au Port (Porto) et entrèrent au vaissel et esclipèrent (équipèrent) en mer et singlèrent (firent voile) à pouvoir vers le royaume d'Angleterre; et furent trois jours en mer absents de toute terre et ne véoient que ciel et eau, et au quart jour ils virent Cornouaille.

Tant exploitèrent les dessus dits par l'exploit de Dieu et du bon vent et par les marées que leur mariniers savoient prendre à point, et tant côtoyèrent Cornouaille et les bondes (côtes) d'Angleterre que ils arrivèrent sauvement et sans péril au hâvre de Hantonne (Southampton) et là ancrèrent. Si issirent hors de leur vaissel et s'en allèrent rafraîchir en la ville. Là furent bien enquis et examinés du baillif de Hantonne (Southampton) et des gardes de la mer et du hâvre de quel pays ils étoient, ni de qui ils se rendoient, ni quel part ils alloient. Ils répondirent à toutes ces demandes et distrent (dirent) que ils étoient du royaume de Portugal et là envoyés de par le dit roi et son conseil. A ces paroles furent-ils les bien venus.

Quand les dessus nommés messagers se furent reposés et rafraîchis à Hantonne (Southampton) un jour et ils eurent pourvus chevaux pour eux et pour leurs gens et conduiseurs aussi qui les meneroient vers Londres, car ils ne connoissoient le pays ni les chemins, ils se départirent de Hantonne (Southampton), et exploitèrent tant que ils vinrent à Londres. Si descendirent en Grecerche [1] à l'hôtel au Faucon sus Thomelin de Wincestre (Winchester) et renvoyèrent par les gardes qui amenés les avoient leurs chevaux arrière.

Si bien leur chey (arriva) que le roi d'Angleterre et tous ses oncles étoient à Londres ou à Wesmoustier (Westminster), dont ils furent moult réjouis et vinrent à Londres aussi que à heure de tierce. Si y dînèrent ; et après dîner ils s'ordonnè-

[1] Peut-être Grace-Church. J. A. B.

rent et prindrent (prirent) les lettres qui s'adressoient au duc de Lancastre et à la duchesse et s'en allèrent devers eux.

Quand le duc et la duchesse sçurent qui ils étoient si en furent grandement réjouis, car ils désiroient à ouïr nouvelles de Portugal: on leur en avoit bien dites aucunes, mais ils n'y ajoutoient point de foi pourtant (attendu) que le roi ni nul du pays ne leur avoit point envoyé par lettres. Si entrèrent le grand maître de Saint Jacques et Laurentien Fougasse (Fogaça) en la chambre du duc de Lancastre, où là étoit la duchesse; et pour ce que Laurentien savoit bien parler françois, il parla tout premièrement. Et quand il ot (eut) fait la révérence au duc et à la duchesse, il bailla au duc les lettres qui venoient de Portugal. Le duc les prit et bailla à la duchesse celles qui appartenoient à li (elle): si les lisirent (lurent) chacun et puis les recloirent (refermèrent). Si dit le duc aux messages: « Vous nous soyez en ce pays les bien venus; nous irons demain devers le roi et vous ferons toute adresse (réception), car c'est raison. » Adonc traist (tira) la duchesse Laurentien à part et lui demanda des nouvelles de Castille et de Portugal et comment on s'y demenoit. Selon ce que la dame parla, Laurentien répondit bien et à point. Adonc fit le duc venir vin et épices, si burent et prirent congé et puis retournèrent ce soir à leur hôtel.

A lendemain, à heure de prime, tous deux s'en allèrent devers le duc et le trouvèrent que il avoit ouï sa messe: si entrèrent en une barge et allèrent par la Tamise à Wesmoustier, où le roi étoit et la greigneur (majeure) partie du conseil d'Angleterre. Le duc de Lancastre les fit entrer en la chambre du conseil et dit au roi: «Monseigneur, vez-ci (voici) le grand maître de Saint Jacques de Portugal et un écuyer du roi de Portugal qui vous apportent lettres, si les voyez. »—« Volontiers, dit le roi. » Adonc s'agenouillèrent devant le roi les deux messages dessus nommés et Laurentien Fougasse lui bailla les lettres. Le roi les prit et fit lever ceux qui à genoux étoient et ouvrit les lettres et les lisit (lut). Aussi baillèrent-ils lettres au comte de Cantebruge (Cambridge) et au comte de Bouquinghen (Buckingham). Chacun leust (lut) les siennes. Le roi répondit aux messagers moult doucement et leur dit: « Vous soyez les bien venus en ce pays; votre venue nous fait grand'joie et vous ne vous partirez pas si trèstôt ni sans réponse qui vous plaira; et toutes vos besognes recommandez-les à beaux oncles, ils en soigneront et auront en mémoire. » Ils répondirent en eux agenouillant et remerciant le roi. « Très cher sire, volontiers. »

Donc se départirent-ils de la chambre de parement (parade) et du conseil et s'en allèrent ébattre parmi le pays en attendant le duc de Lancastre qui demeura jusques à haute nonne. Le parlement fait, le duc de Lancastre enmena avecques lui ses deux frères dîner à son hôtel et tous y allèrent en leurs barges (bateaux) par la Tamise.

Le comte de Cantebruge (Cambridge) connoissoit assez le grand maître de Saint Jacques et Laurentien Fougasse (Fogaça), car il les avoit vus au temps passé en Portugal, pourquoi, à l'hôtel du duc, après dîner, il les mit en parole de plusieurs choses, présents ses deux frères, et leur demanda du mariage de Castille et de celle qui devoit être sa fille, madame Bietrix (Béatrice), comment il en étoit. A toutes ses paroles répondirent les ambassadeurs sagement et vraiment, tant que les seigneurs s'en contentèrent très grandement.

Voirs (vrai) est que avant que le grand maître de Saint Jacques de Portugal et Laurentien Fougasse fussent venus ni arrivés en Angleterre en ambassaderie, si comme vous pouvez ouïr, le duc de Lancastre et le comte de Cantebruge (Cambridge) son frère, pour le fait du royaume de Castille dont ils se tenoient héritiers par la condition et droit de leurs femmes, avoient eu entr'eux deux ensemble plusieurs consaulx (conseils) et parlements de leurs besognes. Car le comte de Cantebruge (Cambridge), si comme il est ici dessus contenu en cette histoire, s'étoit petitement contenté du roi Ferrant de Portugal et des Portingallois, car'ils avoient logé aux champs quinze jours tout entiers devant les Castelloings (Castillans) et point ne les avoient le roi Ferrant ni son conseil voulu combattre. Si leur avoit bien dit et montré le comte leur défaut et leur avoit dit : « J'ai en ma compagnie de purs Anglois environ cinq cents lances et mille archers. Sachez, sire roi, et vous barons de Portugal, que nous sommes tous conjoints ensemble de bonne volonté pour combattre nos ennemis et attendre l'aventure telle que

Dieu la nous voudra envoyer. » Mais le roi Ferrant dit que il ni ses gens, n'avoient point conseil de combattre: pourquoi, quand le comte vit ce, il se partit et enmena Jean son fils hors du royaume de Portugal [1] et quand il fut retourné en Angleterre, cil (ce) roi de Portugal s'accorda au roi Jean de Castille et maria sa fille à lui pour paix faisant; et ce traité fit messire Jean Ferrant Audere (Amdeiro) un chevalier de Portugal, car le roi Ferrant n'avoit conseil fors en lui. Si demanda bien le roi à sa fille lequel elle avoit plus cher pour son mari; elle avoit répondu que elle aimoit mieux Jean d'Angleterre que Jean de Castille. Le père lui avoit demandé pourquoi; elle avoit dit, pourtant (attendu) que Jean étoit beaux (bel) enfes (enfant) et de son âge, afin que elle n'eut le roi de Castille; et bien l'avoit dit au roi Ferrant son père; mais le roi, pour paix avoir aux Espagnols, pourtant (attendu) que ils lui marchissent (confinent) de tous côtés, l'avoit là mariée; et à ce mariage faire et au demarier son fils, avoit rendu grand'peine le dit chevalier de Portugal, duquel le comte se tenoit mal content, qui s'appeloit messire Jean Ferrant Audere (Amdeiro).

Encore avoit dit le comte au duc de Lancastre son frère que, le roi Ferrant mort, il se doutoit que les communautés du pays de Portugal ne se rebellassent contre cette dame Bietrix; car le plus du pays, combien que le roi eut épousé sa mère madame Alienor de Congne (da Cunha), ne la tenoient pas à

---

[1] Au mois d'octobre 1382. J. A. B.

légitime mais à bâtarde; et en murmuroient jà les Portingalois, lui étant au pays; pour cette cause s'étoit-il pris près de ramener son fils.

Le duc de Lancastre, auquel les choses touchoient trop plus grandement de l'héritage de Castille, car il avoit à femme l'ains-née (aînée) héritière de Castille, que elles ne fissent au comte de Cantebruge (Cambridge), car jà avoit-il une belle fille de sa femme madame Constance, se vouloit bien justement informer de ces besognes et ne les vouloit pas mettre en non chaloir, mais élever et exaulcier (agrandir) du plus que il pouvoit; car il véoit (voyoit) bien si clairement sur son affaire que il ne pouvoit avoir au jour d'adonc nulle plus belle ni plus propice entrée au royaume de Castille que par le royaume de Portugal; et véoit que il en étoit prié et requis grandement et spécialement du roi de Portugal et des barons et communautés du dit royaume et que ce roi Jean de Portugal on le tenoit à sage et vaillant homme et jà avoit déconfit par bataille le roi de Castille atout (avec) grand'puissance, dont il étoit plus honoré; si s'inclinoit trop grandement le duc à aller en Portugal; et aussi le roi d'Angleterre et son conseil lui avoient accordé: mais pour lui justement informer de toutes ces besognes, de l'état et condition du pays, du droit de la dame madame Bietrix (Beatrice) que elle clamoit (réclamoit) à la couronne de Portugal, du droit aussi du roi Jean de Portugal, lequel les communautés avoient couronné à roi, une fois entre les autres il avoit donné à dîner au grand maître de Saint

Jacques et à Laurentien Fougasse (Fogaça) de Portugal en sa chambre tout coiement. Donc après dîner il fit tout homme partir et appela les dessus dits moult amoureusement et les mit en paroles des besognes de Portugal; et pourtant (attendu) que Laurentien Fougasse savoit parler très beau françois et à (avec) trait, et bien lui séoit et appartenoit, le duc adressa sa parole à lui et lui dit: « Laurentien, je vous prie que vous me contiez, tout de point en point et de membre en membre, la condition et manière de votre terre de Portugal et quelles choses y sont advenues depuis que mon frère s'en partit, car le roi de Portugal m'a écrit qu'il n'y a homme en Portugal qui si justement m'en puisse informer comme vous ferez, et je vous dis que vous me ferez grand'plaisance. » — « Monseigneur, répondit l'écuyer, à votre plaisir. » Lors commença Laurentien à parler et dit en telle manière:

« Advenu est en Portugal depuis le département de votre frère le comte de Cantebruge (Cambridge) que le royaume a été en grand trouble et dissention et en grand'aventure d'être tout perdu; mais Dieu merci, les besognes y sont à présent en bon point et en ferme convenant (arrangement) et on ne se doit pas émerveiller si empêchement y ot (eut); car si Dieu n'y eut ouvré par sa grâce, les choses s'y fussent mal portées (faute) et tout par le péché et coulpe, du roi Ferrant dernièrement mort. C'est la voix et la renommée de la plus saine partie du pays, car le roi Ferrant en sa vie aima ardemment de forte amour une dame femme d'un sien chevalier, lequel on cla-

moit (appeloit) messire Jean Laurent de Congne (Cunha). Cette dame, pour sa beauté, le roi de Portugal la voult (voulut) avoir de force; car la dame s'en deffendit tant comme elle pot (put): mais en la fin il l'ot (eut) et lui dit adonc: « Je vous ferai reine de Portugal. Je vous aime; ce n'est pas pour vous amenrir (abaisser), mais exaulcier (élever), et vous épouserai. » La dame à genoux et en plorant (pleurant) lui dit: « Ha, monseigneur, sauve soit votre grâce, je ne puis avoir honneur à être reine de Portugal; car vous sçavez, et aussi sçait tout le monde, que je ai seigneur et mari et ai eu jà cinq ans. »—
« Alienor, dit le roi, ne vous excusez point, car je n'aurai jamais autre femme à épouse, si vous aurai eue; mais tant y a que je vous ferai quitter de votre mari, avant que je vous épouse. » La dame n'en pot (put) autre chose avoir et conta tout le fait à son mari. Quand le chevalier entendit ce, si fut tout pensif et merencolieux (triste), et regarda que bon en étoit à faire; et dit en soi-même que jà il ne quitteroit sa femme. Toutevoies il douta le roi et se partit du royaume de Portugal et s'en alla en Castille devers le roi Henri, qui le reçut et le retint de son hôtel tant comme il vequit (vécut); et aussi fit le roi Jean de Castille qui est à présent.

« Le roi de Portugal, pour accomplir sa folle plaisance, envoya querre (chercher) la dame et le chevalier, maison ne trouva pas le chevalier, car il s'étoit parti. Adonc manda le roi l'évêque de Connimbres (Coïmbre), lequel étoit chancelier pour le temps de tout le royaume de Portugal et de son conseil, et lui dit son entente (intention) et qu'il vouloit épouser Alienor de Congne (Cunha) : l'évêque douta le roi, car il le sentoit de grand'hautaineté et merveilleuse condition ; si n'osa répondre du contraire. Et aussi messire Jean Ferrant Audere (Amdeiro), qui étoit tout le conseil et le cœur du roi, pour servir le roi à gré, lui dit : « Évêque, vous le pouvez bien faire ; monseigneur se fera à une fois dispenser de tout. » L'évêque les épousa ; et furent ensemble ; et fut cette dame couronnée et solemnisée à reine par toutes les cités de Portugal, aussi grandement et en aussi grand'révérence que oncques reine de Portugal eut été ; et engendra le roi en cette dame une fille, laquelle est pour le présent, si comme, monseigneur, vous savez, reine de Castille.

« Voir (vrai) est que, le roi Ferrant vivant, il manda un jour à Lisbonne tous les prélats et nobles et le conseil des cités, des ports et des villes et seigneuries du royaume de Portugal et fut ce fait ; avant que monseigneur votre frère, monseigneur de Cantebruge (Cambridge), venist (vint) à (avec) toute son armée en Portugal et fit à tous jurer et reconnoître sa fille madame Bietrix (Beatrice), qui lors avoit espoir (peut-être) cinq ans, que après son décès on la tiendroit à dame et héritière de Portugal. Tous jurèrent, voulsissent (voulussent) ou non, mais bien savoient la greigneur (majeure) partie de ceux qui là étoient que cette fille étoit bâtarde et née en adultère, car encore vivoit le mari madame Alienor appelé messire Laurent de Congne (Cunha) et se tenoit en Castille avecques le roi. Et vequit (vécut) le vivant du roi Ferrant et outre. Bien crois, monseigneur, dit l'écuyer qui parloit, que si la fille eut été un fils que toute la communauté de Portugal s'y fut trop plus inclinée et plutôt que ils ne font ni jà feront, si comme ils disent; car ils auroient plus cher à mourir que de être en la subjection du royaume de Castille ni oncques ceux du royaume de Portugal et ceux de Castille ne se purent parfaitement amer l'un l'autre; mais se sont par trop de fois hériés et guerroyés, si comme les Ecossois béent (haïssent) et guerroyent à leur pouvoir ceux de ce pays d'Angleterre. »

Adonc demanda le duc de Lancastre à l'écuyer, lequel oyoit moult volontiers parler et faire son conte: « Laurentien, où étoit pour le temps que vous me parlez le roi Jean qui est pour le présent et lequel étoit frère de ce roi Ferrant? » — « Par ma foi, monseigneur, répondit l'écuyer, il étoit en Portugal en une maison de seigneurs qui portent une ordre de chevaliers d'oultre mer. Mais ils sont vêtus de blancs habits, à une vermeille croix; et en étoit souverain. Et sont bien eux deux cents tous gentils hommes de cet ordre; et l'appeloit-on là maître Denis (d'Avis), car l'hôtel et l'ordre en Portugal on appelle Denis (d'Avis) [1] et lui avoit le roi fait

---

[1] L'ordre d'Avis est un des quatre grands ordres militaires institués en Portugal pour la défense du royaume. Ces ordres sont, l'ordre d'Avis, celui de St. Jacques, celui du Christ et celui de l'hôpital St. Jean. Le roi D. Alphonse Henriquez institua l'ordre d'Avis à l'imitation de la chevalerie du Temple et de l'hôpital St. Jean, et on les trouve déjà mentionnés dans la bataille du champ d'Ourique en 1139. Cet ordre prit le nom d'Avis, lorsqu'il eut aidé à chasser les Maures de cette ville, où fut établi son chef-lieu. (Voyez *Noticias de Portugal* par

donner; et ne faisoit nul compte de son frère. Et autant bien le roi Jean à présent n'en faisoit nul compte des besognes de Portugal ni ne s'en entremettoit en rien, ni ne pensoit à la couronne ni au royaume; car pour certain, si le roi Ferrant de Portugal eut eu nulle inspiration ni imagination de ce qui est à présent, il aimoit bien tant madame Alienor et madame Bietrix sa fille, que il eut enchartré (enfermé) ou fait mourir son frère qui s'appeloit maître Denis (d'Avis): mais pourtant (attendu) que il véoit que cil (celui-ci) se tenoit en sa maison coiement avecques ses frères de l'ordre, il ne pensoit rien sur lui et le laissoit vivre en paix. Et la dissention qui est à présent entre les Casteloings (Castillans) et les Portingalois, certainement, monseigneur, à parler par raison, les Espagnols en sont cause et coulpe (faute). » — « Et pourquoi? dit le duc. » — « Je le vous dirai, répondit l'écuyer. Quand les Casteloings (Castillans) virent que le roi Ferrant ot (eut) mariée sa fille à leur seigneur, le roi de Castille, il leur sembla que il avoit acheté la paix à eux et qu'il les doutoit: si s'en orgueillirent grandement et en commencèrent à tenir leurs remposnes (railleries) et leurs gros mots, lesquels les Portingalois oyoient trop enuis (avec peine); car ils disoient ainsi en leur langage: « Or, entre vous de Portugal, tristes gens, rudes comme bêtes, le temps est venu que nous aurons bon marché de vous. Ce que vous avez est et sera nôtre. Nous vous mettrons par

---

Manoel Severin de Faria. T. 1. Chap. 17. de l'institution des ordres militaires.) J. A. B.

tasseaux et par troupeaux, si comme nous faisons les Juifs qui demeurent par treu (tribut) dessous nous. Vous serez nos subgiez (sujets), à ce ne pouvez vous contredire ni reculer, puisque notre sire le roi de Castille sera votre roi. »

« De telles paroles et d'autres aussi felles (cruelles) et vénimeuses étoient servis et appelés souvent les Portingalois des Espagnols quand ils les trouvoient, et proprement le roi Ferrant vivant. Donc les Portingalois accueillirent les Castelloings (Castillans) en tel haine que quand le roi Ferrant ot (eut) marié sa fille au roi de Castille et il fut chu en maladie et en langour (langueur) qui lui dura plus d'un an entier, ès cités et bonnes villes de Portugal, les hommes murmuroient ensemble et disoient: « Il vaut mieux mourir que d'être au dangier (pouvoir) ni en la subjection des Castelloings (Castillans) » Et lorsque le roi Ferrant fut mort, qui fut ensépulturé (enseveli) en l'église des frères religieux de Saint François, en la cité de Lisbonne, les cités et bonnes villes et châteaux du royaume de Portugal se cloirent (fermèrent); et fut mandé à Lisbonne le roi qui est à présent des Lisbonnois, lesquels savoient bien l'intention et courage des trois autres cités de Portugal, c'est à entendre de ceux du Port (Oporto), de ceux de Connimbres (Coïmbre) et de ceux de la ville et cité d'Eures (Evora), et lui dirent: « Maître Denis (d'Avis), nous vous voulons faire roi de ce pays, jà soyez-vous bâtard; mais nous disons que madame Bietrix (Beatrice) votre cousine, la reine de Castille, est plus née en bâtardie que vous ne êtes. Car encore vit le premier mari madame Aliénor, nommé messire Jean Laurent de Congne (Cunha); et puisque la chose est advenue ainsi, que la couronne de Portugal est chue en deux membres, nous prendrons le plus profitable pour nous. Et aussi la plus saine partie s'incline que nous vous fassions roi; car jà à femme la couronne de Portugal n'ira, ni jà en la subjection du roi de Castille ni des Castelloings (Castillans) nous ne serons. Si avons plus cher que vous preniez tout le nôtre pour nous aider à garder et tenir en droit nos franchises que ceux de Castille en soient maîtres ni seigneurs. Si recevez ce don et la couronne de Portugal, car nous voulons qu'il soit ainsi. »

« Maître Denis (d'Avis), monseigneur, qui est à roi à présent, ne prit pas ni ne reçut ce don à la première fois ni à la seconde requête des communautés de Lisbonne et répondit: « Bonnes gens, je sais bien que de bonne volonté et par grand' affection que vous avez à moi, vous me offrez la couronne et seigneurie de Portugal qui est grand'chose; et si dites et aussi fais-je, que je y ai grand droit ou plus que ma cousine la reine de Castille, la fille Alienor de Congne (Cunha); car voir (vrai) est que elle est bâtarde: encore vit son mari qui est en Castille. Mais il y a un point, vous ne pouvez pas, tous seuls et singuliers, mettre sus ce fait ni cette besogne. Il faut que les nobles de ce royaume, tous ou en partie, s'y accordent. » — « Ha ! répondirent ceux de Lisbonne, nous en aurons assez; car jà savons-nous les courages (intentions) de plusieurs qui se sont découverts à nous, et aussi de trois cités de ce royaume qui y sont les principales avecques nous, Eures (Evora), Connimbres (Coïmbre) et le Port (Oporto) de Portugal. » Adonc répondit le roi qui est à présent et dit: « Or, soit ainsi; je vueil (veux) ce que vous voulez: vous savez comment madame Aliénor qui se dit et est dite reine de ce pays, est encore en cette ville et a avecques li (elle) son conseiller messire Jean Ferrant Audère (Amdeiro), qui veut garder la couronne et l'héritage de Portugal à la reine de Castille et sera pour li (elle) en tous états; car il la maria au roi de Castille et la démaria du fils du comte de Cantebruge (Cambridge) pour faire la paix de Castille et de Portugal. Et a mandé espoir (peut-être) ou mandera le roi de Castille que il vienne hâtivement fort assez pour combattre et soumettre tous ses rebelles; et jà en a Jean Ferrant Audère (Amdeiro) fait fait et partie, si comme vous savez, et fera encore plus pleinement au jour de l'obsèque de monseigneur mon frère le roi, lequel on fera prochainement en cette ville où tous les nobles ou partie, si ils ne s'excusent, de ce pays seront Si faut pourvoir et aviser selon ce. »

« Donc répondirent cils (ceux) qui en la présence de ce maître Denis (d'Avis) étoient: « Vous ne dites pas grand'merveille, car nous savons moult bien qu'il est ainsi; si y pourverrons à ce jour tellement, selon ce que nous orrons parler Jean Ferrant Audère (Amdeiro), que vous vous en apercevrez. » En ce point fina leur parlement.

« Ne demeura guères longuement que on fit l'obit du roi Ferrant de Portugal à Lisbonne en l'église de saint François là où il gît [1]. Et là furent grand' foison des nobles du royaume de Portugal, car ils en étoient priés de par la reine; et là fut le roi qui est à présent, et grand' foison des communautés du pays et par spécial des trois cités dessus nommées; Connimbres (Coïmbre), Eures (Evora) et le Port (Oporto) de Portugal, car elles se concordoient avecques ceux de Lisbonne. L'obit du roi Ferrant fait, Jean Ferrant Audere (Amdeiro) fit prier de par la reine aux nobles de Portugal qui là étoient que point ne se voulsissent (voulussent) partir de Lisbonne, ce jour ni lendemain, car il vouloit avoir avecques eux parlement, et aussi aux bonnes villes pour savoir comment on se cheviroit de mander en Castille le roi Jean et sa femme madame Bietrix (Beatrice) leur dame, car elle étoit héritière de son droit du royaume de Portugal. Tous les nobles ou partie qui ouïrent ces paroles n'en firent compte, mais doutoient moult fort de la communauté du pays qui là étoit assemblée, car ils avoient jà ouï murmurer les plusieurs que ils vouloient couronner à roi maître Denis (d'Avis) et aussi bien en avoit ouï parler Jean Ferrant Audère (Amdeiro). Pour tant prioit-il les nobles du pays qu'ils demeurassent avecques lui pour aider à mettre sus et à soutenir son opinion; mais tous li (lui) faillirent. Et si très tôt comme on ot (eut) fait l'obit du roi en l'église des frères de saint François et que la reine Aliénor fut retournée au

---

[1] Le roi Ferdinand étoit mort le 22 octobre 1421 ou 1383 suivant notre ère. Il fut enterré quelques jours après au monastère des Franciscains de Santarem, dont il avait porté l'habit en mourant. J. A. B.

palais que on dit à la monnoie et que l'on eut dit : aux cavailhons, aux cavailhons ⁽¹⁾ ! qui veut dire en langue françoise aux chevaux, aux chevaux ! tous ou en partie montèrent à cheval et se départirent de Lisbonne sans congé prendre. Bien pot (put) être que aucuns demeurèrent qui étoient de la partie du roi à présent ; mais ceux se trairent (rendirent) en leurs hôtels et se tinrent là tous cois et se dissimulèrent, car bien imaginoient qu'il avenroit (adviendroit) ce qu'il advint. Je vous dirai quoi.

« L'obit du roi Ferrant fait, les communes de Lisbonne et Counimbres (Coïmbre) et du Port (Oporto) et d'Eures (Evora) qui là étoient ne retournèrent pas tantôt en leurs maisons, mais s'en allèrent en l'église cathédrale à Lisbonne, que on dit de saint Dominique ; et là s'assemblèrent et maître Denis (d'Avis) avecques eux. Là firent-ils parlement ensemble qui ne dura pas longuement, car le roi qui est à présent leur dit : « Bonnes gens, vous me voulez prendre à roi et je dis que c'est mon droit. Et si vous voulez persévérer en votre propos, il est heure que vous ouvrez (agissiez) et que vous montrez fait et puissance ; car vous savez comment Jean Ferrant Audère (Amdeiro) procure devers les nobles de ce pays que le roi de Castille soit mandé ; et dit et maintient que la couronne de Portugal lui appartient de par sa femme ma cousine ; et je dis, si vous le voulez aider à mettre sus, que je y ai aussi grand droit ou plus que elle n'a. Vous savez bien toutes les inciden-

---

(1) As Cavalhos. J. A. B.

ces : je suis homme et suis frère au roi Ferrant et fils au bon roi Pierre de Portugal qui vaillamment vous gouverna. Voir (vrai) est que ma cousine la reine de Castille fut fille au roi Ferrant; mais ce n'est pas par loyal mariage. » Donc distrent (dirent) ceux de Lisbonne : « Il est vérité ce que vous dites; nous ne voulons autre roi que vous, et vous ferons roi qui qui le veuille voir; et nous jurez ci que vous nous serez bon et propice et tiendrez justice, ni point ne fléchirez pour le fort ni pour le foible; et garderez et soutiendrez de bon cœur et défendrez, parmi l'aide que nous vous ferons, les droitures de Portugal. » Répondit le roi qui est à présent : « Bonnes gens, ainsi je le vous jure, et principalement je vous requiers que vous allez, et moi avecques vous, à la monnoie où Jean Amdeiro se tient avecques Aliénor de Congne (Cunha); car je veuil (veux) qu'il muire (meure), il l'a desservi (mérité) à l'encontre de moi et de vous, quand il soutient autre querelle que vous ne voulez. » Ils répondirent tous d'une voix : « Nous le voulons; voirement (vraiment) vous est-il désobéissant et rebelle, si faut que il muire (meure), et tous ceux qui contraires vous seront, parquoi le demeurant du pays y prendront exemple. »

Tantôt les Lisbonnois furent conseillés et se départirent du moustier de saint Dominique, et étoient bien quinze cents tous d'une congrégation, et le roi qui est à présent avecques eux; et s'en vinrent tout fendant parmi la ville devers la monnoie où la reine Alienor et Jean Ferrant Amdeiro étoient. Encore se boutoient toutes manières de gens en leurs rou les (troupes). Quand ils furent venus à l'hôtel qu'on dit la monnoie, on rompit les portes et entra-t-on dedans par force, et vint-on en la chambre de la dame qui fut moult effrayée quand elle vit tant de peuple venir yreusement (en colère) sur li (elle). Si se jeta à genoux devant maître Denis (d'Avis) et lui pria à mains jointes que on eut pitié de li (elle), car elle ne cuidoit (croyoit) avoir rien forfait, et que à la couronne et à l'héritage de Portugal elle ne demandoit rien; et bien savoient toutes gens, si il leur en vouloit souvenir: « Mais, je vous prie, maître Denis (d'Avis) et aussi fais-je à tout ce peuple que à ce besoin il vous en souvienne que outre ma volonté le roi Ferrant me mit en la seigneurie et couronne de Portugal et me prit et épousa et fit reine de ce pays. » — « Dame, répondit maître Denis (d'Avis), ne vous doutez en rien, car jà de votre corps vous n'aurez mal, ni nous ne sommes point ci venus pour vous porter dommage du corps ni contraire; mais y sommes venus pour ce traisteur (traître) qui là est Jean Ferrant Amdeiro. Si faut qu'il muyre (meure) tout du commencement et puis le venge le roi de Castille, si il peut; car il a été trop longuement en ce pays son procureur. » A ces mots s'avancèrent ceux qui ordonnés étoient pour ce faire. Si prirent le chevalier et tantôt le mirent à mort: il n'y eut plus rien fait pour l'heure ni homme assailli ni mort [1], ni plus on n'en vouloit avoir;

---

(1) En même temps que le grand maître d'Avis assassinoit de sa main (en 1383) Jean Ferrant Amdeiro, comte d'Ouren, le peuple se portoit à la tour de la grande église de Lisbonne et y assassinoit l'évê-

mais retourna chacun en son hôtel et le roi qui est à présent ralla au sien.

« Après la mort de Jean Ferrant Amdeiro, madame Aliénor qui reine avoit été de Portugal, ot (eut) conseil et volonté de partir de Lisbonne et de soi traire (rendre) en Castille et aller devers le roi et sa fille, car elle avoit été tant effrayée de la mort de son chevalier que elle avoit été sur le point d'être morte : si ne vouloit plus demeurer en Portugal, car elle n'y pouvoit avoir paix ni honneur. Si en fit pour li (elle) et en son nom requerre et prier maître Denis (d'Avis). Il s'y accorda légèrement (facilement) et dit que il lui plaisoit bien que elle se partisist (partît) et que bien y avoit cause. Si se départit la dame avecques tout son arroi de Lisbonne et de Portugal et chemina tant par ses journées qu'elle vint en la cité de Séville, où le roi de Castille se tenoit pour le temps et la reine aussi; et quand madame Aliénor fut venue là, elle trouva presque tous les nobles de Castille là assemblés, car il y avoit quand parlement sur le fait de Portugal; car le roi Jean de Castille se vouloit conseiller comment il se chéviroit et disoit que le royaume de Portugal lui étoit venu et échu par la succession du roi Ferrant père de sa femme et que quand il la prit à femme et à épouse il lui accorda, et tout le pays aussi.

« Madame Aliénor de Congne (Cunha) fut reçue

que D. Martin, conseiller du roi Ferrant, et natif de Zamora qui, s'y étoit réfugié. La reine Léonore obtint de quitter Lisbonne et de se rendre d'abord à Alanquer et de là à Santarem. (Voyez Lop. de Ayala, Fernan Lopes et Duarte de Liaõ.) J. A. B.

et recueillie du roi et de sa fille moult doucement, ce fut raison. Adonc fut-elle demandée et examinée des besognes de Portugal, comment elles se portoient. Elle en répondit de tout ce que elle en avoit vu et que elle savoit et que bien étoit apparent au pays de Portugal que les communautés couronneroient à roi, si on ne leur alloit au devant, maître Denis (d'Avis)[1], et que jà pour cette cause avoient-ils occis son chevalier Jean Ferrant Amdeiro, pourtant (attendu) que il soutenoit, et avoit toujours soutenu la querelle du roi de Castille.

« De tout ce que la dame dit, elle fut bien crue, car on en véoit l'apparent; et aussi plusieurs chevaliers et hauts barons qui avoient plus leur affection roi de Castille, pour la cause de la fille au roi Ferrant et pour aussi tenir et garder les serments solemnels que ils avoient faits au roi de Castille à la requête du roi de Portugal, quand il donna par mariage sa fille au roi de Castille: si s'en vouloient acquitter, se départoient du royaume de Portugal et s'en venoient en Castille, et laissoient leurs terres et leurs héritages sur l'aventure et espoir du retourner. Et tout premièrement le comte Alphonse Role[2]; le grand prieur de saint Jean de Portugal[3], messire Dilgarie (Diego Alvarez) son frère,

---

[1] Le maître d'Avis avoit déjà été nommé régent du royaume. J.A.B.

[2] C'est peut-être Affonso de Merlo qui vint en effet se joindre au roi Jean de Castille. J. A. B.

[3] Le prieur de l'hôpital St. Jean s'appeloit D. Pedro Alvarez Pereyra. J. A. B.

Auge Silvasse de Genève [1], Jean Sausalle [2], et bien eux vingt cinq, desquels le royaume de Portugal à ce commencement fut grandement affoibli et le roi de Castille réjoui et renforcé.

« Si fit un commandement le roi de Castille par tout son royaume très grand et très spécial que tous nobles et gens portants armes entre quinze et soixante ans vinssent au champ de Séville, car il vouloit de fait et de puissance entrer au royaume de Portugal, comme sur son propre héritage et le conquerre. A son commandement obéirent, ce fut raison, tous ceux qui de lui tenoient; et s'en vinrent au champ de Séville et là s'assemblèrent et furent bien soixante mille hommes, que uns que autres.

« Quand messire Laurent de Congne (Cunha), le chevalier de Portugal qui marié avoit été et encore étoit à dame Aliénor, que le roi Ferrant de Portugal avoit prise à femme et fait reine de Portugal, entendit que sa femme étoit venue hors de Portugal et traite (rendue) en Castille, si se trait (rendit) devers aucuns du conseil du roi de Castille dont il étoit moult bien, et leur demanda et dit, en soi conseillant à eux : « Mes seigneurs et grands amis, comment me pourrai-je chevir de Aliénor ma femme qui est issue de Portugal et venue en ce pays. Je sçais bien que le roi Ferrant est mort, si comme vous savez; par raison je dois ravoir ma femme, et la ca-

---

[1] Peut-être Alphonse Gomez da Silva. J. A. B.
[2] Peut-être Gonzalez de Sousa. (Voyez L. de Ayala. P. 188. Chronique de D. Jean). J. A. B.

lengerai (réclamerai) si vous le me conseillez. » Ceux répondirent à qui il en parloit et par lequel conseil il vouloit user et lui dirent : « Jean, jà ne vous advienne que nul semblant vous fassiez du demander, ni ravoir, ni reprendre, car vous vous forferiez trop grandement et abaisseriez la dame de son honneur, et aussi la reine de Castille, et la feriez plus que bâtarde. Vous savez que jà le roi de Castille veut demander et calenger (réclamer), comme son propre héritage retournant à li (elle), le royaume de Portugal et claime (réclame) ce droit de par sa femme. Vous éclairciriez ce qui est en trouble et dont on ne se donne de garde; vous vous mettriez à mort et jugeriez de vous-même, si vous faisiez la reine de Castille bâtarde; car on soutient en ce pays la cause et la querelle que elle est de juste mariage et dispensée de pape. » — « Et quel chose est bon, dit le chevalier, que je en fasse. » — « Nous vous disons pour le meilleur, répondirent ceux qui le conseilloient, que du plutôt que vous pourrez, vous issiez (partiez) hors de Castille et vous retrayez (retiriez) sur votre héritage en Portugal et laissiez madame Aliénor avecques sa fille; nous n'y véons autre salvation (salut) pour vous. » — « Par ma foi, dit le chevalier, je vous croirai, car vous me conseillez loyalement à mon avis. »

« Depuis ne séjourna en Castille messire Jean Laurent de Congue (Cunha) que trois jours et ordonna toutes ses besognes secrètement; et se départit de Castille et chevaucha au plutôt qu'il pot (put) et s'en vint à Lisbonne; et là trouva le maître Denis (d'Avis), et lui dit que il le venoit servir et se mettoit en son obéissance; car il le tenoit bien à roi. Maître Denis (d'Avis) en ot (eut) grand'joie et lui dit que il fut le bien venu. Si lui rendit tout son héritage et le fit capitaine de Lisbonne. Ainsi, monseigneur, que je vous conte advint de cette besogne. »

CHAPITRE XXX.

Comment Laurentien Fougasse (Fogaça) ambassadeur envoyé de Portugal en Angleterre raconta au duc de Lancastre la manière du discord qui étoit entre Castille et Portugal.

Moult prenoit le duc de Lancastre grand'plaisance à ouïr Laurentien Fougasse (Fogaça) parler, car il parloit bien et attremprement et bon François; et pourtant que la matière dont il parloit lui touchoit, car il vouloit venir jusques au fond de ces besognes, si lui dit moult doucement: « Laurentien, parlez toujours avant: je ne vis ni ne ouïs homme étranger, passé a deux ans, parler, aussi volontiers comme je fais vous; car vous allez toute la vérité avant; et les lettres que le roi de Portugal m'a envoyées par vous en font bien mention que, de tout ce qui est avenu entre Castille et Portugal, vous me informeriez justement. » — « Monseigneur, répondit l'écuyer, peu de choses sont advenues, tant de faits d'armes entre Castille et Portugal où je n'aie été et dont je ne sache bien parler; et puisqu'il vous plaît que je poursuive ma parole avant, je parlerai.

« Le roi Jean de Castille assembla ses gens au plutôt que il put et s'en vint à grand'puissance devers Lisbonne, avant que le roi de Portugal, qui est à présent, fut couronné, pour donner paour (peur) et crainte aux Portingalois et pour montrer que il avoit droit à l'héritage; et s'en vint tout premièrement devant Saint Yrain (Santarem), qui est l'entrée de Portugal et là s'arrêta deux jours. La ville et ceux qui dedans étoient et qui la gouvernoient orent (eurent) paour (peur) de sa venue, pour la grand'foison de gens d'armes que il menoit. Si se rendirent à lui et lui ouvrirent la ville. Après ce, quand il en ot (eut) pris la possession et il ot (eut) laissé dedans gens d'armes pour la garder et aussi pour la doute (crainte) des rebellions, il se partit à (avec) tout son ost et chemina tant que il vint devant la ville de Tuy[1], qui est moult forte: il la avironna et fit assaillir. Ceux de Tuy étoient assez de la partie de la reine de Castille, car madame Aliénor sa mère étoit là assignée de son douaire. Si se rendirent au roi Jean de Castille moult légèrement et mirent en son obéissance.

« Quand le roi en ot (eut) la possession, il y établit gens d'armes et gardes de par lui et puis passa la rivière et vint devant la cité de Valence en Portu-

---

[1] Tuy n'est pas en Portugal, mais en Espagne, de l'autre côté du Minho en face de Valencia. Johnes substitue Leiria à Tuy. J. A. B.

gal et là s'arrêta et mit siége; et manda à ceux de dedans que ils s'humiliassent envers lui et le reçussent à roi. Ceux de Valence répondirent que il passât outre et allât devant Lisbonne et sitôt comme ils pourroient savoir que il auroit mis, fût par amour ou par puissance, les Lisbonnois à obéissance, ils lui envoieroient les clefs de la ville. Cette réponse plut assez bien au roi; et se partit de Valence et vint devant la ville de Maures (Guimaraens), lesquels aussi se composèrent si comme firent ceux de Valence. Aussi firent semblablement ceux de une cité que on nomme Serpes [1], qui est moult forte et moult belle, où le roi de Castille vouloit venir. Mais quand il ot (eut) entendu que ils se composoient ainsi que les autres, il fut content et n'y alla point, mais prit le chemin de Lisbonne [2] et laissa le chemin de Connimbres (Coïmbre), car il lui sembla, et voir (vrai) étoit, que se il pouvoit mettre ceux de Lisbonne en son obéissance, il auroit aisément tout le

---

[1] Peut-être Chavez. Je ne trouve de ce côté aucun lieu du nom de Serpa. J. A. B.

[2] Lopez de Ayala fait tenir une toute autre route au roi Jean de Castille. Suivant lui, le roi Jean se rendit d'abord de Séville à Plasencia, dans le voisinage de la frontière du Portugal; de là il négocia avec l'évêque de Guarda et entra dans cette place. De là il se rendit à Santarem, d'où il donna le 22 Janvier à D. Pedro Lopez de Ayala l'historien, son chancelier, qui étoit en France, un plein pouvoir pour composer tous les différends qu'il avoit eus avec le roi d'Angleterre et Jean duc de Lancastre. De Santarem il alla se placer dans les environs de Lisbonne, en envoyant ses troupes prendre possession d'Evora et des autres places. Après quelques jours il alla prendre en personne possession de Coïmbre, et revint prendre sa position dans les environs de Lisbonne: il se trouvoit à Morinera près de cette capitale le 20 mai 1384. J. A. B.

demeurant du pays. Et quel part que le roi d'Espagne allât, il menoit la reine sa femme avecques lui, pour mieux montrer aux Portingalois que le droit étoit sien et que à bonne et juste cause il calengoit (réclamoit) l'héritage de sa femme.

« Tant exploita le roi Jean de Castille à (avec) tout son ost que il vint devant la cité de Lisbonne en Portugal; si l'assiégea grandement et montroit bien par son siége que point ne s'en partiroit si l'auroit tournée à sa volonté; et menaçoit aussi grandement maître Denis (d'Avis) qui dedans étoit enclos; et disoit bien que il le prendroit et puis le feroit mourir de male mort et tous les rebelles aussi.

« Moult étoit l'ost du roi d'Espagne grand et étendu, car moult y avoit de peuple et avoient les Espagnols et les François, qui là étoient en l'aide du roi d'Espagne, la cité enclose et avironnée par telle manière que nul n'en pouvoit issir (sortir) ni entrer que il ne fut pris et tantôt mort. Et avenoit à la fois que si par escarmouche ou autrement les Espagnols prenoient un Portingalois, ils lui crévoient les yeux ou lui tolloient (ôtoient) un pied ou un bras ou un autre membre et le renvoyoient ainsi meshaignié (blessé) en la cité de Lisbonne; et disoient à celui que ils renvoyoient: « Vas, et dis que ce que nous t'avons fait, c'est en dépit des Lisbonnois et de leur maître Denis (d'Avis) que ils veulent couronner à roi. Et bien sachent que nous serons tant ci à siége que de force nous les aurons, ou par famine ou autrement, et tous les ferons mourir de male mort et mettrons la cité en feu et en flambe; ni jà pitié ni merci n'en aurons. » Et quand les Lisbonnois prenoient un Castelloing (Castillan), ils ne faisoient pas ainsi ; car le roi de Portugal qui est à présent le faisoit tenir tout aise et puis le renvoyoit sans violence de corps ni de membre, dont ils disoient en l'ost les aucuns que il lui venoit de grand' gentillesse, car il rendoit bien pour mal.

« Et vous dis que le siége étant devant Lisbonne, qui dura plus d'un an, toutes les semaines il y avoit une ou deux escarmouches et faits d'armes, de morts, de blessés et de navrés d'une part et d'autre et aussi bien tenoient-ils siége par mer que par terre ; et étoit l'ost aisé de tous vivres grandement et largement, car il leur en venoit de tous côtés du royaume de Castille. Et advint que à une grande escarmouche que li Espagnols firent à l'une des portes de Lisbonne, messire Jean Laurent qui étoit capitaine de Lisbonne saillit hors aux barrières, son pennon des armes de Congne (Cunha) en Portugal devant lui, et avecques lui grand' foison d'apperts compagnons. Et là ot (eut) ce jour aux barrières fait plusieurs grands appertises d'armes et traite (tirée) et lancée mainte darde. »

« Par ma foi, dit le duc à Laurentien, de toutes les armes que les Castelloings (Castillans) et ceux de votre pays font et sçavent faire, celle de jeter la darde me plaît le mieux et le vois le plus volontiers. Car trop bien me plaît et trop bien en sçavent jouer, et qui en est atteint à coup, je vous dis que il faut que trop fort il soit armé si il n'est percé tout outre. »—« Par ma foi, monseigneur, répondit l'écuyer, vous dites voir (vrai); encore vis-je en ces armes et assaut qui là fut, autant de beaux coups rués et aussi bien assegnés (assenés) que je fis oncques en toute ma vie. Et par spécial il en y ot (eut) un qui moult nous coûta et qui nous tourna à grand' déplaisance, car messire Jean Laurent de Congne (Cunha) en fut féru de une, par telle manière que le fer lui perça ses plates et sa cotte de mailles et un floternel [1] empli de soie retorse et lui passa tout parmi le corps tant que il la convint soier (couper) et bouter outre. Adonc cessa l'escarmouche pour la cause du chevalier qui mourut. Ainsi fut madame Aliénor veuve en un an de ses deux maris.

« Sachez, monseigneur, que messire Jean Laurent de Congne (Cunha) ot (eut) grand'plainte, car il étoit moult vaillant homme aux armes et plein de bon conseil. Adonc après la mort du chevalier fut capitaine de Lisbonne un sien cousin et moult vaillant homme aussi qui s'appelle le Ponnasse de Coigne (Cunha). Cil (celui-ci) fit sur les Espagnols trois ou quatre issues qui leur porta grand dommage.

« Ainsi se continua le siége de Lisbonne; et vous dis que plusieurs fois on fut moult ébahi dedans la ville; car confort ne leur apparoît de nul côté. Quand on vit que nul ne venoit d'Angleterre où toute leur espérance étoit, si fut le roi qui est à présent con-

---

[1] Espèce de casaque militaire, de peau piquée, qu'on mettoit sous es armures. C'étoit la même chose que ce qu'on appeloit une jaque. J. A. B.

seillé d'entrer en une nave (nef) et de venir en ce pays; car messire Jean Radigo de Passe et messire Jean Tête d'Or et l'archidiacre de Lisbonne, lesquels on avoit envoyés devers le roi d'Angleterre et devers vous et votre frère monseigneur de Cautebruge (Cambridge), pour avoir confort et aide, avoient rapporté nouvelles en Portugal que vous les conforteriez. » — « En nom Dieu, répondit le duc de Lancastre, vous dites voir (vrai); et aussi j'en fus sur le point et tout appareillé. Mais en ce temps la guerre de Flandre et de Gand couroit. Si vinrent les Gantois pour avoir secours devers nous; si eurent tous ceux ou en partie que je devois mener en Portugal; et les mena l'évêque de Nordvich (Norwich) messire Henri de Percy par de là la mer. Ce brisa et retarda le voyage de Portugal. » — « En nom Dieu, monseigneur, dit l'écuyer, nous pensions bien que aucun grand empêchement avoit en Angleterre, pourquoi vous ne pouviez venir. Toutefois nous fimes aux mieux et au plus bel que nous pûmes et nous tînmes et portâmes vaillamment encontre le roi de Castille et sa puissance qui lors n'étoit pas petite; car ils étoient plus de soixante mille hommes que par mer que par terre et tous nous menaçoient d'ardoir et d'exillier (détruire) sans merci en notre ville et cité de Lisbonne.

« Or advint que le siége étant devant Lisbonne, si comme je vous conte, un comte de notre pays de Portugal, lequel s'appelle le comte d'Angouse (Acosta) nous fit un très grand et bel secours, et pour lui il y acquit haute honneur, car il arma vingt gallées au Port (Oporto) de Portugal de bonnes gens d'armes et de belles pourvéances et puis s'en vint radant (rasant) et singlant parmi la mer et passa par vaillance et par grâce que Dieu lui fit, tout parmi l'armée du roi de Castille, qui gisoit à l'entrée devant Lisbonne, où plus avoit de cent gros vaisseaux et fit son fait si sagement et prit le vent si à point que, voulsissent (voulussent) ou non les ennemis, il entra sauvement et sans péril et toutes ses gallées, au haible (hâvre) de Lisbonne, et encore conquit-il quatre vaisseaux sur eux et les amena en sa compagnie au haible (hâvre).

« De la venue du comte d'Angouse (Acosta) furent ceux de Lisbonne moult réjouis, car ils en furent grandement confortés. »—« Par ma foi, dit le duc, le comte vous fit pour ce temps un bel service. Or me contez, beau Laurentien, comment le siége fut levé ni par quelle manière; car je vous ouïs moult volontiers parler. »—« Monseigneur, dit l'écuyer, volontiers. »

« Si comme je vous ai dit et conté, le siége fut devant Lisbonne plus d'un an entier. Et avoit le roi de Castille juré et voué que du siége ne se partiroit si auroit la cité soumise à son obéissance, si puissance de plus grand roi que il ne fut ne le levoit de force. Au voir (vrai) dire, qui tout veut considérer, le roi de Castille tint bien son vœu et son serment, car voirement (vraiment) puissance de plus grand que il n'étoit et plus fort l'en leva et fit partir: je vous dirai comment. Une pestilence de mortalité très grande et très espoentable (épouvantable) se bouta en son ost, par telle manière que tous mouroient si soudainement comme en parlant l'un à l'autre; et en y mourut de boce (enflure) et de mal du corps plus de vingt mille personnes; et proprement le roi s'effréa (effraya) de lui-même, pour laquelle fréeur on lui conseilla que il se levât du siége et se retraisist (retirât) à Saint-Yrain (Santarem) ou en autre part et donnât congé à toutes ses gens, tant que cette pestillence seroit apaisée. Enuis (avec peine) le fit, pourtant (attendu) que il avoit juré le siége si solemnellement; mais faire lui convint, car pour le mieux, ses gens lui conseilloient qui se vouloient aussi partir du siége. Monseigneur, nous disons en Portugal, et avons dit moult de fois, et est l'opinion de tous, que Dieu pour nous aider nous et notre roi envoya en l'ost cette pestilence. Car dedans la cité où nous étions tous enfermés, il n'y mourut oncques ni homme ni femme; ni on ne s'en sentit oncques. Donc ce fut grand'grâce que Dieu nous fit.

« Quand le roi de Castille se délogea du siége de Lisbonne, le roi de Portugal qui est à présent fit armer tous ceux qui étoient en la cité de Lisbonne et monter à cheval et venir ferir ès derrains (derniers) des Castelloings (Castillans) qui se délogeoient; et leur portâmes grand dommage, car ils ne se délogèrent pas en bon arroy, pourquoi ils perdirent moult de leurs hommes et de leurs pourvéances. Mais le roi de Portugal qui est à présent fit faire un édit et un ban, et sur la tête à couper, que nul ne mesist (mît) ou apportât chose qui fut aux champs en la cité de Lisbonne, mais vouloit que tout fut ars et non pas la cité en punaisie (puanteur). Tout fut converti, pourvéances et autres choses, en feu et en flamme ; mais je crois bien que ceux qui avoient trouvé or, argent, monnoie ou vaisselle ne l'ardirent pas, avant le sauvèrent du mieux qu'ils purent.

« Adonc s'en vint le roi de Castille à Saint-Yrain (Santarem) à l'entrée de son pays et là se tint un temps et envoya au secours en France si très spécialement que il put oncques et par spécial en Gascogne et en Berne (Béarn) en la terre le comte de Foix; et envoya trois sommiers chargés de nobles de Castille et d'autres florins pour faire prêt aux chevaliers et écuyers, car bien savoient que par autre voie il ne les mettroit point hors de l'hôtel.

« Quand les barons et les chevaliers du royaume de Portugal qui pour la partie du roi qui est à présent se tenoient, virent que le roi de Castille avoit levé et vidé son siége et laissé la cité de Lisbonne, où plus d'un an il avoit sis [1], si se rencouragèrent grandement et aussi firent les communautés du pays et par spécial ceux du Port (Oporto), ceux d'Eures (Evora) et ceux de Connimbres (Coïmbre). Si eurent conseil ensemble et bien brief que ils couronneroient le maître Denis (d'Avis), auquel par élection ils avoient donné leur

---

[1] Il n'y resta guères que neuf mois, puisqu'il étoit de retour au mois de novembre de la même année. J. A. B.

amour et plaisance; et disoient ainsi, et étoit la voix commune du pays : que Dieu vouloit que il fut roi et couronné; car jà avoit montré ses vertus sur les Espagnols.

« Après, fut signifié par tout le royaume de Portugal que on vint à un certain jour qui ordonné fut en la cité de Connimbres (Coïmbre) et que là seroit le maître Denis (d'Avis) couronné et solemnisé. Tous ceux qui étoient de la partie y vinrent et y ot (eut) selon la puissance du pays, assez grand peuple. Si fut le roi Jean de Portugal couronné et solemnisé, ainsi comme à lui appartenoit, des évêques et des prélats de son pays, le jour de la Trinité en l'an mil trois cent quatre-vingt et quatre [1] en l'église cathédrale de Connimbres (Coïmbre) que on dit de sainte Marie; et fit là le roi de Portugal ce jour de ceux de son pays et étrangers jusques à soixante chevaliers. Si fut la fête grande que les Portingalois tinrent ce jour et le second et le tiers en la cité de Connimbres (Coïmbre). Et là fit le roi renouveler tous hommages aux comtes, barons, chevaliers et écuyers et ceux qui fiefs tenoient de lui. Et là jura-t-il à tenir le royaume en droit et en justice et garder toutes juridictions. Et ils lui jurèrent que pour roi à toujours, et ses hoirs qui de lui vendroient (viendroient), fussent mâles ou femelles, ils le tiendroient; ni pour mourir ne le relinquiroient (abandonneroient). Ainsi alla du couronnement du roi Jean de Portugal que je vous conte.

(1) Le 6 avril 1385. J. A. B.

« Quand le roi de Castille sçut les nouvelles que les Portingalois et par spécial les communautés du pays avoient couronné à roi maître Denis (d'Avis) et lui avoient juré foi et hommage, si fut plus pensif que devant; car il ne cuidoit (croyoit) pas que les choses dussent ainsi aller et que les Portingalois se dussent avancer sitôt de le couronner à roi, pour la cause de ce que il avoit avecques lui grand' foison de nobles du royaume de Portugal. Si dit : « Je vois bien que il me contiendra de fait et de force de conquérir ce qui est mien, si je le vueil (veux) ravoir; jamais n'aura paix entre Castille et Portugal jusques à ce que Portingalois aient amendé ce que ils ont fait. » Après ce que le roi de Portugal fut couronné, il s'en vint à Lisbonne et là se tint et entendit grandement à mettre à point les besognes de son royaume, pour acquérir la grâce et amour de son peuple. Et départit ses chevaliers et gens d'armes et les envoya en garnison parmi ses villes et ses châteaux sur les frontières du royaume d'Espagne, car le roi se tenoit à Séville. Si fut envoyé du roi de Portugal en garnison à Trencouse (Trancoso) messire Jean Ferrant Percock (Pacheco), un moult appert et vaillant chevalier et de haute emprise; avecques lui messire Martin Vas (Vasques) de Coigne (Cunha) [1] et son frère messire Guillaume (Gil) Vas (Vasques) de Coigne (Cunha), deux moult

---

[1] Vasco Martins da Cunha avoit pour fils Gil Vasques, Lopo Vasques et Vasco Martins. Froissart parle de l'aîné et du plus jeune de ses enfants. J. A. B.

apperts chevaliers; et avoient dessous eux deux cents lances de bonnes gens et tous bien montés.

« D'autre part fut envoyé au châtel de l'Erre (Leiria) vers Juberot (Aljubarota) messire Jean Radigos Perrière [1] atout (avec) cinquante lances; en la cité de Valence en Portugal fut envoyé de par le roi messire Jean Gennes de Salves [2], à l'encontre de la forte ville de Tuy qui siéd près de là, laquelle s'étoit tournée et rendue au roi de Castille quand il vint devant Lisbonne; et en Tuy avoit de François et de Castelloings (Castillans) grand' garnison de gens d'armes.

« En la cité de Serpes (Serpa) fut envoyé messire Moudoch (Mendes) Radigo (Rodrigues) un moult appert chevalier [3] atout cinquante lances. Au Port (Oporto), ni à Eures (Evora), ni à Connimbres (Coïmbre) ne mit-on nulles gens d'armes, car le roi sentoit les hommes des villes dessus dites bons et loyaux envers lui et forts assez.

« Ainsi que je vous dis, monseigneur, en l'an que le roi fut couronné, furent pourvues ces garnisons de bonnes gens d'armes. Si vous dis que souvent y avoit des rencontres, des escarmouches et des assauts les uns sur les autres. Une fois gagnoient nos gens, autrefois perdoient, ainsi que l'aventure d'armes avient; mais par spécial il y ot (eut) une rencontre de ceux de la garnison de Trencouse (Trancoso)

---

[1] João Rodriguez Pereira. J. A. B.
[2] João Gomez de Silva fils de Gonçalo Gomez de Silva. J. A. B.
[3] Il étoit fils de Gonçalo Mendez de Vasconcellos. J. A. B.

sur les Castelloings (Castillans) moult fort et moult bel. » — « Ha! Laurentien, dit le duc de Lancastre, ne vous en passez point brièvement que je ne sache et oye (entende) comment il en advint et par quelle manière ils se trouvèrent sur les champs. » — « Monseigneur, répondit l'écuyer[1], c'est l'intention de moi que je le vous die, et l'ordonnance du fait, si comme il en alla; car à ce rencontre je fus présent et portai ce jour la bannière de messire Jean Ferrant Percock (Pacheco) par qui la besogne commença, car il étoit pour lors capitaine de Trencouse (Trancoso).

« Vous devez savoir, monseigneur, que le roi de Castille, sur les frontières et bendes (confins) de Portugal avoit pourvu de gens d'armes ses garnisons; lesquels à la fois pour nous contrarier et porter dommage se cueilloient ensemble et mettoient sur les champs: une fois perdoient, et l'autre ils gagnoient, ainsi que les choses se portent en armes. Or advint une fois que jusques à sept capitaines d'Espagnols, tous beaux chevaliers de parage et bons hommes d'armes, s'assemblèrent ensemble; et se trouvèrent bien trois cents lances tous bien montés et en grand' volonté de nous porter dommage et bien le montrèrent, car ils entrèrent en Portugal et y levèrent grand' proie et grand pillage et grand' foison de prisonniers; et vous dis que si ils voulsissent (eussent voulu) ils s'en fussent bien rentrés en Castille sans avoir rencontre, mais ils furent grands et orgueil-

---

[1] Il est toujours question de Lourenço Anes Fogaça, nommé grand chancelier du royaume, pendant qu'il étoit en ambassade en Angleterre. (Voyez Duarte de Liaõ P. 193.) J. A. B.

leux et distrent (dirent) que ils venoient voir la garnison de Trencouse (Trancoso). Tous ceux du plat pays fuyoient devant eux et tant que les nouvelles en vinrent en Trencouse (Trancoso). Quand messire Jean Ferrant Percock (Pacheco) entendit que les Castelloings (Castillans) chevauchoient, si demanda ses armes et fit sonner ses trompettes et réveiller chevaliers et écuyers parmi la ville. Tous s'armèrent en grand' hâte et montèrent aux chevaux et issirent hors de Trencouse (Trancoso) et se trouvèrent sur les champs environ deux cents. Si se mirent en bonne ordonnance, et montrèrent bien que ils avoient grand'affection de trouver leurs ennemis; et demandèrent aux fuyants qui affuyoient à sauveté à Trencouse (Trancoso), où leurs ennemis étoient et où ils les trouveroient. Ils répondirent que ils n'étoient point loin et que ils ne chevauchoient que le pas, car ils ne pouvoient tôt aller, pour la grand'proie que ils menoient. De ces nouvelles fut messire Jean Ferrant Percock (Pacheco) tout réjoui et dit à ses compagnons, à messire Martin Vas (Vasquez) de Congne (Cunha) et à Guillaume (Gil) Vas (Vasquez) de Congne (Cunha) son frère: « Avançons-nous, je ne vueil (veux) jamais rentrer en ville ni en châtel qui soit en Portugal, si aurai vu nos ennemis et combattu à eux; et me mettrai en peine de rescovre (délivrer) la proie. » Et puis me dit: « Laurentien, développez ma bannière, car il est heure; nous trouverons tantôt les ennemis. » Lors fis ce que il me commanda; et chevauchâmes les bons galops et tant que nous vîmes devant nous les pourrières [1] de nos ennemis. Lors prîmes-nous l'avantage du soleil et chevauchâmes et vînmes à eux.

« Quand les Castelloings (Castillans) nous aperçurent, si se tinrent tous cois et se remirent ensemble et ordonnèrent leur proie et leurs prisonniers tous d'un côté. Nous les approchâmes de si près que bien poièmes (pûmes) parler à eux, et eux à nous. Si vîmes trois bannières et quatre pennons; et bien étoient par avis en flotte (masse) environ trois cents et tous bien montés. Les bannières je vous nommerai. Tout premier messire Jean Raddigoz de Castegnas [2] chevalier et baron en Castille, messire Alvegrisée d'Albenes [3] et messire Adyoutale de Thoulète [4]. Les pennons, messire Pierre Souase de Thoulete [5], messire Adyoutale de Casele [6], messire Jean Radigos de Vere [7] et Dyocenses de Thore [8].

(1) Tourbillons de poussière. J. A. B.
(2) João Rodriguez de Castanheda. J. A. B.
(3) Alvaro Garcia de Albornoz. J. A. B.
(4) Adiantado de Toledo. J. A. B.
(5) Pedro Soarez de Toledo. J. A. B.
(6) Adiantado Caçorla. J. A. B.
(7) João Rodrigues Pereira. J. A. B.
(8) Probablement Diego Anes de Tavora. Je trouve dans la chronique de Duarte de Liaõ un Pedro Lourenço de Tavora. C'est peut-être un parent de celui mentionné par Froissart. Quant aux premiers noms, ils sont tous mentionnés, comme je les ai écrits, par Duarte, dans sa description de l'engagement de Trancoso. Si quelque chose, au reste, doit nous étonner, ce n'est pas de voir Froissart défigurer des noms qui lui étoient étrangers, c'est au contraire de voir que, malgré la difficulté extrême de se procurer alors de tel renseignements, il est presque toujours exact sur le matériel des faits et sur la forme géné-

« Quand nous fûmes l'un devant l'autre, nous mîmes pied à terre et aussi firent eux ; et furent chevaux baillés aux pages et aux varlets. Et avant que nous assemblissions de lances, de dardes, ni d'armes à eux, ni eux à nous, nous eûmes grand parlement, voire les capitaines de l'une part et de l'autre, car moi qui fus présent oy (entendis) toutes les paroles, pourtant (attendu) que mon maître messire Jean Ferrant Percock (Pacheco) de qui je portois la bannière, étoit au devant d'eux et à lui étoient adressés les parlements. Tout premier il leur demanda qui les faisoit chevaucher en Portugal, ni lever proie. Messire Adyoutale (Adiantado) de Thoulete (Tolède) répondit ainsi et dit : qu'ils y pouvoient bien chevaucher ainsi comme ils vouloient, pour punir les désobéissants, car il leur étoit commandé de leur seigneur le roi de Castille, auquel l'héritage de Portugal appartenoit ; et pourtant (attendu) qu'ils y avoient trouvé rebelles et désobéissants, ils avoient couru au pays et levé proie et enmenoient prisonniers. » —
« Vous ne les menerez pas trop loin, répondit Jean Ferrant Percock (Pacheco) ni la proie aussi ; car nous les vous chalengerons (disputerons), ni nul droit vous n'avez en ce pays de venir courir. Ne savez-vous pas que nous avons roi, lequel veut tenir en droit son royaume et garder justice et punir les larrons et pillards. Si vous disons de par lui que tout ce que vous

rale des noms ; ce qui m'aide à en redresser l'orthographe, c'est que les prénoms qu'il donne aux personnages cités sont constamment exacts, à un petit nombre d'exceptions près. Froissart gagne beaucoup à être comparé avec les chroniqueurs de la même époque. J. A. B.

avez pris et levé au royaume de Portugal vous remettez arrière; ou autrement, sur notre droit et juste querelle, nous nous combattrons à vous. » Donc répondit Adyoutale (Adiantado) de Thoulete (Tolède) : « Les prisonniers que nous avons ne rendrons-nous pas, mais nous nous conseillerons de la roberie et de la proie. » Lors se sont les sept capitaines de Castelloigne (Castille) traits (retirés) ensemble en conseil; et montrèrent à ce que ils répondirent, que pour cette fois, quoique ils eussent chevauché devant Trencouse (Trancoso), ils se fussent bien passé de la bataille, car ils dirent, eux conseillés, que le bétail que ils menoient et tout le sommage, excepté les hommes que pour prisonniers ils tenoient, ils mettroient et laisseroient arrière; et ne faisoient compte du mener, car ce les chargeoit trop. » — « Nennil, répondirent les Portingalois, nous ne nous en passerons pas ainsi; mais voulons que tout vous laissiez ou vous aurez la bataille. »

« Monseigneur, ils ne se purent concorder. Si commença la bataille entr'eux dure et fière sans eux épargner, car ils étoient tous habiles et légers et fortes gens, et le champ où ils se combattoient étoit bel et ample. Là lançoient et jetoient Portingalois et Espagnols les coups de darde si grands et si forts que qui en étoit assené il étoit trop à certes bien armé si il n'étoit mort ou navré trop durement. Là ot (eut) fait, je vous dis, plusieurs grands appertises d'armes et des abatusis par belles luttes; et là étoit Jean Ferrant Percock (Pacheco) qui d'une hache se combattoit moult vaillamment; et aussi firent ses deux compagnons Martin Vas (Vasquez) de Congne (Cunha) et Guillaume (Gil) de Congne (Cunha).

« D'autre part les Espagnols se combattoient aussi moult vaillamment; et dura l'estour (combat) et le poussis plus de trois heures, sans branler l'une partie ni l'autre; et étoit à émerveiller comment ils purent tant souffrir la peine d'être en leurs armures; mais le grand désir que chacun avoit de partir à honneur de la place les faisoit tels être. Et je vous dis aussi que Portingalois et Espagnols sont dures gens aux armes et autre part, quand ils voient que le besoin touche. Ils furent en tel état lançant et jetant dardes et poussant l'un sur l'autre moult longuement que on ne savoit à dire ou sçut, qui les vit en cet état combattre, lesquels auroient le meilleur ni lesquels obtenroient (obtiendroient) terre ou place pour la journée, tant se combattoient bien et également : ni oncques, Dieu merci, bannière ni pennon de notre côté chéit (tomba) ni versa, mais les leurs se commencèrent à dérompre et à branler dont ils rencouragèrent les nôtres et furent plus frais que devant et écrièrent haut tout d'une voix, Saint George! Portugal! et entrèrent les nôtres ès Castelloings (Castillans) fort et ferme et les commencèrent à dérompre et à abattre l'un çà et l'autre là. Là furent abattus vilainement et mortellement l'un sur l'autre et férus de haches et de plommées (massues) et de grandes coustilles et guisames[1]; et tourna du tout la déconfiture sur eux.

---

[1] Haches à deux tranchants. J. A. B.

« Quand leurs pages et leurs varlets, qui gardoient leurs chevaux, aperçurent la déconfiture de leurs maîtres, si tournèrent en fuite pour eux sauver; et sachez que des sept capitaines qui là furent il ne s'en partit que un tout seul, encore fut-ce par son bon page qui le vint quérir en la bataille au dehors où il le vit, et le fit monter, et lui fit pour ce jour un moult beau service; et ce fut Adyoutale (Adiantado) Casele (Caçorla) [1]: tous les autres six furent morts. Ni oncques il n'y ot (eut) pris homme à rançon.

« Ainsi obtinrent la place et déconfirent de rencontre les Castelloings (Castillans) messire Jean Percock (Pacheco) et leurs gens qui étoient largement trois contre deux, assez près de la ville de Trencouse (Trancoso), en un jour de mercredi, au mois d'octobre, en l'an de grâce monseigneur mil trois cent quatre-vingt et quatre.

(1) Suivant D. de Liaõ (Chr. de D. Joaõ. P. 219.) Adiantado Caçorla fut lui-même tué au combat de Trancoso et le seul qui échappa fut Pedro Soares de Quinhones, capitaine de Genêts, dont Froissart ne parle pas. J. A. B.

CHAPITRE XXXI.

Comment le dit Laurentien Fougasse (Fogaça) raconta au dit duc de Lancastre la bataille qui fut a Juberote (Aljubarota) entre le roi de Castille et le roi de Portugal.

« Après cette déconfiture faite et le champ tout délivré, nos gens montèrent et donnèrent congé aux hommes qui là étoient que les Castelloings (Castillans) avoient pris, si comme je vous ai dit; et encore leur rendirent-ils du pillage que ils enmenoient tant que ils en vouldrent (voulurent) prendre; mais le bétail, où plus avoit de huit cents bêtes, ils en firent mener devant eux en la ville et garnison de Trencouse (Trancoso), pour eux repourveoir et avitailler, ce fut raison. Et quand nous rentrâmes en Trencouse (Trancoso), nous y fûmes reçus à très grand'joie; et ne savoient les gens que ils pussent faire de nous, pourtant (attendu) que nous avions délivrée la contrée de nos ennemis et rescous (sauvé) ce qui perdu étoit. Et le nous tournèrent à grand'vaillance; et aussi firent tous ceux des bonnes villes de Portugal qui en ouïrent parler.

« Encore en cet an présent ont nos gens bien eu aussi belle journée et aventure au champ de Séville; mais je vous recorderai avant la plus belle journée et la plus heureuse que le roi de Portugal ait point eu depuis deux cents ans que notre roi le roi Jean, mon très redouté seigneur, qui ci m'envoie et le grand maître de Saint Jacqueme (Jacques) qui ci est, a eu depuis quatre mois sur les ennemis, lesquels étoient bien quatre contre un, et toutes bonnes gens d'armes et de haute emprise, parquoi la nôtre journée en est plus recommandée; mais je crois, monseigneur, que vous en avez bien ouï parler; si vaut autant que je m'en taise que j'en parole. » — « Non ferez, dit le duc, vous ne vous en tairerez (tairez) pas; vous le me conterez, car je vous oy (entends) volontiers parler. Il est bien vérité que je ai un varlet à hérault céans qui s'appelle Derby qui y fut, ce dit-il, et me conta que nos gens de ce pays y firent merveilles et plus ce me semble, au voir (vrai) dire, que ils ne sçussent ou pussent faire; car il n'en y pouvoit avoir foison, parce que mon frère de Cantebruge (Cambridge), quand il se partit de Portugal, mit hors tous les Anglois que il y avoit menés, et les Gascons aussi. Et de ces hérauts moult en y a qui sont si grands bourdeurs (trompeurs) et menteurs, que ils exaulcent (élèvent) en leurs paroles ceux qu'ils veulent et abattent aussi qui que ils veulent; et pour ce ne sont pas morts ni péris les biens des bons, car si il n'est connu ou ramenteu (rappelé) par eux, si est-il bien qui le voit et ramentoit (raconte) quand il cheid (tombe) à point. » — « Par ma foi, répondit Laurentien Fougasse (Fogaça), de tous les étrangers qui furent à la bataille de Juberot (Aljubarota) avecques le roi de Portugal, il n'y ot (eut) pas deux cents hommes Anglois, Gascons et Allemands; et les greigneurs (plus grands) capitaines des étrangers qui y furent, ce furent deux Gascons et un Allemand de la duché de Guerles (Gueldre). Les Gascons nommoit-on messire Guillaume de Montferrant [1] et Bernardon, et l'Allemand Allebreth (Albrecht). Des Anglois y eut aucuns archers, mais je n'y oy (entendis) oncques nommer homme de nom, fors deux écuyers Nortbere (Northbury) et Hartetelle (Hartsel). Si furent-ils appelés au conseil du roi et des seigneurs quand on dut assembler (attaquer). » — « Or avant, dit le duc, beau sire Laurentien, or, me contez cette journée comment elle se porta et comment elle fut combattue et je vous en prie. » L'écuyer répondit: « Monseigneur, volontiers. »

Lors commença Laurentien Fougasse (Fogaça) à renouveler son conte et à parler de la besogne et esconvenue (défaite) de Juberot (Aljubarota) et dit ainsi:

« Vous avez bien ouï dire par moi et par autrui, si il vous plaît, que, après le couronnement du roi de Portugal qui fut couronné à Connimbres (Coïmbre), si comme je vous ai dit, le roi de Castille, qui levé étoit du siège de Lisbonne pour la pestillence de la mortalité qui fut entre ses gens et retrait à Saint Yrain (Santarem) moult li (lui) pesa, ce doit-on savoir, quand il fut informé du couronnement de mon très redouté seigneur le roi Jean; car il clamoit

---

[1] D. de Liaõ l'appelle Joaõ de Monferrara, mais ici c'est lui qui est dans l'erreur. Le nom doit être écrit tel qu'il est donné par Froissart. J. A. B.

(réclamoit) droit, et clame, à l'héritage et couronne de Portugal, si comme vous savez, de par la reine de Castille sa femme qui fut fille au roi Ferrant; et nous disons que non. Et les points et les articles je vous ai montrés et déclarés, si ne m'en faut plus parler, car vous les avez bien entendus, mais vueil (veux) retourner à la matière.

« Le roi de Castille fut conseillé, si comme il apparut, d'envoyer quérir gens d'armes et soudoyers partout où il les pourroit avoir et par spécial au royaume de France; car François lui ont toujours aidé à soutenir sa querelle et le roi son père et fait sa guerre; et lui fut dit: « Monseigneur, il ne vous faut avoir que une journée arrêtée contre cette introduction au royaume de Portugal; et si par puissance vous les poiez (pouviez) tenir aux champs et combattre, vous en viendriez à votre entente (but), car ils sont en grand différend et discord au royaume de Portugal ensemble, si comme vous savez et véez; car jà maintenant avez vous avecques vous des plus hauts et des plus nobles du pays qui se sont mis en votre obéissance, et c'est une chose qui moult grandement embellit et éjouit votre querelle. Si vous avancez de combattre atout (avec) puissance de bonnes gens, cil (ce) bâtard et intrus de Portugal que les communautés ont couronné à roi, avant que il se fortifie des Anglois, vous le ruerez jus; et quand vous aurez journée pour vous tout le pays sera vôtre, car il n'est pas grand à conquerre.

« Si que, monseigneur, le roi Jean de Castille s'avança et envoya ses lettres et ses messages en France, en Poitou, en Bretagne, en Normandie, en Bourgogne, en Picardie et en plusieurs lieux, où il pensoit à avoir gens dont il fut servi et lesquels en aucune manière étoient tenus à lui. Et par spécial moult grands gens d'armes, chevaliers et écuyers lui vinrent du pays de Berne (Béarn). De cette contrée il en ot (eut) trop plus que de nulle autre nation, et tant qu'ils se trouvèrent un jour à Saint Yrain (Santarem) entre six mille et sept mille lances et vingt mille Espagnols et tous à cheval, lesquels avoient grand désir de nous porter grand dommage.

« Nouvelles vinrent en Portugal devers le roi et les seigneurs et les cités et bonnes villes, qui de l'alliance et de l'accord au roi étoient, et fut nombrée la puissance que le roi de Castille mettoit ensemble, et fut le roi informé que tout étoit fait pour venir mettre le siége devant Lisbonne. Donc, pour avoir conseil comment on se cheviroit, le roi et les seigneurs qui avecques lui étoient se mirent ensemble. Et là fut dit et démontré au roi par les plus notables de tout son pays que: « de toutes les soabtivetés (subtilités) que on pouvoit prendre, celle étoit que on allât au devant des ennemis et qu'on ne se laissât pas enclorre en cité ni en bonne ville qui fut en Portugal, car si on se enclouoit (enfermoit), on seroit tout embesogné de garder le clos; et si enclos, endementes (pendant ce temps) pourroient les Castelloings (Castillans) à leur aise aller et chevaucher parmi le pays et conquerre villes et châteaux par force ou par amour et détruire tout le plat pays et nous affamer et tenir où enclos nous auroient. Et si nous allons au-devant d'eux et prendons (prenons) place, c'est le meilleur et le plus profitable; car bien savons, sire roi, que vous ne pouvez paisiblement goir (jouir) de la couronne dont nous vous avons couronné, fors par bataille, et que du moins une fois ou deux vous ayez rué jus votre adversaire le roi de Castille et sa puissance. Si nous déconfisons, nous sommes seigneurs; si nous sommes déconfits, ce royaume est à l'aventure; mais trop mieux nous vaut requerre (attaquer) que à être requis; et plus honorable et plus profitable nous sera; car on a vu par trop de fois que les requerrants ont eu l'avantage sur les deffendants. Si vous conseillons que vous fassiez votre mandement à ceux dont vous pensez à être aidés et servis et prenez les champs. »

« Le roi de Portugal répondit: « Vous parlez bien et je le ferai ainsi comme vous l'ordonnez. » Donc fit le roi lettres écrire et mit clercs en œuvre à grand' planté (quantité) et manda à tous que ils fussent au Port (Oporto) de Portugal, ou là près, dedans le jour que il y assigna.

« Sachez que tous ceux qui furent écrits ni mandés ne vinrent pas, car tout le royaume par ce temps n'étoit pas de sa partie. Aucuns dissimuloient qui vouloient voir comment les ordonnances se porteroient et les aucuns étoient allés en Castille devers le roi pour ce que ils disoient que il avoit plus grand droit à la couronne de Portugal que notre roi n'avoit. Nonobstant tout ce, le roi de Portugal vint à Counimbres (Coïmbre) et là fit son assemblée de toutes gens d'armes qu'il put avoir. Au voir (vrai) dire, il ot (eut) de Portugal à élection toutes les meilleurs gens et les plus alozés (célèbres) et autorisés comtes, barons et chevaliers. Et ot (eut) bien purement vingt cinq cents lances, chevaliers et écuyers, et douze mille hommes de pied. Quand ils furent tous assemblés, on ordonna connétable et maréchal. Le connétable fut le comte de Novare [1] et le maréchal messire Alve Perrière [2], et tous deux sages hommes, pour gouverner gens d'armes et mener un ost à son devoir. Si se départirent de Connimbres (Coïmbre) et de là environ où ils étoient logés et prirent le chemin de la Cabasse (Alcobaça), c'est à la Juberote (Aljubarota), et cheminèrent tout doucement à l'aise de leurs corps et de leurs chevaux pour les grands pourvéances qui les suivoient; et avoient chevaucheurs devant qui avisoient le contenement du roi de Castille ni comment il se vouloit maintenir. Encore n'étoit pas venu en la compagnie du roi de Portugal messire Jean Ferrant Percek (Pacheco), mais se tenoit en garnison au châtel d'Orench (Ourem) à cinq lieues de Juberote (Aljubarota) et crois que il ne savoit point que on se dût combattre.

« Je suppose assez que le roi de Castille fut informé du roi de Portugal qui s'en venoit à puissance sur lui, et quand il sçut que nous étions aux champs, il en ot (eut) grand'joie; et aussi orent (eurent) toutes ses gens si comme ils lui montrèrent; car ils lui conseillèrent à chevaucher contre nous et nous venir

---

(1) Le connétable étoit Nuñalvares Pereira. J. A. B.
(2) Le maréchal étoit en effet Alvaro Pereira, un des frères du connétable. Ses autres frères servoient dans l'armée Castillane. J. A. B.

combattre. Et par spécial les Gascons de Berne (Béarn) qui là étoient nous désiroient trop fort à combattre et demandèrent à avoir la première bataille et ils l'eurent. Et bien nous avoit dit messire Guillaume de Montferrant, Gascon qui étoit là atout (avec) quarante lances: « Soyez tous asseurs (assurés) d'avoir la bataille, puisque vous avez les Bernes (Béarnois) à l'encontre de vous, car ils ne désirent autre chose. » Le roi dont la bataille fut à lendemain vint gésir au châtel de Lerie (Leyra) à deux lieues de la Cabasse (Alcobaça) à Juberote (Aljubarota) et le lendemain nous vîmes à la Cabasse (Alcobaça) et là nous logeâmes; et le roi de Castille se logea ce soir à une petite lieue de Juberote, quand nous fûmes logés à Lerie (Leyra); car bien savoit par ses chevaucheurs quel chemin nous prendrions et que nous nous logerions à Juberote. « Monseigneur, je vous dis que les Portingalois ont eu toujours grandement leur confidence en toute grâce de Dieu et en bonne fortune pour eux en cette place de Juberote (Aljubarota) et pour ce s'y arrêtèrent-ils encore à cette fois. » — « Or, me dites la raison, ce dit le duc. » — « Volontiers, monseigneur, dit Laurentien Fougasse (Fogaça). Anciennement le grand roi Charlemagne, qui fut roi de France et d'Allemagne et emperiere (empereur) de Rome, et lequel fut en son temps si grand conquéreur, déconfit à Juberot sept rois mécréants [1] et y ot (eut) bien

---

[1] Peut-être Froissart veut-il plutôt parler d'Alphouse Henriquez et du champ d'Ourique, où Alphonse Henriquez, fondateur de la monarchie Portugaise, défit cinq rois Maures. Charlemagne n'est jamais venu de ce côté. J. A. B.

morts cent mille mécréants. Ce trouve-t-en et sçait-on bien par les anciennes chroniques. Par cette bataille il conquit Connimbres (Coïmbre) et tout Portugal et le mit en la foi chrétienne. Et pour la cause de la grand' victoire et belle que il ot (eut) sur les ennemis de Dieu, il fit là faire et édiffier une abbaye qui est de noirs moines et les renta bien en Castille et en Portugal, tant que ils s'en contentèrent encore plus. »

« Monseigneur, il peut bien avoir environ deux cents ans que là ot (eut), et en cette même place, une très belle journée, un seigneur pour ce temps de Portugal, qui étoit frère du roi de Castille[1]; ni oncques, en devant ce, en Portugal n'avoit eu roi, mais s'appeloit-il le comte de Portugal [2]. Advint que cilz (ces) deux frères, le roi de Castille et le comte de Portugal, eurent guerre mortelle ensemble pour le département (partage) des terres et tant qu'on n'y trouvoit nulle paix fors que la bataille; car la chose touchoit tant à ce comte et aux Portingalois que ils avoient plus cher à être morts que eux encheoir au parti ni en la subjection où le roi de Castille les vouloit mettre et tenir. Si s'aventurèrent Portingalois et vinrent tenir journée à l'encontre du roi de Castille à Juberot (Aljubarota). Là furent le roi de Castille et ses gens si puissants que ils étoient dix contre

---

[1] Le comte Henry de Bourgogne avoit épousé Thérèse, fille naturelle d'Alphonse VI, roi de Castille et de Léon. J. A. B.

[2] Le premier roi de Portugal fut Alphonse Henriquez, fils du comte Alphonse. Il fut proclamé roi sur le champ de bataille d'Ourique. J. A. B.

un, ni ne prisoient en rien les Portingalois. Donc sur le champ de Juberot à la Cabasse (Alcaboça), dit-on, où la bataille des Mors (Maures) avoir été, fut la bataille des Castelloings (Castillans) et des Portingalois par telle manière que elle fut moult cruelle. Finablement cil (ce) comte de Portugal et ses gens obtinrent et subjuguèrent; et furent Castelloings (Castillans) déconfits et fut pris le roi de Castille [1]; par laquelle prise le comte de Portugal vint à paix tel comme il voulut. Et furent adonc départis et abonnés les deux royaumes de Portugal et de Castille. Or pour ce que les Portingalois qui à cette bataille furent virent que Dieu y avoit fait sa grâce, que un petit nombre de gens que ils étoient avoient déconfit la puissance du roi de Castille, ils voulurent augmenter leur terre et leur pays et en firent un royaume, et couronnèrent les prélats de Portugal et les seigneurs leur premier roi en la cité de Connimbres (Coïmbre) et le firent chevaucher parmi tout son royaume la couronne de laurier au chef en signifiant honneur et victoire, ainsi comme anciennement les rois souloient (avoient coutume) faire. Depuis est toujours demeuré le royaume de Portugal à roi; et sachez, monseigneur, que ainçois (avant) que ils se vissent en la subjection des Castelloings (Castillans), ils prendroient un moult lointain du sang du roi de Portugal qui seroit mort sans avoir mâle de lui.

« Et quand le roi de Portugal fut venu sur la place,

---

[1] Ces derniers évènements ne sont nullement conformes à la vérité historique. J. A. B.

on lui démontra bien toutes ces choses; et advint, endementres (pendant) que le connétable et le maréchal ordonnoient les batailles, que messire Jean Ferrant Percek (Pacheco) vint sus helle (aile) entre les batailles, lequel au matin s'étoit parti de sa garnison du Rem (d'Ourem) et amena avecques lui quarante lances. Donc on ot (eut) grand'joie de sa venue, car il fut mis au frien du roi. Et quand nos batailles furent toutes ordonnées et mises en bon arroi et en bonne ordonnance et que on n'attendoit autre chose que les ennemis, et jà étoient nos chevaucheurs envoyés par devers eux pour enquerir de leur contentement, le roi se mit entre ses gens et fit faire silence et paix. Lors dit-il: « Seigneurs, vous m'avez couronné à roi, or me montrez loyauté; car puisque je suis si avant et mêmement sur la place de Juberot (Adjubarota), jamais ne m'en retournerai arrière en Portugal si aurai combattu mes ennemis. » Tous répondirent: « Sire roi, nous demeurerons avecques vous ni ne fuirons nullement. »

« Or s'approchèrent ces batailles, car les Castelloings (Castillans) avoient grand désir de nous trouver et nous combattre, si comme ils en montroient le semblant. Nous envoyâmes nos coureurs devant pour eux aviser et savoir quels gens ils étoient en nombre et pour nous conseiller sur ce. Nos coureurs demeurèrent plus de trois heures entières sans retourner ni ouïr nouvelles d'eux; et fut telle fois que nous les cuidâmes (crûmes) avoir perdus: toutes fois ils retournèrent et nous rapportèrent justement leur convenant (disposition) et la quantité de leurs batailles, et dirent que en l'avant-garde avoit bien largement sept mille lances armés de pied en cap, la plus belle chose qu'on put voir. Et en la grosse bataille du roi avoit bien vingt mille chevaux et tous hommes armés.

« Quand nos gens et les seigneurs sçurent le nombre d'eux et comment ils venoient et que l'avant-garde étoit près de deux lieues outre la bataille du roi, car ils n'étoient pas bien tous d'accord, les Gascons et les étrangers avecques les Castelloings (Castillans), si orent (eurent) nos gens conseil de nous tous tenir ensemble et sur notre fort et de faire deux helles (ailes) de bataille. Et les gens d'armes, où bien avoit deux mille et cinq cents lances, au fond de ces deux esles (ailes). Là monseigneur pussiez vous voir bonne ordonnance de bataille et gens grandement reconfortés. Et fut dit et commandé de par le roi et sur la tête que nul ne prit rien ce jour à rançon si la journée étoit pour nous, ou tout mourir ou tout vivre. Et fut cela fait et ordonné pour le meilleur; car si comme les seigneurs disoient: « Si nous nous entremettons ou embesognons à prendre prisonniers, nous nous decevrons et ne pourrons entendre à chose que nous aurons à faire. Si vaut mieux que nous entendions au bien combattre que à la convoitise d'avoir prisonniers et nous vendons ainsi que bonnes gens doivent faire qui sont sur leur héritage. »

« Cette parole fut acceptée et tenue. Lors vinrent nos ennemis, aussi serrés que nulle chose pouvoit être pardevant nous; et mirent tous pied à terre et chassèrent chevaux arrière et lacèrent leurs plates et leurs bassinets moult faiticement (avec ordre), abaissèrent les visières et appointèrent les lances et nous approchèrent de grand'volonté; et vraiment là avoit fleur de chevalerie et d'écuyerie et bien le montrèrent.

« Entre nous et eux avoit un petit fossé et non pas grand que un cheval ne put bien saillir outre. Ce nous fit un petit d'avantage, car au passer nos gens qui étoient en deux esles (ailes) [1] et qui lançoient de dardes affilées dont ils en méhaignèrent (blessèrent) plusieurs, leur donnoient grand empêchement; et là ot (eut) d'eux, au passer ce tantet (peu) d'aigue (eau) et le fossé, moult grand'presse et des plusieurs moult travaillés et foulés. Quand ils furent outre il assemblèrent à nous; et jà étoit tard; et crûmes, et fut l'opinion des nôtres, que quand ils assemblèrent à nous que ils cuidèrent (crurent) que le roi de Castille et sa grosse bataille les suivissent de près, mais non firent, car ils furent tous morts et déconfits avant que le roi de Castille ni ses gens vinssent. Si vous dirai par quelle incidence ils furent enclos et enserrés entre nous de ceux que nous appelons les communautés de notre pays, par telle manière que on frappoit et féroit sur eux de haches et de plommées (massues) sans eux épargner; et nos gens d'armes qui étoient frais et nouveaux leur vinrent au

---

[1] L'une de ces deux ailes, composée de jeunes chevaliers qui s'étoient liés entr'eux par serment, s'appeloit l'aile des Amoureux: elle décida en grande partie par son courage du gain de la bataille. J. A. B.

devant en poussant de lances et en eux reculant et reversant au fossé que ils avaient passé. Et vous dis, monseigneur, que en moins de demi-heure ce fut tout fait et accompli, et tous morts sur le champ de droites gens d'armes plus de quatre mille; ni nul n'y étoit pris à rançon; et quand aucun chevalier ou écuyer des nôtres en vouloit un prendre, on lui occioit (tuoit) entre ses mains.

« Ainsi chéirent (tombèrent) en pestillence et déconfiture nos ennemis; et fut toute nettement ruée jus sans recouvrance l'avant-garde. Lors vint la bataille du roi de Castille et le roi aussi où bien avoit vingt mille hommes tous bien montés. Mais quand ils approchèrent il étoit jà nuit et ne savoient pas le grand méchef qui leur étoit advenu de leurs gens. Si vinrent faire leur montre sur leurs chevaux par devant nous; et firent plus de cinq cents, par appertises d'armes, saillir leurs chevaux tout outre le fossé. Mais sachez, monseigneur, que tous ceux qui y passèrent, oncques pied n'en repassa; et furent là occis des Castelloings (Castillans) toutou partie des plus nobles de ceux qui aimoient et désiroient le plus les armes avecques grand'planté (quantité) de barons et chevaliers de Portugal qui s'étoient contre nous tournés avec le roi de Castille. Et quand nos gens virent et connurent que nos ennemis se déconfisoient ainsi, ils passèrent tout outre le fossé et le tantet (peu) d'aigue (eau) que là avoit, car en plus de quarante lieux elle étoit éclusée des morts qui y étoient versés et couchés. Si demandèrent leurs chevaux et montèrent et puis se mirent en chasse; mais longuement ne fut-ce pas pour ce qu'il étoit nuit: si ne se vouloient pas nos gens abandonner follement ni aller trop avant, pour la double (crainte) des embûches; et si n'étoient pas si bien montés comme les Castelloings (Castillans) étoient; car si ils l'eussent été, pour vérité, ils eussent reçu plus de dommage assez que ils ne firent, et eut été le roi de Castille sans faute mort ou pris; mais la nuit qui nous survint toute obscure et être foiblement montés les sauva. Or vous vueil (veux)-je nommer premièrement la greigneur (majeure) partie des nobles tant Espagnols, François et Gascons comme Portingalois qui là moururent sur le champ que on dit à la Cabasse (Alcobaça) de Juberot; et premièrement:

Le comte Damp Jean Alphonserole [1], le grand Prieur de Saint Jean de Portugal, Damp Dilgaures son frère [2], Ange Salvace de Genève, Damp

---

[1] Probablement le comte Jean Alphonse Tel'o, amiral de Portugal, comte de Majorque et auparavant de Barcelos, frère de la reine Léonore, pour qui la bataille se livroit. J. A. B.

[2] Au lieu de fatiguer le lecteur en cherchant, et souvent peut-être infructueusement, à redresser ces différents noms, je vais rapporter ici la liste des morts, telle que la donne Duarte de Liaõ, d'après l'autorité de Fernand Lopez et de Pedro Lopez de Ayala qui avoit lui-même assisté à la bataille et avoit été fait prisonnier. Le témoignage de ces deux chroniqueurs est tout à fait digne de foi. Fernand Lopez étoit gardien de la *torre do tombo*, dépôt des archives de Portugal. Lopez de Ayala avoit été revêtu des plus hautes charges en Castille; il avoit été successivement ambassadeur à Rome, en France et en Arragon: lors de son ambassade en France, il fut même nommé par Charles VI grand chambellan et membre du conseil et assista à la bataille de Rosebecq dans les rangs de l'armée françoise. En Espagne il combattit en faveur de

Jean Ausalle, messire Dagomes Mendrich, Digho Persement, Pierre Rusierment Lugares de Versauls,

D. Henry et fut fait prisonnier à la bataille de Najara: il fut également malheureux dans la bataille d'Aljubarota. Lopez de Ayala a écrit, outre les chroniques des rois de Castille de son temps, un livre sur la chasse, un autre sur l'art du courtisan et il a traduit en Espagnol les miracles de St. Grégoire, le souverain bien d'Isidore, les consolations de la philosophie de Boëce, Tite-Live, le traités de Boccace sur la chute des princes et plusieurs autres ouvrages.

Voici la liste des morts d'après ces deux chroniqueurs:

Don Pedro fils de D. Alphonse, marquis de Villena, premier connétable de Castille, de la maison royale d'Arragon; D. Jean de Castille, seigneur d'Aguilar et de Castanheda, fils du comte D. Tello, seigneur de Biscaye; D. Fernando, fils du comte D. Sanche, petit-fils du roi D. Alphonse IX; D. Pedro Diaz, prieur de S. Jean; le comte de Vilhalpando; D. Diego Manrique, Adelantado major de Castille; D. Pedro Gonçalvez de Mendoça, grand majordome du roi D. Jean; Fernandez de Tovar, amiral de Castille; D. Diego Gomez Manrique; D. Diego Gomez Sarmiento, Adelantado de Galfice; Pedro Gonçalvez Carillo, maréchal de Castille; João Perez de Godoy, fils du maître de Santiago; D. Pedro Moniz de Godoy, auparavant maître de Calatrava; Fernand Carillo de Priego; Fernand Carrillo de Macuello; Alvaro Gonçalvez de Sandoval; Fernand Gonçalvez de Sandoval son frère; D. João Ramirez de Arelhano, seigneur de Cameros; João Ortiz, seigneur de Las Cuevas; Ruy Fernandes de Tovar; Goterre Gonçalvez de Quirós; Gonçalo Alphonse de Cervantes; Diego de Tovar; Ruy Barba; Diego Garcia de Toledo; João Alvarez Maldonado; Garcia Dias Carillo; Lopo Fernandez de Seville; Jean Alphonse de Alcantara; D. Gonçalo Fernandez de Cordoue; Pedro de Velasco; Ruy Dias de Rojas; Gonçalo Gonçalvez de Avila; Sancho Carillo; Jean Duque; Ruy Vasques de Cordova; Pierre de Beuil; un de ses fils; Pero Gomez de Parras; deux de ses fils; Ruy de Tovar frère de l'amiral; le grand commandeur de Calatrava; Gomez Goterrez de Sandoval; Alvaro Nuñez Cabeça de Vacca; Lopo Fernandez de Padilla; Jean Fernandez de Moxica; Pero Soares de Toledo; Fernao Rodriguez de Escovar; Alvaro Rodriguez de Escovar; Lopo Rodriguez de Assa; Ruy Ninho, Lopo Ninho, Jean Ninho, tous trois frères; Garcia Gonçalvez de Quiroz; Lopo Gonçalvez de Quiroz, deux frères; Sancho Fernandez de Tovar; Ayrez Pirez de Camões Gallicien; deux Français, De Roye, ambassadeur du roi de France, Geoffroy Ricon, Geoffroy de Partenay et beaucoup d'autres Gascons, Arnaud Limousin, le grand maître de Caleetrave et son frère qui s'appeloit Damp Digho Digaras, Pierre Goussart de Mondesque, Pierre Ferrant de Valesque, Pierre Goussart de Séville, Jean Radigo de Hoies et le grand maître de Saint Jacqueme; des François, messire Jean de Rie, messire Geffroi Ricon, messire Geffroy de Partenay, messire Espagnolet d'Espagne, messire Regnault du Solier dit Lymosin maréchal du roi de Castille; et des Gascons de Berne (Bearn), le seigneur Desbordes, le seigneur de Martan seigneur de Bringoles, messire Raymond d'Enzach, messire Bertran de Baruge, messire Jean Asolguie, messire Raymon de Valentin, messire Adam de Corasse, messire Mennent de Sarement, messire Pierre de Sarembière et plusieurs autres, plus de douze cents chevaliers et écuyers tous gentils hommes. Or vous veuil (veux)-je nommer de ceux de notre côté qui furent là avecques le roi notre seigneur le roi Jean de Portugal; et premier; le comte de Novare (Nuño Alvarez) connétable, Déego Lopes Percek (Pacheco), Pierre Percek (Pacheco) et messire Jean Ferrant Percek

de Longas, de L'épée, de Beuil, de Bordes, de Morianes, Pierre de Ber, Bertrand de Berges, Raymond d'Ongnac, Jean Aforlege, Manaut de Saramen, Pierre de Salabières, Étienne de Valentin, Raymond de Corasse, Pierre de Hausane; deux nobles Portugais qui suivoient le parti du roi de Castille; D. Joao Alphonse Tello, amiral de Portugal, comte de Mayorga, et autrefois de Barcelos, frère de la reine Doña Léonor, pour qui se donnoit la bataille; D. Pedro Alvarez Pereira, maître de Calatrava et Diego Alvarez Pereira frère du connétable de Portugal; Gonçalo Vasquez de Azevedo; Alvaro Gonçalvez de Azevedo son fils; Jean Gonçalvez, grand alcade de Obidos; Garcia Rodriguez Taborda, grand alcade de Leiria. etc. J. A. B.

(Pacheco) et Agalop (Guadalope), Ferrant Percek (Pacheco) son frère, qui là étoient au frein du roi; le Pounasse du Coingne (Lopo Vasquez da Cunha), Eghcas Coille (Egas Coelho), le Podich d'Asnede (Lopodiaz de Azevedo), Vasse (Vasco), Martin de Merlo et son fils Vasse (Vasco) Martin: mais il mourut là ce jour et fut féru d'un jet de une darde tout parmi le corps. Item Gousalvas (Gonzalo Vasques) de Merlo, messire Alve Porière (Alvazo Poriera) Jean Jeumes de Salves, Jean Radigo (Ruy Diego) de Sars (Sà), don Ferrand Radigho (Ruy Diego) cousin du roi, de Denis de Mouderone (Moudoca), Radigo de Valconciaulx (Ruy Diego de Vascoucellos) et Roymendiguez de Valcousiaulx (Ruy Num Rodriguez de Vascoucellos).

Lors commença le duc de Lancastre à rire et Laurentien Fougasse (Fogaça) lui demanda: « Monseigneur, pourquoi riez-vous? » — « Pourquoi, dit le duc, il y a bien cause, je n'oy (entendis) oncques mais nommer tant de forts noms ni si étranges comme je vous ai ici ouï nommer. » — « Par ma foi, répondit l'écuyer, tous tels sont-ils en notre pays et encore plus étranges. » — « Je vous en crois, dit le duc; or me dites, Laurentien, que devint le roi de Castille après cette déconfiture? Fit-il nulle recouvrance? S'enferma-t-il en nulles de ses bonnes villes, ni le roi de Portugal le suivit-il point à lendemain? » — « Monseigneur, nennil; nous demeurâmes cette nuit sur la place où la bataille avoit été, et à lendemain jusques à nonne ou environ, et nous retournâmes au châtel le soir, que on dit à Lerie

(Leiria) à deux petites lieues de Juberot et de là nous retournâmes à Coïmbre; et le roi de Castille s'en vint à Saint Irain (Santarem) et monta là en une barge et se fit nager (naviguer) quatorze lieues outre et là entra en un gros vaissel et s'en alla par mer à Séville où la reine étoit. Et ses gens s'en allèrent les uns çà et les autres là ainsi que gens déconfits, où ils ne pouvoient avoir nul recouvrier (remède), car ils avoient trop perdu, ni ce dommage point ne recouvreront de grand temps, si ce n'est par la puissance du roi de France. Et pour ce que le roi de Portugal et son conseil sçait bien que il se pourchasse de ce côté [1] et que ils ont grands alliances ensemble, sommes-nous envoyés en ce pays par devers le roi d'Angleterre et vous. »

Donc répondit le duc et dit: « Laurentien, vous ne vous partirez pas sans reporter bonnes nouvelles en Portugal, mais je vous prie que un autre rencontre que vos gens orent (eurent) au champ de Séville, si comme je vous ai ouï conter, que vous le me veuilliez dire, car je oy (entends) volontiers parler d'armes, quoique je ne sois pas bon chevalier. » — « Monseigneur, répondit l'écuyer, volontiers. »

« Après cette belle journée et honorable que le roi Jean de Portugal ot (eut) à la Cabasse (Alcobaça) de Juberot et qu'il fut retourné à grand triomphe en la cité de Lisbonne et que on n'oyoit nulles nou-

---

[1] D. Jean de Castille expédia en effet des ambassadeurs à Charles VI, qui résolut de le secourir, en lui envoyant deux mille lances commandées par le duc de Bourbon, frère de la reine Blanche, épouse de Pierre le cruel et deux autres chevaliers Guillaume de Neuillac et Gautier de Passac. J. A. B.

velles que Chatellains (Castillans) ni François se rassemblassent en Castille, mais se tenoient en garnisons, se partit le roi de Castille de Séville et sa femme et tout son ménage (suite) et s'en alla à Burgos. Et advint que les nôtres et les leurs guerroyoient par garnisons : donc une fois chevauchoit le connétable de Portugal [1] le comte de Novaire et s'en vint entrer en Castille et au champ de Séville, et n'avoit en sa compagnie environ que quarante lances ; et s'en vint courir devant une ville que on dit Valverde, où il y avoit de Castelloings (Castillans) bien deux cents combattants et tous gens d'armes. Le comte de Novaire (Nuñalvarez) s'en vint frotant (passant près) devant la barrière de la ville et faisant sa montre, et montroit bien que il demandoit la bataille à ceux de dedans, lesquels se tenoient tous cois et ne faisoient nul compte par semblant de issir (sortir), mais ils s'armoient et appareilloient. Quand nos gens orent (eurent) été devant la ville de Valverde une espace de temps et tant que bon leur fut, ils s'en partirent tout chevauchant le pas et se mirent au retour. Ils n'eurent pas allé une lieue du pays, quand ceux de la garnison de Valverde vinrent le grand pas sur eux, et les conduisoit un moult appert homme d'armes, qui s'appeloit Diogenez (Diego Yanez) de Padille (Padilla), et le grand maître de Saint Jacques de Galice ; et vinrent férir sur nos gens, lesquels, lorsque ils sentirent l'effroi (bruit), mirent tantôt pied

(1) Nuñalvarez Pereira qui à l'âge de vingt quatre ans avait gagné a bataille d'Aljubarrota. J. A. B.

à terre et baillèrent les chevaux à leurs pages, et à leurs varlets et apoignèrent les lances et se recueillirent tous ensemble. Les Espagnols, qui étoient grand'masse et grand'assemblée tout premier entendirent aux varlets et aux chevaux prendre et les orent (eurent) tous par devers eux et fut tel fois que ils dirent: « Allons-nous-en et emmenons leurs chevaux, nous ne les pouvons mieux gréver ni donner plus de peine que d'eux faire retourner à pied. »

« Adonc dit le grand maître de Saint Jacques: Nennil, nous ne ferons pas ainsi, car se nous avons les chevaux nous aurons les maîtres aussi, car nous les combattrons; et nous mettons tous à pied, ils ne peuvent durer à nous. »

« Or advint endementes (pendant) que les Castelloings (Castillans) se détrièrent différèrent de nous assaillir et que ils se conseilloient au derrière de nos gens, il y avoit un petit ru (ruisseau) d'eau, ils le passèrent tout bellement et se fortifièrent et ne montrèrent nul semblant que rien leur fut de leurs chevaux. Quand les Castelloings (Castillans) virent nos gens outre le ru (ruisseau), si se repentirent trop que de pleine fort venue ils ne les avoient assaillis et combattus: nonobstant, leur intention étoit bien telle que ils y recouvreroient bien et que légèrement les déconfiroient: si vinrent sur eux et commencèrent à lancer et jeter dardes et nos gens à eux pavesier [1]; et attendirent tant en eschevant (évitant) le trait des dardes et le jet des frondes que Castelloings (Castillans) orent (eurent) employé toute leur

---

[1] Se couvrir de leurs boucliers. J. A. B.

artillerie; et ne savoient mais de quoi lancer ni jeter, et furent en tel état de nonne jusques au vêpre. Quand nos gens virent que toute leur artillerie étoit par devers eux et que les Castelloings (Castillans) ne se savoient mais de quoi défendre ni combattre, le comte de Novaire (Nuñalvarez) fit passer sa bannière outre le ru et toutes ses gens aussi et puis au poussis des lances ils se boutèrent entre ces Castelloings (Castillans), lesquels ils ouvrirent tantôt, car ils étoient lassés, travaillés et échauffés en leurs armures; si ne se purent au besoin aider. Là furent-ils déconfits et tous rués jus et le grand maître mort et plus de soixante des leurs et le demeurant tournèrent en fuite. Là recouvrèrent-ils leurs chevaux et autres assez que les Castelloings (Castillans) avoient là amenés.

» Que vous en semble-t-il, monseigneur, dit Laurentien? N'orent (eurent) pas ce jour nos gens belle aventure? » — « Par ma foi, répondit le duc de Lancastre, ouil. »

CHAPITRE XXXII.

Comment le duc de Lancastre se partit lui et son armée du royaume d'Angleterre et comment ils s'en vinrent par mer devant le chatel de Brest.

« Par tels rencontres et pour tels faits d'armes que nos gens ont eus sur leurs ennemis depuis l'élection du roi Jean, sont les Portingalois, ce dit Laurentien Fogasse au duc de Lancastre, entrés en grand' gloire et disent communément parmi Portugal que Dieu est pour eux avec le bon droit qu'ils ont. Et voirement (vraiment), monseigneur, ils ne se fourvoient pas à cela dire que Dieu est pour eux; car en toutes les choses où ils ont été en armes depuis la mort du roi Ferrant, soit grande ou petite, ils ont eu victoire et journée pour eux; et le comte de Foix qui est aujourd'hui entre les princes terriens un des grands et de prudence plein, si comme nous avons bien sçu par ceux de son pays, dit bien et maintient que la fortune est pour le roi de Portugal; et si les chevaliers de Berne (Béarn) et de son pays, l'eussent cru quand ils se départirent de lui et ils prirent congé, ils ne se fussent jà armés à l'encontre du roi de Portugal. Monseigneur, sachez que le roi de Portugal est un sage homme, prud'-homme et chaste, et craint et doute Dieu et aime l'église et exaulce (élève) ce qu'il peut, et est moult souvent en son oratoire à genoux et en oraisons; et en oyant le service de Dieu il a de ordonnance que, pour quelconque besogne que ce soit, nul ne parle à lui tant qu'il est hors de son oratoire, et est un grand clerc et sait moult de l'astronomie, et par spécial il veut que justice soit tenue par tout son royaume et les poures (pauvres) gens en leur droit. Si que, monseigneur, à votre requête, je vous ai dit des besognes de notre pays ce que j'en sçais et aussi du roi notre seigneur et de son conseil, car au partir j'en fus chargé pour le vous dire. Si me ferez réponse sur ce, si il vous plaît. »

« Laurentien, dit le duc; autrefois le vous ai-je

dit et encore le vous renouvelle, que votre venue et les nouvelles de Portugal me font grand bien. Si ne vous partirez pas de moi que vous ne soyez adrecié (informé) de tous points de ce que vous requérez et ce pourquoi vous êtes venu en ce pays. » L'écuyer répondit : « Monseigneur, grand merci. »

Adonc fit monseigneur le duc de Lancastre la chambre ouvrir et apportèrent écuyers et gens d'office vin et épices. Si burent et prindrent (prirent) congé les Portingalois et puis retournèrent à leur hôtel au faucon à Londres. Là étoient-ils logés sur Tomelin de Collebrucq (Colebrook).

Ne demeura guères de temps depuis que le duc de Lancastre et le comte Aymond de Cantebruge (Cambridge) son frère orent (eurent) parlement et collation ensemble de ces besognes de Castille et de Portugal, de quoi le comte de Cantebruge (Cambridge) en fut assez informé; car il avoit été au dit pays et demeuré plus d'un an. Si oy (ouït) volontiers toutes les conditions du roi de Portugal et de la reine de Castille recorder. Le comte dit bien à son frère : « Certainement, beau frère, dès le roi Ferrant vivant, le chanoine de Robertsart et maître Guillaume de Windsor et aucuns des chevaliers que je avois là menés me distrent (dirent) bien tout ce qui en est et qu'ils en avoient ouï parler et murmurer à aucuns du pays, et pour ce me pris-je à ramener mon fils, car pas n'avois trop grand' affection au mariage. » — « En nom Dieu, dit le duc, l'écuyer de Portugal qui est ici venu le m'a esclarci (éclairci) moult clairement et nous ne pouvons pour le présent avoir voie ni entrée profitable pour nous au royaume de Castille fors que par le pays de Portugal; car le royaume d'Aragon nous est trop loin et aussi le roi d'Aragon et ses enfants ont été toujours plus favorables aux Français que à nous. Si n'est pas bon, puisque le roi de Portugal et les Portingalois nous offrent confort, que nous le refusons. »

Sur cil (ce) point que je vous dis, et par spécial pour le fait de Portugal, ot (eut) un jour au palais de Wesmoustier (Westminster) un parlement; et là fut accordé que le duc de Lancastre auroit, aux coustages (dépens) du royaume d'Angleterre, mille et douze cents lances, toutes gens d'élite, et deux mille archers et mille gros varlets, et seroit payé chacun avant son département pour demi an. De ce se contentèrent bien tous les oncles du roi et par spécial le duc de Lancastre auquel principalement la besogne touchoit et qui devoit être chef de cette armée. Et pour expédier les ambassadeurs de Portugal, qui vouloient retourner en Portugal et apporter nouvelles, le roi d'Angleterre rescripsi (récrivit) au roi de Portugal moult douces lettres contenant grand amour et grand' alliance que il vouloit tenir aux Portingalois; et fit le roi d'Angleterre donner de moult beaux dons au grand maître de Saint Jacques de Portugal et à Laurentien Fogasse: et toujours étoient avec le duc de Lancastre ou le comte de Cantebruge (Cambridge). Si prindrent (prirent) un jour les dessus dits ambassadeurs congé du roi et du conseil et dînèrent ce jour avec le duc de Lancastre et le comte de Cantebruge (Cambridge) et le lendemain ils furent délivrés. Et me semble que le duc de Lancastre mandoit par ses lettres au roi de Portugal et par la bouche et parole des ambassadeurs que on lui voulsist (voulut) envoyer de Portugal sept gallées armées [1] et dix huit ou vingt gros vaisseaux. Ceux s'en chargèrent disant que ils feroient bien la besogne et le message. Et leur fut dit que on fit la navie (flotte) prendre port et terre à Brisco (Bristol) sur les frontières de Galles et que là monteroient en mer le duc de Lancastre et toutes ses gens.

Sur cette condition ils prindrent (prirent) congé et se départirent du duc et s'en vinrent à Hautonne (Southampton) et trouvèrent leur nef qui là les attendoit. Si entrèrent dedans et siglèrent (firent voile) en mer, car ils orent (eurent) vent à leur volonté. Si entrèrent en la haute mer d'Espagne et furent dedans cinq jours au hable (hâvre) du Port (Porto) de Portugal, et à ce jour le roi de Portugal y étoit qui ot (eut) grand'joie de leur venue.

Là recordèrent au roi le grand maître de Saint Jacques et Laurentien Fogasse tout ce qu'ils avoient vu et trouvé en Angleterre, tant par le roi comme de par ses oncles et montrèrent leurs lettres qui certifioient tout.

Ne demeura guères de temps depuis que le roi

---

[1] Hollinshed rapporte qu'en effet le roi de Portugal lui envoya sept galères et dix huit vaisseaux de transport. J. A. B.

de Portugal, qui grandement désiroit à avoir l'aide et le confort du roi d'Angleterre, pour donner doute et cremeur (crainte) aux Castelloings (Castillans), mit son conseil ensemble, et là fut déterminé et délibéré que maître Alfonce Vretat[1] souverain Patron et maître de toutes les navires et gallées de Portugal feroit armer et apprêter sept gallées et dix huit grosses nefs et les ameneroit en Angleterre pour aller quérir le duc de Lancastre. Si fut appelé maître Alphonse et lui fut dit que il se délivrât de ordonner les gallées et les nefs et se partit de Portugal et allât en Angleterre. Alphonse Vretat (Furtado) ne séjourna guères depuis, mais fit tout ce que commandé lui fut et se partit un jour du port (Porto) de Portugal et se mit en mer avec l'armée. Ils orent (eurent) vent à volonté; ils furent en six jours à Brisco (Bristol) et là entrèrent. Pour ce temps étoient tous les seigneurs d'Angleterre ou en partie en la marche de Galles, car le roi s'y tenoit. Des nouvelles fut le duc de Lancastre tout réjoui et avança ses besognes. Jà étoient écrits et mandés chevaliers et écuyers qui devoient aller en Portugal avecques lui et se tenoient tous sur le pays et aussi faisoient les archers au hable (hâvre) et au port de Brisco (Bristol) où avoit bien deux cents vaisseaux tous appareillés pour le duc et pour ses gens parmi l'armée de Portugal: et étoit l'intention du duc que il emmene-

---

[1] Affonso Furtado, qui avait été nommé capitaõ mor do mar (almirau) a l'avénement de D. Jean à la couronne. (Voyez Duarte de Liaõ, page 193.) J. A. B.

roit avec lui femme et enfans et feroit mariages en Castille et en Portugal avant que il retournât; car il ne vouloit pas sitôt retourner et bien y avoit cause, car il véoit les besognes d'Angleterre dures et le roi son neveu jeune, et avoit avecques lui périlleux conseil; pourquoi il s'en départoit plus volontiers.

Avant son département, en la présence de ses frères, il ordonna ses fils monseigneur Henri comte Derby, lieutenant de tout ce qu'il avoit en Angleterre et mit avecques lui sage et bon conseil. Le fils étoit pour lors beau chevalier et jeune et avoit été fils de madame Blanche, la très bonne duchesse de Lancastre: avecques sa mère madame la reine Philippe d'Angleterre je ne vis oncques deux meilleures dames ni de plus noble condition, ni ne verrai jamais et vesquisse (vécusse) mille ans, ce qui est impossible de non vivre.

Quand le duc Jean de Lancastre ot (eut) ordonné toutes ses besognes en Angleterre et il ot (eut) pris congé au roi et à ses frères, il s'en vint à Brisco (Bristol) et fut là quinze jours. Endementres (cependant) la navie (flotte) se chargea et appareilla; et furent mis ens (dans) ès navires et ballenières plus de deux mille chevaux, lesquels avoient pourvéance de foin, d'avoine, litière et d'eau douce bien et largement. Si entra le duc de Lancastre en une gallée armée durement, belle et grande; et avoit de-lez (près) lui sa grosse nef pour son corps et pour la duchesse sa femme, qui de grand courage alloit en ce voyage, car elle espéroit bien à recouvrer son héritage de Castille et être reine avant son retour; et avoit la duchesse sa fille qui s'appeloit Catherine et de son premier mariage deux autres filles Ysabel et Philippe, laquelle Philippe étoit à marier. Mais Ysabel étoit mariée à messire Jean de Hollande, qui étoit là connétable de tout l'ost [1] et maréchal messire Thomas Moriaux, lequel avoit aussi par mariage une de ses filles à femme; mais elle étoit bâtarde et fut mère à la dame Morielle, damoiselle Marie de Saint Hilaire de Hainaut; et étoit amiral de la mer de toute la navie (flotte) du duc de Lancastre messire Thomas de Persy.

Là étoit messire Yon Fls Warin (Fitz-Waren), le sire de Lussi (Lucy), messire Henri de Beaumont, le sire de Pomniens (Poynings), messire Jean de Bruvelle (Beverley), le sire de Talbot, le sire de Basset, messire Guillaume de Beauchamp, messire Guillaume de Windsore, messire Thomas Traiton (Tresham), messire Hugues le Despenser, le sire de Willebile (Willoughby), le sire de Manne, le sire de Ware, le sire de Brescon (Preston), messire Guillaume de Farinchon (Ferrington), messire Jean d'Aubrecicourt, messire Hugues de Hastings, messire Thomas Vaucestre (Worcester), messire Mauburin de Liniers, messire Louis de Rocestre (Rochester), messire Jean Soustrée (Soutrey), messire Philippe Tirell, messire Jean Boulouffre (Belhouse), messire Robert Cliçon (Clinton), messire Nicolle Trincon, Huguelin de Caurelée (Calverley), David Houlegras

---

[1] Il fut créé plus tard comte de Huntingdon et duc d'Exeter
J. A. B.

(Holegrave), Thomas Alerie, Hobequen de Beau cestre [1] et plusieurs autres tous à pennons sans les barons. Et étoient bien largement mille lances, chevaliers et écuyers, de bonnes gens, et deux mille archers et mille gros varlets. Si eurent beau temps et bon vent, car ce fut au mois de mai que il fait bel et joli et qu'il vente à point. Et s'en vinrent côtoyant les îles de Wisque (Wight) et de Grenesie (Guernesey) et tant qu'on les véoit bien tout à plein de Normandie, car ils étoient plus de deux cents voiles tous d'une vue. Si étoit grand' beauté de voir ces gallées courir par mer et d'approcher les terres, garnies et armées de gens d'armes et d'archers et quérant les aventures; car on leur avoit dit que l'armée de Normandie étoit sur mer. Voirement (vraiment) y étoit-elle avant que ils se démontrassent sur les bendes de Quarentin (Carentan); mais ils sçurent par leurs baleniers et mariniers que l'armée d'Angleterre venoit, si se retrairent (retirèrent) au hable (hâvre) de Harfleur.

Rien n'avient qui ne soit sçu et spécialement de faits d'armes, car les seigneurs, chevaliers et écuyers en parlent volontiers l'un à l'autre. Quand la déconfiture ot (eut) été à Juberot (Aljubarota) du roi de Castille, où il prit si grand'perte, si comme ci-dessus vous avez ouï recorder, les nouvelles en vinrent en

---

[1] Pour redresser l'orthographe de ces noms, j'ai eu recours à la chronique d'Hollinsbed et à deux actes rapportés dans les *Faedera* de Rymer à l'année 1386, et intitulés *Pro comitiva regis Castellæ in viagio ad partes Ispaniæ*. Les noms de près de trois cents chevaliers s'y trouvent rapportés. J. A. B.

France, ce fut raison; car ceux qui perdu y avoient leurs amis les plaignoient: or n'apparoient nulle part les armes fors en Castille. Car on avoit bien ouï recorder comment le duc de Lancastre demandoit comme son bon droit l'héritage de Castille et pour ce mettoit sur mer une grand' armée de gens d'armes d'Angleterre et étoit leur intention que cette armée se trairoit (rendroit) en Castille ou en Portugal et que sans faute il ne pouvoit demeurer qu'il n'y eut fait d'armes. Adonc, pour leur honneur et avancement, chevaliers et écuyers des basses marches se conceuillirent et parlèrent ensemble, et envoyèrent les uns aux autres pour savoir par quel chemin ils se trairoient (rendroient) en Castille. Les plusieurs conseilloient que ils se missent à voie par terre pour eschevir (éviter) les périls de la mer et les fortunes et aussi les encontres que ils pouvoient avoir de la navie (flotte) d'Angleterre, et les autres conseilloient que non et que par terre le chemin étoit trop long; et aussi le roi de Navarre n'étoit pas bien ami ni cher aux François et aussi il ne les aimoit qu'un petit, car il disoit, et voir (vrai) étoit, qu'on lui avoit ôté tout son héritage en Normandie, mais je ne scais pas si la querelle étoit juste. Si se doutèrent les compagnons grandement des périls de la terre tant pour le roi de Navarre que pour autres; car à prendre leur tour et leur chemin parmi le royaume d'Aragon, ils n'en viendroient jamais à bout. Si considérèrent que ils viendroient en la ville de la Rochelle, ainsi comme ils firent et là se mettroient en mer. Si armèrent dix huit vaisseaux et les firent charger de tout ce que pour leur corps appartenoit et plauté (quantité) de chevaux ne menèrent-ils pas.

Quand ils furent tous prêts et ils virent que ils avoient vent à volonté, si entrèrent ès vaisseaux et se desancrèrent du hable (port) et se boutèrent en mer. Si siglèrent (firent voile) devers la mer de Bayonne; par là ou assez près les convenoit-il passer. Là étoient le sire de Coucy, messire Jean de Hambie (Hambuye), le vicomte de la Berlière, messire Pierre de Villainnes, messire Guy le Baveux, messire Jean de Chatel-Morant, le sire de Saint Leger, messire Jacques de Surgières, le sire de Gousances, messire Tristan de la Gaille, le Barrois des Barres, et grand'foison d'autres, tant que ils étoient bien trois cents chevaliers et écuyers toutes gens de élection et qui grandement demandoient fait d'armes. Si siglèrent (firent voile) par mer et orent (eurent) vent et temps à volonté et arrivèrent sans péril et sans dommage au port de Saint-Andrieu (S^t. Ander) en Biscaie, en l'an de grâce notre seigneur mil trois cent quatre-vingt six, le quatorzième jour du mois de mai.

Quand ces chevaliers et écuyers de France furent arrivés à Saint Andrieu (S^t. Ander), si comme je vous conte, ils se rafraîchirent et reposèrent deux jours. Endementres (cependant) furent traits leurs chevaux hors des nefs, ce que ils en avoient et tout leur harnois aussi. Si mirent tout à charge et à voiture et demandèrent du roi de Castille où on le trouveroit. On leur dit que il se tenoit en la cité de

Burgos en Espagne et que là avoit-il un grand parlement pour les besognes de son pays. Ces chevaliers et écuyers prirent le chemin de Burgos et se départirent de Saint Andrieu (S^t. Ander) et chevauchèrent tant qu'ils vinrent à Burgos; et se trairent (rendirent) devers le roi, lequel fut moult lie et joyeux de leur venue, et leur demanda des nouvelles de France et quel chemin ils avoient tenu. Ils répondirent que ils étoient venus par mer et montés à la Rochelle et que on disoit en France que le duc de Lancastre mettoit sus une grand'armée de gens d'armes et d'archers pour amener en cette saison en Castille ou en Portugal. Là où il se trairoit (porteroit) premièrement, on ne le pouvoit savoir; et que le roi de Portugal lui avoit envoyé en Angleterre grand' foison de gallées et de vaisseaux.

De ces nouvelles fut le roi d'Espagne tout pensif plus que devant combien que il n'en attendoit autre chose, et ne découvrit pas à ce commencement tout son courage (intention), mais bien savoit par les apparences que il véoit que en cette saison il auroit forte guerre. Toutefois le roi de Castille fit très bonne chère aux chevaliers de France et les remercia grandement de leur venue; et prit la parole à messire Robert de Bracquemont et à messire Jean son frère et leur dit le roi: « Quand vous partîtes de moi l'autre année, je vous dis et chargeai que vous apportissiez, quand vous retourneriez en ce pays, des pelotes de Paris pour nous ébattre moi et vous à la paume. Mais il vaulsist (eut valut) mieux que je vous eusse enchargé d'apporter bassinets et bonnes armures, car la saison appert que nous les aurons bien où employer. » — « Sire, répondit le sire de Bracquemont, nous avons et de l'un et de l'autre; car toujours ne peut-on pas jouer ni toujours armoyer. »

Vérité est que le roi de Castille fit très bonne chère aux compagnons, et les fit tenir tout aises et de toutes leurs nécessités délivrer. Or eurent-ils affection et dévotion d'aller en pélerinage au baron Saint Jacques, puisque ils étoient venus au pays; car les aucuns le devoient. Si se mirent au chemin tous ensemble en une compagnie, et firent charger et trousser et ensommeller [1] tout leur harnois, si comme ils dussent aller à une journée de bataille; et bien leur besogna que ils laissent dalès (près) eux et appareiller, et furent de ce faire grandement bien conseillés et bien leur en chéit (arriva) que ils l'eussent: si comme je vous recorderai tenprement tôt).

Or retournons à l'armée du duc de Lancastre, qui étoit parti et issu hors des Iles d'Angleterre et côtoyoit Normandie.

Tout en telle manière par comparaison que faucons palerins qui ont long-temps séjourné d'aller à proie et ont graim faim et grand désir de voler; tout en telle manière ces chevaliers et écuyers d'Angleterre désiroient à trouver faits d'armes pour eux avancer et essayer et disoient ainsi l'un à l'autre: « Pourquoi n'allons-nous voir les bondes (côtes) et

[1] Placer sur des bêtes de somme. J. A. B.

les ports de Normandie ? Là sont chevaliers et écuyers qui nous recueilleroient et qui nous combattroient. » Et tant que les nouvelles en vinrent au duc. Or, savoit bien le duc, avant qu'il issit hors d'Angleterre, que messire Jean de Malestrait et le sire de Combor et Morfonace et grand'foison de chevaliers et écuyers de Bretagne avoient mis le siége par bastides (forts) devant le châtel de Brest, par l'ordonnance et commandement du connétable de France. Si que, quand le duc ouït dire le grand désir que ses gens avoient de trouver les armes, si fit dire à l'admiraut (amiral) messire Thomas de Persy et au connétable de l'ost messire Jean de Holland que ils adressassent (dirigeassent) leur navie (flotte) et fissent adresser devers Bretagne, car il vouloit aller voir le châtel de Brest et visiter les compagnons, ceux de dedans et ceux de dehors.

De ces nouvelles orent (eurent) les Anglois grand'joie. Adonc Dan Alphonse Vretat (Furtado), le souverain patron de la navie (flotte) de Portugal et lequel connoissoit bien le chemin et les entrées de la mer de Bretagne qui sont moult périlleuses, se mit tout devant et montra voie. Et pour ces jours le temps étoit si beau et si joli et les eaues (eaux) si quoies (tranquilles) et si attrempées (calmes), que c'étoit grand'plaisance à aller par mer et sur l'eau. Et siglèrent (firent voile) ces nefs d'Angleterre et ces gallées de Portugal aval le vent, qui à point ventoit devers l'embouchure de Brest. Et attendirent les mariniers la marée si à point, car bien s'y connoissoient, que avecques le flot ils entrèrent au hâvre de Brest.

Grand'plaisance étoit de ouïr ces claironceaux (trompettes) des barges et des galées eux demener et ceux du châtel aussi. Messire Jean de Malestrait, le vicomte de Combor et Morfonace séoient à cette heure au dîner. Quand les nouvelles leur vinrent que les Anglois et l'armée d'Angleterre étoient venus, si saillirent tantôt sus et coururent aux armes, car bien savoient, puisque le duc de Lancastre et ses gens avoient là pris terre, que ils seroient combattus et que les Anglois étoient là arrivés pour lever les bastides (forts): tous furent armés et appareillés et en bonne volonté d'eux défendre si on les assailloit. Si se trouvèrent bien trois cents hommes d'armes, chevaliers et écuyers. Moult furent les Anglois réjouis, quand ils furent au hâvre de Brest et ils orent (eurent) entendu que les Bretons tenoient leur bastide et ne l'avoient pas laissée. Si dirent qu'ils les iroient voir et combattre, car ils avoient grand'faim et grand'volonté de faire fait d'armes encontre les François.

CHAPITRE XXXIII,

Comment le duc de Lancastre se partit de devant Brest en Bretagne et comment il s'en vint par mer devant la Calongne (Corogne) au royaume de Castille.

On prindrent (prirent) le duc de Lancastre et ses gens terre assez près du châtel de Brest et du hâvre et laissèrent leurs chevaux et leurs pourvéances en leurs nefs; mais les dames et les damoiselles issirent (sortirent) hors pour eux rafraîchir. Le premier jour ils n'entendirent point à l'assaillir, fors que de eux mettre à point et loger sur terre par trois ou quatre jours; et tendirent les aucuns des seigneurs tentes et pavillons sur les champs contreval le hâvre assez près de la mer et du châtel de Brest, et là se tinrent tout le jour et la nuit aussi. Quand ce vint à lendemain, le connétable et le maréchal de l'ost firent sonner les trompettes en signe que on s'armât et mît en ordonnance pour aller assaillir; donc s'armèrent toutes gens et se tinrent par bon arroy et par bonne ordonnance devers le châtel et les bastides qui étoient faites, ouvrées et charpentées de grand'manière; et fut pour demeurer là dedans vingt ans; et y avoit autour des bastides fossés, portes, tours et bons murs et tout de gros bois. Or vinrent chevaliers et écuyers d'Angleterre qui vouloient et désiroient faire fait d'armes jusques aux barrières de la bastide. Si commencèrent à escarmoucher de grand'façon et de bonne volonté pour conquérir les bastides et ceux qui dedans étoient, et chevaliers et écuyers Bretons dont il y avoit grand' foison et de bons, à eux défendre; et pour avoir les armes mieux à main, ils firent ôter les bailles (portes) des défenses dont ils firent grand'folie; mais ils se confioient en leur chevalerie et vraiment il en y avoit assez. Là put-on voir grand'foison de beaux faits d'armes et de durs rencontres et de forts poussis de lances, et en avoient le meilleur ceux qui pouvoient bien porter longuement haleine. Toutefois Anglois étoient grand'foison: si donnoient moult à faire par armes aux Bretons et par bien combattre ils gagnèrent les bailles (portes) et y ot (eut) dedans le clos de la ville plus de cent hommes d'armes, et furent Bretons sur le point de tout perdre. Quand messire Jean de Malestrait et le vicomte de Combor en virent la manière, si écrièrent leur cri et dirent: « Et comment, seigneurs, perdrons-nous ceci ainsi? avant! avant! or, au bien penser, si ne convient faire nulle feinte (foiblesse), mais mort ou honneur. »

Adonc se remistrent (remirent) ensemble de grand courage les Bretons et fichèrent leurs lances et glaives en terre et s'appuyèrent fortement sur leur pas et boutèrent de bras et de poitrines courageusement sur ceux qui les avoient reculés et boutés des barrières dedans la ville. Là étoient les armes faites belles à voir: là convint de force et de fait les Anglois reculer; car ils furent si bien poussés et si durement que ils ne purent gagner terre et furent remis tous hors des bailles (portes) et bien férus et battus; ni oncques depuis ils ne purent gagner pour cette journée.

D'autre part, sur un autre lez (côté) de la bastide, il y avoit une tour de pierre séant sur terre au descendant d'une roche que les Bretons tenoient; et l'avoient prise à l'avantage de leur bastide et la gardoient. Là ot (eut) grand assaut et dur d'Anglois et d'archers, endementres (pendant) que les gens d'armes se combattoient aux barrières; et passèrent les Anglois un petit fossé que là y avoit et vinrent au pied de la tour portants pics et hoyaux en leurs mains; et commencèrent à piqueter et à piocher et a haver et à ôter pierres et affoiblir grandement la tour. Ceux qui étoient sus se défendoient vaillamment et hardiment de ce qu'ils avoient, et archers traioient (tiroient) à eux si ouniement (à la fois) que à peine ne s'osoit nul à montrer pour le trait, si n'étoit trop fort armé de pavas (bouclier). Là fouirent (creusèrent) et houèrent et piquèrent Anglois tant que la moitié de la tour par deffaute de pied, quand ils lui avoient tollu (enlevé) miné et ôté le fondement, s'ouvrit et crevaça. Ceux qui dedans étoient et qui ouvrir et déjoindre la véoient, se trairent (portèrent) tous à un faix sur la plus saine partie et tant que la moitié de la tour s'en alla à terre et l'autre demeura et les compagnons dedans. Lors y ot (eut) grand'huyée (clameur) des Anglois, quand ils les virent ainsi à découvert. A ces entrefaites il étoit sur le plus tard; si sonnèrent les trompettes de retraite;

car pour ce jour ils disoient que ils en avoient fait assez. Si se retrairent (retirèrent) et au département les Anglois disoient aux Bretons: « Seigneurs, seigneurs, demeurez là cette nuit et faites bon guet, car demain nous vous venrons (viendrons) voir, vous verrez bien de quelle part nous sauldrons (attaquerons), car il n'y a rien au devant de vous qui vous fasse ombre ni encombrier (obstacle). »

L'intention des Anglois étoit telle que le lendemain ils retourneroient à l'assaut à la bastide et la conquerroient par force et les compagnons de dedans, car bien étoit en leur puissance: si passèrent la nuit tout aise, ils avoient bien de quoi.

On dit souvent, et voir (vrai) est: bon l'auroient les penseurs si n'étoient les contrepenseurs; je le dis, pourtant (attendu) que si il y avoit dans l'ost des Anglois des gens soubtieux (subtils) de la guerre, les Bretons, qui se tenoient en la bastide, étoient aussi pourvus assez de voir et connoître quelle chose leur pouvoit valoir et porter dommage. Ils connurent clairement qu'il les convenoit partir de là et traire (aller), quelque part que ce fut, à sauveté, si ils ne vouloient être morts ou pris. Si eurent conseil de partir et de trousser ce que ils pourroient et laisser la bastide. Si comme ils ordonnèrent pour le mieux, ils le firent, et troussèrent tout, et montèrent sur leurs chevaux, et laissèrent la bastide, et se mirent aux champs, et prindrent (prirent) le chemin de Hanibon (Hennebon), où il n'y a que quatre lieues de là. Ils ouvrèrent sagement de cela faire et de monter à cheval et partir; car ils n'avoient garde que les Anglois les poursieuvissent (poursuivissent), pourtant (attendu) que ils n'avoient encore trait nuls chevaux hors de leurs nefs. Messire Jean de Malestrait et les chevaliers et écuyers qui avecques lui étoient vinrent cette nuit à Hanibon (Hennebon); si se boutèrent dedans et la trouvèrent toute ouverte et appareillée: là n'orent (eurent)-ils garde des Anglois. Quand ce vint au matin, on sonna trompettes pour armer l'ost des Anglois et eux traire (aller) à l'assaut; et vouloient trop bien faire la besogne, mais nouvelles leur vinrent que les Bretons étoient partis et avoient laissé la bastide. Lors se repentirent les Anglois grandement de ce qu'ils n'avoient mis une embuche sus, parquoi ils ne eussent pas ainsi perdu leur proie. Si envoyèrent les seigneurs désemparet (démolir) la bastide et y boutèrent le feu dedans par varlets qui étoient taillés de cela faire. Ainsi furent délivrées par le duc de Lancastre les bastides de Brest et ce jour allèrent voir, le duc et messire Jean de Holland et aucuns des seigneurs, et non pas tous, le châtel de Brest; et y menèrent les dames, et y burent et mangèrent et puis se retrairent (retirèrent) à leurs logis; et lendemain, le tiers jour, on rafraîchit les nefs d'eau douce, et au quart jour ils se retrairent (retirèrent) dedans et se desancrèrent et puis s'en partirent.

Le quart jour que ils avoient été logés sur les champs au dehors de Brest, ils avoient eu conseil ensemble, le duc, les seigneurs et les mariniers de Portugal qui y furent appelés, pour savoir quelle part ils se trairoient (rendroient), ni quelle terre ni port ils prendroient, ou si ils iroient à Lisbonne ou au Port (Porto) de Portugal, ou si ils prendroient terre en Biscaie ou à la Calonge (Corogne). Si furent sur cet état les ducs et les seigneurs longuement en conseil ensemble; et en fut demandé l'avis à Alphonse Vretat (Furtado), maître des navires du roi de Portugal, lequel répondit et dit: « Mes seigneurs, pour ce suis-je envoyé querre (chercher) la votre aide et tramis (envoyé) en Angleterre par devers vous, que le roi de Portugal mon seigneur vous écrit que en quelque part que vous arrivez en son pays, vous serez les bien venus et il en aura grand'joie, car il désire grandement votre venue et vous voir. »

On fut sur cet état un temps et bien une heure, et fut délibéré que on iroit prendre terre au Port (Porto) de Portugal à trente lieues de Lisbonne et puis fut tout retourné, car on dit: « Que le plus honorable étoit sans comparaison de prendre terre sur marche (frontière) d'ennemis que sur ses amis; et que les ennemis, quand ils sauront que nous serons arrivés sur eux, en auront plus grand' peur et plus grand' fréeur. » Donc fut arrêté et accordé de prendre terre à la Calongne (Corogne) en Galice. Cette part tournèrent les mariniers, lesquels avoient vent et temps à souhait et ne furent, depuis que ils se départirent de Brest, que cinq jours sur la mer que ils vinrent devant le hâvre de la Calongne (Corogne) et là entrèrent en attendant l'aigue (eau), car ils avoient basse yeaue (eau); si ne pouvoit-on approcher terre de si près.

Or vous dirai des chevaliers de France, de mouseigneur le Barrois des Barres, de messire Robert et de messire Jean de Bracquemont, de messire Jean de Châtel Morant, de messire Pierre de Villaines, de messire Tristan de la Gaille et des autres qui étoient venus en pélerinage en la ville de Compostelle au baron monseigneur Saint Jacques en grand' dévotion. Quand ils orent (eurent) fait leur pélerinage et chacun son offrande et ils se furent traits (rendus) à l'hôtel, nouvelles leur vinrent par ceux qui demeuroient sur les frontières et bondes (côtes) de la mer que les Anglois montroient que ils vouloient venir et arriver et prendre terre à la Calongne (Corogne). Avant que sommiers ni mulets ni chevaux fussent troussés, qui leur harnois portoient, ils ordonnèrent à partir tantôt et venir devers la Calongne (Corogne) et se mirent à chemin pour conforter le port, la ville et le châtel; et bien dirent ceux, qui le châtel et la ville de la Calongne (Corogne) connoissoient: « Avançons-nous; car si les Anglois par mésaventure ou par force d'armes prenoient la ville et le châtel de la Calongne (Corogne), ils seroient tous seigneurs du pays. Les chevaliers prindrent (prirent) leurs chevaux qui les suivoient et firent tant par bon exploit que ils vinrent cette nuit à la Calongne (Corogne), où il y a quatorze grands lieues et divers pays; et se boutèrent si à point en la ville et au châtel que les Anglois venoient, qui ancrèrent devant le hâvre; dont on fut moult réjoui en la ville et au châtel de leur venue.

Toute cette nuit vinrent les sommiers qui apportoient et amenoient leur harnois. Quand ce vint au matin ce fut grand' beauté de voir entrer au hâvre de la Calongne (Corogne) ces gallées et ces nefs armées, chargées de gens et de pourvéances et de ouïr ces trompettes qui sonnoient à tous lez (côtés); et les trompettes du châtel et de la ville résonnoient à l'autre lez (côté) et se ébattoient l'un contre l'autre.

Tantôt connurent les Anglois que il y avoit grand' gent d'armes et de bonne garnison et que François étoient saisis de la ville et du châtel. Adonc issirent (sortirent) les seigneurs tout bellement et aussi toutes manières de gens hors des vaisseaux et des gallées et se trairent (rendirent) sur les champs, ni point n'approchèrent de la ville, ils n'y avoient que faire, car elle est trop forte et trop bien fermée; et si étoit bien pourvue de bonnes gens d'armes. Ils en véoient bien les apparences.

Au dehors de la ville de la Calongne (Corogne) avoit aucuns hôtels et maisons de pêcheurs et de gens de mer. Là se trairent (rendirent) les seigneurs et se logèrent; mais il convint faire assez d'autres logis, car il en y avoit trop peu pour tous. Le premier jour que ils arrivèrent au port de la Calongne (Corogne), le second, le tiers et le quart furent ceux tous embesognés, qui à ce faire ordonnés étoient, de décharger les gallées et les vaisseaux, tant y avoit de pourvéances et de choses amenées et à vider hors des nefs. Si furent mis hors les chevaux tout bellement, qui avoient été ès nefs plus de quinze jours. Si étoient foulés et oppressés combien qu'ils eussent été bien gouvernés et approvendés (approvisionnés) le foins, d'avoine, et d'aigue (eau) douce; mais autant bien leur griève (fait mal) la flaireur (odeur) de la mer, comme elle fait aux gens. Si furent menés et pourmenés (promenés) et rafraîchis de nouvelles pourvéances et de fraîches aigues (eaux).

Quand tout fut mis hors des gallées et des vaisseaux, on demanda au duc quelle chose il vouloit que on ordonnât de la navie (flotte). Il répondit: « Je vueil (veux), que tous les marniers (matelot) on soient payés de leurs peines; et puis fasse chacun son profit; car je leur en donne bien congé et veux bien que chacun sache que jamais la mer en Angleterre ne repasserai, tant que je aurai ma pleine sufisance du royaume de Castille; ou je mourrai en la peine. »

Le commandement du duc fut lors accompli; on paya les mariniers si bien qu'ils se tinrent pour contents, puis après se départirent quand il leur plut. Si issirent (sortirent) du port de la Calongne (Corogne) et s'en allèrent, les aucuns en Portugal et les autres à Lisbonne ou à Bayonne ou à Lebay en Bretagne ou en Angleterre. Sachez que nul ne demeura derrière. Et le duc de Lancastre et les Anglois se logèrent à la Calongne (Corogne), non au fort, mais au dehors en petites maisons qu'ils trouvèrent; et aussi ils en firent des nouvelles de bois et de feuilles, ainsi que gens d'armes se logent.

Environ un mois et plus fut le duc de Lancastre à la Calongne (Corogne) sans point partir, si il n'alloit voler (chasser au vol) ou chasser; mais il et aucuns seigneurs d'Angleterre avoient fait venir chiens et oiseaux pour leurs déduits, et espriers (éperviers) pour les dames. Encore avoient-ils amené en leur navie (flotte) moulins pour moudre, meules pour faire farine, fours pour cuire. De tels choses ne vont-ils point volontiers dégarnis, puisque ils cheminent en pays de guerre. Leurs fourriers alloient tous les jours en fourrage là où ils en pensoient trouver planté (quantité) à fourrager, mais pas n'en trouvoient; car ils étoient logés en poure (pauvre) pays et désert: si les convenoit aller trop loin pour fourrager. Or s'avisèrent les compagnons qui en la garnison étoient en la Calongne (Corogne), le Barrois des Barres, qui volontiers et bien sçait chevaucher et reculer ses ennemis, quand il est nécessité et besoin, et Jean de Châtel Morant, et messire Robert, et messire Jean de Bracquemont, Tristan de la Gaille et les autres, quand ils sçurent que les fourrageurs chevauchoient ainsi follement, ils pourpensèrent que un jour ils leur seroient audevant et leur feroient payer une fois pour toutes les prises et les levées que ils avoient faites au pays ou faisoient. Si s'armèrent un soir et montèrent à cheval et partirent environ deux cents et prirent guides qui de nuit les menèrent autour des bois et des montagnes, et s'adressèrent au point du jour sur un bois et une montagne que on dit au pays à l'Espinette; et là se tinrent sur le pas, car bien savoient, comme dit leur avoit été, que les Anglois fourrageurs chevauchoient et pilloient le pays, et voir (vrai) étoit, et étoient bien trois cents.

Quand ceux fourrageurs orent (eurent) cerchié (cherché) tout le pays où avoient demeuré deux jours pour mieux piller et pour avoir plus grand fourrage, ils retournèrent arrière pour venir à la Calongne (Corogne); et ne pouvoient passer par autre pas que par le pas et montagne de l'Espinette. Quand ils se furent là embattus (arrivés), messire Jean des Barres et les chevaliers et écuyers François, qui embûchés sur le pas les attendoient, leur saillirent au-devant en criant les Barres au Barrois! Là furent ceux fourrageurs tous ébahis; car la greigneur (majeure) partie ne portoient nulle armure. Il y avoit environ six vingt archers qui se mirent gentiment à défense et en ordonnance et commencèrent à traire (tirer), et navrèrent par leur trait planté (quantité) d'hommes et de chevaux; et quand leur trait fut passé, ils jetèrent leurs arcs jus et se mirent les aucuns à défendre de ce qu'ils avoient et les autres se muçoient (cachoient) et tembloient (fuyoient) pour eux sauver. Que vous ferois-je long conte? Des trois cents Anglois fourrageurs qui là étoient, il en y ot (eut) bien morts deux cents et le demeurant se sauvèrent au mieux qu'ils purent par buissons et par forts bois où ils se boutèrent et où gens de chevaux ne pouvoient entrer. Or revinrent les fuyants devant la Calongne (Corogne), qui recordèrent ces nouvelles et comment le Barrois des Barres et sa route (troupe) les avoient rués jus; lors s'estourmirent [1] ceux de l'ost du duc. Si fit armer messire Thomas Moreaulx plus de cinq cents hommes, qui étoit maréchal de l'ost; et montèrent à cheval; et lui-même monta et prit le pennon de Saint Georges et se mit au chemin en trop grand

[1] Se mirent en mouvement. J. A. B.

désir de trouver les François. Et chevauchèrent tant que ils vinrent à l'Espinette et sus le pas où ils trouvèrent les gens morts, dont ils furent moult courroucés.

Quand ils furent là venus, ils n'eurent rien fait, car les François étoient jà retraits (retirés) et rentrés au chemin lequel ils étoient venus. Jamais qui ne les eut là menés, ils n'eussent suivi les esclos (traces): si s'en retournèrent sans rien faire. Et tout ainsi comme ils étoient à une demi-lieue de leur ost, ils regardèrent et virent sur côté les François qui rentroient au châtel de la Calongne (Corogne); si furent moult courroucés, mais amender ne le purent. Et fut ce jour moult blâmé d'aucuns en l'ost en requoi (secret) le maréchal, de ce que il envoyoit ni avoit envoyé fourrager ni consenti à aller leurs gens si simplement que sans gens d'armes, quand ils sentoient leurs ennemis près de l'ost logés forts assez pour ruer jus cinq ou six cents fourrageurs; et proprement le connétable et le duc de Lancastre l'en blâmèrent tant que il en fut tout honteux. Mais il se excusa et dit que sans cette fois ils y avoient été dix fois et point n'y avoient les fourrageurs pris de dommage. « Messire Thomas, dit le duc, soyez une autre fois plus avisé, car ce avient à une fois en un jour qui point n'avient en cent. »

CHAPITRE XXXIII.

Comment le duc de Lancastre se partit de la Calongne (Corogne) et comment la ville de saint
Jacques en Gallice se rendit a lui; et du conseil
que les barons de France donnèrent au roi de
Castille.

Quand le duc de Lancastre ot (eut) séjourné à la
Calongne (Corogne) environ un mois, si comme je
vous conte, et que hommes et chevaux furent tous
bien rafraîchis, on ot (eut) conseil que on se délogeroit de là et s'en iroit-on devers la ville de Saint
Jacques en Galice, où il avoit meilleur pays et plus
gras et plus plein pour chevaucher: si comme il fut
donné, il fut fait. On se délogea de la Calongne (Corogne) et puis se mit-on au chemin, quand on ot
(eut) tout troussé. Et chevauchoient en trois batailles. Le maréchal premier atout (avec) trois
cents lances et six cents archers; et puis le duc
atout (avec) quatre cents lances et toutes les dames
en sa compagnie, et en l'arrière-garde étoit le connétable messire Jean de Holland et avoit largement
et bien quatre cents lances et six cents archers;
et n'alloient que le pas et mirent trois jours à venir
de la Calongne (Corogne) jusques à la ville de
Saint Jacques.

Vous devez savoir que le pays de Galice pour
la venue du duc de Lancastre étoit moult effrayé;

car ils resoignoient (redoutoient) grandement sa puissance. Le maréchal de l'ost qui étoit en l'avant-garde s'en vint jusques à une ville que on appelle Compostelle au pays, où le corps de Saint Jacques, que on requiert (cherche) de si loin, gît et est. Quand il fut venu jusques à là, il la trouva fermée, ce fut raison; mais il n'y avoit en garnison fors les hommes de la ville; car nuls chevaliers de France ne la vouloient prendre à leur péril pour la tenir ni garder honorablement jusques à outrance, car elle n'est pas trop forte à parler contre tels gens que le duc de Lancastre avoit mis au pays de Galice. Le maréchal envoya devant son héraut pour savoir que ceux de Saint Jacques disoient. Le héraut vint aux barrières et trouva le capitaine de la garde de la ville qui s'appeloit Alphonse de Sorie. Il lui dit : « Capitaine, cy un petit en sus est le maréchal de l'ost de monseigneur le duc de Lancastre qui m'envoie ici et parleroit volontiers à vous. » Dit le capitaine : « Il me plaît bien; faites-le venir avant. Nous parlerons à lui. »

Le hérault retourna et dit au maréchal ces nouvelles. Le maréchal se départit, atout (avec) vingt lances tant seulement, de la route (troupe) et s'en vint devant la ville de Compostelle, et trouva aux barrières le capitaine et aucuns hommes de la ville qui là s'arrêtoient. Le maréchal mit pied à terre, et vint lui troisième tant seulement; ce furent le sire de Basset et messire Guillaume de Fernichon (Farrington). Si dit : « Capitaine, et vous gens; monseigneur de Lancastre et madame de Lancastre votre dame qui fut fille du roi Damp Piètre votre seigneur m'envoient ici parler à vous pour savoir que vous voudrez dire et faire si bellement; vous les recueillerez, ainsi que bonnes gens doivent recueillir leur seigneur et dame, ou si vous vous ferez assaillir et prendre de force. Sachez que si vous êtes pris de force, que vous serez là-dedans tous mis à l'épée, parquoi les autres y prendront exemple. » — « Nous ne voulons ouvrer fors que par raison, et nous nous voudrions volontiers et loyalement acquitter envers ceux à qui nous sommes tenus. Bien savons que madame de Lancastre, madame Constance, fut fille au roi Damp Piètre de Castille, et que, si le roi Damp Piètre fût demeuré au pays paisiblement, elle étoit droite héritière de Castille; or sont depuis les choses muées (changées) autrement, car tout le royaume de Castille demeura quittement et paisiblement au roi Henri son frère par la bataille qui fut à Mancuel (Montiel); et jurâmes tous en ce pays à tenir le roi Henri à roi; et il fut tenu tant comme il vesquit (vécut); et aussi jurâmes-nous à tenir à roi le roi Jean son fils qui est à présent. Si vous plaît vous nous direz quelle chose ceux de la Calongne (Corogne) ont dit ni fait envers vous; car il ne peut être que ce mois que vous avez là séjourné et logé devant la ville, que vous n'ayez eu aucuns traités à (avec) eux. »

Répondit messire Thomas Moreaulx : « Vous dites voir (vrai), nous les y avons voirement (vraiment) eus, autrement nous ne nous en fussions pas passés ainsi, quoique la ville de la Calongne (Corogne) soit plus forte dix fois que cette ville; je vous dirai quelle chose ils ont fait envers nous. Les hommes de la ville, tout coiement se sont composés à nous et ont dit ainsi : que ils feront volontiers tout ce que vous ferez; mais si vous vous faites assaillir ni détruire, ils ne le feront pas. Si le pays de Galice se rend à monseigneur et à madame, ils se rendent aussi et de ce avons-nous bons pleiges (gages) par devers nous qui bien nous suffisent. » — « C'est bien, répondit le capitaine, nous voulons bien aussi tenir ce traité. Il y a encore ens (dans) ou (le) royaume de Galice grand'foison de cités et de bonnes villes. Si chevauchez outre et nous laissez en paix et nous ferons si comme ils feront, et de ce nous baillerons pleiges (gages) et bons otages. » — « Nennil, répondit le maréchal, ces traités que vous mettez avant ne suffisent pas à monseigneur le duc ni à madame aussi, car ils veulent venir loger en cette ville et tenir leur état, si comme seigneur et dame le doient (doivent) tenir sur leur héritage : si nous en répondez brièvement lequel vous voudrez faire : ou si vous les recueillerez doucement et amiablement, ou si vous vous ferez assaillir et prendre de force et tous détruire? » — « Monseigneur, répondit le capitaine, donnez-nous un petit de loisir pour parler ensemble, et nous vous en répondrons tantôt. » — « Je le vueil (veux), dit le maréchal. »

A ces mots se trayst (rendit) le capitaine à part et rentra en la ville et vint en la place accoutumée où toutes gens se retrayent (retirent) pour être ensemble et là fit-il venir toutes les gens de la ville. Quand ils furent tous venus, il leur remontra moult sagement et leur dit et conta de point en point toutes les paroles que vous avez ouïes : finalement il me semble, et voirs (vrai) fut, que ils furent d'accord de recevoir le duc de Lancastre paisiblement comme leur seigneur et dame, et les tenroient (tiendroient) en la ville tant comme il leur plairoit à être, si la puissance du roi de Castille ne les en ôtoit et levoit. Mais il si advenoit ainsi, que, quand ils auroient été là un an ou deux, ou à leur plaisance tant et si petit comme il leur plairoit à être et ils se départissent du pays et retrayssent (retirassent) en Angleterre, ou à Bordeaux, ou à Bayonne, ou autre part là où il leur plairoit à être le mieux, si le duc ne les laissoit si bien et si fort pourvus de bonnes gens d'armes que pour eux tenir et garder contre leurs ennemis, et par cette faute que point ne seroient pourvus et garnis, ils rendroient la ville et mettroient arrière en l'obéissance du roi Jean de Castille ou de ses maréchaux, ils vouloient être quittes de leur foi.

Ces traités accepta liement messire Thomas Moreaulx, et dit que ils parloient bien et à point et que le duc et la duchesse ne demandoient mie mieux. Lors retourna le maréchal devers ses gens et puis s'en alla devers le duc et la duchesse qui l'attendoient sur les champs. Si leur recorda (raconta) tous ces traités auxquels ils ne contredirent point, mais les tinrent à bons et bien faits. Si chevauchèrent liement, si comme ci-dessus est dit et conté, et en ordonnance de bataille en trois arrois jusques à la ville de Saint Jacques.

Environ deux petites lieues françoises de la ville de Saint Jacques en Galice vinrent au-dehors et procession tout le clergé de la ville et portant dignes reliques, croix et gonfanons, hommes, femmes et enfants contre la venue du duc et de la duchesse; et apportoient les hommes de la ville avecques eux les clefs des portes, lesquelles ils présentèrent, de bonne volonté par semblant, je ne sais si il étoit feint ou vrai, au duc et à la duchesse, tous à genoux; et les recueillirent à seigneur et à dame. Ainsi entrèrent pour ce jour en la ville de Saint Jacques et le premier voyage qu'ils firent, ils allèrent tout droit et à pied à l'Église de Saint Jacques, duc, duchesse et tous les enfants; et se mirent en oraisons et à genoux devant le benoit corps saint et baron de Saint Jacques et y firent grands offrandes et beaux dons; et me fut dit que le duc et la duchesse et leurs deux filles à marier, Philippe et Catherine, se logèrent en l'abbaye et maison de céans et y firent leur tinel (cour). Les autres seigneurs, messire Jean de Holland, messire Thomas Moreaux et leurs femmes se logèrent en la ville et barons et chevaliers qui loger se purent; et gens d'armes sur les champs tout autour de la ville de Saint Jacques. Et qui ne pouvoit trouver maison il faisoit loge et feuillée de bois que il coupoit, car il en y a assez au pays; et se tenoient tout aise de ce qu'ils avoient chairs (viandes); et forts vins trouvoient-ils assez, dont ces archers buvoient tant que ils se couchoient le plus du temps ivres. Et moult souvent par trop boire, car c'étoit au moustysons (vendange), ils avoient la foire, ou au matin si mal en leurs têtes que ils ne se pouvoient aider tout le jour.

Quand le Barrois des Barres et Jean de Chastel Morant et les chevaliers et écuyers qui ens ou (le) châtel de la Calongne (Corogne) se étoient tenus pour la garde entendirent que le duc et la duchesse étoient paisiblement entrés en la ville de Saint Jacques et qu'on les y avoit reçus, si parlèrent ensemble et se conseillèrent quelle chose ils feroient, et dirent: « Il ne nous vaut rien ici demeurer ni tenir; nous n'y ariemes (aurions) jamais nulle bonne aventure; retrayons (retirons)-nous à Burgos devers le roi; si saurons quelle chose il voudra faire. Il ne peut être que il ne voist (aille) au-devant de ces Anglois; car si il les laisse convenir (s'assembler) ainsi, ni eux loger ni amasser au pays petit à petit, ils le conquerront et seront seigneurs de Castille: et nous est plus honorable assez de là aller que de ci être. »

Ce conseil fut tenu: si s'ordonnèrent pour partir et troussèrent tout et issirent (sortirent) hors du châtel de la Calongne (Corogne), et le recommandèrent à ceux que ils y avoient trouvés quand ils y entrèrent; et prirent guides qui connoissoient le pays: bien le convenoit, autrement ils eussent été rencontrés. Si firent tant et chevauchèrent parmi le pays de Biscaye en costiant (côtoyant) la Galice que ils vinrent au Lyon (Léon) en Espagne. Pour ces jours y étoient le roi et la reine et toutes les gens de son hôtel. Quand ces chevaliers de France furent venus devers le roi, il les vit volontiers, ce fut raison. Si les reçut doucement et leur demanda des nouvelles, quoique il en savoit assez. Ils en dirent ce qu'ils en savoient et comment à point ils vinrent à la Calongne (Corogne), tout ainsi que les Anglois entroient au hâvre: encore trouvèrent-ils sept gallées que vaisseaux de Biscaye chargés de vins, lesquels les Anglois orent (eurent) à leur profit et les marchands orent (eurent) tantôt tout vendu. Dit le roi: « Ainsi va de guerre; ils n'étoient pas sages ni bien conseillés, quand ils sentoient l'armée d'Angleterre sur mer, que ils n'alloient quelque part ailleurs. » — « En nom Dieu, sire, répondirent les chevaliers, ils étoient là traits (retirés) à sauveté; car les vins et marchandises que ils menoient, ils dirent que ils avoient cargié (chargé) pour mener en Flandre; et avoient bien ouï dire par maronniers (matelots) de Saint Andrieu (Saint Ander) que les Anglois étoient sur mer et sur les bendes (côtes) de Biscaye; mais ils cuidoient (croyoient), pourtant (attendu) que renommée court, et voirs (vrai) est, que le roi de Portugal leur a envoyé gallées et gros vaisseaux, que ils dussent prendre le chemin du Port (Porto) de Portugal ou de Lisbonne; mais ils ont fait tout le contraire, si comme il appert, car par la Calongne (Corogne) sont entrés en Galice. »

Donc dit le roi: « Et entre vous, chevaliers de France, qui connoissez les armes et qui savez que c'est de chevaucher et ostoïer (combattre) plus que ne font les gens de ce pays, car plus vous les avez hantées et usées, que pouvez-vous supposer ni imaginer des Anglois, ni comment se porteront-ils cette saison? » — « Par ma foi, répondirent aucuns et chacun par lui, sire, malement le pouvons-nous savoir, car les Anglois sont couverts (discrets), quelle chose ils feront ni où ils se trairont, fors que par supposition. Nous supposons ainsi, que le duc de Lancastre se tiendra tout cet hyver qui approche en la ville de Saint Jacques et ses gens là environ, et courront le pays de Galice, conquerront petits forts et rançonneront aux vivres et aux pourvéances; et endementes (pendant) que cil (ce) temps passera et que l'é.. retournera, s'entameront et feront traités entre le duc de Lancastre et le roi de Portugal, et se concorderont et aideront et allieront ensemble, si jamais alliance se doit faire ni n'y doit avoir, car nous entendons un point qui y est, pourquoi nous créons le mieux que alliances se feront que autre chose; car le duc de Lancastre a mis hors d'Angleterre toutes ses filles mariées et à marier. Il en y a deux, dont l'une aura, si comme nous supposons, votre adversaire de Portugal. » — « Et quelle chose, dit le roi, est bon que je fasse? » — « Nous le vous dirons, sire, répondirent les chevaliers. Faites sur les frontières de Galice garder les villes et les châteaux les plus forts; et les plus petits forts faites-les abattre. On nous donne à entendre que vos gens parmi ce royaume fortifient moûtiers et clochers et retrayent (retirent) du plat pays leurs biens: sachez que c'est toute perte et confusion pour votre royaume; car quand les Anglois chevaucheront, ces petits forts, ni ces églises ni moûtiers ne leur dureront néant (rien), mais seront rafraîchis et nourris des vivres que ils trouveront dedans et en parferont leur guerre et conquerront le demeurant (reste): si vous disons que, tous tels petits forts faites-les abattre ce temps, en tant (pendant) que loisir en avez; et abandonnez tout ce qui sera trouvé dedans, si il n'est mis hors ens (dans) les fortes villes, cités et châteaux dedans le jour de la Toussaints ou au plus tard dedans le jour de la Saint Andrieu (André), aux vôtres gens d'armes; encore vaut-il mieux que ils en vivent et que ils en aient la graisse et le profit que vos ennemis. Et si mandez encore par spécial et par certains hommes de votre conseil tout votre état et l'affaire de votre pays au roi de France et à ses oncles, monseigneur de Berry et monseigneur de Bourgogne, et soient informés justement que à l'été qui revient ou avant, sitôt comme le nouveau temps sera venu et que on pourra chevaucher, il vous appert la plus forte guerre, quioncques fut en Espagne ni par le prince de Galles ni par autrui, et escripsez (écrivez) lettres piteuses et douces, en suppliant au roi et à ses oncles que à ce grand besoin vous soyez reconforté de tant de bonnes gens d'armes que vous puissiez résister contre vos ennemis et garder votre royaume de puissance. Vous avez grandes alliances et confédérations ensemble, le roi de France et vous; et aussi l'a eu votre prédécesseur de père, pourquoi nullement à ce besoin le roi de France et le noble royaume, qui plus peut que ne font toute Angleterre et Portugal tous deux mis et conjoints ensemble, ne vous fauldra (manquera) point; et soyez certain, sire roi, que quand le roi de France et ses oncles seront informés, et leurs consaux (conseillers); justement et vivement de toutes vos besognes, ils y entendront tellement que vous vous en apercevrez et que point de dommage en cette guerre vous ne prendrez; et sachez que les chevaliers et écuyers du royaume de France qui se désirent à avancer, à (avec) petit (peu) de paroles ni de mandement ni de conquêt pour eux, se trairont (rendront) de cette part pour trouver les armes; car maintenant ils ne se sçavent où employer. Nous vous dirons pourquoi. François et Flamands ont paix ensemble qui, grand temps a, n'y fut; et sont trièves (trèves) des Anglois et des François de ceux par-delà de Loire jusques à la Saint Jean Baptiste qui vient: si verrez venir et affuir gens d'armes, chevaliers et écuyers de France à (avec) grand effort, tant pour trouver les armes que pour voir ce pays et pour eux avancer et pour voir les Anglois que ils ne virent oncques, tels y aura trois mille [1], que pour eux avancer. Mais, sire, nous voulons, et le vous conseillons pour votre profit, que tout petits forts, églises et moûtiers sur le plat pays soient abandonnés et désemparés, si vous voulez avoir joie du demeurant (reste). »

Répondit le roi de Castille: « Vous me conseillez loyalement et je le ferai de ci en avant. » Et lors ordonne, sans avoir nul conseil dessus, que tout soit abattu, et désemparé ce qui ne se peut tenir; « et vous

---

[1] C'est-à-dire que parmi eux il s'en trouvoit trois mille qui n'avoient jamais vu les Anglois. J. A. B.

abandonne dit-il aux compagnons, comme le vôtre à prendre tout ce qui en tels forts sera trouvé. » Les compagnons dirent: « Sire, c'est bien dit et nous y entendrons volontiers et aiderons à garder et sauver le demeurant (reste). »

Cette parole que le roi de Castille dit et fit à ses gens d'armes et par spécial aux chevaliers et écuyers de France, porta aux compagnons deux cent mille francs de profit et spécialement à ceux qui étoient allés premièrement en Castille, quand le duc de Lancastre arriva à la Calongne (Corogne) et il s'en alla en la ville de Saint Jacques en Galice.

CHAPITRE XXIV.

COMMENT LE ROI DE CASTILLE FUT CONSEILLÉ QUE ON ABATTIT TOUS PETITS FORTS ET MOUTIERS DE SON ROYAUME QUI NE SE POURROIENT TENIR ET PRIT-ON LES POURVÉANCES POUR LES GROSSES VILLES POURVOIR.

Lors furent parmi le royaume de Castille, si comme je le vous recorde, abandonnés tous petits forts, églises et moûtiers qui nulle puissance n'avoient de eux tenir: lors furent attrapés ces paysans sur le plat pays, qui avoient fortifié églises et moûtiers et là dedans retrait (retiré) leurs biens, meubles, vins, blés, avoines, chairs et autres choses et les y vouloient et cuidoient (croyoient) tenir et garder; mais il leur en advint tout du contraire; car ces chevaliers et écuyers et capitaines de routes (troupes) y envoyèrent leurs gens qui tout prenoient: les pourvéances que ils trouvoient faisoient-ils bien amener ou apporter à leurs logis; mais l'or et l'argent que ils trouvoient et dont ils rançonnoient les vilains du pays, ou ils leur faisoient racheter leurs biens, tout ce ne venoit mie à connaissance fors à eux, mais le boutoient en leurs bourses. Et tant firent aucuns poures (pauvres) compagnons qui étoient plus subtils et plus aventureux les uns que les autres, car toujours en y a des mieux pourvus et qui étoient issus hors de leurs hôtels mais bassement et pauvrement montés, que ils avoient coursiers et genets de séjour, cinq ou six, et grosses ceintures d'argent, et mille ou deux mille francs en leurs bourses et en leur pays ils allassent (seroient allés) espoir (peut-être) à pied ou sus un pauvre roussin. Ainsi gagnèrent ces compagnons qui se trouvèrent en la première rifle (pillage) en Castille; et tout paya le plat pays, car il fut tout riflé (pillé), couru et mangé de leurs gens mêmes, car ils ne vouloient pas que leurs ennemis en eussent joie ni aise.

Quand les nouvelles en furent venues en France aux autres pauvres compagnons chevaliers et écuyers en Beauce, en Berry, en Auvergne, en Poitou et en Bretagne, comment leurs gens étoient enrichis en Castille, si furent plus diligents et plus aigres assez de partir de leurs maisons et d'aller en Espagne, puisque renommée couroit que on pilloit aussi bien sus terre d'amis comme d'ennemis.

Bien étoit le roi de France, et ses oncles aussi, et leurs consaulx (conseillers), informé du voyage du duc de Lancastre que il devoit faire en Castille, avant que il se départesist (partit) oncques ni issit (sortit) hors du royaume d'Angleterre; car renommée court, va et vole partout tantôt. Et bien savoient que le royaume de Castille auroit à faire; et pour ce, et pour y remédier, avoit le duc de Bourgogne si légèrement fait paix aux Gantois, que pour adresser et aider aux besognes et nécessités du roi de Castille, envers qui le roi de France et le royaume étoient grandement tenus par plusieurs raisons; car par le roi de Castille et par ses gens et par ses navies (flottes) et armées de mer étoient les besognes du royaume de France assez en bon état. Avec tout ce, le jeune roi Charles de France avoit trop grand' affection d'aller à main armée et à puissance de gens d'armes et de vaisseaux ens (dans) ou (le) royaume d'Angleterre, et en avoit de son accord tous chevaliers et écuyers du royaume de France et par spécial le duc de Bourgogne et le connétable de France, le comte de Saint Pol, nonobstant qu'il eut épousé la sœur du roi Richard d'Angleterre et le seigneur de Coucy. Et disoient ces seigneurs, et aussi la greigneur (majeure partie) de la chevalerie de France: « Pourquoi n'allons-nous une fois en Angleterre voir le pays et les gens; et apprendrons le chemin, ainsi comme les Anglois en leur temps l'ont appris en France. »

Donc il advint en cette année l'an mil trois cent quatre-vingt-six, tant pour rompre et briser l'armée du duc de Lancastre, ou pour retraire (retirer) hors de Galice et de Castille, que pour donner cremeur (crainte) aux Anglois, pour voir et savoir comment se ils maintiendroient, les plus grands et les plus beaux apparents se firent en France et qui généralement par tailles levées et assises sur toutes gens, furent tant en cités que en bonnes villes que au plat pays, que, puis cent ans, sus une année fut levée en France ni vue, et aussi les plus grands et les plus beaux apparents par mer; et tout l'été jusques au mois de septembre on ne fit que moudre farines et cuire biscuits à Tournay, à Lille, à Douay, à Arras, à Amiens, à Bethune, à Saint Omer et à toutes les villes voisines de l'Écluse; car telle étoit l'intention du roi et de son conseil que à l'Écluse on monteroit là en mer et par-là on iroit entrer en Angleterre et tout le pays détruire. Bien riches gens parmi le royaume de France, pour l'aide de ce voyage et pour avoir navires et vaisseaux assez, étoient taillés et taxés au tiers et au quart de leur chevance, et plusieurs menues gens payoient plus que ils n'avoient vaillant, et ce pour accomplir le payement des gens d'armes.

Mouvant d'Espagne du port de Séville jusques en Prusse n'étoient nuls gros vaisseaux sur mer, où les François pussent mettre leur main ni l'arrêt, qui fut en leur prière ni en leur puissance, que tous ne fussent retenus pour le roi et pour ses gens. Avecques tout ce, les pourvéances de toutes parts arrivoient en Flandre et si grosses de vins et de chairs salées, de foins, d'avoines, de tonneaux de sel, d'oignons, de verjus, de biscuit, de farine, de graisses, de moyeux (jaunes) d'œufs battus en tonneaux, et de toutes choses dont on se pouvoit aviser ni pourpenser, que, au temps à venir, qui ne le vit adoncques il ne le voudra ou pourra croire. Et furent seigneurs priés, écrits et mandés jusques en Savoie, jusques en Allemagne, et sur le soleil couchant jusques en la terre au comte d'Armagnac. Et furent priés ces deux lointains seigneurs à être en ce voyage avecques le roi; et le comte de Savoie retenu à cinq cents lances Savoyards; et d'autre part le comte d'Armagnac et le dauphin d'Auvergne. Et quoique ces seigneurs fussent lointains et ne savoient, ni savoir ne pouvoient, à quelle fin cette armée se feroit, si faisoient-ils faire leurs pourvéances si grandes, si grosses et si coûtables que merveilles est à penser ni où les biens étoient pris qui arrivoient en Flandre par terre et par mer à Bruges, au Dam et à l'Écluse.

Et furent très la Saint Jean envoyés querre (chercher) en Hollande et en Zélande, à Mildebourch (Middelbourg), à Zereciel (Overyssel), à Dourdrech (Dordrecht), à Scounehane (Schoenhoven), à Legode (Leyden), à Harlem, à Ledelph (Delft), à Le Brille et en toutes les villes sur mer ou sus les rivières rentrants en mer, tous les gros vaisseaux dont on pouvoit soi aider; et tout lever et amener à l'Écluse: mais Hollandois et Zélandois disoient, quand on les avoit levés et retenus: « Si vous voulez que nous soyons à vous et avoir notre service, si nous payez tout sec, autrement nous n'irons nulle part. » Là étoient-ils payés, dont ils furent sages, avant que ils partissent ni voulsissent (voulussent) partir de leurs hâvres ni de leurs maisons. Oncques, puis que Dieu créa le monde, on ne vit tant de nefs ni de gros vaisseaux ensemble, comme il y ot (eut) en cet an en la mer au hâvre de l'Écluse et sur la mer entre l'Écluse et Blanquenbergh; car au mois de septembre, en l'an dessus-dit, ils furent nombrés à treize cent et quatre-vingt-sept vaisseaux: ce sembloit des mâts, à l'Écluse, qui regardoit en mer, un grand bois; et encore n'y étoit pas la navie (flotte) du connétable de France, messire Olivier de Clisson qui s'ordonnoit et appareilloit à Landriguier (Treguier) en Bretagne. Avecques tout ce, le connétable de France faisoit faire ouvrer et charpenter en Bretagne l'enclosure d'une ville; et tout de bon bois et gros, pour asseoir en Angleterre là où il leur plairoit, quand ils y auroient pris terre pour les seigneurs loger et retraire (retirer) de nuit, pour eschiver (éviter) les périls des réveillements et pour dormir plus aise et plus asseur (en sûreté). Et quand on se délogeroit de une place et que on en iroit en autre, cette ville étoit tellement ouvrée et ordonnée et charpentée que on la pouvoit défaire par charnières, ainsi que une couronne, et rasseoir (arranger), membre à membre. Et y avoit grand'foison de charpentiers et d'ouvriers qui l'avoient compassée et ouvrée et savoient comment elle devoit aller; et de ce étoient-ils retenus et avoient grands gages.

En cette armée qui devoit aller en Angleterre, je n'ouïs point nommer le duc de Bretagne que il fit nulles apparences et provisions en Flandre, ni le duc de Touraine, le jeune frère du roi, ni le comte d'Alençon, ni le comte de Blois: mais tous n'y pou-

voient point aller; il convenoit qu'il en demeurât
en France pour aider à garder le royaume. Qui eut
été en ce temps à Bruges, au Dam et à l'Écluse, et
eut vu comment on étoit soigneux d'emplir nefs et
vaisseaux, de mettre foin par torches en tonneaux,
de mettre biscuit en sacs, de mettre ognons, aulx,
pois, fèves, et olietes (olivettes), orges, avoines, sei-
gles, blés, chandelles de sieu (suif), chandelles de
cire, housseaulx (guêtres), souliers, chausses-à-hous-
ser (brodequins), bottines, éperons, couteaux, haches, coignées, pics, haveaulx, claies de bois, boites à
mettre oignement, étouppes, bandeaux, courtepoin-
tes pour dormir sus, fers et clous pour ferrer chevaux, bouteilles à verjus, à vinaigre; hannaps (cou-
pes), godets, écuelles de bois et d'étain, chandelliers,
bacins, pots, grils, hostieux (outils) de cuisine;
hostieux (outils) de bouteillerie, hostieux (outils)
pour autres offices, et toutes choses dont on se peut
au pourvoir à penser, qui seroient nécessaires pour
servir corps d'homme avaler en nefs, par tonneaux
ou autrement. Sachez que l'oubliance du voir et la
plaisance du considérer y étoit si grande que qui
eut eu les fièvres ou le mal des dents, il eut perdu
la maladie pour aller de l'un à l'autre. Et comp-
toient ces compagnons de France, qui les ouoit
(entendoit) parler l'un à l'autre, Angleterre pour
perdue et exillée (ravagée) sans recouvrier (remède);
tous les hommes morts, et femmes et enfants dessous âge amenés en France et tenus en servitude.

De ce grand appareil d'avoir la guerre et l'armée
de France en Angleterre furent bien certifiés et in-

formés le roi d'Angleterre et son conseil; et fut pour certain dit et affirmé que les François venroient (viendroient) et l'avoient juré. On ne se doit pas émerveiller si si grand appareil fut resoigné (redouté), et si les Anglois de commencement en furent ébahis, car encore leur faisoit-on la chose plus grande et plus périlleuse qu'elle n'étoit et ne savoit nul, au voir (vrai) dire, en Angleterre, encore par imagination, si c'étoit pour venir en Angleterre ou pour assiéger Calais par mer et par terre; car bien savoient les Anglois que la ville du monde que ils désiroient plus à ravoir c'étoit la ville de Calais. Dequoi pour cette doubte (crainte), on envoya grands pourvéances à Calais de blés, d'autres grains, de chairs salées, de poissons salés, de vins et de cervoise; et y furent envoyés souverains capitaines messire Thomas de Holland, le comte de Kent, messire Hue de Caurelée (Calverley), messire Guillaume Helmen (Elmham), messire d'Agorisset (Angus), messire Gaultier de Wirroy (Warren), messire Gaultier Pole, messire Guillaume Toucet (Touchet), messire Loys de Montalbin, messire Colars d'Aubrecicourt, et bien deux cents hommes d'armes et cinq cents archers; et fut ordonné aussi à être sur mer, atout (avec) quarante gros vaisseaux armés pourvus de gens d'armes et d'archers, le comte Richard d'Arundel, et en sa compagnie messire Henri dit le Despensier (Spenser) avecques le comte de Nordvich (Norwich); et étoient trois cents hommes d'armes et tous bien armés.

CHAPITRE XXXV.

Comment François Acremen (Ackerman) fut occis d'un batard fils au sire de Harselles, un peu après ce que la paix fut faite entre le duc de Bourgogne et ceux de Gands et des grands pourvéance, qui se faisoient en Flandre pour le roi.

D'autre part on disoit en plusieurs lieux en France, en Hainaut et en Picardie, que cette armée, qui se faisoit en Flandre, n'étoit point pour aller en Angleterre ni devant Calais; mais retourneroit toute quand on auroit tout fait devant Gand; et fut telle fois, si comme je fus adoncques informé, que ceux de Gand s'en doutèrent moult fort; mais ils avoient tort si ils s'en doutoient; car le duc de Bourgogne leur sire ne leur vouloit que tout bien et bonne paix, quoique François Acremen (Ackerman) fut occis assez tôt après la paix faite à Tournay où il rendit grand'peine; mais de sa mort ce ne fut pas la coulpe (faute) du duc de Bourgogne, ni il n'avoit nulle haine sur lui, quoique François, la guerre durant entre le duc et ceux de Gand, eut fait pour ceux de sa partie grand'foison d'appertises d'armes, si comme elles sont justement contenus et écrites ci-dessus en cette histoire. Et si François vint à pauvre fin ce fut sa coulpe (faute); car si il eut cru Piètre Dubois, il n'eut eu nul encombrier (malheur); car Piètre Dubois lui dit bien, quand la paix fut faite de monseigneur de Bourgogne à ceux de Gand, et Piètre s'ordonnoit d'aller en Angleterre, ainsi qu'il fit avecques messire Jean de Boursier, et il lui demanda et dit: « François, que dites-vous? En venrez (viendrez)-vous en Angleterre avecques nous, il est heure venue? » — « Nennil, répondit François Acremen (Ackerman), en Angleterre n'irai-je point, je demeurerai en Gand. » — « Et comment, dit Piètre, y cuidez (croyez)-vous demeurer paisiblement, car il y a de grandes haines sur vous et sur moi. Je n'y demeurerai point ni n'y demeurerois pour nul avoir. On ne se doit de rien confier en commun. N'avez-vous pas ouï dire comment ceux de Gand occirent et murdrirent (tuèrent) jadis ce vaillant et sage homme Jacques d'Artevelle qui leur avoit fait tant de bien et donné de bons conseils et été en toutes leurs nécessités si propice; et pour les paroles d'un pauvre tuillier ce prud'homme fut occis, nioncques les suffisants hommes de la ville n'allèrent au devant, mais s'en dissimulèrent et furent par semblant tous liez (joyeux) de sa mort. Et sachez, François, ainsi en adviendra-t-il de vous et aussi feroit de moi, si je y demeurois; mais je n'y demeurerai pas. Adieu vous dis. » — « Non fera, dit François. Monseigneur de Bourgogne a tout pardonné, et m'a retenu, se je vueil (veux) aller demeurer avecques lui, écuyer d'écuierie à quatre chevaux; et me montre, et aussi font messire Guy de la Tremouille et tous les chevaliers de l'hôtel, grand semblant d'amour. » — « En nom Dieu, dit Piètre, je ne vous parle pas de monseigneur de Bourgogne ni de ses chevaliers; ils tindront bien la paix: mais je vous parle de ceux de Gand; il en y a aucuns à qui vous n'avez pas toujours fait leur plaisir. Ne vous souvient-il du seigneur de Harselles que vous fîtes tuer, et encore tels et tels. Sachez que les haines passées de leurs hoirs vous retourneront devant, si vous demeurez longuement en cette ville. Avant que je y demeurasse, créez (croyez) mon conseil, je m'en irois demeurer de-lez (près) monseigneur de Bourgogne. » Répondit François à Pière Dubois : « Je en aurai avis, mais en Angleterre ne vueil (veux)-je point aller demeurer. » Ainsi demeura François Acremen (Ackerman); et Pière Dubois s'en alla avecques messire Jean de Boursier (Bourchier), si comme vous avez ouï recorder. Or vous dirai que il advint.

Assez tôt après ce que la paix fut criée et publiée par toutes les parties de Flandre, on défendit par toutes les bonnes villes, de par monseigneur de Bourgogne, à non porter armures ni épées, ni faire porter après soi. François Acremen (Ackerman), lequel avoit été en la ville de Gand, la guerre durant, l'un des grands qui y fût et pour qui on faisoit le plus quand il alloit par les rues si il avoit peu de trente varlets, il en avoit soixante, ceux étoient tous réjouis à qui il vouloit commander quelque chose; et avoit appris à tenir tel état, non que il le voulsist (voulut) persévérer, mais il vouloit trois ou quatre varlets tenir après lui qui le sieuvissent (suivissent) par-tout où il allât armés et portants épée ou bâtons défensables. Quand le ban et le cri fut

fait à Gand depar le duc de Bourgogne, il ne cuida
(crut) pas que pour lui ni sur lui ni sur ses varlets
on dut faire défense, tant cuidoit-il bien avoir de
grâce et de port en la ville: mais non ot (eut); car
sept ou huit jours après ce que ordonnance ot (eut)
été mise et défense sur les armures, on vint à lui,
voire (même) le bailli du seigneur personnellement et lui dit: « François, vous nous mettez les officiers de monseigneur de Bourgogne en doute
(crainte) et en soupçon: pourquoi allez-vous maintenant armé parmi la ville de Gand et vos varlets
aussi, et portez et faites porter épées pour vous défendre, aussi bien que si ce fut au temps de guerre ?
Il nous en déplaît; et vous faisons commandement
et défense, de par monseigneur de Bourgogne, que
vous mettez tout jus. » François, qui nul mal n'y
pensoit, et ce que il faisoit ce n'étoit que pour état
(pompe), répondit et dit: « Baillieu (bailli), je obéi-
rai volontiers, car c'est raison. Ni je ne hais, dieu
merci, nullui (personne), ni ne voudrois que nul eut
mal pour moi; mais je cuidois (croyois) bien tant
avoir d'avantage en la ville de Gand que pour
porter et faire porter après moi mes épées et armures. »—« Nennil, dit le baillieu (bailli), ceux de la
ville de Gand, à qui vous avez fait tant de services,
proprement en parlent et s'en émerveillent et me de
mandent et m'ont demandé pourquoi je le souffre;
et semble que vous leur vouliez renouveler guerre;
ce que il ne veulent pas. Si vous prie, François, que
vous fassiez tant que je n'en oye (entende) nulles
nouvelles ni paroles. Car là où vous ne voudriez

obéir, je vous tenrois (tiendrois) pour ennemi à monseigneur et à madame de Bourgogne. »

Le bailli de Gand s'en passa outre atant (alors) et François Acremen (Ackerman) retourna à l'hôtel et fit à ses varlets mettre jus leurs armures et entra en une telle marmouserie (mesquinerie) que le plus de temps il alloit tout seul parmi la ville de Gand, ou à la fois il menoit un varlet ou un seul enfant en sa compagnie. Or advint que à une fête où il se tenoit au dehors de Gand en l'abbaye de Saint Pierre, il alla ainsi que tout seul, lui et son varlet seulement sans armures et sans épées. Il fut poursuivi et épié d'un bâtard fils au seigneur de Harselles qui avoit été, lequel vouloit contrevenger la mort de son père, de laquelle mort François Acremen (Ackerman), si comme renommée couroit, étoit grandement coupable. Ce bâtard étoit pourvu de son fait et poursuivit François de loin et tant que, hors de la ville de Gand et en sus de gens, il l'atteignit et l'écria par derrière en disant : « François, à la mort ! Vous fesistes (fîtes) mourir mon père et vous mourrez aussi. » Ainsi que François se retourna, ce bâtard, qui étoit un fort varlet, lâche sur la tête un coup d'un bracquemart si pesant que il le pourfendit jusques aux dents et l'abattit tout mort à terre. Si s'en alla le bâtard tout paisiblement ; nul ne le suivit ; il n'en fut plus. Ainsi mourut François Acremen (Ackerman) ; mourir devoit, car il ne volt (voulut) oncques croire Pietre Dubois. Si lui en meschey (arriva mal).

Quand les nouvelles en furent venues en Angleterre et Pière Dubois le sçut, il ne le plaignit que un petit et dit: « Je l'en avois bien avisé et chanté toutes les vigiles avant que je m'en partesisse (partisse) de Gand; si il lui en est mal pris, or querrez qui l'amende. Ce ne seront pas ceux qui, la guerre durant, l'honoroient et l'enclinoient (saluoient). Pour tels doutes (craintes) ai-je cru messire Jean de Boursier (Bourchier) et suis venu en Angleterre. »

Or retournons encore aux provisions qui se faisoient et qui se firent en ce temps si grandes et si grosses au Dam et à l'Écluse, que on ne trouveroit point en mémoire d'homme ni par écriture la pareille: ni on n'épargnoit non plus or ni argent que donc qu'il apleuist (plut) des nues, ou que on le puisât en la mer. Les hauts barons de France avoient envoyé à l'Écluse leurs gens pour appareiller leurs ordonnances et charger leurs vaisseaux et pourvoir de tout ce que il leur besognoit; car il n'en y avoit nuls vraiment qui ne dussent passer; et le roi, comme jeune qu'il fut, en avoit plus grand' volonté que nul des autres et bien le montra toujours jusques à la fin. Tous s'efforçoient, les grands seigneurs l'un pour l'autre, à faire grandes provisions et à jolier (embellir) et à quointoyer (orner) leurs nefs et leurs vaisseaux et à enseigner et à armoyer de leurs parures et armes. Et vous dis que peintres y eurent trop bien leur temps; ils gagnèrent ce que demander vouloient, encore n'en pouvoit-on recouvrer: on faisoit bannières, pennons, estrannères (étendards) de cendal, si belles que merveilles seroit à penser. On peignoit les mâts des nefs du fond jusques au comble et couvroit-on les plusieurs, pour mieux montrer richesse et puissance, de feuilles de fin or, et dessous on y faisoit les armoiries des seigneurs auxquels les nefs étoient. Et par spécial il me fut dit que messire Guy de la Tremouille fit très richement garnir la navire où son corps devoit passer, et coûtèrent les nouvelletés et les peintures que on y fit plus de deux mille francs. On ne pouvoit chose aviser ni deviser pour lui jolier que les seigneurs ne fesissent (fissent) faire en leurs naves (nefs); et tout payoient pauvres gens parmi le royaume de France, car les tailles y étoient si grandes pour assouir (suivre) ce voyage que les plus riches s'en doloient (plaignoient) et les poures s'enfuyoient.

Tout ce que on faisoit en France, en Flandre, à Bruges, au Dam et à l'Écluse pour ce voyage étoit sçu en Angleterre. Et encore couroit renommée en Angleterre plus grande assez que l'apparent ne fut, dont le peuple en trop de lieux étoit moult ébahi. Et furent généralement processions ordonnées ens (dans) ès bonnes villes et cités des prélats et des églises trois fois la semaine, lesquelles processions étoient faites en grande dévotion et contrition de cœur; et prières et oraisons faisoient à Dieu que il les voulsist (voulût) ôter et délivrer de ce péril. Et plus de cent mille parmi Angleterre ne désiroient autre chose que les François vinssent et arrivassent; et disoient les légers compagnons qui se confortoient d'eux-mêmes, et qui vouloient reconforter les ébahis: « Laissez venir ces François; pardieu il n'en retournera jamais couillon en France.»

Et ceux qui devoient, qui cure n'avoient de payer, en étoient si réjouis que merveilles, et disoient à leurs debteurs (débiteurs): « Taisez-vous; on forge en France les florins de quoi vous serez payés. » Et sur cette fiance ils vivoient et dépensoient largement et ne leur refusoit-on point de créance; et quand à l'accroire on ne leur faisoit bonne chère, ils disoient: « Que nous demandez-vous? Encore vaut-il trop mieux que nous despendons (dépensions) les biens de ce pays que les François les trouvent et aient aise. » Et par ainsi dépensoient à outrage les biens en Angleterre.

En ce temps se tenoient le roi d'Angleterre en la marche de Galles, le comte d'Asquesuffort (Oxford) en sa compagnie, par lequel étoit tout fait en Angleterre et sans lui n'étoit rien fait. Du conseil du roi étoient les plus spéciaux messire Simon Burle (Burley), messire Nicolas Bramber, messire Robert Tomlien (Tresilian), messire Jean de Beauchamp, messire Jean Sallebery (Salisbury) et messire Michel de la Polle; et encore y étoient nommés l'archevêque d'York, messire Guillaume de Neufville (Neville) frère au seigneur de Neufville. Tous ceux faisoient du roi ce qu'ils vouloient, et le menoient et demenoient ainsi comme il leur plaisoit. Ni l'oncle du roi le comte de Cantebruge (Cambridge), ni le comte de Bouquinghen (Buckingham) n'y avoient cuit ni moulu si il ne venoit bien à la grâce des dessus nommés. Et tout ce trouble et ce différend étoit bien sçu en France, pourquoi le voyage s'en avançoit. Et aussi on vouloit le duc de

Lancastre retraire (rappeler) hors du royaume de Castille; mais on n'avoit garde que pour ce il dût briser son voyage.

Quand les seigneurs d'Angleterre, les prélats et les cités et les bonnes villes et les communautés du pays furent justement et véritablement enhortés (instruits) et informés comment le royaume de France étoit tout croisé de venir en Angleterre et tout détruire, si setrayrent (rendirent) ensemble en conseil et dirent et regardèrent l'un parmi l'autre que il y convenoit pourvoir et remedier; et fut le roi envoyé querre (chercher); et écrit par ses oncles et par tout le pays que il vint à Londres et que le pays se contentoit mal de lui et de son conseil. Le roi ni son conseil ne osèrent refuser et se départirent de la marche de Galles, où moult longuement il s'étoit tenu et la reine aussi et s'en vint à Windsor et là se tint ne sais qans (combien) jours et puis s'en partit; mais il y laissa sa femme et s'en vint à Wesmoustier (Westminster) au palais de Londres et là se tint. Là le vinrent voir ceux qui à besogner avoient à lui: là fut le conseil avisé comment on iroit au devant de cette grande horribleté qui apparoit en Angleterre. Là dit le comte de Sallebery (Salisbury) qui étoit un moult bouillant homme et de grand'prudence, présent le roi et ses oncles et tous les prélats et barons d'Angleterre qui là étoient assemblés: «Sire roi, et vous bonnes gens, vous ne vous devez pas émerveiller si nos adversaires de France nous veulent venir courir sus; car depuis la mort du noble et puissant roi notre seigneur qui fut le roi Édouard de bonne mémoire, ce royaume ici a été en très grand' aventure de être tout perdu et exillé (détruit) de lui-même par le fait des villains; et encore sçait-on bien en France que nous ne sommes pas tout un, mais en péril et en différend; et pour ce nous appert ce trouble qui n'est pas petit, car cil (celui) est fol qui ne craint son ennemi. Et de tant que le royaume d'Angleterre a été en bonne unité, le roi avecques son peuple et le peuple avecques le roi, nous avons régné en victoire et en puissance; ni nous n'avons nullui (personne) trouvé ni vu qui nous ait fait tort. Si faut et si nous besogne, car nous en véons l'apparant, oncques si grand n'apparut sus en Angleterre, que nous nous reformons en amour et en unité, si nous voulons vivre en honneur et que nous nous regardons et ordonnons tellement aux ports et aux hâvres d'Angleterre qu'ils soient si pourvus et si gardés que par la deffaute de nous le pays ne reçoive point de blâme ni de dommage. Ce royaume-ci a été un grand temps en fleur, et vous savez, une chose qui est en fleur, elle a greigneur (plus grand) mestier (besoin) que elle soit près gardée, que quand elle est contournée en fruit: nous devons voir et considérer que ce pays-ci est en fleur; car, depuis soixante ans, chevaliers et écuyers qui en sont issus ont eu plus d'honneur en tous faits d'armes que nuls autres de quelconque nation qu'il fut. Or mettons et rendons peine que tant que nous vivons cette honneur soit gardée. » — « Ce sera bon, » répondirent les seigneurs qui là étoient.

CHAPITRE XXXVI.

Comment le roi d'Angleterre mit grandes gardes a tous les ports d'Angleterre pour résister contre la puissance du roi de France et du conseil que les Anglois orent (eurent) de faire.

Moult volontiers fut ouï en parlement le comte de Sallebery (Salisbury), et furent ces paroles acceptées comme pour sage et vaillant homme. De tout ce qui fut dit, parlé et devisé entre eux ne me vueil (veux)-je pas trop ensoigner (mêler), car je ne pense pas tout à savoir; mais je sais bien que, la ville de Calais gardée ainsi comme ci-dessus est dit, on ordonna à garder tous les ports d'Angleterre, là où on supposoit que François pourroient arriver et prendre terre. Le comte de Sallebery (Salisbury), pourtant (attendu) que sa terre et son pays marchissoit (confinoit) à l'île de Wisque (Wight) et cette île est à l'encontre de Normandie et du pays de Caux, fut là ordonné à être avecques les hommes et les archers du pays et de la comté de Cestres [1]. Le comte de Densière (Devonshire) fut ordonné à être à Hantonne (Southampton) à (avec) deux cents hommes d'armes et six cents archers pour garder

---

[1] Le comté de Chester n'est pas placé de ce côté; il est situé au nord de l'Angleterre. Peut-être veut-il désigner le Hampshire, qui a pour chef lieu Winchester. J. A. B.

le hâvre; le comte de Northumberland au port de Rye à (avec) deux cents hommes d'armes et six cents archers. Le comte de Cantebruge (Cambridge) à Douvres à (avec) cinq cents hommes d'armes et douze cents archers. Son frère le comte de Bouquinghen (Buckingham) fut ordonné à être à Zanduich (Sandwich) à (avec) six cents hommes d'armes et douze cents archers. Le comte d'Estuffort (Stafford) et de Pernebruck (Pembroke) au port de Orvelle (Orvell) à (avec) cinq cents hommes d'armes et douze cents archers. Messire Henri de Persy et messire Raoul de Percy son frère à Garnemude (Yarmouth) à (avec) rois cents hommes d'armes et six cents archers; et fut messire Simon Burley capitaine de Douvres, du châtel tant seulement. Tous les ports et hâvres mouvants en la rivière de Hombre (Humber) descendants jusques à Cornouailles furent tout pourvus et rafraîchis de gens d'armes et d'archers. Et étoient ordonnés sus toutes les montagnes coustiant (côtoyant) la mer, sus les frontières de Flandre et de France, gardes, je vous dirai comment, ni en quelle manière. On avoit tonneaux de Gascogne vuis (vides) emplis de sauvelon (sablon) et mis et conjoints l'un sur l'autre, et encore dessus ces tonneaux mis étaux perchés, sur lesquels de jour et de nuit y avoit hommes regardants en la mer; et pouvoient de une vue bien voir sept lieues loin ou plus en la mer. Et ces gardes étoient chargés si ils véoient venir la navie (flotte) de France et approcher Angleterre à faire feux et allumer torches là sus et grands feux sur les montagnes pour émouvoir le pays et pour venir cette part toutes gens là où le feu apparoît. Et étoit ordonné que on lairoit (laisseroit) le roi de France paisiblement prendre terre et entrer sur le pays et être trois ou quatre jours. Et tout premier, avant que on les allât combattre, on iroit combattre et conquerre la navie (flotte) et toutes les nefs, et détruire et prendre toutes leurs pourvéances; et puis venroit (viendroit)-on sur les François, non pas pour combattre sitôt mais pour herier (harceler). Ni leurs gens ne pourroient ni oseroient aller fourrager; ni ils ne trouveroient quoi; car le plat pays seroit tout perdu d'avantage; et en Angleterre est un mauvais pays à chevaucher. Si les affameroit-on et mettroit à fin de eux-mêmes.

Telle étoit leur opinion et le conseil d'Angleterre; et fut le pont de la ville de Rocestre (Rochester) [1] comdempné (condamné) à défaire, si comme il fut; là où une grosse rivière [2] court venant de la comté d'Exsesses (Essex) et d'Arondel [3] et rentre en la mer et en la Tamise à l'encontre de l'île de découpée (de shepey); et le dit pont firent abattre ceux de Londres pour être plus asseur (en sûreté). Et vous dis que les tailles étoient grandes et vilaines en France sur les hommes des villes; aussi

---

(1) Toutes les éditions précédentes mettoient à tort Colchester. Johnes lui-même, dans son édition Angloise, a commis la même erreur. Les manuscrits 8325 et 8328, que j'ai sous les yeux, disent Rocestre, qui répond évidemment la à ville de Rochester, à la fois par la prononciation et la situation géographique. J. A. B.

(2) Le Medway. J. A. B.

(3) Arundel est dans le comté de Sussex. J. A. B.

furent-elles en cette saison durement grandes en Angleterre et tant que le pays s'en doly (plaignit) un grand temps depuis [1]; mais trop volontiers payèrent les gens pour la cause de ce que ils fussent mieux gardés et défendus. Et se trouvoient bien en Angleterre cent mille archers et dix mille hommes d'armes, quoique le duc de Lancastre eut la charge grande et grossement en Castille, si comme il est ici contenu; duquel duc nous parlerons un petit de lui et du roi de Portugal et puis retournerons en Angleterre; car la matière le désire qui veut aussi bien parler de l'un comme de l'autre.

[1] Il y eut cette année de vives discussions entre le parlement et le roi. Le parlement refusoit de l'argent et le roi déclaroit que, si on ne lui en donnoit pas, il en demanderoit au roi de France, dont il aimoit mieux recevoir la loi que de recevoir celle de ses sujets. Enfin on finit par s'entendre. Richard renvoya son favori le comte de Suffolk et on lui donna de l'argent pour soutenir la guerre contre le roi de France, en nommant toutefois treize personnes pour surveiller sous lui l'emploi de ces fonds (Voyez Walsingham, le moine d'Évesham et Hollinshed.) J. A. B.

CHAPITRE XXXVII.

Comment le roi de Portugal escripsit (écrivit) amiablement au duc de Lancastre, quand il sçut être arrivé a saint Jacques en Galice et du secours que le roi de Castille mandoit en France, et comment Ruelies (Roales) fut pris des Anglois.

Vous savez, si comme il est ci-dessus contenu en cette histoire, comment le duc de Lancastre à (avec) belle charge de gens d'armes et d'archers étoit arrivé à la Calongne (Corogne) en Galice, et par composition la ville, non le châtel, s'étoit rendue à lui; et avoient dit ainsi que ils feroient tout ce que les autres villes de Galice feroient, et sus tel état on ne les avoit point combattus ni assaillis depuis que ils orent (eurent) dite la parole. Et étoient le duc de Lancastre et leurs enfants depuis venus à la ville de Saint Jacques, laquelle on appelle Compostelle, et là se tenoient et avoient intention de tenir, tant que ils auroient autres nouvelles du roi de Portugal qui se tenoit à Conimbres (Coïmbre).

Quand le roi sçut de vérité que le duc étoit en la ville de Saint Jacques et sa femme et ses filles, si en ot (eut) grand'joie et pensa bien que entre eux deux ils feroient encore bonne guerre au royaume de Castille. Si fit lettres écrire moult douces et amiables et grands salutations; et envoya tantôt par certains messages ces lettres et ces amitiés devers le duc et la duchesse, lesquels reçurent ces lettres en grand gré; car ils savoient bien que ils avoient grandement à faire du roi de Portugal, ni sans lui ni son confort ils ne pouvoient bien besogner ni exploiter en Portugal ni en Castille. Si donnèrent beaux dons le duc et la duchesse aux messagers et rescripsirent (récrivirent) grands salvements (saluts) et grands amitiés au roi de Portugal; et montroit le duc par ses lettres que ce roi de Portugal il verroit moult volontiers et parleroit à lui.

Entrementes (pendant) que ces amours, ces lettres, ces accointances, ces saluts et ces amitiés couroient entre le roi de Portugal et le duc de Lancastre, se passoit le temps et se pourvéoit et fortifioit le roi Jean de Castille ce qu'il pouvoit; et mandoit souvent son état et convenant (arrangement) en France par lettres et par messagers créables, en priant que on lui voulsist (voulut) envoyer grands gens d'armes pour aider à défendre et garder son royaume. Et mandoit ainsi et escripsoit (écrivoit) que sus le temps qui retournoit il espéroit à avoir très forte guerre; car le roi de Portugal et les Anglois se conjoindroient ensemble; si seroient forts assez pour courir tout le royaume de Castille et de tenir les champs, qui ne leur iroit au devant.

Le roi de France et son conseil rescripsirent (récrivirent) au roi de Castille que il ne se souciât et ne se doutât en rien, car, dedans le mois de janvier, on donneroit en Angleterre aux Anglois tant à faire que ils ne sauroient auquel entendre; et quand

toute Angleterre seroit perdue et détruite, on s'en-
retourneroit en l'été par mer en Galice et en Portugal; et si les Anglois et Portingalois tenoient les
champs, on les feroit retraire (retirer) de grand'
manière et que dedans un an toutes ces guerres seroient affinées.

Le roi de Castille s'apaisoit parmi tant, pour ce
qu'il n'en pouvoit autre chose avoir, ni nul secours
de France ne lui venoit fors ceux qui premiers étoient
passés; car tous chevaliers et écuyers, de comme
lointaines marches que ils fussent du royaume de
France, s'en ... oient vers Paris et en Picardie et
puis vers Lille et vers Douay et Tournay; et étoit le
pays quatorze lieues de long et autre-tant (autant)
d'ele (large) tout rempli de gens d'armes et de leurs
mesgnies (suite); et étoit le peuple si grand que il
fut dit à ceux qui s'ensongnoient (mêloient) de
la navie (flotte) et qui en avoient le regard et la
charge que, quoique on eut grand nombre de naves
(nefs), de gallées et de vaisseaux, si ne pourroient-ils
pas passer du premier passage à quarante mille
hommes près. Donc fut ordonné et avisé comment
on feroit; que on ne recueilleroit nul homme pour
passer si il n'étoit droit homme d'armes; et ne pourroit un chevalier avoir que un varlet et un grand
baron deux écuyers; et ne passeroit-on nuls chevaux
fors que pour les corps des seigneurs. Et à tout
ce faire et ordonner avoit-on mis à l'Écluse grand
regard et fort; ni nul n'étoit écrit ni recueilli si il
n'étoit droit homme d'armes; mais il y avoit tant
de ribaudaille sur le pays en Flandre, en Tour-

nesis, en la châtellerie de Lille et de Douay et en Artois, qu'ils mangeoient et réfloient (détruisoient) tout, et là se tenoient aux frais et coûtages des pauvres hommes; et étoient de ces pillards et mauvais garçons mangés leurs biens, ni ils n'en osoient parler; et faisoient ces gens pis que les Anglois n'eussent fait, si ils eussent été logés au pays: et étoit grand'doute que, le roi et les seigneurs passés outre en Angleterre et tels gens demeurés derrière, que ils ne se missent ensemble et détruisissent tout, ainsi certainement que ils eussent fait si la chose fut mal allée.

Entrementes (pendant) que le duc de Lancastre et la duchesse et leurs enfants et plusieurs seigneurs séjournoient en la ville de Saint Jacques, se tenoient sur le pays chevaliers et écuyers et compagnons; et vivoient à l'avantage là où ils le pouvoient prendre, trouver ni avoir. Et advint que messire Thomas Moreaux, le maréchal de l'ost, en sa compagnie messire Maubruin de Linières, messire Jean d'Aubrecicourt, Thierry et Guillaume de Soumain et environ deux cents lances et cinq cents archers chevauchèrent en Galice et s'en vinrent à une ville fermée à sept lieues de Saint Jacques, laquelle on appelle au pays Ruelles (Roales) et avoient entendu que les vilains qui là demeuroient ne se vouloient tourner; mais étoient tous rebelles et avoient rué jus de leurs fourrageurs, qui étoient repassés devant leurs barrières en revenant de fourrager, car ils avoient tellement rompu et brisé les chemins que on ne les pouvoit chevaucher fors que par devant leurs barrières; et quand ils véoient leur plus bel, ils issoient (sortoient) hors et ruoient jus, comme forts larrons qu'ils étoient, tous passants, fussent fourrageurs ou autres, dont les plaintes en étoient venues au maréchal, lequel y vouloit pourvoir, car c'étoit de son office. Si vint chevauchant le maréchal devant cette ville de Ruelles (Roales) et mit pied à terre: aussi firent tous ceux de sa route (troupe) devant les barrières de la ville. La gaitte (guet) de la ville avoit bien corné leur venue, dont les gens étoient tout avisés et avoient clos leurs barrières et leurs portes; et n'étoit nul demeuré dehors, car il n'y faisoit pas sain pour eux; mais étoient tous montés sur leurs murs. Le maréchal, quand il en vit le convenant (arrangement), que ils se fesoient assaillir, il se tint tout coi et dit à messire Jean d'Aubrecicourt et à messire Thierry de Soumain: « Montez sus vos chevaux et chevauchez autour de cette ville et regardez où nous les pourrons le plus aisément assaillir sans nos gens blesser. » Ils répondirent: « Volontiers. » Si montèrent sus leurs chevaux autour de la ville: elle n'étoit pas de grand circuit, si eurent plutôt fait; et avisèrent bien les lieux; et retournèrent devers le maréchal qui les attendoit. Si dirent: « Sire, en toute cette ville n'a que deux portes; vous êtes sus l'une, et l'autre siéd à l'opposite au lez (côté) de là; ce sont les deux lieux qui nous semblent le moins grevables pour assaillir, car tout autour de cette ville les fossés sont parfons (profonds) et mal aisés à avaler et encore pires au monter pour les ronces et les épines qui les encombrent. » — « Je vous en crois bien, dit le maréchal ; je demeurerai ci atout (avec) une quantité de nos gens, et vous et Maubruin vous irez commencer l'assaut de l'autre part. Je ne sais comment il nous en venra (viendra) ; mais je vois ces vilains trop volontiers qui s'appuyent sur ces créneaux et qui nous regardent quelle chose nous ferons : véez-les ; ils sont plus rebarbatifs que singes qui mangent porée et enfants leur veulent tollir (enlever). »

Des paroles que dit lors le maréchal commencèrent les compagnons à rire et regardèrent tout contremont pour mieux voir les vilains, car encore n'y avoient-ils point pensé ; et puis s'en retournèrent avec messire Maubruin ceux de son pennon, où bien avoit cent lances et environ trois cents archers ; et allèrent tant tout le pas que ils vinrent à la porte où ils tendoient à être et là s'arrêtèrent.

Assez tôt après commença l'assaut des deux parts, grand et fort et sans eux épargner. Les hommes de Ruelles (Roales) étoient sur les murs et dedans les portes et lançoient dardes à ceux de dehors si très roide que archers ou arbalêtriers n'y faisoient œuvre ; et en navrèrent plusieurs de leurs traits, pourtant (attendu) qu'il n'y avoit nullui (personne) aux barrières qui les défendît ; car tous étoient enclos en la ville et se défendoient de jet et de trait. Et coupèrent et désemparèrent les compagnons les bailles (portes) des barrières et vinrent jusques à la porte ; là hurtoient et lançoient et faisoient la porte toute hocher. Que firent ceux de Ruelles (Roales) ? Quand ils virent tout le méchef qui leur apparoît et que leur porte voloit presque à terre, ils descendirent de leurs défenses et vinrent en la carrière, et apportèrent grand' foison de bois et de merrien et en appuyèrent la porte, et puis commencèrent hommes, femmes et enfants et toutes manières de gens à apporter pierres et terre et à emplir tonneaux, lesquels on avoit appuyés contre les portes; et quand les premiers étoient pleins, autres tonneaux étoient rapportés et remis sur les emplis, et puis soignoient de les remplir hâtivement; et les aucuns étoient sus à mont en la porte aux défenses, qui jetoient gros barreaux de fer, par telle façon que nul ne s'osoit bouter ni quatir (placer) dessous les horions, si il ne vouloit être mort.

Ainsi tinrent les vilains de Ruelles (Roales) leur ville jusques à la nuit contre les Anglois tant que rien n'y perdirent; et convint les Anglois retourner arrière une grande lieue du pays, pour venir à un village où nul ne demeuroit, et là se logèrent jusques à lendemain. Cette nuit se conseillèrent les hommes de Ruelles (Roales) ensemble, pour savoir comment ils se maintiendroient envers les Anglois; et envoyèrent leurs espies sur les champs pour voir où ils étoient retraits (retirés) et si ils s'en étoient retournés arrière à Saint Jacques ou si ils étoient logés. Ceux qui y furent envoyés rapportèrent pour certain que ils étoient logés à Ville Basse de la Fenace et pensoient bien que à lendemain ils retourneroient à l'assaut. Donc dirent-ils entr'eux: « Folie parmaintenue vaut pis que folie commencée: nous ne pouvons jamais avoir blâme de nous rendre au duc de Lancastre ou à son maréchal; car nous nous sommes un jour tout entier bien tenus de nous-mêmes, sans avoir conseil ni confort de nul gentil homme; et à la longue nous ne pourrions durer contre eux, puisqu'ils nous ont accueillis et que ils sçavent bien la voie. Si nous vaut mieux rendre que nous faire plus assaillir, car si nous étions pris à force, nous perderiesmes (perdrions) nos corps et le nôtre. » Tous furent de cette opinion que, si les Anglois retournoient au matin, ils traiteroient à eux et rendroient leur ville, sauves leurs vies et le leur.

Voirrement (vraiment) retournèrent les Anglois au matin entre prime et tierce frais et nouveaux pour assaillir. Quand ceux de la ville sentirent que ils venoient, ils mirent hors quatre de leurs hommes chargés pour faire les traités. Ainsi que le maréchal chevauchoit dessous son pennon, il regarde et voit sur les champs quatre hommes. Si dit: « Je crois que vela (voilà) des hommes de Ruelles (Roales) qui viennent parler à nous, faites-les avant traire (venir). » On le fit: quand ils furent venus devant le maréchal, ils se mirent à genoux et lui dirent: « Monseigneur, les hommes de Ruelles (Roales) nous envoyent parler à vous. Nous voudrez-vous ouïr ? » — « Ouil, dit le maréchal, que voulez-vous dire ? » — « Nous disons, monseigneur, que nous sommes tous appareillés de vous mettre dedans Ruelles (Roales), si vous nous voulez prendre et recueillir sauvement, nous et le nôtre; et reconnoîtrons monseigneur de Lancastre à seigneur et madame de Lancastre à dame en la forme et en la manière que ceux de la Calongne

(Corogne) et ceux de Saint Jacques ont fait. » — « Ouil, dit le maréchal, je vous tiendrai tous paisibles de vos corps et de vos biens; mais je ne vous assure pas de vos pourvéances, car il faut nos gens vivre. » Répondirent ces hommes: « De cela, c'est bon droit; il y en a assez en ce pays. Or vous tenez ici et nous retournerons à la ville et ferons réponse telle que vous avez dite; et vous nous tiendrez bien votre convenant, nous y avons fiance. »—« Ouil, répondit le maréchal, par ma foi. Or allez et retournez tantôt. »

Sur cet état que vous oez (entendez) recorder, se retournèrent ces quatre hommes; et vinrent à leurs gens et dirent que ils avoient parlé à messire Thomas, le maréchal de l'ost, lequel, parmi le traité que eux leur avoit fait dire et faire, il avoit la ville assurée de toutes choses hormis de vivres. Ils répondirent: « Dieu y ait part, c'est trop bien fait. » Donc délivrèrent-ils la porte qui trop fort étoit encombrée de bancs et de tonneaux pleins de sablon, de pierre et de terre; et la tinrent toute ouverte arrière et vinrent à la barrière; et tenoient les clefs en leurs mains. Là vint le maréchal qui descendit à pied; et tous se mirent à genoux devant lui et lui présentèrent les clefs en disant: « Sire, vous êtes ici envoyé, bien le sçavons, de par monseigneur de Lancastre et madame. Si vous rendons et baillons les clefs de la ville et vous en mettons en possession par la manière et condition que nos hommes ont rapporté. »—« Ainsi les prends-je; ce répondit messire Thomas. »

Donc entrèrent-ils abondamment dedans la ville sans contredit; et se logèrent toutes gens les uns çà et les autres là au mieux que ils pouvoient. Et se tint là le maréchal tout ce jour; et avant son département il dit à messire Maubruin de Linières: « Maubruin, je vous délivre cette ville pour vous et pour vos gens, vous y aurez une belle garnison. » — « Par Saint Georges! Sire, dit-il, vous dites voir (vrai), et je la prends, car la garnison me plaît moult bien. » Ainsi demeura Maubruin de Linières en garnison en la ville de Ruelles (Roales) en Galice, et avoit dessous lui soixante lances et cent archers; et le maréchal retourna devers le duc et la duchesse à Saint Jacques, où ils se tenoient communément.

CHAPITRE XXXVIII.

Comment messire Thomas Moreaux maréchal de l'ost du duc de Lancastre se partit de la ville de Saint Jacques en Galice et sa route (troupe) et vint prendre Ville-Lopez (Villalobos) en Galice, laquelle par composition se rendit au duc de Lancastre, et des ambassadeurs que le duc envoya au roi de Portugal.

Assez tôt après que il fut retourné de Ruelles (Roales) en Galice, il remit sus environ trois cents lances et six cents archers et se départit de son logis, accompagné ainsi que je vous dis; et chevaucha en Galice une grande journée en sus de Saint Jacques et s'en vint devant une ville qui s'appelle Ville-Lopez (Villalobos), qui n'étoit aussi gardée que de vilains qui dedans demeuroient. Quand le maréchal du duc fut venu là, il regarda si la ville étoit prenable par assaut; et quand il l'eut bien avisée, lui et ses compagnons, ils dirent que ouil. Donc se mirent-ils tous à pied et firent par leurs varlets mener leurs chevaux arrière et se ordonnèrent en quatre parties et donnèrent leurs livrées, ainsi que gens d'armes qui se connoissent en tel métier sçavent faire. Là prit le maréchal la première pour lui; la seconde il bailla à messire Yon Filsvarin (Fitzwaren); la tierce à messire Jean de Buvrele (Beverley); la quarte à messire Jean d'Aubrecicourt. Et avoient chacun de ces quatre dessous lui, tant que pour cet assaut, quatre vingts hommes d'armes et sept vingts archers. Lors approchèrent-ils la ville et se mirent ens (dans) ès fossés et avalèrent (descendirent) tout bellement, car il n'y avoit point d'aigue (eau). Et puis commencèrent à monter et à ramper contremont bien targés et paveschés [1]; et archers étoient demeurés sur le dos des fossés, qui tiroient à pouvoir et si fort que à peine osoit nul apparoir nonobstant trait et tout. Si se défendirent ces vilains âprement et de grand' manière, car il en y avoit grand' foison. Aussi les uns lançoient et jetoient dardes enpennées et enferrées de longs fers si fort et si roide que qui en étoit féru au plein il convenoit que il fut

---

[1] Couverts de targes et de pavois. J. A. B.

trop fort armé, se il n'étoit mort ou blessé mallement. Toutefois chevaliers et écuyers qui se désiroient à avancer vinrent jusques aux pieds des murs et commencèrent à haver (creuser) et à piquer de pics et de hoyaux que ils avoient apportés. Et quoique on jetât et reversât sur eux pierres et cailloux sur leurs pavois et sur leurs bassinets, si assailloient-ils toujours et y faisoient plusieurs appertises d'armes.

Là furent bons et bien assaillants deux écuyers de Hainaut, qui là étoient, Thierry et Guillaume de Soumain; et y firent plusieurs belles appertises d'armes. Et firent un grand pertuis au mur avecques leurs aidants; et se combattoient main à main à ceux de dedans; et gagnèrent ces deux frères jusques à sept dardes que on lançoit par le pertuis sur eux et leur ôtèrent hors des poings et des mains; et étoient ces deux écuyers dessous le pennon messire Yon Filsvarin (Fitzwaren). D'autre part; messire Jean d'Aubrecicourt ne se faindoit (épargnoit) pas, mais montroit bien chère et ordonnance de vaillant chevalier, et se tenoit au pied du mur, son pennon d'ermines à deux hamèdes de gueules fichu en terre de-lez (près) lui, et tenoit un pic de fer dont il ouvroit à pouvoir pour dérompre et abattre le mur.

On se doit et peut émerveiller comment les vilains de Ville-Lopez (Villalobos) ne s'ébahissoient quand ainsi de toutes parts assaillis ils se véoient. Finablement ils n'eussent point eu de durée, car là avoit trop de vaillants hommes qui tous mettoient main à œuvre, mais ils s'avisèrent, quand ils virent le fort et que l'assaut ne cessoit point, que ils se rendroient

Là vint le bailleu (bailli) de la ville qui les avoit tenus en tel état et fait combattre; car la ville lui étoit recommandée à bien garder de par le roi. Et dit au maréchal, car il demanda bien lequel c'étoit: « Monseigneur, faites cesser vos gens, car les hommes de cette ville veulent traiter à vous. » Le maréchal dit: « Volontiers. » Il fit tantôt chevaucher un héraut autour de la ville sur les fossés, lequel disoit à tout homme: « Cessez, cessez, tant que vous orrez (entendrez) la trompette du maréchal sonner à l'assaut, car on est en traité à ceux de la ville. »

A la parole du héraut se cessèrent les assaillants et se reposèrent; bien en avoient mestier (besoin) les aucuns, car ils étoient foulés et lassés de fort assaillir. On entra en traité à ceux de Ville-Lopez (Villalobos); car ils dirent que ils se rendroient volontiers, sauves leurs corps et leurs biens, ainsi que ceux des autres villes de Galice ont fait. « Voire? dit le maréchal: vous n'en aurez pas si bon marché que les autre sont eu; car vous nous avez donné trop de peine et blessé nos gens, et si véez tout clairement que vous ne vous pouvez longuement tenir. Si faut que vous achetiez la paix et l'amour de nous, ou nous rentrerons en l'assaut et vous gagnerons de force. » — « Et de quelle chose, dit le bailli, voulez-vous que nous soyons rançonnés? » — « En nom Dieu, dit le maréchal, de dix mille francs. » — « Vous demandez trop, dit le bailli, je vous en ferai avoir deux mille, car la ville est pauvre et a été souvent taillée du roi. » — « Nennil, nennil, dit le maréchal; je vous donne loisir de conseille. Parlez ensemble; mais pour trois ni quatre mille ne passerez-vous point, car tout est nôtre; et jà suis-je blâmé des compagnons de ce que j'entends à nul traité envers vous: délivrez-vous du faire ou du laisser. » Adonc se départit le bailli de là et vint en la place, et appela tous les hommes de la ville et leur dit: « Quelle chose voulez-vous faire? Si nous nous faisons plus assaillir, les Anglois nous conquerront de force; si serons tous morts et le nôtre pris. Nous n'y aurons rien. On nous demande dix mille francs; j'en ai offert deux mille, je sais bien que c'est trop peu, ils ne le feroient jamais; il nous faut encore hausser la finance de deux ou de trois mille. » Donc répondirent les Juifs qui doutoient (craignoient) tout à perdre corps et avoir: « Bailli, ne laissez mie à marchander à eux, car entre nous, avant que nous soyons plus assaillis, nous en payerons quatre mille. » — « C'est bien, répondit le bailli, je traiterai donc encore à eux. »

A ces mots il s'en vint là où le maréchal l'attendoit et entra en traité; et fut la paix faite parmi six mille francs. Mais ils avoient terme de payer quatre mois. Adonc furent les portes ouvertes, et entrèrent toutes manières de gens dedans; et se logèrent là où ils purent et s'y rafaîchirent deux jours; et donna le maréchal la ville en garnison à Yon Filsvarin (Fitzwaren), qui s'y logea atout (avec) deux cents lances et quatre cents archers et la tint plus de huit mois; mais l'argent de la rédemption vint au profit du duc de Lancastre. Le maréchal en ot (eut) mille francs.

Après ce que la ville de Ville-Lopez (Villalobos)

se fut rendue à messire Thomas Moreaux maréchal de l'ost, par l'ordonnance et manière que vous avez ouïes, s'en retourna-t-il à Saint Jacques et là se tint; c'étoit son principal logis, car le duc le vouloit avoir de-lez (près) lui. A la fois il chevauchoit sus les frontières de Castille pour donner cremeur (crainte) aux François. Mais pour ce temps les Anglois tenoient les champs en Galice, ni nul ne se mettoit contre eux, car le roi de Castille étoit conseillé de non chevaucher à ost, mais à guerroyer par garnisons, et aussi d'attendre le secours qui devoit venir de France. Or fut le duc de Lancastre conseillé en disant ainsi: « Monseigneur, ce seroit bon que vous et le roi de Portugal vous vissiez ensemble et parlissiez de vos besognes. Il vous escript (écrit), vous lui escripsez (écrivez); ce n'est pas assez; car sachez que ces François sont subtils et voyent trop clair en leurs besognes trop plus que nuls autres gens. Si couvertement ils faisoient traiter à ce roi de Portugal que ses bonnes villes ont couronné, le roi de Castille, lequel a encore de-lez (près) lui et en son conseil grand' foison de barons et chevaliers de Portugal, si comme nous sommes informés, et fissent une paix à lui, fut par mariage ou autrement, tant que de lui vous n'eussiez point de confort, que penseriez-vous à devenir? Vous seriez plus chetif en ce pays, ni de tous vos conquêts nous ne donnerions quatre civos (cheveux); car Castillans sont les plus fausses gens du monde et les plus couverts. Pensez-vous que le roi de Portugal, qui ne se sent pas disposé, ne pense bien ni examine à la fois ses besognes. Si le roi de Castille le vouloit tenir en paix, parmi tant que toute sa vie il fut roi de Portugal et après lui le royaume retournât à Castille, nous faisons doute, quoiqu'il vous ait mandé, ni quoique il dise ni promette, que il ne vous tournât le dos. Ainsi seriez-vous de deux selles à terre; avecques ce que vous savez bien l'état et l'ordonnance d'Angleterre et que le pays pour le présent a assez affaire de lui garder et tenir contre ses ennemis, tant des François comme des Écossois. Monseigneur, faites votre guerre de ce que vous avez de gens la plus belle que vous pouvez et n'espérez à plus avoir de confort ni de rafraîchissements de gens d'armes ni d'archers d'Angleterre, car plus n'en aurez. Vous avez mis plus de deux ans à impétrer (obtenir) ce que vous en avez. Le roi votre père est trépassé. Les choses vous éloignent. Le roi votre cousin est jeune et croit jeune conseil, par quoi le royaume d'Angleterre en gît et est en péril et en aventure. Si vous disons que, du plutôt que vous pouvez, approchez-vous du roi de Portugal et parlez à lui. Votre parole vous portera plus de profit et d'avancement que toutes les lettres que vous pourriez écrire dedans quatre mois. »

Le duc de Lancastre nota ces paroles: si connut et sentit bien que on lui disoit vérité et le conseilloit-on loyalement. Si répondit: « Que voulez-vous que je fasse? »—« Monseigneur, répondirent ceux de son conseil, nous voulons que vous envoyez devers le roi de Portugal cinq ou six de vos chevaliers et du moins il y ait un baron. Et ceux remontreront au roi vivement et lui diront que vous avez très grand désir de le voir. Ceux que vous y enverrez seront sages et avisés de eux-mêmes. Quand ils orront (entendront) le roi parler, ils répondront. Mais faites que vous le voyez comme qu'il soit et parlez à lui hâtivement. »—« Je le veuil (veux), dit le duc. »

Adonc furent ordonnés pour aller en Portugal de par le duc le sire de Pouvins (Poinings) un grand baron d'Angleterre et messire Jean de Buvrelle (Beverley), messire Jean d'Aubrecicourt et messire Jean Soustres frère bâtard à messire Jean de Holland le connétable de l'ost. Si s'ordonnèrent ces seigneurs à partir de Saint Jacques atout (avec) cent lances et deux cents archers.

Ainsi que ils avoient pris leur ordonnance un jour et étoient leurs lettres toutes écrites, il vint un chevalier et un écuyer de Portugal à (avec) douze lances. Le chevalier étoit nommé Vase (Vasques) Martin de Coigne (Cunha) et l'écuyer Ferrant Martin de Merlo; et étoient tous deux de l'hôtel du roi des plus prochains de son corps. On les logea à leur aise en la ville de Saint Jacques et furent menés devers le duc et la duchesse présentement et baillèrent leurs lettres: le duc lut celles qui lui appartenoient et la duchesse les siennes. Par les dessus dites envoyoit le roi de Portugal au duc et à la duchesse et à leurs filles de beaux mulets tous blancs et très bien amblants, dont on ot (eut) grand' joie, et avecques tout ce grands saluts et grands recommandations et approchements d'amour.

Pour ce ne fut pas le voyage des Anglois d'aller en Portugal rompu, mais il en fut retardé quatre jours; au cinquième ils se départirent de Saint Jacques tous ensemble. Et envoyoit le duc de Lancastre au roi de Portugal, en signe d'amour, deux faucons pélerins si bons que on ne savoit point les paraulx (pareils) et six lévriers d'Angleterre aussi très bons pour toutes bêtes.

Or chevauchèrent les Portingalois et les Anglois ensemble toute la bende (frontière) de Galice; et n'avoient garde des François, car ils leur étoient trop loin. Sus le chemin s'acointèrent de paroles messire Jean d'Aubrecicourt et Martin Ferrant de Merlo, car l'écuyer avoit été du temps passé en armes avecques messire Eustache d'Aubrecicourt, lequel étoit oncle à ce messire Jean et demeuroit encore avec le dit messire Eustache quand il mourut à Carentan. Si en parloient et en gangloient (plaisantoient) en chevauchant ensemble. Et entre le port de Connimbre (Coïmbre) où le roi étoit, ainsi qu'ils chevauchoient derrière, ils encontrèrent un héraut, lui et son varlet, qui venoit de Coïmbre et s'en alloit à Saint Jacques devers le duc et les seigneurs, et étoit ce héraut au roi de Portugal. Et quand le roi fut couronné à Coïmbre, il le fit héraut et lui donna à nom Coïmbre. Le héraut avoit jà parlé aux seigneurs et dit des nouvelles. Quand Ferrant Martin de Merlo qui chevauchoit tout le pas lui et messire Jean d'Aubrecicourt, le vit, si dit: « Véez ci le héraut du roi de Portugal qui ne fut, grand temps a, en ce pays; je lui vueil (veux) demander des nouvelles. »

Tantôt ils furent l'un devant l'autre: « Coïmbre, dit l'écuyer, où avez-vous tant été ? Il y a plus d'un an que vous ne fûtes en ce pays. » — « C'est voir (vrai), dit-il: j'ai été en Angleterre et ai vu le roi et les seigneurs d'Angleterre qui m'ont fait tout riche; et de là suis-je retourné par mer en Bretagne et fus aux noces du duc de Bretagne et à la grand' fête qu'il fit, n'a pas encore deux mois, en la bonne cité de Nantes, quand il épousa madame Jeanne de Navarre [1]; et de-là tout par mer remontai en Guerrande et je suis revenu au Port. »

Entrementes (pendant) que le héraut parloit, l'écuyer avoit l'œil trop fort sus un grand émail que le héraut portoit à sa poitrine, où les armes du roi de Portugal et de plusieurs seigneurs de Portugal étoient. Si toucha son doigt sus l'armoierie d'un chevalier de Portugal en disant: « Ha! véez ci les armes dont le gentil chevalier messire Jean Ferrant Parcek (Pacheco) s'arme. Par ma foi, je les vois moult volontiers; car elles sont à un aussi gentil chevalier que il en y ait nul au royaume de Portugal; et me fit un jour tel et si bel service que il m'en doit bien souvenir. » A ces mots il traist (tira) quatre florins hors de sa bourse et les donna au héraut qui les prit et dit: « Ferrand, grands mercis! »

---

[1] A la mort du duc de Bretagne, Jeanne de Navarre devint reine d'Angleterre, par son mariage avec Henry IV. J. A. B.

Messire Jean d'Aubrecicourt regarda les armes quelles le chevalier les portoit; si les retint et me dit depuis que le champ étoit d'argent à une endenteure de gueules à deux chaudières de sables.

Quand le héraut eut pris congé et il se fut parti, l'écuyer commença à faire son conte du chevalier et dit ainsi: « Messire Jean, l'avez-vous point vu ce gentil chevalier qui porte ces noires chaudières dont je me loue si grandement? » — « Je ne sais, dit messire Jean: mais à tout le moins recordez-moi la courtoisie que il vous fit, car volontiers en orrai (entendrai) parler. Autant bien en chevauchant ne savons-nous de quoi gangler [1]. » — « Je le vueil (veux), dit Ferrant Martin de Coingne (Cunha), car le chevalier vaut bien que on parle de lui. » Adonc commença-t-il son conte et lui à écouter; et dit ainsi.

« Il advint, un petit avant la bataille de Juberote (Aljubarrota), que le roi de Portugal, quand il se départit de Coïmbre pour venir là, que il m'envoya chevaucher sur le pays pour aller querre aucuns chevaliers de ce pays pour être avecques lui à cette journée. Je chevauchois moi et un page tout seulement. Sur mon chemin ils me vinrent d'encontre environ vingt six lances de Catellans (Castillans). Je ne me donnai de garde jusques à tant que je fus en-my (milieu) eux. Je fus pris. Ils me demandèrent où je m'en allois. Je leur dis que je m'en allois au châtel de Ront (Ourem); ils me demandèrent quoi

---

[1] Parler familièrement. J. A. B.

faire. Je leur répondis: pour quérir messire Jean Ferrant Parcek (Pacheco) car le roi le mande que il le vienne servir à Juberote (Aljubarrota). Donc répondirent-ils: et Jean Ferrant le capitaine de Ront (Ourem) n'est-il pas de-lez (près) votre roi de Portugal? — Nennil, dis-je, mais il y seroit hâtivement si il le savoit. — En nom Dieu, dirent-ils, il le saura, car nous chevaucherons cette part. » Sus ces paroles ils tournèrent leur frein et prirent le chemin de Ront (Ourem); quand ils furent en la vue de Ront (Ourem) la gaitte (guet) corna et montra que il véoit gens d'armes. Jean Ferrant demanda de quelle part ces gens d'armes venoient. On lui dit que ils venoient devers le Port (Porto). « Ha, dit-il, ce sont Portingalois qui chevauchent à l'aventure et s'en vont vers Saint Yrain (Santarem): je les vueil (veux) aller voir; si me diront des nouvelles et où le roi se tient. Il fit enseller son coursier et mettre hors son pennon et monta, lui vingtième tant seulement, et se départit de Ront (Ourem) et chevaucha les grands galops pour venir à ces Castellains (Castillans) qui étoient jà traits en embûche et avoient envoyé courir un des leurs sur un genet.

« Quand Jean Ferrant vint sur les champs, il vit courir ce geneteur [1], si dit à un sien écuyer: « Or, fais courir ton genet et fais tant que tu parles à ce geniteur qui fait ainsi montre sur les champs. » Cil (celui-ci) répondit: volontiers, monseigneur. Si férit son genet des éperons et vint devers le geniteur, et le

---

[1] Cavalier monté sur un genet. J. A. B.

suivit de si près que sur l'atteindre, car celui se feignoit qu'il se vouloit faire chasser jusques à l'embûche. Quand il dut approcher l'embûche, tous saillirent à une fois et coururent vers lui. Cil (celui-ci) qui étoit bien monté leur tourna le dos, en chassant Les chasseurs crioient, Castille ! Jean Ferrant Parcek (Pacheco), qui étoit sus les champs dessous son pennon, vit son écuyer retourner en grand'hâte; si dit ainsi: ceux qui chassent ne sont pas de nos gens, mais sont Castillans: après, après; crions, Portugal ! car je les vueil (veux) combattre. A ces mots il prit son glaive et s'en vint férant de l'éperon jusques à eux. Le premier que il consievy (atteignit), il le porta à terre et le second aussi. Des vingt-cinq lances des Castillans qui là étoient il en y ot (eut) tantôt les dix à terre et les autres furent chassés. Si en y ot (eut) encore de ratains (atteints) de morts et de navrés (blessés). Et tout ce vis-je très volontiers, car je véois ma délivrance. En peu d'heures je me trouvai tout seul, ni nul ne m'accompagnoit. Adonc vins vers le chevalier et le saluai; et quand il me vit, il me connut; car il m'avoit vu plusieurs fois, et me demanda dont je venois et que je faisois là. Je lui contai mon aventure et comment les Castillans m'avoient pris: et du roi, dit-il, savez-vous rien? — Par ma foi, sire, dis-je, il doit demain avoir journée de bataille contre le roi de Castille, car je le suis venu dire aux chevaliers et écuyers du pays qui rien n'en savoient. — Demain? dit Jean Ferrant. — Par ma foi, sire, voir (vraiment); et si vous ne m'en créez, si le demandez à ce Castillans que vous avez pris. »

« Adonc s'en vint Jean Ferrant sus les Castillans qui là étoient et lesquels ses gens avoient jà pris et leur demanda des nouvelles; ils lui répondirent: Demain les rois de Castille et de Portugal se doivent combattre et ils s'approchent grandement. Pour les nouvelles le chevalier fut moult réjoui et tant que il dit aux Castillans tout haut: Pour la cause des bonnes nouvelles que vous m'avez apportées, je vous quitte tous; allez en votre chemin, mais quittez cet écuyer aussi. Là me fit-il quitter de ceux qui pris m'avoient et il leur donna congé et nous retournâmes ce jour à Ront (Ourem). Il s'appareilla et se départit à heure de mie-nuit, et je en sa compagnie. De là jusques à la Cabasse (Alcobaça) à Juberote (Aljubarrota) où la bataille fut peut avoir environ six lieues; mais pour eschiver (éviter) les Espagnols et les routes (troupes), nous éloignâmes notre chemin et fut nonne à lendemain avant que nous veissiemes (vissions) les batailles; et quand nous les dûmes approcher, ils étoient tous rangés sur les champs, le roi de Castille d'une part et le roi de Portugal de l'autre part. Et ne sçut de premier reconnoître nos gens Jean Ferrant Percck (Pacheco) ni les quels les Portingalois, fors à ce seulement que il dit: Je crois que la greigneur (plus grande) partie où il y a le plus de peuple sont Castillans. Adonc chevaucha-t-il tout bellement et tant que nous vînmes plus près. Les Castillans qui étoient en bataille, et crois bien que ce furent Gascons, se commencèrent à dérouter et à venir sur nous. Jean Ferrant dit lors ainsi: Allons, allons, avançons-nous. Véez ci nos ennemis qui viennent sur nous. Lors férit-il cheval des éperons en criant: Portugal! Portugal! et nous le suivîmes; et nos gens qui nous ravisèrent vinrent au secours; ni oncques les batailles ne s'en dérangèrent pour ce. Et vint Jean Ferrant de-lez (près) le roi qui fut moult réjoui de sa venue; et fut ce jour à son frein et l'un des bons de tous les nôtres. Pourtant vous dis-je que il me fit grand' courtoisie, car il me délivra de prison et de mes ennemis et des ennemis qui m'emmenoient ni point je n'euse été à la belle journée de Juberote (Aljubarrota) si il n'eut été. Ne me fit-il donc point un beau service?» — «Par ma foi, répondit messire Jean d'Aubrecicourt, si fit; et aussi par vous, si comme je l'entends, sçut il-la besogne.» — «C'est vérité, dit l'écuyer.» Lors chevauchèrent-ils un petit plus fort que ils n'avoient fait et tant que ils raconsuivirent (atteignirent) les autres et vinrent ce jour, ce m'est avis, à Coïmbre.

CHAPITRE XXXIX.

Comment les ambassadeurs du duc de Lancastre arrivèrent a Coïmbre en Portugal devers le roi et comment le dit roi et le dit duc parlèrent et s'allièrent par mariage

De la venue des chevaliers d'Angleterre fut le roi de Portugal grandement réjoui et commanda que ils fussent bien logés à leur aise. Quand ils se furent appareillés Martin de Coingue (Cunha) et Ferrant Martin de Merlo qui connoissoient l'usage du roi et en laquelle compagnie ils étoient venus, les menèrent devers le roi, lequel les reçut doucement et liement. Là s'acointèrent-ils de paroles, ainsi que bien le sçurent faire, et puis présentèrent les faucons et les lévriers, desquels présents le roi ot (eut) grand'joie, car il aime chiens et oiseaux; et remercièrent grandement le roi de par le duc de Lancastre et la duchesse, aussi que ordonné leur étoit; et dirent ce que ils devoient dire et faire des beaux mulets amblants que le roi leur avoit envoyés.

Le roi répondit à ce et dit; que c'étoit petite chose et que une autre fois il envoieroit plus grands dons; mais c'étoient accointances d'amour, ainsi que seigneurs qui se désirent à voir et entre à cointer (faire connoissance) doivent faire l'un à l'autre pour nourrir plus grande amour ensemble. Adonc apporta-t-on vin et épices; et burent les chevaliers d'Angleterre, et puis prirent congé au roi pour cette heure et retournèrent à leurs hôtels, et soupèrent là cette nuit; ni depuis, jusques à lendemain, ils ne virent point le roi mais à lendemain ils dînèrent au palais et furent les deux assis le sire de Pouvins (Poinings) et messire Jean de Buvrelle (Beverley) à sa table et messire Jean d'Aubrecicourt et messire Jean Soustrée dînèrent à une autre table avecques les barons du pays qui là étoient. Et là étoit Laurentien Fougasse (Fogaça) écuyer d'honneur du roi, qui bien connoissoit les compagnons et les chevaliers et écuyers anglois, car il les avoit vus en cet an assez en Angleterre: si leur faisoit toute la meilleure chère que il pouvoit et bien le savoit faire.

Le dîner que le roi de Portugal donna ce jour aux chevaliers d'Angleterre fut bel et long et bien servi. Quand ce vint après dîner et on fut trait en la chambre de parement (parade), les chevaliers d'Angleterre commencèrent à parler au roi et à deux comtes de Portugal qui là étoient, le comte d'Angouse et le comte de Novarre (Nuño Alvarez) et dirent. « Sire roi, avecques toutes recommandations que monseigneur le duc de Lancastre vous peut et veut faire il nous enchargea au partir que nous vous dissions que il vous verroit volontiers, et monseigneur considère les grands travaux que lui et ses gens ont eu à ci venir tant par mer comme par terre et les traités qui se sont entamés par le moyen de ses hommes et des vôtres il y a moult bien cause. » — « En nom Dieu, répondit le roi de Portugal, vous parlez bien, et si il a désir de moi voir, aussi j'ai lui; car mes gens se louent grandement de lui et de son accointance. Si nous verrons temprement (bientôt) et y mettrons ordonnance où ce sera. » [1] Donc, répondit le roi: « Et moi lui; et prie à vous et à vos gens que hâtivement nous nous puis-

---

(1) A la place de cet alinéa, depuis: *donc, répondit le roi*, jusqu'à: *se commencèrent à approcher*, le Manuscrit 8325 offre une variante, qui me semble assez curieuse pour être rapportée ici. Elle fournit plusieurs faits qui ne sont dans aucun des imprimés. J'ai donc cru devoir placer cette variante dans le texte, immédiatement après les derniers mots de cet alinéa. Elle sera placée entre deux tirets. J. A. B.

sions voir pour être et parler ensemble. »—« Ce seroit bon, répondirent les comtes de Portugal; car jusques à tant que vous soyez ensemble, vous ne vous entr'aimerez parfaitement; et lors aurez-vous avis et parlement ensemble, quand vous vous pourrez maintenir en cette guerre encontre le roi de Castille. »—« Il est vérité, répondirent les chevaliers d'Angleterre. »—« Ce le faites donc brief, dit le roi; car si le duc a désir de moi voir, aussi ai-je lui. » Puis rentrèrent en autres paroles; car de premier le conseil du roi de Portugal en fut chargé, que certaine journée fut assignée entre eux deux que ils se verroient et que les chevaliers d'Angleterre qui là étoient en fussent certifiés. Il fut fait. On fut d'accord que le roi de Portugal venroit (viendrait) au corps de son pays en une cité qui est nommée au Port (Oporto) et le duc de Lancastre chevaucheroit toute la frontière de Galice; et là, sus le département de Galice et de Portugal, ils se trouveroient et parleroient ensemble. Sus tel état se départirent les chevaliers Anglois du roi, quand ils orent (eurent) été à Connimbres (Coïmbre) trois jours; et se mirent au retour devers Galice et chevauchèrent toute la frontière, ainsi comme ils étoient venus; et retournèrent à Saint Jacques. Si contèrent au duc et à la duchesse comme ils avoient exploité. De ces nouvelles fut le roi tout réjoui; et bien y avoit cause, car ses besognes se commencèrent à approcher.

VARIANTE.

— Monseigneur, répondirent les greigneurs (plus grands) de son conseil, autrefois le vous avons-nous remontré et ce seroit bon; car jusques à tant que vous vous serez vus et entr'accointés, ne pouvez-vous avoir parfaite amour ni connoissance l'un à l'autre; car l'antise (fréquentation) fait l'amour. Quand vous serez l'un devant l'autre, et votre conseil aussi, lors aurez-vous avis et considération comment vous vous chevirez (tirerez) de votre guerre encontre votre adversaire de Castille: car sachez, monseigneur, que le duc de Lancastre et ceux qui sont venus en sa compagnie et issus (sortis) hors d'Angleterre, ne sont pas venus pour reposer ni séjourner, mais pour faire une bonne guerre. » — « Ce nous l'entendons ainsi, dit le roi, et nous avons dit tout ce qui se fera. »

Après ces devises et paroles, ils entrèrent par bonne ordonnance et arrée (suite) en autres gengles (propos); et furent ces chevaliers d'Angleterre avec le roi de Portugal deux jours en grands reviaulx (réjouissances) et ébattements. Et leur firent le roi et les chevaliers de Portugal qui là étoient toute la meilleure chère qu'ils purent. Au tiers jour ils prirent congé et se départirent du roi et se mirent arrière au chemin du retour et chevauchèrent toute la frontière de Galice, ainsi comme ils étoient venus et retournèrent en la ville de Saint Jacques, où le duc de Lancastre et la duchesse et les dames les attendoient. Si contèrent au duc et à la duchesse comment ils avoient été du roi de Portugal doucement recueillis et aussi comment il avoit répondu et que dedans briefs jours son conseil viendroit là et auroient les deux conseils ensemble avis de toutes choses et que le roi se tenoit à Coïmbre.

Ne demeura guères de temps depuis que le roi de Portugal envoya de son conseil devers le duc de Lancastre, tels que messire Jean Ferrant Percek (Pacheco) et autres à Saint Jacques. Eux venus, ils dirent au duc comment le roi de Portugal étoit parti de Coïmbre et venu en la cité du Port (Porto); et attendroit là le duc ou environ à l'entrée de son pays pour parlementer ensemble. De ces nouvelles fut le duc de Lancastre tout réjoui, et fit bonne chère aux chevaliers, et leur dit que temprement (bientôt) il se départiroit de Saint Jacques, si très tôt comme la duchesse sa femme seroit guérie d'une petite foiblesse et de douleur de chef qui à la fois la tenoit: et leur dit que si ce n'eut été, il se fut ores départi de là et mis au chemin en approchant Portugal. Les chevaliers s'en contentèrent, et quand ils eurent été un jour avec le duc, ils s'en départirent et retournèrent arrière au Port (Porto) et trouvèrent le roi. Si recordèrent leur message.

Le roi de Portugal, qui moult désiroit à voir le duc de Lancastre pour les grands vaillances de lui et pourtant aussi que il en pensoit à grandement mieux valoir, manda l'archevêque de Brague et l'évêque de Lisbonne et tous les plus sages prélats de son royaume, pour avoir d'encoste (près) lui et pour plus honorer le duc de Lancastre, car jà étoient traités entamés que il auroit sa fille en mariage ma damoiselle Philippe, qui fille fut à la duchesse Blanche de Lancastre; et pour ces recueillotes (réceptions) mieux et plus honorablement accomplir, il fit faire très grands pourvéances en la cité du Port (Porto) et par toutes les villes là où il pensoit que le duc de Lancastre passeroit et se logeroit: ainsi s'approchoient ces besognes. La duchesse de Lancastre avoit grand désir que le mariage se fesist (fit) du roi de Portugal et de la fille du duc de Lancastre, car bien savoit que par ce mariage les alliances se feroient moult grandes; et en seroient plus forts, et leur ennemi de Castille plus foible: car bien avoit la dite dame intention et espérance que avant son retour ils conquerroient tout le pays de Castille; et n'y avoit pour le conquerre que une journée de bataille: si exhortoit la dame à son mari le duc ce qu'elle pouvoit et lui conseilloit l'alliance et le mariage de sa fille au roi de Portugal. Le duc ne répondoit pas à sa femme toute sa pensée, car il ne savoit pas encore qu'il en feroit, jusques à tant qu'il auroit vu ce roi et la manière et ordonnance de lui. Et encore y présumoit le duc un grand article, pour tant que ce roi de Portugal étoit bâtard et avoit été sur la forme et ordonnance de être religieux: si recordoit en soi-même tout ce. Voir (vrai) est que il étoit bien informé que ce roi de

Portugal étoit aux armes et en toutes choses un moult sage et vaillant homme.

Le roi Jean de Castille pour le temps se tenoit au Valdolif (Valladolid), une bonne cité et grosse et avoit de-lez (près) lui messire Olivier de Claicquin (Guesclin) et plusieurs chevaliers de France, car en eux il avoit plus parfaite affection d'amour et de conseil en toutes ses besognes que il n'avoit en ceux de son pays. Et se doutoit grandement le dit roi que, quand le duc de Lancastre chevaucheroit et entreroit à puissance en Galice, le pays légèrement et à (avec) petit (peu) de fait ne se retourneroit et rendroit à lui. Si en parloit à la fois sur forme de conseil aux chevaliers de France, et les chevaliers qui sages et usés d'armes étoient, en répondoient selon leur avis et disoient bien voirement (vraiment) que la puissance des Anglois croîtroit moult si le roi de Portugal s'allioit avecques lui; mais tant y avoit de remède que tous les barons et les bonnes villes de Portugal n'étoient pas à un, mais en trouble et en différend, et ne le tenoient pas toutes gens à roi; par laquelle cause et incidence leur emprise en étoit plus doutable. « Et d'autre part, sire, du côté de France, vous devez savoir que les oncles du roi, monseigneur de Berry et monseigneur de Bourgogne et monseigneur de Bourbon, qui sont sages princes et ont tout le gouvernement du royaume, à ces besognes ne doivent grandement entendre et pourvoir; et en oient (apprennent) et ont plus souvent nouvelles de tout leur convenant (arrangement) que nous n'avons qui ci nous tenons et logeons. Et est l'armée de mer qui s'appareille à l'Écluse si grande et si grosse faite pour aller en Angleterre et mise sus tout pour rompre le pourpos (plan) du duc de Lancastre, car sachez que le duc a en cette saison trait (tiré) et mis hors d'Angleterre toute la fleur des bonnes gens d'armes d'Angleterre, de quoi le demeurant du pays en est plus foible. Et aussi toujours vous viennent et croissent gens et vous viendront de tous lez (côtés), de Navarre, d'Arragon, de Catalogne, de Berne (Béarn) et de Gascogne: il ne vous faut fors que regarder comment ni où vous prendrez et aurez la finance pour payer les souldoyers, gens d'armes et compagnons, qui vous viendront servir de grand courage de tous pays; car qui bien paye aujourd'huy il a les hommes. Ne véez-vous et oez (entendez) dire comment le comte de Foix est grandement agracié par ses dons et par ses largesses et se fait si renommer et douter de tous lez (côtés), que nul ne l'ose assaillir. » Ainsi étoit et sur le mieux reconforté le roi Jean de Castille des barons et chevaliers du royaume de France.

Si les nouvelles étoient grandes ens (dans) ès royaumes et pays voisins de Castille, ainsi étoient-elles en lointaines villes et marches. Le roi de Grenade [1] quoique il ne soit pas de notre loi, se doutoit grandement de l'armée du duc de Lancastre et

---

[1] Muhamed ben Jusef ben Ismail ben Farag, qui avoit commencé à régner à Grenade en 1354 et qui, après avoir été détrôné par son frère Ismail, avoit repris la couronne en 1362 et mourut en 1391. (Voyez Conde. Historia de los Arabes en España, T. 3.) J. A. B.

du roi de Portugal et des alliances que ils devoient faire et avoir ensemble que, au temps à venir, les flamèches qui de ce feu pourroient naître ne retournassent sur lui et sur son royaume: et ot (eut) conseil le dit roi de Grenade, pour le meilleur et le plus sûr, que il auroit certains traités et accords au roi Jean de Castille, car ce roi doutoit trop plus les Anglois et les Portingalois que il ne faisoit les Espagnols. Si envoya, sur forme de paix et d'amour, grands messages ambassadeurs devers le roi de Castille, tels que le Postel de Gilbatas (Gibraltar) et Mansion Dalbatas [1] et autres; et vinrent ceux sur sauf-conduit au Valdolif (Valladolid) parler au roi de Castille de par le roi de Grenade. On les vey (vit) et ouït volontiers parler, puisque ils ne vouloient que tout bien et affection, confort ou aide au roi de Castille de par le roi de Grenade, pour tant que leurs deux royaumes marchissent (confinent) ensemble.

Le roi de Castille, avant que il leur fesist (fit) nulle réponse, eut conseil quelle chose en étoit bonne à faire et ne vouloit rien passer ni accorder sans le sçu et avis des barons de France qui là étoient: lesquels chevaliers de France, considéré bien toutes les besognes de Castille, conseillèrent au roi que ces ambassadeurs de Grenade fussent répondus sur la forme que je vous dirai: Ce fut que

---

[1] Je ne puis trouver les noms des ambassadeurs envoyés au roi de Castille par le roi de Grenade. Je vois seulement par les historiens du temps, que les alliances ont existé et que Froissart, si bien informé sur tout le reste de ces campagnes, l'est encore fort bien ici. J A. B.

le roi de Grenade tenist (tînt) les frontières de son pays closes et les ports de mer, et n'eut aux Portingalois ni Anglois nulles alliances ni nul n'en recueillât en son pays.

Ces ambassadeurs de Grenade qui étoient fort, et bien le montroient par lettres patentes de leur roi et de son conseil, de accorder et apporter outre tout ce que ils feroient pour le meilleur, sur la forme pourquoi ils étoient venus en Castille, l'accordèrent et scellèrent, et puis, tout ce fait, ils retournèrent arrière en Grenade. Il me fut dit en ce temps que je fus au pays de Berne (Béarn), et faisant enquêtes de ces besognes dessus dites et à venir, en l'hôtel du gentil comte Gaston de Foix, que le roi de Grenade avoit envoyé au roi de Castille, par la confirmation des traités dessus nommés et pour aider à ses besognes et à poursieuvir (poursuivre) la guerre contre les Anglois et Portingalois, six sommiers chargés d'or et d'argent, mais on ne me sçut pas à dire si ce étoit par don ou par prêt. Comment que la chose allât, toutefois le roi Jean de Castille les ot (eut), dont il fut grandement réconforté; et en furent les chevaliers et écuyers de France, qui venus l'étoient servir, payés, pour un temps, avant que les autres finances furent venues, dont messire Guillaume de Lignac et messire Gaultier de Passac furent tout réjouis, car ils en eurent bien et largement leur part.

Ainsi en cette saison se appareilloient guerres de tous côtés et vouloient bien les François que les nouvelles fussent sçues et publiées par tout comment ils avoient grand'affection d'entrer par mer et par le voyage de l'Écluse, qui outre mesure de grandeur s'appareilloit, ens (dans) ou (le) royaume d'Angleterre à (avec) peines. En ce temps en Flandre, en Brabant, en Hollande, en Hainaut et en Picardie, on ne parloit d'autre chose que de ce voyage ; et menaçoient les François trop grandement les Anglois en Angleterre et disoient en leurs hôtels : « Il nous appert une noble et bonne saison ; nous détruirons Angleterre : elle ne pourra nullement durer et résister à l'encontre de nous. Le temps est venu que nous serons grandement vengés des cruels faits et offenses que ils ont fait en France : nous ravirons l'or, l'argent et les richesses que du temps passé ils ont portés de France en Angleterre ; et encore, avec tout ce, ils seront contournés en captivoison (captivité) et toute leur terre arse et détruite sans recouvrer, car, lorsque nous entrerons dedans à l'un des lez (côtés), les Escochois (Écossois) y entreront d'autre part ; si ne sauront les Anglois auquel lez (côté) entendre. »

Ainsi étoient menacés les Anglois par les François, et donnoient grand marché, et montroient par leurs paroles que tout fut à eux : mais les Anglois les plusieurs n'en faisoient compte ; et tous ces appareils et l'esclandre qui s'en faisoit étoient pour retraire (retirer) hors le duc de Lancastre et sa route (troupe) du royaume de Castille.

Nous nous souffrirons à parler de ces besognes et parlerons du duc de Lancastre et du roi Jean de

Portugal et de leurs acointances et alliances et comment ils se mirent ensemble. —

Continuation du chapitre XXXVIII.

Quand ce vint le terme que le duc devoit partir de Saint-Jacques, il ordonna à demeurer son maréchal et ses gens à Saint-Jacques, excepté trois cents lances et six cents archers, qui furent ordonnés de chevaucher avec lui. Si se départit le duc et messire Jean de Hollande, connétable de l'ost, en sa compagnie, et plus de cinquante barons et chevaliers; et chevauchèrent le duc et ses gens la frontière de Galice et approchèrent Portugal. Le roi, qui se tenoit au Port (Porto), sitôt comme il sçut que le duc approchoit son pays, il se partit du Port (Porto) à (avec) plus de douze cents chevaux et s'en vint toute la frontière de Portugal et gésit à une ville composte (placée) sur le département de son royaume, laquelle on appelle au pays Mouson (Monçao) la derraine (dernière) ville de Portugal à ce lez (côté) là; et le duc s'en vint à une autre ville la première de Galice au lez (côté) devers Portugal; laquelle ville on appelle Margasse (Melgaço). Entre Mouson (Monçao) et Margasse (Melgaço) a une rivière et un beau pré et grandes plaines et un pont que on dit au pays le Pont-de-Mor. Un jeudi au matin s'entr'encontrèrent à ce pont entre les deux royaumes le roi de Portugal et le duc de Lancastre et toutes leurs gens, et là furent les acointances grandes et belles; et avoit-on sur les champs fait feuillées et logis grands et plantureux de la partie du roi de Portugal; et là alla dîner le duc de Lancastre avecques le roi; lequel dîner fut très bel et bien ordonné de toutes choses; et sistrent (furent assis) à la table du roi: le duc, l'évêque de Coïmbre, l'évêque du Port (Porto) et l'archevêque de Brague; et au-dessous messire Jean de Hollande et messire Henri de Beaumont en Angleterre, et aux autres tables tous les chevaliers du duc et là foison de menestrels [1].

Si furent en ce déduit jusques à la nuit; et fut ce

---

(1) Le manuscrit 8325 contient une variante que je vais placer ici: elle remplace l'alinéa du texte qui commence si *furent en ce déduit* et se termine par ces mots *si le roi de Portugal s'en alla à Mouson*. Le manuscrit 8328 donne la même leçon que le texte.

« Ce dîner fait, qui fut durement long, quand on eut l'eau, ils se levèrent et entrèrent en chambre de parement, et là le roi et le duc parlèrent ensemble et eurent colation (entretien) sur leurs besognes et sur leur guerre. Si fut arrêté, pour l'hiver et les nuits qui sont longues et froides, le roi de Portugal se tenroit (tiendroit) au Port (Porto) et le duc de Lancastre en la ville de Saint-Jacques et les lairoient (laisseroient) guerroyer leurs gens et leurs maréchaux; et tantôt le mois de février passé, ils mettroient ensemble leurs gens et chevaucheroient en propres personnes avec eux et iroient quérant la bataille si avant comme ils pourroient. Quand cette chose fut arrêtée et de tous points accordée, le conseil du roi de Portugal entama les traités du mariage pour avoir à leur roi femme, car bien étoit heure. Si en fut prié et demandé le duc de Lancastre par les prélats et les hauts barons de Portugal. Le duc prit détriance (délai) à répondre de cette matière jusques à lendemain, car ja étoit-il ordonné que il devoit dîner avecques le roi; cette parole leur souffisi (suffit) bien. Si firent apporter vin et épices et en prirent les seigneurs et puis congé et retournèrent en leurs logis. Le vendredi ils furent ensemble au Pont-de-Mor et là dînèrent et ne purent toutes leurs besognes être touchées ni achevées et reprirent jour à être ensemble en ce même lieu au samedi. Et fut ordonné que le duc de Lancastre donneroit à dîner au roi de Portugal et aux Portingalois: si prirent le vendredi congé sur cet état l'un de l'autre et retournèrent les Anglois à Margasse (Melgaço) et les Portingalois à Mouson (Monçao), chacun à sa chacune. » J. A. B.

jour le roi de Portugal vêtu de blanche écarlatte à une vermeille croix de Saint-Georges; car c'est la devise de une maison que on dit Denis (d'Avis) en Portugal, d'où il étoit chevalier; car quand les gens de son pays l'élurent à roi, il dit que toujours il en porteroit la devise au nom de Dieu et de Saint-Georges; et toutes ses gens étoient vêtues de blanc et de rouge. Quand ce vint sur le tard, on prit congé à retourner à lendemain. Le roi s'en alla à Mouson (Monçao) et le duc à Margasse (Melgaço); de l'un à l'autre il n'y a que la rivière et le pré à passer.

Quand ce vint le vendredi et que ils orent (eurent) ouï messe, tous montèrent à cheval et s'en allèrent au pont-de-Mor, au propre lieu où ils avoient été le jeudi, et là s'entr'encontrèrent. Et vous dis que on y avoit fait le plus beau logis et le plus grand de jamais. Et avoient le duc et le roi leurs chambres tendues de draps, de courtines et de tapis, aussi bien que si le roi fut à Lisbonne et le duc à Londres. Si orent (eurent) entr'eux avant dîner parlement sur l'état de leurs besognes et à savoir comment ils se pourroient chévir de leur guerre et en quel temps ils chevaucheroient. Si fut regardé que l'hiver le roi de Portugal se tiendroit en son pays et le duc de Lancastre à Saint-Jacques; et laieroient (laisseroient) leurs maréchaux convenir; et tantôt le roi et le duc et leurs gens se mettroient ensemble et entreroient en Castille et iroient combattre le roi, quelque part qu'ils le sçussent ni quelle puissance que il eut, car Anglois et Portingalois se trouveroient bien trente mille ensemble. Quand cette chose fut arrêtée et du tout accordée, le conseil du roi de Portugal entama le traité du mariage pour avoir à leur roi femme, car bien étoit heure; et vouloit son pays que il fut marié en lieu dont ils eussent honneur et profit, confort et alliances pour le temps à venir; et ils ne savoient, si comme ils disoient, à présent lieu qui leur fut, au roi ni à toute la communauté, de porprisse (convenance) ni en leur grâce, que en l'hôtel du duc de Lancastre prendre femme. Le duc, qui véoit la bonne affection du roi de Portugal et de ses gens et aussi qu'il se véoit en leur danger (pouvoir), pourtant (attendu) que il étoit issu hors d'Angleterre et venu sus les François de Portugal et pour requérir son héritage le royaume de Castille, répondit à ces paroles doucement et en riant et adressa sa parole au roi qui là étoit présent et dit : « Sire roi, j'ai en la ville de Saint Jacques deux filles; je vous donne et accorde très (dès) maintenant l'une des deux, laquelle il vous plaira mieux à prendre : si y envoyez votre conseil et je la vous envoyerai. »—« Grand merci, dit le roi, vous me offrez plus que je ne demande; ma cousine de Castille Catherine, je vous lairai (laisserai), mais Philippe, votre fille de premier mariage, je demanderai et l'épouserai, et reine de Portugal je la ferai. » A ces mots se dérompit leur conseil. Si fut heure de dîner; on s'assit à table, le roi et les seigneurs ainsi que ils avoient fait le jeudi. Si furent servis puissamment et notablement selon l'usage du pays. Après ce dîner retourna le duc de Lancastre à Margasse (Melgaço) et le roi de Portugal s'en alla à Mouson (Monçao).

Le samedi, après messe, montèrent de rechef le roi et le duc et s'en revinrent au pont-de-Mor, où ils avoient été les autres jours, en grand arroi et en grand état; et donna ce jour à dîner le duc de Lancastre au roi de Portugal et à ses gens; et étoient en l'hôtel du duc chambres et salles toutes parées de l'armoirie et des draps de haute lice et de broderie du duc, aussi richement et aussi largement que si il fut à Londres, à Hartfort, à Leicester, ou en l'une de ses maisons en Angleterre; et prisèrent grandement les Portingalois cet état. Et en ce dîner ot(eut) trois évêques et un archevêque. A la haute table, l'évêque de Lisbonne, l'évêque du Port (Porto), l'évêque de Coïmbre et l'archevêque de Brague en Portugal, et le roi de Portugal au milieu de la table, et le duc de Lancastre un petit dessous lui, et dessous le duc le comte de Novarre (Nuño Alvarez) et le comte d'Angousse (Acosta) Portingalois.

A l'autre table séoit au chief (bout) le maître Denis (d'Avis) et puis le maître de Saint Jacques en Portugal [1] et le grand maître de Saint Jean et puis Dieu galopes Percek (Diego Lopez Pacheco), Jean Ferrant son fils et le Pouvasse de Coingne (Lopo Vasques de Cunha), Vasse (Vasco) Martin de Cogne (Cunha), le Podich de Dasenede (Lopo Diaz de Azevedo), Vasse (Vasco) Martin de Merlo, Gonzalves (Gonzalez) de Merlo; c'étoit la seconde table, et tous hauts barons de Portugal. A la tierce table

---

(1) Le roi de Portugal venoit de faire nommer grand maître de Sanmemtiago messire Rodriguez de Vasconcellos. J. A. B.

séoient et tout premier, l'abbé de la Cabasse (Alcobaça) de Juberote (Aljubarrota) et l'abbé de Saint-Pierre et Saint-Paul de Coïmbre, l'abbé de Sainte-Maixence de Vic et puis messire Alve Perrère (Alvaro Pereira), maréchal du royaume de Portugal, Jean Radinghes Perrière (Joaô Rodriguez Pereira) et Jean James de Salves (Joaô Gomez de Silva), Jean Radrigho de Sar (Joaô Rodriguez de Sà), Mondesse Radrigho de Valconssiaux (Mem Rodriguez de Vasconcellos), Rez Mendighe de Valconssiaux (Ruy Mendez de Vasconcellos) et un chevalier de Navarre, qui étoit là envoyé de par le roi de Navarre, qui s'appeloit messire Ferrand de Marandes: et aux autres tables, chevaliers et écuyers de Portugal, car oncques Anglois ne sist (s'assit) à table ce jour en la salle où le grand dîner fut; mais servoient tous chevaliers et écuyers d'Angleterre et asséoit à la table du roi messire Jean de Hollande et servit ce jour de vin devant le roi de Portugal Galop Ferrant Percek (Guadalupe Ferrant Pacheco), Portingalois; et devant le duc de Lancastre, de vin aussi, Thierry de Soumaire de Hainaut. Le dîner fut grand et bel et bien estouffé (approvisionné) de toutes choses; et y ot (eut) là grand' foison de menestrieux (menestrels) qui firent leur métier. Si leur donna le duc cent nobles et aux hérauts autant, dont ils crioient largesse à pleine gueule. Après le dîner et toutes les choses accomplies, les seigneurs prirent congé amiablement l'un à l'autre, le duc au roi et le roi au duc, et se contentèrent grandement de cette assemblée; et tenoient toutes leurs choses et ordonnances dessus dites pour si fermes et pour si arrêtées que plus ils n'en parloient. Si si départirent l'un de l'autre sur le tard et prirent à cette fois congé final jusques à une autre fois que ils se verroient. Le roi partit, et le duc d'autre part. Vous vissiez varlets ensonniez (occupés) de descendre draps et de trousser, et ne cessèrent toute la nuit; et le dimanche on mit tout à voiture, et se départit le roi de Portugal de Mouson (Monçao) et retourna vers le Port (Porto) et le duc aussi de Margasse (Melgaço) et prit le chemin de Galice. Si le convoya à (avec) cent lances de Portugal le comte de Novarre (Nuno Alvarez) et le mena tant que il fut hors de tous périls; et puis prit congé le comte et retourna arrière en Portugal et le duc s'en vint à Saint Jacques en Galice.

Moult désiroit la duchesse de Lancastre la revenue du duc son mari et seigneur, pour savoir toutes nouvelles et comment les accointances se seront portées. Si fut le duc le bien venu à son retour, ce fut raison. La dame lui demanda du roi de Portugal quelle chose il lui en sembloit. » — « Par ma foi, dit le duc, il est gracieux homme et a bien corps, manière et ordonnance de vaillant homme; et est mon espoir que il régnera en puissance, car il est amé de ses gens; et disent que ils n'eurent, passé a cent ans, roi qui si bien leur chéyt en cœur ni en grâce; et n'a encore d'âge que vingt six ans; il est fort chevalier, et dur selon la nature Portingaloise et est bien taillé de corps et de membres pour porter et souffrir peine. » — « Et des mariages, dit la dame, comment en va? » Dit le duc: « Je lui ai accordé une de mes filles. »—« Laquelle? Dit la dame. »—« Je lui mis à choisir ou de Catherine ou de Philippe, il m'en sçut bon gré; toutefois il est arrêté sur ma fille Philippe. »—« Il a raison, dit la duchesse, car ma fille Catherine est encore trop jeune pour lui. » Ainsi en telles paroles le duc et la duchesse passèrent le jour et le temps; et faire leur convenoit, car l'hiver approchoit.

Or en ce pays de Galice ni en Portugal on ne sçait que c'est d'hiver, toujours y fait-il chaud et mûrissent les grains nouveaux; tels que plusieurs fruits y sont en mars, fèves, pois et cerises et les nouvelles herbes toutes grandes en février; on y vendange devant la Saint Jean en plusieurs lieux. A la Saint-Jean-Baptiste tout y est passé.

Combien que le duc de Lancastre séjournât en la ville de Saint-Jacques en Galice et la duchesse et leurs enfants, ne séjournoient pas pour ce leurs gens, mais chevauchoient souvent et menu sur le plat pays de Galice en conquérant villes et châteaux, desquels conquêts que ils firent en cette saison et comment ce fut fait je vous en recorderai la vérité et les noms de toutes les villes que ils prirent, car, je en fus informé justement par chevaliers et écuyers d'Angleterre et de Portugal qui furent à tous les conquêts, et par spécial du gentil chevalier de Portugal dont j'ai traité ci-dessus, lequel amiablement et doucement, à Meledibourch (Middlebourg) en Zélande, sus son voyage de Prusse où il alloit en cette saison, m'en informa; le chevalier je le vous ai nommé et encore le vous nommerai. On le nomme messire Jean Ferrant Percek (João Fernandez Pacheco).

Or dit le conte ainsi, que messire Thomas Moreaux maréchal de l'ost du duc de Lancastre, quand le duc fut retourné de la frontière de Portugal et du pont-de-Mor et revenu en la ville de Saint Jacques, il dit que il ne vouloit pas séjourner, puisque il étoit en terre de conquêt, mais chevaucheroit et feroit exploit d'armes et emploieroit les compagnons, lesquels avoient aussi grand désir de chevaucher. Si fit son mandement et dit que il vouloit entrer en Galice plus avant encore que il n'avoit été et n'y lairoit (laisseroit) ni ville ni châtel que il ne mesist (mît) en l'obéissance du duc; et se départit un jour de la ville de Saint Jacques à (avec) bien six cents lances et douze cents archers et prit le chemin de une bonne ville en Galice qui s'appelle Pontevrede (Ponte-Vedras) qui leur étoit rebelle; et fit tant que il y vint et toutes ses routes (troupes). Ceux de Pontevrede (Ponte-Vedras) étoient bien signifiés de la venue des Anglois, car tout le plat pays fuyoit devant eux ens (dans) ès bonnes villes. Si étoient en conseil pour savoir comment ils se maintiendroient, si ils se défendroient tant comme ils pouroient durer ou si ils se rendroient; et n'étoient pas bien d'accord ensemble. Le menu peuple vouloit que on se rendît; le baillif, qui avoit la ville en garde et là avoit été envoyé et commis de par le roi de Castille et son conseil et les riches hommes, vouloit que on se tint; et que de sitôt rendre il n'y pouvoit avoir profit ni honneur. Encore étoient-ils en la place en parlement ensemble, quand la gaitte (guet) qui étoit en la garde sonna et donna à entendre que les Anglois approchoient fort. Lors se dérompit leur parlement et crioient tous : aux défenses ! Aux défenses ! Là vissiez ces gens ensonniés (occupés) de courir sur les murs et de y porter bancs et pierres, dardes et javelots; et montroient bien que ils se défendroient à grand'volonté et que pas si légèrement ne se rendroient.

Quand le maréchal du duc et ses gens furent venus devant Pontevrede, si mirent pied à terre et baillèrent leurs chevaux à leurs varlets et puis ordonnèrent leurs livrées pour assaillir et se rangèrent archers tous sur les dos et crêtes des fossés autour de la ville, chacun les arcs tendus et appareillés pour traire (tirer) et gens d'armes bien paveschies [1] et armés de toutes pièces et entrèrent ens (dans) ès fossés. Lors sonna la trompette du maréchal pour assaillir; donc commencèrent-ils à entrer en œuvre et ceux qui étoient dedans les fossés à ramper contremont portants pics en leurs mains ou bâtons de fer dont ils s'appuyoient pour picqueter et empirer les murs. Là étoient les hommes de la ville à mont qui leur jetoient à leur pouvoir sur leurs têtes pierres et cailloux et les grévoient grandement et eussent encore plus fait, si n'eut été les archers qui étoient sur les fossés, mais ils traioient (tiroient) si ouniement (à la fois) que nul ne s'osoit montrer aux murs; et en navrèrent et blessèrent plusieurs de ceux de

---

[1] Couverts de leurs pavois. J. A. B.

dedans. Et par spécial le baillif de la ville fut féru d'une sayette (flèche) qui lui perça le bassinet et la tête aussi et le convint partir de sa défense et porter à l'hôtel.

Les menues gens de la ville n'en furent pas courroucés, pourtant (attendu) que il ne vouloit pas que on rendisist la ville. Pour ce ne fut pas la ville prise si il fut navré, mais furent plus aigres et plus soigneux de défendre que ils n'avoient été en devant, et bien leur besognoit. Ainsi dura l'assaut jusques à la nuit que on sonna la retraite. Si en y eut de blessés d'une part et d'autre; les Anglois se départirent de l'assaut et s'en retournèrent à leurs logis et avoient bien intention que à lendemain ils retourneroient à l'assaut et ne lairoient (laisseroient) point la ville si seroit prise ou rendue. Cette nuit se conseillèrent ceux de Pontevrede ensemble et dirent : « Nous sommes folles gens qui nous faisons blesser et navrer ainsi pour néant : que ne faisons-nous ainsi que ceux de Ruelles (Roales) et de Ville-Lopes (Villa-Lobos) ont fait, et autant bien ceux de la Calloingne (Corogne) excepté le châtel ; ils se sont rendus au duc de Lancastre et à madame Constance, fille qui fut au roi Dam Piètre, par condition telle que, si les bonnes villes d'Espagne se rendent, ils se rendront aussi, dont ils ont fait le mieux, car ils demeurent en paix. »—« En nom Dieu, dirent les autres, nous voulons ainsi faire ; mais le baillif le nous déconseilla, or en a-t-il eu son payement ; car grand'aventure sera si il ne meurt de la navrure (blessure) que il a en la tête. »—« Or allons parler à lui, dirent aucuns, et lui demandons quelle chose seroit bonne à faire maintenant; car pour certain nous aurons demain le retour des Anglois, ni point ne nous lairont (laisseront) en paix, ou ils nous auront par force ou par amour. »

CHAPITRE XXXIX.

Comment, après les alliances du duc de Lancastre faites au roi de Portugal, le maréchal de l'ost du dit duc chevaucha parmi Galice et y prit et mit en l'obéissance du dit duc Pontevrède et plusieurs autres villes.

A ce conseil se tinrent ceux de Pontevrède et s'en vinrent jusques à douze hommes des plus notables de la ville en la maison du baillif et me semble que on le nommoit Dioncale (Adelantado) de Léon. Ils le trouvèrent couché sus une couste (couverture) en my (milieu) sa maison; et l'avoit on tantôt appareillé de la navrure (blessure) que il avoit eue; et pourtant (attendu) que la chose étoit nouvelle, il ne lui faisoit pas grand mal. Il fit bonne chère à ceux que il connoissoit et qui venus voir l'étoient et leur demanda de l'assaut comment il avoit été persévéré. Ils dirent: « Assez bien, Dieu merci; excepté de vous, nous n'y avons point pris de dommage; mais de matin vient le fort, car nous sommes tous confortés que nous aurons l'assaut, et nous ne sommes pas gens de défense, fors simples gens qui ne savons que ce monte. Si venons à vous à conseil pour savoir quelle chose nous ferons:

ces Anglois nous menacent malement fort que si nous sommes pris par force, ils nous mettront tous sans merci à l'épée et perdrons le nôtre davantage. » — « En nom Dieu, répondit Dioncale (Adelantado) de Léon, vous ne pouvez jamais avoir blâme de vous rendre; mais traitez envers eux sagement; et faites, si vous pouvez, que ils ne soient pas seigneurs de main mise de cette ville; dites leur que vous vous mettrez volontiers en l'obéissance du duc de Lancastre et de madame, ainsi comme ceux de la Caloingne (Corogne) ont fait, car oncques Anglois n'entrèrent en la ville. Ils leur ont bien envoyé au dehors des pourvéances pour leurs deniers prendre et payer; ainsi le ferez-vous, si vous m'en croyez, si faire le pouvez; je crois que ils prendroient volontiers l'obéissance; car il y a encore moult de villes à conquester (conquérir) en Galice. Si s'en passeront légèrement. » « Vous dites bien, répondirent-ils, nous le ferons ainsi, puisque vous le nous conseillez. »

A ce conseil se sont tenus ceux qui là étoient venus et passèrent la nuit au mieux qu'ils purent. Quand ce vint au matin, ainsi comme à soleil levant, ils ordonnèrent hommes que ils mirent hors de leur ville, qui étoient informés et chargés de porter et faire les traités au maréchal; ces hommes étoient sept et n'étoient pas trop bien vêtus, mais moult mal, nuds pieds et nuds chefs, mais bien savoient parler. Et s'en vinrent tous sept en cet état devers le maréchal, qui jà s'ordonnoit pour retourner à l'assaut. On lui amena ces hommes devant lui, lesquels se mirent à genoux en sa présence et le saluèrent et dirent en leur langage Espagnol: « Monseigneur, nous sommes envoyés ci de par ceux de la ville de Pontevrede qui disent ainsi, et nous pour eux, que volontiers ils se mettroient en votre obéissance, c'est à entendre de monseigneur de Lancastre et de madame, en la forme et manière que ceux de la ville de la Caloingne (Corogne) ont fait. Des biens et des pourvéances de la ville aurez-vous assez pour vos deniers, courtoisement prendre et courtoisement payer ce que les choses vaudront à la journée. Et est l'intention de ceux qui ci nous envoient que vous ne les efforcerez plus avant, ni vous ni homme de par vous n'y entrera à main armée; mais si vous et aucuns des vôtres y voulez venir tout simplement, vous serez le bien venu. »

Le maréchal avoit de-lez (près) lui un Anglois qui bien savoit entendre le Galicien, si lui disoit en Anglois toutes ces paroles, si comme ceux les disoient. Le maréchal étoit bref; si fut tantôt conseillé de répondre et dit: « Retournez à la ville et faites venir aux barrières pour parler à moi ceux qui ci vous ont envoyé; je leur donne assurance ce jour et demain, si nous ne sommes d'accord, jusques à soleil levant. » Ils répondirent: « Volontiers, sire. » Lors se départirent et retournèrent devers la ville de Pontevrede et trouvèrent aux barrières la greigneur (majeure) partie de ceux de la ville, auxquels ils firent tantôt réponse et relation de leur ambassaderie, car ils en furent demandés. Ils dirent: « Tantôt viendra le maréchal; si vous n'êtes gens assez, si assemblez ceux que vous voudrez avoir. » — « Dieu y ait part, dirent ils. » Aussi furent tous les hommes notables de la ville là assemblés. Adonc virent venir messire Thomas Moreaux maréchal, et en sa route (troupe) espoir (peut-être) soixante chevaux ; pour l'heure n'en y avoit plus ; et tantôt que il fut venu, il descendit devant la barrière et tous ses gens aussi et puis parla et dit ainsi :

« Entre vous, hommes de Pontevrede, vous nous avez envoyé sept de vos hommes, et crois bien de ma partie que vous y ajoutez foi : ils ont dit ainsi, que volontiers vous reconnaîtrez à seigneur et à dame monseigneur de Lancastre et madame, en la forme et manière que ceux de la Caloingne (Corogne) ont fait ; mais vous ne voulez avoir autre gouverneur que de vous-mêmes. Or me dites, je vous prie, quelle seigneurie y auroit monseigneur, si il n'avoit là dedans gens de par lui ? Quand vous voudriez, vous seriez à lui, et quand vous voudriez, non. Sachez que c'est l'intention de moi et de mes compagnons, que je vous ordonnerai un bon capitaine loyal et prud'homme qui vous gouvernera et gardera et tiendra et fera justice à tous ; et seront mis hors tous les officiers du roi de Castille ; et si ainsi ne voulez faire, répondez-moi ; nous sommes avisés et conseillés quelle chose nous devons faire. » Adonc demandèrent-ils un petit de conseil et se conseillèrent et puis parlèrent et dirent : « Monseigneur, nous nous confions grandement en vous et en vos paroles ; mais nous doutons les pillards, car nous avons été tant battus de telles gens du temps passé, quand messire Bertrand Declayaquin (Duguesclin) et les Bretons vinrent premièrement en ce pays que ils ne nous laissèrent rien et pour ce les ressoingnons (redoutons)-nous. » — « Nennil, répondit messire Thomas, jà pillard n'entrera en votre ville ni vous n'y perdrez rien par nous, nous n'en demandons que l'obéissance. » A ces paroles furent-ils d'accord.

Adonc entra le maréchal et les Anglois qui là étoient en la ville tout doucement et l'ost se tint toute coie (tranquille) à leurs logis et tentes du dehors. On leur envoya vingt quatre sommades de bon vin et autant de pain et douze bacons (jambons), et de la poulaille grand' foison pour les seigneurs; et le maréchal demeura ce jour en la ville et y mit et fit officiers de par le duc de Lancastre et y ordonna un Galicien homme de bien à capitaine, lequel avoit toujours été en Angleterre avecques madame Constance et duquel ceux de Pontevrede se contentoient grandement; et demeura là le maréchal toute la nuit et à lendemain après boire il retourna en l'ost.

Or orent (eurent)-ils conseil que ils se trairoient (rendroient) devant une autre ville qui leur étoit rebelle aussi, à six lieues de là, au pays de Galice, laquelle on appeloit Dègho (Vigo). Si se mirent au chemin et firent tant que ce jour ils envoyèrent au devant, quand ils furent à deux lieues près, que ils se voulsissent (voulussent) rendre ainsi que ceux de Rondelles (Roales) et de Pontevrede (Ponte-Vedras) étoient rendus, ou ils auroient au matin l'assaut. Ceux de Dègho (Vigo) ne firent compte de ces menaces et dirent que autrefois les avoit-on assaillis, mais on n'y avoit rien conquesté (conquis).

Quand la réponse fut faite au maréchal, si dit: « Et par Saint George, ils seront assaillis de grand'façon; les vilains sont-ils si orgueilleux que ils ont ainsi répondu. » Ils passèrent la nuit et se tinrent tout aises de ce que ils avoient. Des pourvéances avoient-ils assez qui les sieuvoient (suivoient). Et se logèrent en une belle prée au long d'une petite rivière qui venoit d'amont de fontaines entre montagnes. A lendemain, à soleil levant, ils se délogèrent et se mirent au chemin. Jà étoit tierce quand ils vinrent devant la ville. Ils mirent pied à terre et burent un coup et puis se ordonnèrent pour assaillir, et ceux de dedans aussi pour défendre la ville qui n'est pas grande, mais elle est forte assez. Et crois bien que si il y eut eu en garnison bonnes gens d'armes, chevaliers et écuyers, qui par avis l'eussent su garder, les Anglois ne l'eussent point eue si légèrement comme ils l'orent (eurent); car sitôt que ceux de Dègho (Vigo) se virent assaillis et ils sentirent les sayettes (flèches) de ces archers d'Angleterre et ils virent que plusieurs des leurs étoient navrés et blessés, car ils étoient mal armés, et ne savoient d'où les coups venoient, si s'ébahirent d'eux-mêmes et dirent: « Pourquoi nous faisons-nous occire ni méhaigner (maltraiter) pour le roi de Castille; otretant (autant) nous vaut à seigneur le duc de Lancastre, quand il a pour mouillié (femme) la fille qui fut du roi Dam Piètre que le fils au roi Henri. Bien savons et bien le véons que si nous sommes pris par force nous serons tous morts et le nôtre sera tout perdu; et si ne véons confort de nul côté. Il y a environ un mois que nous envoyâmes devers le roi de Castille à Burgos en Espagne et fut remontré à son conseil le péril où nous étions; et bien savions que nous aurions les Anglois, si comme nous avons ores (maintenant); le roi en parla à ces chevaliers de France qui sont en Espagne de-lez (près) lui; mais ils n'ont point eu conseil que nul vint par deçà en garnison ni autant bien en tout le pays de Galice. A ce que le roi d'Espagne montre, il a aussi cher que il soit perdu que gagné; et répondit à nos gens qui là étoient envoyés: allez et retournez, et faites du mieux que vous pourrez. C'est bien donner à entendre que nous ne nous fassions pas occire ni prendre à force. »

A ces mots vinrent aucuns hommes de la ville à la porte et montèrent haut en une fenêtre et firent signe que ils vouloient parler et traiter; ils furent ouïs. Le maréchal vint là et demanda que ils vouloient. Ils répondirent et dirent: « Maréchal, faites cesser l'assaut, nous nous rendrons à vous, au nom de monseigneur de Lancastre et de madame Constance en la forme et manière comme les autres villes de Galice ont fait. Et si pourvéances voulez avoir de notre ville, vous en aurez courtoisement pour vous rafraîchir; mais à main armée nul n'y entrera. C'est le traité que nous voulons dire et faire. » Le maréchal fut conseillé de répondre et dit: « Je vous accorde bien à tenir ce que vous demandez; mais je vous ordonnerai un bon capitaine qui vous gardera et conseillera si il vous besogne. » Ils répondirent: « Encore le voulons-nous bien. » Si furent d'accord et cessa l'assaut, et se retrayrent (retirèrent) toutes gens d'armes un petit en sus et se allèrent désarmer dessous beaux oliviers qui là étoient; mais le maréchal, messire Yon Filvarin (Fitzwaren), le sire de Talbot, messire Jean Abruvelle (Beverley), le sire de Ponnins (Poinings), messire Jean d'Aubrécicourt et aucuns chevaliers entrèrent en la ville pour eux rafaîchir; et ceux qui étoient dessous les oliviers eurent pain, vin et autres pourvéances assez de la ville.

Après le rendage de la ville de Dègho (Vigo) en Galice et que les seigneurs furent rafraîchis tout à leur aise, et ils y trouvèrent bien de quoi car elle siéd en gras pays, et que ils eurent ordonné un certain capitaine appelé Thomas Allebery, un écuyer d'Angleterre sage et vaillant homme, et douze archers avec lui, le maréchal et sa route s'en partirent et prirent le chemin en entrant au pays de Galice et costiant (côtoyant) l'Espagne et les montagnes de Castille, pour venir à une grande ville que on dit au pays Bayonne en la Mayole [1]. Quand ils durent approcher à deux lieues près, ils se logèrent et se tinrent là cette nuit jusques à lendemain que ils se délogèrent et vinrent par bonne ordonnance et arroi jusques assez près de la ville et se mirent en deux batailles, et puis envoyèrent un héraut devant pour savoir que ceux de Bayonne diroient ni si ils viendroient à obéissance sans assaillir. Le héraut n'avoit pas plenté (beaucoup) à aller

---

(1) Bayona petite ville de Galice à trois lieues de Vigo. J. A. B.

jusques aux barrières; et là trouva-t-il grand planté (quantité) de vilains moult mal armés et commença à parler à eux, car bien savoit leur langage, car il étoit de Portugal, et étoit nommé Coïmbre et étoit au roi: « Entre vous, hommes de cette ville, dit-il en bon Galicien, quelle chose avez-vous en pensée à faire? Vous ferez-vous assaillir ou si vous vous rendrez doucement et viendrez à obéissance à votre seigneur et à votre dame monseigneur et madame de Lancastre? Monseigneur le maréchal et ses compagnons m'ont envoyé ici pour savoir que vous en voudrez faire et tantôt répondre. »

Les hommes de la ville boutèrent lors leurs têtes ensemble et commencèrent à murmurer et à parler et à demander l'un à l'autre: « Avant, que ferons-nous? Nous rendrons-nous simplement ou nous défendrons-nous? » Là dit un ancien homme, lequel avoit plus vu que les autres, si savoit des choses assez par expérience: « Beaux seigneurs, il convient ici avoir bref conseil. Encore nous font les Anglois grand' courtoisie, quand ils mettent l'assaut en souffrance tant que nous soyons conseillés. Vous voyez que nul confort ne vous appert de nul côté et que le roi de Castille sçait bien en quel état nous sommes et a sçu, depuis que le duc et la duchesse arrivèrent à la Caloingne (Corogne). Il n'y a rien pourvu ni n'est apparent de pourveoir; si nous nous faisons assaillir, il est vérité que cette ville est de grand tour et de petite défense et que nous ne pourrons pas par-tout entendre. Anglois sont subtils en guerres et se péneront de nous gagner pour la cause du pillage, car ils sont convoiteux; aussi sont toutes gens d'armes. Et cette ville est renommée de être plus riche assez que elle n'est. Si je vous conseille, et pour le mieux, que nous nous mettons doucement en l'obéissance de monseigneur et de madame de Lancastre et ne soyons pas si rudes ni si rebelles que nous nous fassions perdre davantage, puisque bellement et par moyen nous pouvons venir à paix. C'est le conseil que je vous donne. » — « En nom Dieu, répondirent les autres, nous vous croirons, car vous êtes en Bayonne un homme de parage et pour qui on doit moult faire et nous vous prions que vous fassiez la réponse au héraut. » — « Volontiers, dit-il, mais il faut que il ait de notre argent. Si nous fera courtoisie et nous portera bonne bouche envers ses seigneurs qui ci l'ont envoyé. »

CHAPITRE XL.

Comment ceux de Bayonne en Espagne se rendirent au duc de Lancastre et comment le maréchal de son ost entra dedans et en prit la saisine et possession.

Adonc vint le prud'homme de Bayonne, qui montroit bien à être homme de grand' prudence, et me semble que on l'appeloit sire Cosme de la Mouresque, devers le héraut et lui dit: « Héraut, vous retournerez devers vos maîtres qui ci vous ont envoyé et leur direz de par nous que nous voulons venir doucement et amiablement en l'obéissance de monseigneur le duc et de madame aussi, en la forme et manière que les autres villes de Galice ont fait ou feront. Or, allez, dit sire Cosme au héraut; et faites bien la besogne et nous vous donnerons vingt moresques [1]. » Quand le héraut ouït parler le prud'homme et promettre vingt florins, si fut tout réjoui et dit: « Ça les vingt florins je n'en veuil (veux) nul croire, puisque promis me les avez et vous vous percevrez que ils vous auront valu. » Dit Cosme: « Tu les auras. » Et tantôt lui furent baillés, et les bouta en sa bourse et puis se partit de eux et retourna tout joyeux devers les seigneurs, le maréchal et les autres, qui lui demandèrent quand il vint à eux: « Coïmbre, quelles nouvelles? Que disent ces vilains ? Se feront-ils assaillir ? »—« Par ma foi, monseigneur, répondit le héraut, nenni. Ils n'en ont nulle volonté; mais m'ont dit que vous veniez et vos gens, et ils vous recueilleront volontiers et doucement, et se veulent mettre du tout en l'obéissance de monseigneur le duc de Lancastre et de madame, ainsi comme les autres villes de Galice ont fait ou feront. Reboutez vos épées et dites à vos archers que ils détendent les arcs, car la ville est vôtre sans coup férir, ni je n'ai point vu en toute Galice meilleures gens. »—« Or allons doncques, dit le maréchal, il nous vaut mieux à avoir ce traité que l'assaut, au moins ne seront pas nos gens blessés. »

[1] Le manuscrit 8325 dit 20 florins. J. A. B.

Adonc s'en vinrent le maréchal et toute sa route (troupe) tout le pas jusques à la ville et descendirent là à pied. Puis vint le maréchal à la barrière, entre la barrière et la porte sur laquelle avoit grand'assemblée de gens, mais toutes leurs armures ne valoient pas dix francs; et se tenoient là pour voir les Anglois. Tout devant étoit sire Cosme Mouresque pour faire le traité, pourtant (attendu) qu'il étoit des plus notables de la ville. Quand le héraut le vit, il dit au maréchal: « Monseigneur, parlez à ce prud'homme qui s'incline contre vous, car il a la puissance de la ville en sa main. » Adonc se trait (porta) le maréchal avant et demanda tout haut: « Or çà, que voulez-vous dire? Vous rendrez-vous à monseigneur de Lancastre et à madame comme à votre seigneur et dame. »—« Ouil, monseigneur, dit le prud'homme, nous nous rendrons à vous au nom de lui et mettrons cette ville en obéissance sur la forme et manière que les autres villes de Galice ont fait et feront. Et si vous et vos gens il plaît à entrer dedans, vous serez les bien-venus, voire (mais) parmi vos deniers payants des pourvéances, si nulles en prenez. » Répondit le maréchal: » Il suffit; nous ne voulons que l'obéissance et l'amour du pays; mais vous jurerez que, si le roi de Castille venoit ou envoyoit ici vous vous clorez (fermerez) contre lui ou ses commis. »—« Monseigneur, répondit Cosme, nous le jurons volontiers, si il venoit à puissance ou envoyoit, que nous nous clorrons contre lui et en serez signifiés; et si vous étiez plus forts de lui, nous demeurerons à vous, car vous ne trouverez jà en nous point de fraude. »—« C'est assez, dit le maréchal, je ne vueil (veux) pas mieux ; avant qu'il soit un an, la détermination en sera faite, car la couronne et l'héritage de Castille, de Corduan, de Galice et de Séville demeurera au plus fort. Et appert en ce pays dedans l'entrée ou la fin du mois d'août des armes beaucoup et une aussi grosse journée de bataille que il ot (eut) point en Castille depuis cent ans. »—« Bien, monseigneur, dit le prudhomme ; il en advienne ce que il en pourra advenir et le droit voise (aille) au droit. Nous, en ce pays de Galice, en oserons bien attendre l'aventure. »

A ces mots furent les saints apportés et jurèrent ceux qui la ville de Bayonne avoient à garder et gouverner pour ces jours, à être bons, loyaux et féables, si comme sujets doivent être à leur seigneur et dame, que ils le seroient à monseigneur de Lancastre et à madame ; et les tenoient et reconnoissoient à seigneur et à dame comme les autres villes de Galice ; et le maréchal au nom du duc de Lancastre les reçut ainsi et leur jura à tenir et garder en paix et justice.

Quand toutes ces choses furent faites, jurées et promises à tenir, on ouvrit les portes et barrières. Si entrèrent toutes manières de gens dedans et s'épandirent parmi la ville et se logèrent ; la ville est grande assez pour eux loger ; et y furent quatre jours pour eux rafraîchir là leurs chevaux, et pour attendre aussi le beau temps ; car en ces quatre jours que ils furent là toujours pleuvoit, pourquoi ils ne se vouloient point partir ; car les rivières étoient trop grandement engrossées et ce sont en Espagne et en Galice rivières trop périlleuses; si viennent par temps pluvieux si abondamment que elles sont tantôt crues, malaisées et périlleuses à passer à gué. Pourtant voulurent-ils atttendre le beau temps et à bonne cause; et aussi en ce séjour ils jetèrent leur avis là où ils se trairoient (rendroient), ou devant Besances (Betanzos), ou devant une autre ville forte et orgueilleuse que on appelle au pays Ribadane (Ribadavia). En cette ville demeurent les plus orgueilleux et les plus traîtres hommes de tout le pays de Galice. Au cinquième jour ils sonnèrent les trompettes de departement; et se délogèrent les Anglois de la ville de Bayonne en la Mayole, et se mirent sur les champs et trouvèrent les terres rassises et le beau temps venu et les rivières retraites (retirées) dont ils furent tous réjouis. Si chevauchèrent, car tous étoient à cheval, vers Ribadane (Ribadavia) et emmenoient grands sommages [1] et grandes pourvéances; et chevauchèrent tout en paix, car nul ne leur empêchoit leur chemin; et tenoient les champs et se nommoient seigneurs de Galice.

Tant cheminèrent et exploitèrent que ils vinrent assez près de la ville où ils tendoient à venir. Si se logèrent dessous les oliviers en une très belle plaine; et étoient à demi-lieue de la ville; et eurent conseil que ils envoyeroient leur héraut Coïmbre pour parler et pour traiter à ceux de Ribadane (Ribadavia), avant que ils fissent nul semblant de assaillir. Bien

---

[1] Bêtes de somme. J. A. B.

avoient ouï dire le maréchal et les seigneurs que ceux de Ribadane (Ribadavia) étoient aussi fausses gens et de aussi mauvaise condition et merveilleuse que il y en eut nuls en tout le pays et royaume de Castille qui est grand assez; et ne font compte ni ne firent oncques du roi ni de nuls seigneurs fors que de eux-mêmes, car leur ville est forte. Si chargèrent leur héraut d'aller parler à eux et savoir leur intention. Le héraut partit et chevaucha jusques à Ribadane (Ribadavia) et vint aux barrières et ne trouva nullui (personne), mais les barrières closes et bien fermées et la porte aussi. Il commença à huer et à crier, mais nul ne répondoit : il véoit bien gens aller et venir sur les guérites, mais nul pour chose que il dit, ni pour signe que il fit ne s'avança oncques pour parler à lui un seul mot. Si fut-il bien en la porte toudis (toujours) huyant et brayant et faisant signe bien une heure; si dit en soi même, quand il vit que il n'en auroit autre chose : « Je crois que ces gens de Ribedane (Ribadavia) ont parlé aux hommes de Bayonne et sont courroucés de ce que ils me donnèrent vingt moresques à (avec) si peu de peine; ils veulent que je les compère (achète) ci : Sainte Marie, dit-il encore, avant que ils m'en donneroient autant, ils auroient plus cher que je fusse pendu. »

A ces mots, quand il vit que il n'en auroit autre chose, il retira son cheval et vint où il avoit laissé le maréchal et les routes (troupes) : quand il y fut venu, ils lui demandèrent : « Or, avant Coïmbre; quelles nouvelles? Ces vilains de Ribadane (Ribadavia) se feront-ils assaillir, ou si ils se rendront bellement ainsi comme les autres ? » — « Par ma foi, dit le héraut, je n'en sçais rien ; ils sont si orgueilleux que pour chose que je aye appelé et hué, ils ne m'ont encore oncques répondu. » Donc dit messire Jean Abuvrelle (Beverley) au héraut : « Coïmbre, et as-tu vu nullui (personne) par aventure ? Espoir (peut-être) s'en sont-ils fuis et ont laissé la ville pour la doubte (crainte) de nous. » — « Fuis ! dit le héraut. Monseigneur, sauve votre grâce, ils ne daigneroient. Car avant que vous les ayez, ils vous donneront plus à faire que tout le demeurant (reste) de Galice. Sachez que il y a dedans gens assez, car je les ai vus ; et quand je les appelois en haut en disant : Écoutez, je suis un héraut que les seigneurs envoient ci pour parler et traiter à vous ; » ils se taisoient tout coi, et me regardoient et puis se rioient. » — « Ha ! les faux vilains, dit le maréchal, ils seroient bons châtiés ; aussi seront-ils par Saint Georges ; car jamais de la marche ne partirai, si les aurai mis en obéissance, si monseigneur de Lancastre ne me redemande. Or nous ordonnons ; mangeons et buvons un coup et puis nous irons à l'assaut ; car je vueil (veux) voir Ribadane (Ribadavia) de plus près et quelle forteresse il y a, quand les vilains sont si orgueilleux que ils ne font compte de nous. » Ainsi fut fait que le maréchal ordonna.

Quand ils eurent mangé et bu un coup dessous les oliviers, si étoit-il au mois de janvier, mais il faisoit aussi souef (doux) que en mai et le soleil rayoit (brilloit) sur les bassinets bel et clair. Ils montèrent tous à cheval et se départirent et mirent au chemin en sonnant buisines (clairons) et trompettes qui faisoient grand' noise : ils n'avoient guères à aller, ils furent tantôt devant la ville de Ribadane (Ribadavia); et coururent de commencement aucuns chevaliers et écuyers en faisant leurs montres jusques aux barrières; et ne trouvèrent nullui (personne), mais il y avoit en la porte grand' foison d'arbalétriers, qui commencèrent à traire (tirer) et tant que il y ot (eut) des chevaux atteints et blessés. Donc vinrent archers qui se rangèrent devant les barrières et sus les fossés et commencèrent à traire (tirer) à pouvoir à l'encontre de ces arbalétriers. Et là ot (eut) assaut dur très grand et fort et qui longuement dura. Voir (vrai) est que la ville de Ribadane (Ribadavia) est forte assez et que de l'un des lez (côtés) elle n'est pas à conquerre, car elle siéd sur roche toute unie où nul ne pourroit monter. De l'autre part où l'assaut étoit, elle siéd au plain, mais il y a grands fossés ens (dans) ès quels il n'y a point d'eau, mais ils sont moult malaisés à monter. Chevaliers et écuyers s'essayèrent à les avaler et puis au ramper, et portoient targes sur leurs têtes pour briser et eschever (éviter) le trait et le jet des pierres qui venoient d'amont; et archers étoient rangés au long des fossés qui traioient (tiroient) à pouvoir si ouniement (à la fois) que à peine s'osoit nul défendant montrer. Là ot (eut) ce jour à Ribadane (Ribadavia) grand assaut et plusieurs de ceux de dedans et dehors blessés pour le trait. Quand ce vint au soir que il fut heure de retraire (retirer), on sonna la retraite. Si cessa l'assaut et se retrairent les Anglois à leurs logis dont ils s'étoient partis et se tinrent tout aise de ce que ils avoient; c'étoit assez; et remirent à point les blessés. Et fut ce jour Thierry de Sommain à la barrière trait (tiré) d'un vireton (javelot) tout parmi le bras, par telle manière que il convint le vireton chasser outre; et fut depuis plus d'un mois que du bras il ne se pouvoit aider et le portoit en écharpe en une touaille (serviette).

CHAPITRE XLI.

Comment le duc de Lancastre et la duchesse se tenoient à Saint Jacques en Galice, qui oyoient souvent nouvelles du maréchal de l'ost comment tout le pays se rendoit à lui et aussi au roi de Portugal.

Endementes (pendant) que le maréchal de l'ost au duc de Lancastre chevauchoit ainsi le pays de Galice et que il faisoit le pays tourner en leur obéissance devers le duc et la duchesse, se tenoient le duc, la duchesse et leurs enfants en la ville de Compostelle que on dit de Saint Jacques en Galice; et oyoient souvent nouvelles du roi de Portugal et le roi d'eux, car ils envoyoient toutes les semaines et escripsoient (écrivoient) l'un à l'autre de leur état et de leurs besognes. D'autre part aussi le roi Jean de Castille se tenoit pour ces jours au Valdolif

(Valladolid) et étoient ces chevaliers de France delez (près) lui, auxquels moult souvent il parloit de ses besognes et s'en conseilloit, car tout ce que les Anglois faisoient et comment ils se maintenoient il le sçavoit bien. Tous les jours envoyoit-il nouvelles et lors disoit : « Beaux seigneurs, je m'émerveille de ce que il ne me vient plus grand confort de France pour remédier à mes besognes; car mon pays se perd et perdra qui n'ira au-devant. Les Anglois tiennent les champs, et si sçais de vérité que le duc de Lancastre et le roi de Portugal ont été ensemble au pont de Mor et ont fait là conjointement grands alliances; et doit mon adversaire de Portugal avoir à femme par mariage l'une des filles du duc, car il lui a promis; et si très tôt comme il l'aura épousée, et l'été ou le printemps entrera vous verrez ces deux puissances conjoindre ensemble et entrer en mon pays, si me donneroit trop à faire. » — « Sire, répondirent les chevaliers de France, pour le roi apaiser et conforter, ne vous souciez de rien; si les Anglois gagnent à un lez (côté), ils perdent à l'autre. Nous savons de vérité que le roi de France, à (avec) plus de cent mille hommes tous armés, est ores (maintenant) en Angleterre, et détruit et conquiert tout le pays. Et quand ce sera accompli et que il aura contourné tellement toute Angleterre et toute mise en subjection que jamais ne se relèvera, lors le dit roi de France et sa puissance entreront en leur navie (flotte) qui est si grande et si grosse et viendront arriver à la Caloingne (Corogne) sus les temps d'été et reconquerront plus en un mois que vous n'avez perdu en un an; et sera enclos le duc de Lancastre en telle manière que vous l'en verrez fuir en Portugal; ainsi aurez-vous vengeance de vos ennemis. Et soyez certain que si les besognes de France ne fussent pour le présent si grandes, et le voyage d'Angleterre aussi, vous eussiez ores (maintenant) trois ou quatre mille lances des François; car le roi, ses oncles et leurs consaulx (conseillers) ont très grand' affection de vous aider et de mettre votre guerre à chef comment qu'il en prenne. Si ne vous chaille (importe) si les Anglois tiennent maintenant les champs et si ils empruntent un petit de pays à vous; sachez que c'est à grand dur pour eux; car avant qu'il soit la Saint Jean Baptiste ils le remettront arrière. »

De telles paroles et de semblables disoient lors au Val d'Olif (Valladolid) les chevaliers de France au roi de Castille et à son conseil. Le roi les prenoit toutes en grand bien et y ajoutoit grand' vérité et se confortoit sus; et aussi les chevaliers de France ne le recordoient fors que pour vérité, car ils tenoient le roi de France et sa puissance passés outre en Angleterre, et commune renommée en couroit partout en Espagne, Galice et Portugal, et sachez que on n'en disoit pas le quart au duc de Lancastre que ses gens en oyoient dire et conter pélerins et marchands qui venoient de Flandre. De quoi le roi de Portugal, quoi que souvent escripsit (écrivit) saluts et amitiés au duc de Lancastre, se dissimuloit de lui trop hâter d'envoyer querre Philippe de Lancastre que il devoit prendre à femme; car ses gens lui disoient pour certain que nouvelles venoient de

France et de Flandre que Angleterre étoit en trop grand' aventure d'être toute exillée (ravagée); et si elle l'étoit, le confort du duc de Lancastre ni le mariage à sa fille ne lui vaudroit néant; pourquoi, couvertement et moyennement, il se demenoit de ses besognes et vouloit voir la fin quelle elle seroit; mais par lettres et par messages il tenoit toujours à amour le duc et la duchesse.

Nous nous souffrirons un petit à parler des besognes de Castille et de Portugal et parlerons de celles de France.

En ce temps les apparences étoient si grandes de planté (quantité) de naves (nefs), de gallées, de vaisseaux, de ballenguiers (corsaires) et de coques pour passer le roi de France outre et ses gens en Angleterre que le plus vieil homme qui là vivoit n'avoit point vu ni ouï parler de la cause pareille. Et les seigneurs et leurs gens arrivoient et appleuvoient de tous lez (côtés); et se tenoient chevaliers et écuyers, quand ils se partoient de leurs maisons, pour bien heureux quand en leur vivant ils auroient fait avecques le roi de France un voyage en Angleterre, et disoient: « Or, irons-nous sus les malheureuses gens anglois, qui ont fait tant de maux et de persécutions en France. A ces coups en aurons-nous honorable vengeance de nos pères, de nos mères, de nos frères qu'ils nous ont mis à mort et de nos amis aussi. » — « Ha, disoient les autres, un jour vient qui tout paie. Nous sommes nés à bonne heure quand nous voyons le voyage que nous désirions le plus à voir. »

Et sachez que on mit plus de douze semaines à faire les pourvéances des seigneurs si grandes et si grosses que ce seroit merveilles au penser et de chargier vaisseaux. Et disoit-on en Flandre: « Le roi viendra demain, le roi viendra demain. » Et toudis (toujours) s'avaloient (descendoient) gens de Savoie, de Bourgogne, de Bar, de Lorraine, de France et de Champagne, et d'autre part de Gascogne, d'Armagnac, de Comminges, de Toulousain, de Bigorre, d'Auvergne, de Berry, de Limousin, de Poitou, d'Anjou, du Maine, de Touraine, de Bretagne, de Blois, de Orléans, de Gastinois, de Beauce, de Normandie, de Picardie et de toutes les mettes (frontières) et limitations de France; et tous venoient et se logeoient en Flandre et en Artois.

Quand ce vint à la mi-Août et que le voyage se devoit approcher et que les lointains des lointaines marches s'avaloient; et encore pour eux plus hâter et pour donner exemple à tous que le roi entreprenoit ce voyage de grand' volonté. Le roi de France prit congé à la reine sa femme, à la reine Blanche, à la duchesse d'Orléans et aux dames de France et ouït messe solennelle en l'église Notre-Dame de Paris et prit lors congé à tous. Et étoit son intention que, lui issu de Paris, il n'y rentreroit jamais si auroit été en Angleterre. Toutes les cités et les bonnes villes de France le créoient bien. Le roi s'en vint à Senlis et là se tint, et la reine de France aussi. Encore étoit le duc de Berry en Berry, mais on faisoit ses pourvéances en Flandre et à l'Écluse, si comme on faisoit les autres. Le duc de Bourgogne étoit en son pays; si prit congé à la duchesse et à ses enfants et s'avisa que il prendroit congé sus son voyage à sa belle ante (tante) madame la duchesse de Brabant. Si se départit de Bourgogne et chevaucha en grand arroi et en grand état, l'amiral de France en sa compagnie, et messire Guy de la Trémouille. Il vint à Bruxelles et là trouva la duchesse et les dames qui le recueillirent, et sa compagnie, moult grandement; et fut deux jours delez (près) elles, et prit congé sus son voyage à sa belle ante (tante) madame la duchesse de Brabant et de là il vint à Mons en Hainaut; si y trouva sa fille madame d'Ostrevant, et le duc Aubert, et son fils messire Guillaume de Hainaut comte d'Ostrevant, qui recueillirent le duc de Bourgogne et ses gens liement et grandement et l'amenèrent à Valenciennes; et fut ce duc de Bourgogne logé en la salle du comte et le duc Aubert à l'hôtel de Vicogne, et madame d'Ostrevant et les dames, madame de Moriames et madame de Mortain, madame de Gomenies et les autres à l'hôtel au comte de Blois, en la tanerie; et là fut le duc de Bourgogne reçu grandement et lui furent faits de beaux présents. Et prirent là congé aux dames le duc et les chevaliers de sa compagnie; et vous dis que il sembloit bien, qui les ooit (entendoit) parler, que jamais ne retourneroient en France, si auroient été en Angleterre. Et les faisoit bon ouïr parler, et deviser comment Angleterre étoit prise, conquestée et perdue.

De là vint le duc de Bourgogne à Douay et puis à Arras et là trouva sa femme la duchesse qui l'attendoit. Adonc vint le roi de France à Compiègnes et puis à Noyon et puis à Péronne, à Bapaumes et puis à Arras; et toudis (toujours) avaloient (descendoient) gens de tous lez (côtés) si grandement que tout le pays en étoit mangé et perdu; ni au plat pays rien ne demeuroit qui ne fut tout à l'abandon sans payer ni maille ni denier. Les pauvres laboureurs qui avoient recueilli leurs biens et leurs grains n'en avoient que la paille et si ils en parloient ils étoient battus ou tués; les viviers étoient pêchés, leurs maisons étoient abattues pour faire du feu; ni les Anglois, si ils fussent arrivés en France, ne pussent point faire plus grand exil (ravage) que les routes (troupes) de France y faisoient; et disoient: « Nous n'avons point d'argent maintenant, mais nous en aurons assez au retour, si vous paierons tout sec. » Là les maudissoient les pauvres gens qui véoient prendre le leur des garçons et n'en osoient sonner mot, mais les maudissoient et leur chantoient une note entre leurs dents tout bas: « Allez-en, orde (sale), crapaudaille, que jamais pied n'en puisse retourner. »

Or vint le roi de France à Lille en Flandre et ses deux oncles avecques lui, le duc de Bourgogne et le duc de Bourbon; car le duc de Berry étoit derrière en son pays et ordonnoit ses besognes. Avecques le roi étoient à Lille le duc de Bar, le duc de Lorraine, le comte d'Armagnac, le comte de Savoie, le comte Daulphin d'Auvergne, le comte de Genève, le comte de Saint Pol, le comte d'Eu, le comte de Longueville, le sire de Coucy, messire Guillaume de Namur et de grands seigneurs de France si très grand' foison que je ne les viendrai jamais à fin de tous nommer; et disoit-on que ils devoient bien passer en Angleterre vingt mille chevaliers et écuyers. Au voir (vrai) dire, c'étoit belle compagnie; et environ vingt mille arbalêtriers parmi les Gennevois (Génois) et bien vingt mille gros varlets. Encore étoit messire Olivier de Clisson en Bretagne et ordonnoit ses besognes et sa navie (flotte) à l'Antrigne (Tréguier) en Bretagne. Et devoit venir en sa compagnie la ville charpentée de bois, laquelle on devoit asseoir sitôt que on auroit pris terre en Angleterre, si comme ci-dessus est contenu. Avecques le connétable de France devoient venir tous les meilleurs chevaliers et écuyers du royaume de France et de Bretagne, le vicomte de Rohan, le sire de Rays, le sire de Beaumanoir, le sire de Laval, le sire de Rochefort, le sire de Malestroit, le vicomte de Combor, messire Jean de Malestroit, le sire de Dignant, le sire d'Ancenis et bien cinq cents lances de Bretons toutes gens d'élite; car telle étoit l'intention du connétable, et avoit toudis (toujours) été, que jà homme ne passeroit en Angleterre, si il n'étoit droit homme d'armes et de fait; et avoit dit à l'amiral: «Gardez-vous bien que vous ne chargiez le navire de nul varlet ni de nul garçon, car ils nous porteroient plus d'arrièrance (retard) que d'avantage ni de profit; et ne pouvoient deux ou trois chevaliers, si ils n'étoient trop grands maîtres et que ils ne prissent nefs et vaisseaux à leurs deniers, mener ni passer que un cheval outre et un varlet.

Au voir (vrai) dire, les choses étoient moult bien

limitées et ordonnées; et c'est là la supposition de plusieurs, si ils pussent être arrivés tous ensemble en Angleterre et prendre terre là où ils tendoient à venir, c'étoit à Ornelle (Orwell) près de Norwich, ils eussent moult éhabi le pays; et aussi eussent-ils fait, il n'est mie à douter, car les grands seigneurs s'en doutoient, les prélats, les abbés et les bonnes villes; mais les communautés et les pauvres compagnons qui se vouloient aventurer n'en faisoient compte: aussi ne faisoient pauvres chevaliers et écuyers qui désiroient les armes et à gagner ou tout perdre et disoient l'un à l'autre : « Dieu comme il nous appert une bonne saison, puisque le roi de France veut venir par deçà; c'est un vaillant roi et de grand'emprise; il n'y ot (eut), passé à trois cents ans, roi en France de si grand courage ni qui le vaulsist (valut): il fera ses gens bons hommes d'armes et ses gens feront un vaillant roi; benoit soit-il quand il nous veut venir voir. A ce coup serons-nous ou tous morts ou tous riches, nous n'en pouvons attendre autre chose. »

CHAPITRE XLII.

Comment ceux d'Angleterre payoient tailles dont ils murmuroient grandement et du conseil que messire Symon Burley donna a l'abbé et couvent de Saint Thomas de Cantorbie (Canterbury).

Si l'apparence étoit belle et grande en Flandre et à l'Écluse pour aller en Angleterre, aussi étoit l'ordonnance grande et belle en Angleterre; et je vous en ai ci-dessus, je crois, dit aucune chose, si m'en passerai atant (maintenant). Et si les coûtages et les tailles en étoient grandes en France, aussi étoient-elles grandes en Angleteterre; et tant que toutes gens s'en douloient (plaignoient), mais pour ce que ce commun véoit que il besognoit, ils s'en portoient plus bellement. Si disoient-ils bien: « C'est trop sans raison que on nous taille maintenant pour mettre le nôtre aux chevaliers et écuyers, car pourquoi il faut que ils défendent leurs héritages, nous sommes leurs varlets, nous leur labourons les terres et les biens de quoi ils vivent; nous leur nourrissons les bêtes de quoi ils prennent les laines. A tout considérer, si Angleterre se perdoit, ils perdroient trop plus que nous. »

Nonobstant leurs paroles tous payoient ceux qui taillés étoient, ni nul n'en étoit déporté (dispensé); et fut en Angleterre en ce temps élevée une taille, pour mettre défense au pays, de deux millions de florins, dont l'archevêque d'York, frère germain au seigneur de Neufville (Neville) et le comte d'Asquesuffort (Oxford), messire Nicholle Bramber, messire Michel de la Pole, messire Symon Burley, messire Pierre Goulouffre, messire Robert Trivilien (Tresilian), messire Jean de Beauchamp, messire Jean de Sallebery (Salisbury) et aucuns autres du privé et étroit conseil du roi en étoient receveurs, payeurs et délivreurs [1]; ni par les oncles du roi pour lors on ne faisoit rien et aussi ils n'y accomptoient point planté (beaucoup), ni pas ne vouloient mettre le pays en trouble, mais entendoient fort à garder l'honneur d'Angleterre, les ports et les passages, et à établir partout gens; car pour certain ils cuidoient (croyoient) bien avoir, en cet an dont je parle, le roi de France et sa puissance en Angleterre. Les dessus dits chevaliers que je vous ai nommés, receveurs de par le roi de toutes ces tailles, en faisoient à leur entente, et le souverain pour qui on faisoit le plus et qui y avoit le greigneur (plus grand) profit, c'étoit le comte d'Asquesuffort (Oxford). Par lui étoit tout fait et sans lui n'étoit rien fait; de quoi, quand ces choses furent passées, le peuple se troubla pour

---

[1] Suivant Hollinshed, les treize receveurs nommés alors furent : l'évêque d'Ély lord chancelier, l'évêque d'Herford lord trésorier, Nicolas abbé de Waltham lord du sceau privé, William archevêque de Cauterbury, Alexandre archevêque d'York, Edmond Langly duc d'York, Thomas duc de Glocester; William évêque de Winchester, Thomas évêque d'Excester, Richard comte d'Arundel, Richard lord Scrope et Jean lord Devereux. J. A. B.

savoir que si grand argent étoit devenu ni où il étoit allé ni contourné, et en voulurent aucunes bonnes cités et villes d'Angleterre avoir compte, avecques ce que les oncles du roi y rendirent peine, si comme je vous recorderai en suivant, quand il en sera temps et lieu de parler; car je ne vueil (veux) ni dois de rien oublier en l'histoire.

Messire Symon Burley étoit capitaine du châtel de Douvres: si ooit (entendoit) souvent nouvelles de France par ceux de Calais et par les pêcheurs d'Angleterre qui s'aventuroient en mer, ainsi qu'ils font par usage, car pour avoir bon poisson ils vont souvent pêcher dessous Boulogne et devant le port de Wissan. Si rapportoient nouvelles à messire Symon qui leur en demandoit, car autres pêcheurs de France, quand ils se trouvoient, leur en disoient assez et plus que ils n'en savoient; car sus mer pêcheurs, quelle guerre qu'il y ait entre France et Angleterre, jamais ne se feroient mal, ainçois (mais) sont amis et aident l'un à l'autre au besoin et vendent et achètent sur mer l'un à l'autre leurs poissons, quand les uns en ont plus largement que les autres; car si ils se guerroyoient on n'auroit point de marée ni nul ne oseroit aller pêcher, si il n'étoit conduit et gardé de gens d'armes.

Messire Symon Burley entendoit par les pêcheurs de Douvres que point n'y auroit de deffaute que le roi de France passeroit en Angleterre, et viendroient les François prendre terre et port à Douvres l'une des parties, et l'autre à Zandwich (Sandwich); et devoient passer gens sans nombre. Messire Symon créoit bien toutes ces paroles et les tenoit pour véritables, et aussi faisoit-on par toute Angleterre: si vint un jour à Cantorbie (Canterbury) et alla à l'abbaye qui est moult grande et moult riche et belle; et d'autre part assez près siéd l'abbaye de Saint Vincent, laquelle est aussi moult riche et moult puissante et tous de noirs moines. On lui demanda des nouvelles et il en dit ce qu'il en savoit et par ses paroles il montroit bien que la fiertre (châsse) de Saint Thomas, qui tant est digne et riche, n'étoit pas sûrement à Cantorbie (Canterbury), car la ville n'est pas forte! « Et si François viennent, ce dit messire Symon, ainsi que ils feront tantôt, pour la convoitise de plenté (beaucoup) gagner, pillards et larrons affuiront en cette ville et vous roberont et pilleront votre église. Et par spécial ils voudront savoir que la fiertre (châsse) Saint Thomas sera devenue; si l'emporteront si ils la trouvent, et la perdrez; pourquoi je vous conseille que vous la fassiez venir et apporter au châtel de Douvres; elle sera bien asseur (en sûreté) et fut Angleterre toute perdue. »

L'abbé de Saint Thomas de Cantorbie (Canterbury) et tout le couvent de la maison prirent cette parole et le conseil, quoique le chevalier le dit pour bien, en si grand dépit que ils répondirent en disant: « Comment, messire Symon, voulez-vous despouler (dépouiller) l'église de céans de sa seigneurie; si vous avez paour (peur), si vous faites assurer et si vous allez enclore en votre châtel de Douvres, car jà les François ne seront si hardis ni si puissants que jusques ici ils viennent. » Ce fut la réponse que on fit lors à messire Symon Burley. Et multiplièrent tant ces paroles et la requête que il avoit faite que la communauté d'Angleterre s'en contentèrent mal sur lui et le tinrent pour suspect et mauvais envers le pays; et bien lui montrèrent depuis, si comme je vous recorderai avant en l'histoire. Messire Symon Burley s'en passa à tant (alors) et s'en retourna à Douvres en son châtel.

Or vint le roi de France, pour montrer plus acertes (sérieusement) que la besogne lui touchoit et plaisoit, et pour le plus approcher son passage et aussi que les lointains logés de l'Écluse approchassent, car on disoit en Flandre et en Artois: « Le roi de France entrera samedi en mer ou jeudi ou mercredi. » Tous les jours de la semaine disoit-on: « Il entrera en mer et partira demain ou après demain. » Le duc de Touraine son frère et l'évêque de Beauvais chancelier de France et plusieurs grands seigneurs de France et de parlement avoient pris congé à lui à Lille en Flandre et lui à eux et étoient retournés vers Paris; et me semble, et ainsi me fut-il dit, que on avoit baillé le gouvernement du royaume au duc de Touraine[1] jusques au retour du roi, avecques l'aide de plusieurs seigneurs de France qui n'étoient pas ordonnés d'aller en Angleterre. Et encore étoit le duc de Berry derrière et ve-

---

[1] Louis de France comte de Valois frère du roi ne fut nommé duc de Touraine qu'au retour de ce voyage infructueux: il avoit été, comme le dit justement Froissart, laissé à Paris pour présider au gouvernement avec l'assistance d'un conseil. Louis fut depuis nommé duc d'Orléans.
J. A. B.

noit tout bellement, car d'aller en Angleterre il n'avoit pas trop grand' affection; et de ce que il séjournoit tant que point ne venoit, le roi de France, le duc de Bourgogne et les autres seigneurs étoient tous courroucés et voulsissent (eussent voulu) bien que ils fussent venus. Et toujours se faisoient et chargeoient pourvéances à grands coûtages (frais) pour les seigneurs, car on leur vendoit quatre francs ce qui n'eût valu, si la presse n'eut été en Flandre, que un; et toutefois tous ceux qui là étoient, et qui passer vouloient et espéroient, ne resoignoient (craignoient) or ni argent à dépendre ni à allouer pour faire leurs pourvéances et pour être bien étoffés de toutes choses, et l'un pour l'autre par manière de grandeur et d'envie. Et sachez que si les grands seigneurs étoient bien payés et délivrés de leurs gages, les petits compagnons le comparoient (payoient), car on leur devoit jà d'un mois; si ne les vouloit-on payer; et disoit le trésorier des guerres, et aussi faisoient ses clercs de la chambre aux deniers: « Attendez jusques à cette semaine, vous serez délivrés de tous points. » Aussi étoient-ils delayés (remis) de semaine en semaine; et quand on leur fit un paiement, il ne fut que de huit jours [1] et on leur devoit de six semaines. Si que les aucuns qui imaginoient l'ordonnance et la substance du fait et comment on les payoit mal et enuis (avec peine) se merencollièrent (fâchèrent) et dirent que le voyage ne tourneroit jà à bon conroy (ordre); si que quand ils orent (eurent)

---

[1] Le manuscrit 8325 dit *un mois*. J. A. B.

un petit d'argent, ils s'en retournèrent en leur pays. Ceux furent sages, car les petits compagnons chevaliers et écuyers, qui n'étoient retenus de grand seigneur, dépensoient tout, car les choses leur étoient si chères en Flandre que ils étoient tous ensoignés (embarrassés) d'avoir du pain et du vin; et si ils vouloient vendre leurs gages ou leurs armures, ils n'en trouvoient ni maille ni denier; et à les acheter ils les avoient trouvées moult chères. Et tant y avoit de peuple à Bruges, au Dam et à Ardembourg et par spécial à l'Écluse, quand le roi y fut venu, que on ne savoit où loger. Le comte de Saint Pol, le sire de Coucy, le dauphin d'Auvergne, le sire d'Antoing et plusieurs hauts seigneurs de France, pour être plus à leur aise et plus au large, se logèrent à Bruges, et alloient à la fois à l'Écluse devers le roi pour savoir quand on partiroit; on leur disoit: « Dedans trois ou quatre jours. » Ou: « Quand monseigneur de Berry sera venu. » Ou: « Quand nous aurons vent. » Toujours y avoit aucune chose à dire, et toujours alloit le temps avant: les jours accourcissoient et devenoient laids et froids et les nuits allongeoient dont moult de seigneurs mal se contentoient de ce que on mettoit si longuement à passer, car les pourvéances amoindrissoient.

CHAPITRE XLIII.

Comment le roi d'Arménie s'en alla en Angleterre pour traiter de paix, si il put, entre les rois de France et d'Angleterre et comment il exploita devers le roi d'Angleterre et son conseil.

En attendant le duc de Berry et le connétable de France qui encore étoient derrière, eut le roi Léon d'Arménie qui se tenoit en France, auquel le roi de France avoit assigné pour par maintenir son état six mille francs par an, plaisance et dévotion en instance de bien à issir (sortir) de France pour aller en Angleterre et parler au roi d'Angleterre et à son conseil en cause de moyenneté (médiation) et pour voir si il pourroit trouver par ses traités nulle chose où on se put conjoindre ni aherdre (liguer) à paix; et se départit de son hôtel de Saint Audoin (Ouen) lez (près) Saint Denis à (avec) toute sa mainsgnée (suite) tant seulement, et ne menoit pas grand arroy ni vouloit mener. Et chevaucha tant qu'il vint à Boulogne. Quand il fut là venu, il prit un vaissel et entra ens (dedans) et eut vent à volonté et singla tant qu'il vint au port de Douvres. Là trouva-t-il le comte de Cantebruge (Cambridge), le comte de Bouquinghen (Buckingham) et plus de cinq cents hommes d'armes et de deux mille archers qui se tenoient là pour garder le passage; car renommée couroit que les François arriveroient là ou à Zandvich (Sandwich).

Et à Sandvich étoient le comte d'Arundel et le comte de Northumberland à (avec) autant ou plus de gens d'armes. A Orwell où on disoit aussi que ils avoient avisé d'arriver étoient le comte d'Asquesuffort (Oxford), le comte de Pennebrug (Pembroke), le comte de Northingem (Notthingham) et messire Raoul de Gobehem (Cobham); et avoient iceux seigneurs bien mille hommes d'armes et quatre mille archers et bien trois mille gros varlets. Et le roi se tenoit à Londres et une partie de son conseil de-lez (près) lui; et oyoit tous les jours nouvelles des ports et hâvres d'Angleterre.

Quand le roi d'Arménie fut arrivé à Douvres, on lui fit bonne chère pourtant (attendu) que il étoit étranger, et fut mené des chevaliers devers les deux oncles du roi qui le recueillirent bellement et doucement, ainsi que bien le sçurent faire; et quand il fut heure, ils lui demandèrent dont il venoit ni où il alloit ni quelle chose il demandoit ni quéroit. A toutes ces demandes il répondit et dit que, en espèce de bien il venoit là pour voir le roi d'Angleterre et son conseil et pour traiter paix et accord entre le roi de France et lui, si on lui pouvoit trouver. « Car la guerre, ce dit le roi, n'y est pas bien séant; et par la guerre de France et d'Angleterre, laquelle a duré tant d'ans et tant de jours, sont les Sarrasins et les Turcs enorgueillis, car il n'est qui les ensonnie (inquiète) et guerroye et par cette cause j'en ai perdu ma terre et mon royaume, et ne suis pas taillé du recouvrer, si paix ferme n'est entre les creptiens (chrétiens); si remontrerois volontiers cette matière, qui tant touche à toute creptienneté (chrétienté), au roi d'Angleterre, si comme je l'ai remontré au roi de France. »

Lors fut demandé des oncles du roi au roi d'Arménie si le roi de France l'envoyoit là. Il répondit que nul ne l'y envoyoit, mais y étoit venu de soi-même en instance de bien et pour voir si le roi d'Angleterre et son conseil voudroient point entendre à nul traité de paix. Et lors fut-il demandé où le roi de France étoit et il répondit : « Je crois qu'il soit à l'Écluse, car je ne le vis depuis que je pris congé de lui à Senlis. » Lors fut-il demandé : « Et comment donc pouvez-vous faire bons traités ni entamer, quand vous n'êtes autrement chargé de lui. Si vous traitez maintenant devers le roi notre neveu et son conseil, et le roi de France à (avec) toute sa puissance que il tient là à l'Écluse et environ, passât outre et entrât en Angleterre, vous en recevriez blâme et seriez de votre personne en grand'aventure de la communauté de ce pays. »

Adonc répondit le roi d'Arménie et dit : « Je suis fort assez du roi que j'ai envoyé devers lui et fait prier que tant que je sois retourné de ce pays, il ne se meuve point de l'Écluse; et je le tiens pour si avisé et si noble que à ma prière il descendra et que point en mer ne se mettra tant que je serai retourné devers lui. Si vous prie, en instance de bien, par pitié et par amour, que vous me fassiez adresser tant que je puisse voir le roi d'Angleterre et parler à lui, car je le désire très grandement à voir. Ou si vous êtes chargés de par lui, qui êtes ses oncles et les plus puissants d'Angleterre, à faire réponse à toutes demandes, que vous le me veuilliez faire. » Donc répondit messire Thomas le comte de Bouquinghen (Buckingham) et dit: « Sire roi d'Arménie, nous sommes ci ordonnés et établis à garder le passage et la frontière de par le roi d'Angleterre et son conseil et non plus avant; nous ne nous voulons charger ni ensoingnier (embarrasser) des besognes du royaume, si il ne nous est étroitement commandé du roi. Et puique, par bien et par espèce de bien et de humilité, vous êtes venu en ce pays, vous soyez le bien venu; et sachez que nulle réponse finale sur quoi vous vous puissiez arrêter ni affirmer vous n'aurez de nous. Outre, nous ne sommes pas au conseil du roi maintenant; mais nous vous y ferons mener sans péril et sans dommage. » Répondit le roi d'Arménie: « Grand merci, je ne demande mie mieux ni autre chose, fors que je le puisse voir et parler à lui.

Quand le roi d'Arménie se fut rafraîchi sept jours à Douvres et que il ot (eut) parlé à grand loisir aux deux oncles du roi dessus nommés, si s'en partit en bon conduit que les seigneurs lui délivrèrent pour la doute des rencontres: tant exploita et fit que il vint à Londres. Si fut le dit roi à l'entrer à Londres moult regardé de ceux de la dite ville de Londres, et toutefois les bonnes gens lui firent fête et honneur. Il se traist (rendit) à l'hôtel; et puis, quand temps fut venu et heure, il alla devers le roi qui lors étoit en la Réole à un hôtel que on dit la Garde-robela-reine, et là se tenoit-il tout premièrement; mais l'archevêque de Cantorbie (Canterbury) et l'archevêque de Jorck (Yorck) et l'évêque de Winchester et beaucoup du conseil du roi se tenoient à Londres chacun en son hôtel; car je vous dis que ceux de Londres étoient moult ébahis et entendoient fort à fortifier leur ville dessus la Tamise et ailleurs.

Quand la venue du roi d'Arménie fut sçue et publiée, si se trairent (rendirent) ces archevêques et ces évêques et ceux du conseil devers le roi, pour savoir et ouïr des nouvelles et quelle chose le roi d'Arménie étoit venu faire ni querre en tel temps, quand on étoit si en tribouil (désordre) en Angleterre. Quand le roi d'Arménie fut venu en la présence du roi, il l'inclina (salua) et le roi lui, et s'entrecointèrent à ce commencement moult doucement de paroles. Après, le roi d'Arménie parla et entama son procès sur l'état que il étoit issu de France, pour principalement voir le roi d'Angleterre que il n'avoit oncques vu, dont il étoit tout réjoui quand il étoit en sa présence, car il espéroit que tous biens en viendroient; et montroit par ses paroles que pour obvier à l'encontre de grand'pestillence qui apparoît à être et à venir en Angleterre, il étoit là venu, non que le roi de France et son conseil lui envoyassent, fors de soi-même; et mettroit volontiers paix et accord ou trèves entre les deux rois et royaumes de France et d'Angleterre. Plusieurs paroles douces, courtoises et bien traitées montra là le roi d'Arménie au roi d'Angleterre et à son conseil. Adonc lui répondit-on brièvement et lui fut dit ainsi : « Sire roi, vous soyez le bien venu en ce pays ; car le roi notre seigneur, et nous aussi, vous y véons volontiers. Nous vous disons que le roi n'a pas ici tout son conseil, il l'aura temprement (bientôt), car il le mandera et puis on vous fera réponse. »

Le roi d'Arménie se contenta de ce et prit congé et retourna à son hôtel où il étoit logé. Dedans quatre jours après fut le roi conseillé, et crois bien que il avoit envoyé devers ses oncles ; mais ils ne furent pas présents à la réponse faire. Et le roi d'Angleterre alla au palais à Wesmoustier (Westminster) et là fut le conseil que il avoit pour lors, et fut le roi d'Arménie signifié de là aller, si comme il fit. Quand il fut venu en la présence du roi et des seigneurs, on fit seoir le roi d'Angleterre à son usage et puis le roi d'Arménie après et puis les prélats et ceux du conseil. Là lui fit-on recorder de rechef toutes les paroles, requêtes ou prières que il faisoit au roi d'Angleterre et à son conseil. Tantôt il les repliqua doucement et sagement toutes, en remontrant comme sainte chrétienté étoit trop affoiblie par la destruction de la guerre de France et d'Angleterre et que tous chevaliers et écuyers de ces deux royaumes n'entendoient à autre chose fors que toujours à être ou pour l'un ou pour l'autre ; parquoi l'empire de Constantinople s'en perdoit, et perdroit où les gentilshommes de France et d'Angleterre avant la guerre se souloyent (avoient coutume) traire (aller) pour trouver les armes ; et jà en avoit-il perdu son royaume ; pourquoi il prioit pour Dieu et pour pitié que on voulsist (voulût) entendre à ce que un bon traité sur forme de paix, se pût faire et entamer entre le roi de France et le roi d'Angleterre.

A ces paroles, répondit l'archevêque de Cantorbie (Canterbury), car il en étoit chargé du roi et du conseil très (dès) avant que on entrât en la chambre du conseil, et dit : « Sire roi d'Arménie, ce n'est pas la manière ni oncques ne fut, de si grand' matière comme elle est du roi d'Angleterre et de son adversaire de France, que on venist (vînt) le roi d'Angleterre prier en son pays à main armée. Si vous disons que vous ferez, si il vous plaît. Vous vous retrairez (retirerez) devers vos gens et les ferez tous retraire. Et quand chacun sera en son hôtel et que de vérité nous le pourrons savoir, retrayez (retirez)-vous devers nous; adonc volontiers nous entendrons à vous et à votre traité. » Ce fut la réponse que le roi d'Arménie eut; mais il dîna ce jour avecques le roi d'Angleterre, et lui fut faite la graigneur (plus grande) honneur que on put. Et lui fit le roi d'Angleterre présenter de beaux dons d'or et d'argent; mais il n'en voult (voulut) nul prendre ni retenir [1], quoique il en eut bon métier (besoin), fors un seul annel qui bien valoit cinq cents francs.

(1) Froissart n'est pas d'accord ici avec les historiens Anglois, car le moine d'Évesham, Walsingham et Hollinshed assurent tous au contraire que le roi d'Arménie s'étoit distingué dans l'ambassade de 1385 par sa cupidité que ce fut là la raison qui empêcha qu'on le reçut en 1386. Voici comment s'exprime le moine d'Évesham.

Eodem tempore (1386) rex Armeniæ, qui dudum expertus fuerat regis liberalitatem et procerum, mittit pro conductu, velut adven-

Après ce dîner fait, qui bien fut bel et bon et bien servi, le roi d'Arménie prit congé, car il avoit sa réponse et retourna à son hôtel, et à lendemain il se mit au chemin; et fut en deux jours à Douvres et prit congé aux seigneurs qui là étoient et entra en mer en une nef passagère et vint arriver à Calais et de là il vint à l'Écluse. Si parla au roi de France et à ses oncles et leur remontra comment il avoit été en Angleterre et quelle réponse on lui avoit faite. Le roi et les seigneurs n'en firent compte et le renvoyèrent en France, car telle étoit leur intention que ils iroient en Angleterre si très tôt comme ils pourroient avoir bon vent et que le connétable seroit venu et le duc de Berry; mais le vent leur étoit si contraire que jamais de ce vent ils n'eussent pris terre en Angleterre sus les frontières où ils vouloient arriver, et étoit le vent bon pour arriver en Écosse.

Or vint le duc de Berry et ouït messe en l'église Notre-Dame et prit là congé et donna à entendre à tous que jamais ne retourneroit si auroit été en Angleterre; mais il pensoit tout le contraire, ni il n'y avoit nul talent (volonté) d'aller, car la saison étoit trop avalée et l'hiver trop avant. Tous les jours que

---

tus ejus causa, foret amor pacis reformandæ inter regna Angliæ et Franciæ, quorum unum jam paratum erat ad aliud invadendum; sed re vera plus desideravit pecuniam quam pacem, plus dilexit dona quam plebem, plus aurum regis quam regem. Cujus adventus licet rex consentiret, procere. tamen librantes, quod esset illusor, responderunt regi se nolle tractare cum illo, sicque impeditus est ejus adventus, qui sicut nec primo, nec item secundo Angliæ profuisset. (Monachus de Evesham. P. 76. Édit. de Hearne.) J. A. B.

il fut sur son chemin, il avoit lettres du roi et de monseigneur de Bourgogne qui le hâtoient; et disoient ces lettres et ces messages que on n'attendoit autre que lui. Le duc de Berry chevauchoit toujours avant, mais c'étoit à petites journées.

Or se départit le connétable de France de Lautrignier (Tréguier), une cité séant sur mer en Bretagne, atout (avec) grand'charge de gens d'armes et de belles pourvéances; et étoient en somme soixante et douze vaisseaux tous chargés. En la compagnie du connétable étoient les nefs qui menoient la ville ouvrée et charpentée de bois pour asseoir et mettre sur terre quand on seroit arrivé en Angleterre. Le connétable et ses gens orent (eurent) assez bon vent de commencement; mais quand ils approchèrent Angleterre, il leur fut trop grand et trop dur; et plus cheminoient avant et plus s'efforçoit. Et advint que à l'encontre de Mergate (Margate) sur l'embouchure de la Tamise, le vent leur fut si grand que, voulsissent (voulussent) ou non les mariniers, leurs nefs furent toutes éparses, et n'en y avoit pas vingt voiles ensemble; et en bouta le vent en la Tamise aucunes nefs qui furent prises des Anglois, et par spécial il en y ot (eut) une ou deux ou trois parties de cette ville et les maîtres qui charpentée l'avoient étoient. Tout fut amené par la Tamise à Londres, et en eut le roi grand'joie, et aussi eurent ceux de Londres. Encore des nefs du connétable en y eut sept qui cheminèrent aval le vent, voulsissent (voulussent) ou non, chargées de pourvéances, qui furent péries en Zélande; mais le connétable et les scigneurs à grand'peine et à grand péril vinrent à l'Écluse.

De la venue du connétable et des barons fut grandement réjoui le roi de France, et lui dit le roi si très tôt comme il vint : « Connétable, que dites-vous ? Quand partirons-nous ? Certes, j'ai très grand désir de voir Angleterre, je vous prie que vous avanciez votre besogne et nous mettons en mer hâtivement. Véez ci mon oncle de Berry qui sera devers nous dedans deux jours, il est à Lille. » — « Sire, répondit le connétable, nous ne nous pouvons partir si aurons vent pour nous ; il a tant venté ce vent de sust (sud) qui nous est tout contraire que les maronniers (matelots) disent que ils ne le virent oncques tant venter en un tenant (de suite) que il a fait depuis deux mois. » — « Connétable, dit le roi, par ma foi j'ai été en mon vaissel ; et me plaisent bien grandement les affaires de la mer, et crois que je serai bon maronnier (marin), car la mer ne m'a point fait de mal. » — « Et en nom Dieu, dit le connétable et ce elle a fait à moi, car nous avons été près tous périls en venant de Bretagne en çà. »

Là volt (voulut) le roi savoir comment ni par quelle manière, et il lui recorda. « Par fortune, sire, et par grands vents nous qui survinrent sur les bendes (côtes) d'Angleterre ; et avons perdu de nos gens et de nos vaisseaux dont il me déplaît très grandement, si amender le pouvois, mais je n'en aurais autre chose pour le présent. « Ainsi le roi de France et le connétable se devisoient de paroles et toujours alloit le temps avant ; et approchoit l'hiver et gisoient là les seigneurs à grands frais et en grands périls; car sachez, Flamands ne les véoient pas volontiers en Flandre, spécialement les menus métiers, et disoient en requoy (secret) plusieurs l'un à l'autre: « Et que diable ne se délivre ce roi de passer outre en Angleterre, s'il doit? Pourquoi se tient-il tant en ce pays. Ne sommes-nous point pauvres assez si encore François ne nous appauvrissent. » Et disoient l'un à l'autre: « Vous ne les verrez passer en Angleterre de cette année; il leur est avis que ils conquerront tantôt Angleterre; mais non feront, elle n'est pas si légère à conquerre; Anglois sont d'autre nature que François ne sont. Que feront-ils en Angleterre? Quand les Anglois ont été en France et chevauché par tout, ils se boutent et s'enferment en forts châteaux et en bonnes villes et fuient devant eux comme la l'oë (alouette) fuit devant l'épervier. »

Ainsi par spécial en la ville de Bruges où le grand retour des François étoit, murmuroient-ils et quéroient le fétu en l'estrain (paille) pour avoir la riote (querelle) et le débat. Et advint que la riote en fut si près que sus le point, et commença pour un garçon François qui avoit battu et navré (blessé) un Flamand; et tant que les hommes des métiers s'armoient et s'en venoient au grand marché pour faire l'assemblée entr'eux; et si ils fussent venus et que il se pussent être vus ni trouvés ensemble, ils ne fut échappé baron, ni chevalier, ni écuyer de France que tous n'eussent été morts sans merci, car encore avoient les plusieurs de ces méchants gens la haine au cœur pour la bataille de

Roubecque, où leurs pères, leurs frères et lerus amis avoient été occis. Et Dieu y ouvra proprement pour les François. Et le sire de Ghistelle qui pour ce temps étoit à Bruges, quand il entendit que le commun s'armoit et que gens couroient en leurs hôtels aux armes, il sentit tantôt que c'étoit pour tout perdre et sans remède, si monta à cheval, lui cinquième ou sixième tant seulement, et se mit en-mi (milieu) les rues; et ainsi qu'il les encontrait tous armés qui se traioient (rendoient) vers le marché, il leur disoit: « Bonnes gens, où allez-vous ? vous voulez vous perdre. N'avez-vous pas été assez guerroyés et êtes encore tous les jours de gagner votre pain. Retournez en vos maisons, ce n'est rien. Vous pourrez mettre vous et la ville en tel parti que Bruges sera toute détruite. Ne savez-vous pas que le roi de France et toute sa puissance est en ce pays ? » Ainsi les apaisa ce jour le sire de Ghistelle et les fit retourner par ces douces paroles en leurs maisons; ce que point n'eussent fait brièvement, si il n'eut été à Bruges et les barons et les chevaliers de France avoient si grand'doute que jà s'enfermoient-ils en leurs maisons et en ses hôtels où ils étoient logés et vouloient là attendre l'aventure.

CHAPITRE XLIV.

Comment le duc de Berry vint a l'Écluse, la ou le roi de France et les autres seigneurs étoient pour aller en Angleterre et comment le roi d'Angleterre festia (fêta) a Wesmoustier (Westminster) les seigneurs qui avoient gardé les ports et passages d'Angleterre.

Or vint le duc de Berry à l'Écluse. « Ha, bel oncle, dit le roi de France, que vous ai tant désiré et que vous avez tant mis à venir ! Pourquoi avez-vous tant attendu ? Nous dussions ores (maintenant) être en Angleterre et avoir combattu nos ennemis. » Le duc commença à rire et s'excusa et ne dit pas si très tôt ce que il avoit sus le courage (cœur), mais voulut avant aller voir ses pourvéances et la navie (flotte) qui étoit si belle sus la mer que c'étoit grand' plaisance à considérer; et fut bien sept jours à l'Écluse que tous les jours on disoit : « Nous partirons demain à la marée. » Véritablement le vent étoit si contraire pour singler sus Angleterre que plus ne pouvoit et si étoit le temps tout bas après la Saint André : or regardez si il y faisoit bon en ce temps sur mer pour tant de nobles gens comme il y avoit à l'Écluse et environ qui n'attendoient fors que on passât; car toutes les pourvéances étoient faites et chargées ens ès vaisseaux et jà plusieurs jeunes scigneurs du sang royal qui se désiroient à avancer avoient croisé leurs nefs et boutées avant en la mer en signifiance: « Je serai des premiers qui arrivera en Angleterre si nul y va; » tels que messire Robert et messire Philippe d'Artois, messire Henri de Bar, messire Pierre de Navarre, messire Charles d'Albreth, messire Bernard d'Armagnac et grand'foison d'autres: ces jeunes seigneurs dessus nommés ne vouloient pas demeurer derrière quand ils étoient tous devant.

Or se mit le conseil du roi ensemble pour savoir comment on persévéreroit [1]; mais le duc de Berry

---

[1] Le manuscrit 8325 offre ici une variante assez longue que je vais donner en note. Elle s'étend depuis *or se mit le conseil* jusqu'à la fin de l'alinéa: J. A. B.

« Or se mit le conseil du roi ensemble pour regarder comment on persévéreroit: il me fut dit adonc, car je qui ai dicté (écrit) cette histoire fus à l'Écluse pour les seigneurs et leurs états voir et pour apprendre des nouvelles. Si entendis par juste information, et bien en vis l'apparant, que le duc de Berry dérompit tout ce voyage outre la volonté du duc de Bourgogne son frère, qui nul gré ne lui en sçut, mais lui en montra mautalent (mécontentement) plus de trois mois; ensuivant; et je vous dirai les raisons que le duc de Berry mit avant.

« Je vous ai dit ci-dessus que de la venue du duc de Berry fut le roi de France grandement réjoui et aussi furent tous les jeunes seigneurs de France qui grand désir avoient d'aller en Angleterre, car ils avoient certain espoir que de tout gagner et de mettre Angleterre en subjection. Le duc de Berry, pourtant que il étoit entre les princes de France le plus aîné et le plus prochain du roi, car c'étoit son oncle, et aussi il avoit demeuré outre sa bonne volonté plus de cinq ans en Angleterre en otagerie pour la rédemption du roi Jean son père, si comme il est ci-dessus contenu en cette histoire, si connoissoit bien le pays et la puissance des Anglois, remontra au détroit conseil des nobles de France auxquels principalement pour le temps de adonc les choses du royaume toutes se dépendoient et dit ainsi: « Vérité est que on doit avoir soin et désir de victorier (vaincre et soumettre ses enne-

dérompit tout et montra tant de raisons raisonnables que ceux qui la greigneur (plus grande) vo-

mis et sur cette instance ces gens d'armes et nous aussi reposons ici à l'Écluse pour faire le voyage de aller en Angleterre. » Et lors le duc de Berry se tourna sur son frère le duc de Bourgogne et assit toute sa parole à lui et dit ainsi: « Beau frère, je ne me puis excuser ni ignorer que je n'aie été en France à la greigneur (majeure) partie des conseils par lesquels cette assemblée est faite. Or ai-je depuis pensé sur ces besognes trop grandement, car elles sont tant à toucher que oncques emprise que roi de France entreprit à faire ne fut si grande ni si notable, et toutefois, considérés les périls et incidences merveilleuses qui par ce en peuvent naître et venir au royaume de France, je n'oserois conseiller que sur la saison qui est si tardive comme au mois de décembre que la mer est froide et orgueilleuse nous mettons le roi en mer, car si mal en venoit, on diroit partout que nous qui avons le gouvernement du royaume l'aurions conseillé et là mené pour le trahir. Avec tout ce jà avez-vous ouy dire aux plus sages maronniers (marins) de notre côte que il n'est mie en leur puissance que nous puissions sur le temps qu'il fait et sur le vent contraire tenir deux cents voiles ensemble de une flotte, et Angleterre est un pays moult dangereux à arriver. Et prenons que nous y arrivions, c'est un pays sur la mer qui est très mauvais pour hostoyer et combattre et pour ardoir et détruire notre navie (flotte) et toutes nos pourvéances sur une nuit; car nous ne pouvons tenir la terre et la mer. Pourquoi je dis que ce voyage est nul, car si par fortune nous étions déconfits et le roi mort ou pris, le royaume de France seroit pour nous perdu sans recouvrer; car, ci est toute la fleur du royaume. Et qui voudroit faire un tel voyage pour lequel nous sommes ici assemblés, il le faudroit faire sur l'été, non pas sur l'hiver, que la mer est quoye (calme) et le temps bel et serri (serein) et que les chevaux traînent aux champs les vivres appareillés. Nonobstant que pour vie de chevaux vous trouverez en Angleterre petit (peu) fors prairies, bois ou bruyères. De mon conseil, nous n'irons pour cette saison plus avant, mais à l'été, conseillé-je bien que nous remettons sus ici ou à Harfleur notre navie (flotte) et toutes ces gens d'armes et parfournissions ce que nous avons empris. »

« A cette parole du duc de Berry ne répondirent point en lui brisant son avis ceux du conseil, car il leur sembloit que il étoit si grand et si haut prince que il devoit bien être cru de sa parole, fors tant que le duc de Bourgogne dit le meilleur et le plus profitable: « En est bon fait: mais si nous faisons ainsi, nous y aurons grand blâme et jà avons pour

lonté avoient de passer, furent tous découragés et disoient bien que c'étoit grand'folie et grand outrage de conseiller le roi de France, qui n'étoit encore que un enfant, de faire entrer en mer en tel temps et d'aller combattre gens en un pays où nul ne savoit le chemin, un pauvre pays et très mauvais pour guerroyer: « Et prenons, dit le duc de Berry, que nous soyons là tous arrivés et aurons pris terre;

ce voyage travaillé en chevauce d'or et d'argent si grandement le royaume de France que moult s'en dollent (plaignent); et si nous retournons sans rien faire, les bonnes gens qui ont payé ce par quoi nous sommes ci assemblés diront, et à bonne cause, que nous les avons déçus et que nous avons fait cette assemblée pour traire (tirer) or et argent hors de leurs bourses. » — « Beau frère, répondit le duc de Berry, si nous avons la finance et nos gens l'aient aussi, la greigneur (majeure) partie en retournera en France; toujours va et vient finance. Il vaut mieux cela aventurer que mettre les corps en péril ni en doute. » — « Par ma foi, répondit le duc de Bourgogne, au départir sans rien faire nous y aurons plus de blâme que d'honneur; et toutefois je veuil (veux) que le meilleur se fasse. » Et il me fut dit adonc, car pour ces jours j'étois à l'Écluse, que ces choses ne furent pas sitôt conclues et que moult de paroles il y ot (eut) retournées avant que le département se fît.

«Quand le roi de France put sentir et entendre que le voyage empris d'aller en Angleterre se déromproit, si fut courroucé outre mesure et en parla assez à ses oncles. Le duc de Bourgogne montroit bien en ses paroles que il avoit plus cher à passer outre que à retourner, et toutefois le duc de Berry et la plus saine partie du conseil ne s'y assentoient (consentoient) pas; pour laquelle chose et pour toutes gens apaiser, il fut dit aux chefs des seigneurs, tels que le duc de Lorraine, le comte d'Armagnac, le dauphin d'Auvergne et à ceux des lointaines marches que on mettroit ce voyage en souffrance jusques au mois d'Avril et que les pourvéances que ils avoient grandes et grosses, celles qui se pouvoient garder se gardassent, tels que biscuit et chairs salées, et des autres ils fissent leur profit. Les seigneurs et leurs gens, qui grand' affection avoient d'aller en Angleterre, n'en purent avoir autre chose.

«Ainsi se dérompit en cette saison le voyage de mer, qui coûta en tailles et assises au royaume de France cent mille francs trente fois ou plus.

si ne nous combattront point les Anglois si ils ne veulent. Et n'oserons laisser nos pourvéances derrière, car qui les laisseroit, tout seroit perdu. Et qui voudroit faire un tel voyage en un tel pays, il n'y a pas si long chemin de France en Angleterre, on ne le devroit pas faire en cœur d'hiver mais en plein été; et mandez tous les maronniers (marins) qui ci sont et les mettez ensemble, ils vous diront que ma parole est ferme et que par puissance que on est au temps de maintenant, prenons que nous singlons par mer, quoi que nous ayons bien mille et cinq cents vaisseaux, ils ne s'en trouveront jà ensemble trois cents voiles de une vue. Or regardez doncques le dommage et le péril où on nous veut bouter. Je ne vous dis pas que je le vous dise que je en veuille être deporté (dispensé), mais je le dis pour cause de conseil et pour ce que grand'partie du royaume de France s'incline à moi. Je veuil (veux) bien, beau frère de Bourgogne, que vous et moi y allons; mais je ne veuil (veux) pas, ni jà ne conseillerai, que le roi y voise (aille), car si aucun mal lui en prenoit, on diroit que nous le lui aurions fait faire. » — « En nom Dieu, répondit le roi de France qui étoit à ces paroles ouïr, si nul y va je irai. » Donc commencèrent les seigneurs à rire et à dire: « Le roi est de grand'volonté. » Là fut pris conseil que on mettroit ce voyage en souffrance jusques à l'Avril ou au Mai; et les pourvéances qui se pourroient garder, bœuf, ou chairs salées et vins, on les garderoit; et feroit-on certaine ordonnance que les seigneurs et leurs gens retourneroient en Mars. Tout ce fut tantôt sçu. Ainsi se dérompit le voyage de mer, en cette saison, qui coûta au royaume de France cent mille francs trente fois.

CHAPITRE XLV.

Comment le roi de France retourna de l'Écluse sans passer en Angleterre et de la fête qui fut après à Londres.

Qui vit seigneurs courroucés, spécialement ceux des lointaines marches et parties qui avoient travaillé (fatigué) leur corps et épendu largement leur argent en l'espérance que d'avoir une bonne saison, il pût avoir grand'merveille; tels comme le comte de Savoie, le comte d'Armagnac, le dauphin, d'Auvergne et cent gros barons. Et vous dis que ils se départoient moult enuis (avec peine) sans avoir vu Angleterre. Aussi faisoit le roi de France, mais il ne le pouvoit amender.

Lors se départirent toutes manières de gens d'armes et se mirent au chemin, uns liés (joyeux) et les autres courroucés; ainsi va des choses. Officiers demeurèrent derrière pour faire le profit de leurs maîtres et pour revendre leurs pourvéances; car bien savoient les seigneurs, quoiqu'on leur fit entendre de faire ce voyage à l'avril, que rien n'en seroit fait et qu'on auroit bien où ailleurs entendre. Or mit-on en vente les pourvéances qui étoient à l'Écluse, au Dam et à Bruges; mais on ne les savoit à qui vendre, car ce qui avoit largement coûté cent francs, on l'avoit pour dix et pour moins. Le comte Dauphin d'Auvergne me dit que par sa foi il avoit là des pourvéances pour dix mille francs pour lui, mais il n'en ot (eut) pas mille de retour [1]; encore laissèrent ses gens tout perdre. Aussi firent les autres, ni rien ne vint à parfection [2].

Quand les nouvelles en furent venues en Angleterre, ce fut moult tôt, les aucuns en furent moult grandement bien réjouis qui doutoient (craignoient) la venue des François et les autres courroucés qui y cuidoient avoir grand profit.

En cette saison se fit une fête à Londres très grande et très grosse, et se recueillirent là toutes manières de seigneurs qui avoient gardé les ports et hâvres et passages sur la mer; et tint le roi Richard d'Angleterre la fête très solennelle à Wesmoustier (Westminster) le jour de Noël, que on dit en An-

---

[1] Le manuscrit 8325 dit: le dauphin d'Auvergne me dit, si Dieu lui pût aider, ses gens avoient en pourvéances bien mis sept mille francs; mais oncques ils n'en purent refaire sept cents francs. J. A. B.

[2] Au lieu de cette phrase, le manuscrit 8325 ajoute quelques détails et dit:

« Et ainsi tous les autres, excepté les seigneurs qui étoient voisins de Flandre, tels que en Artois, en Hainaut et en Picardie. Le sire de Coucy n'y eut point de dommage, car toutes ses pourvéances il les fit par la rivière de l'Escaut retourner à Mortagne de-lez (près) Tournay, dont pour lors il étoit seigneur. Et avoit emprunté à l'abbé de Saint Pierre de Gand bien deux cents muids de blé et avoine et autant à l'abbé de Saint Bavon, de leurs maisons qu'ils ont en Tournésis et en France. Je ouïs bien parler des pourchas que les abbés en faisoient, mais oncques je n'ouïs dire que rien leur en fut rendu. Et demeurèrent les choses en cet état: qui plus y avoit mis, plus y perdoit; ni on n'en faisoit à nu'lui (personne) droit. J. A. B.

gleterre le jour de la Calandre; et furent à la dite fête faits trois ducs; tout premièrement le comte de Cantebruge, nous l'appelerons d'ores-en-avant le duc d'York; et le comte de Bouquinghen (Buckingham) son frère, nous l'appelerons le duc de Clocestre (Glocester); et le tiers le comte d'Asquesuffort (Oxford), nous l'appelerons le duc d'Irlande [1]. Si se continua cette fête et en grand bien et en grand revel (réjouissance); et étoient les gens parmi Angleterre, ce leur étoit avis, échappés de grand péril. Et disoient les plusieurs que jamais ils n'auroient paour (peur) des François et que toutes les assemblées qui avoient été faites à l'Ecluse et en Flandre n'avoient été faites que pour épouvanter Angleterre et pour traire (attirer) le duc de Lancastre hors de Castille [2].

(1) Les renseignements donnés par Froissart sont fort exacts. Robert Vère comte d'Oxford qui, en 1385, avoit été nommé marquis de Dublin, fut créé duc d'Irlande dans le parlement de 1386. J. A. B.

(2) Le manuscrit 8325 ajoute:
Ainsi, comme ici dessus est devisé et ordonné, se dérompit en cette saison l'armée de mer, qui tant avoit coûté de peines, de travail, d'or et d'argent au royaume de France. Les maronniers (marins) Hollandois et Zélandois et Flamands, qui avoient leurs vaisseaux loués bien cher, ne retournèrent rien de ce qu'ils avoient reçu, mais se firent payer tout le leur, jusqu'au dernier denier et retournèrent en leurs lieux. J. A. B.

CHAPITRE XLIV.

Comment deux champions joutèrent a Paris a outrance. L'un avoit nom messire Jean de Carrouge et l'autre Jacques le Gris.

En ce temps étoit grand'nouvelle en France et ailleurs ens ès basses marches du royaume d'un gage de bataille qui se devoit faire à Paris jusques à outrance: ainsi avoit-il été sentencié et arrêté en la chambre de parlement à Paris; et avoit le plait (procès) duré plus d'un an entre les parties; c'est à entendre d'un chevalier qui s'appeloit messire Jean de Carrouge et d'un écuyer qui s'appeloit Jacques le Gris, lesquels étoient tous deux de la terre et de l'hôtel du comte Pierre d'Alençon et bien amés du seigneur. Et par spécial ce Jacques le Gris étoit tout le cœur du comte et l'amoit sus tous autres et se confioit en lui. Si n'étoit-il pas de trop haute affaire, mais un écuyer de basse lignée qui s'étoit avancé, ainsi que fortune en avance plusieurs, et quand ils sont tous élevés et ils cuident (croient) être au plus sûr, fortune les retourne en la boue et les met plus bas que elle ne les a eus de commencement. Et pour ce que la matière du champ mortel se ensuivit, laquelle fait moult à merveiller et que moult de peuples du royaume de France et ailleurs informés de la merveille vinrent de plusieurs pays à la journée du champ à Paris, je vous en déclarerai la matière, si comme je fus adoncques informé.

Avenu étoit que volonté et imagination avoit été prise à messire Jean de Carrouge pour son avancement de voyager oultremer, car à voyages faire avoit été toujours enclin. Et prit congé au comte d'Alençon d'aller au dit voyage, lequel lui donna légèrement. Le chevalier avoit une femme épousée jeune, belle, bonne, sage et de bon gouvernement; et se départit d'elle amiablement, ainsi que chevaliers font quand ils vont ens ès lointaines marches. Le chevalier s'en alla et la dame demeura avecques ses gens; et se tenoit en un châtel sus les marches du Perche et d'Alençon; lequel châtel on nomme, ce m'est avis, Argenteuil; et entra en son voyage et chemina à pouvoir. La dame, si comme je vous ai déjà dit, demeura entre ses gens au châtel et se porta toujours moult sagement et bellement.

Advint, vez ci la question du fait, que le diable, par tentation perverse et diverse, entra au corps de Jacques le Gris, lequel se tenoit de-lez le comte d'Alençon son seigneur, car il étoit son souverain conseiller; et se avisa d'un très grand mal à faire, si comme depuis il le compara (paya); mais le mal qu'il avoit fait ne put oncques être prouvé sur lui ni oncques ne le voulut reconnoître. Et Jacques le Gris jeta sa pensée sur la femme à messire Jean de Carrouge et savoit bien qu'elle se tenoit au châtel d'Argenteuil entre ses gens petitement accompagnée. Si se départir un jour monté sur fleur de coursier de Alençon et vint tant au férir de l'éperon que il arriva au châtel et là descendit. Les gens de la dame et du seigneur lui firent très bonne chère pourtant (attendu) que leur seigneur et lui étoient tout à un seigneur et compagnons ensemble. Mêmement la dame qui nul mal n'y pensoit le recueillit moult doucement et le mena en sa chambre et lui montra grand'foison de ses besognes. Jacques requit à la dame, qui tendoit à sa male volonté à accomplir, que elle le menât voir le donjon; car en partie, si comme il disoit, il étoit là venu pour le voir. La dame s'y accorda légèrement et y allèrent eux deux seulement; ni oncques varlet ni chambrière n'y entra avecques eux, car pourtant que la dame lui faisoit si bonne chère, comme celle qui se confioit de toute son honneur en lui, ils se contentoient. Si trestôt que ils furent entrés au donjon, Jacques le Gris clouit (ferma) l'huis après lui ni la dame ne s'en donna oncques de garde qui passoit, et cuida que le vent l'eut clos et Jacques lui fit entendant. Quand ils furent là entre eux deux ensemble, Jacques le Gris, tenté des lacs de l'ennemi, embrassa la dame et lui dit: «Dame, sachez véritablement que je vous aime plus que moi-même; mais il convient que j'aie mes volontés de vous.» La dame fut toute ébahie et voulut crier, mais elle ne put, car l'écuyer lui bouta un petit gand que il tenoit en la bouche et la cloy (ferma), et l'estraindit (serra), car il était fort homme, de bras roide et léger, et l'abattit sur le plancher; et la viola, et en eut, contre la volonté de la dame, ses délices; et quand il eut fait, il lui dit: «Dame, si vous faites nulle mention de cette avenue, vous serez déshonorée. Taisez-vous-en et je m'en tairai aussi pour votre honneur.» La dame qui pleuroit moult tendrement lui dit: «Ah! traître homme et mauvais! Je m'en tairai, mais ce ne sera pas si longuement que il vous besogneroit. » Et ouvrit l'huis de la chambre du donjon et vint aval et l'écuyer après elle.

Bien montroit la dame que elle était courroucée et éplorée. Si cuidoient (croyoient) ses gens, qui à nul mal ne pensoient, que l'écuyer lui eut dit aucunes pauvres nouvelles de son mari et de ses parents, pourquoi elle fut tourmentée.

La jeune dame entra en sa chambre et s'encloy (enferma) et là fit ses regrets et ses complaintes moult tendrement. Jacques monta sur son coursier et issit (sortit) hors du châtel et retourna arrière delez (près) son seigneur le comte d'Alençon et fut à son lever sur le point de dix heures et au matin à quatre heures on l'avoit vu en l'hôtel du comte. Or vous dirai pourquoi je mets les paroles en termes et avant, pour la grande plaidoirie qui à Paris s'ensuivit et pour ce que la chose fut au pouvoir des commissaires du parlement examinée et inquisitée. La dame de Carrouge à ce jour que cette dolente aventure lui fut advenue demeura en son châtel toute égarée et porta son ennui au plus bellement qu'elle put ni oncques pour l'heure ne s'en découvrit à varlet ni à chambrière que elle eut, car elle véoit bien et considéroit que à en parler elle put avoir plus de blâme que d'honneur. Mais elle mit bien en mémoire et en retenance le jour et l'heure que celui Jacques le Gris étoit venu au châtel.

Or advint que le sire de Carrouge son mari retourna du voyage où il étoit allé. La dame sa femme à sa revenue lui fit très bonne chère; aussi firent toutes ses gens. Ce jour passa, la nuit vint, le sire de Carrouge se coucha; la dame ne se vouloit coucher, dont le seigneur avoit grand' merveille et l'admonestoit moult de coucher; la dame se feignoit et alloit et venoit parmi la chambre pensant. En la fin quand toutes leurs gens furent couchés, elle vint devant son mari et se mit à genoux et lui conta moult piteusement l'aventure qui avenue lui étoit; le chevalier ne le pouvoit croire que elle fut ainsi. Toutefois tant lui dit la dame que il s'accorda et lui dit: « Bien, certes, dame; mais (pourvu) que la chose soit ainsi que vous le me contez je le vous pardonne, mais l'écuyer en mourra par le conseil que j'en aurai de mes amis et des vôtres; et si je trouve en faux ce que vous me dites, jamais en ma compagnie vous ne serez. » La dame de plus en plus lui certifioit et lui affirmoit que c'étoit pure vérité.

Cette nuit passa; à lendemain le chevalier fit écrire beaucoup de lettres et envoya devers les amis de sa femme aux plus spéciaux et à ceux aussi de son côté et fit tant que dedans un brief jour ils furent venus au châtel d'Argenteuil. Il les recueillit sagement et les mit tous en une chambre et puis il leur entama la matière de ce pourquoi il les avoit mandés et leur fit conter par sa femme de point en point toute la manière du fait dont ils furent moult émerveillés. Il demanda conseil. Conseillé fut que il se traist (rendît) devers son seigneur le comte d'Alençon et lui contât tout le fait: et le fit. Le comte, qui durement amoit ce Jacques le Gris, il ne vouloit ce croire et donna journée aux parties à être devant lui et voulut que la dame qui encoulpoit (accusoit) ce Jacques fut présente, pour remontrer encore vivement la besogne de l'avenue. Elle y fut, et grand' foison de ceux de son lignage aussi de-lez (près) elle, en la compagnie du comte d'Alençon. Si fut la plaidoierie grande et longue et ce Jacques le Gris inculpé de son fait, et accusé; voir par le chevalier, voire à la relation de sa femme qui conta aussi toute l'aventure ainsi comme avenue étoit. Jacques le Gris s'excusoit trop fort et disoit que rien n'en étoit et que la dame lui imposoit sur lui induement et s'émerveilloit, si comme il montroit en ses paroles, de quoi la dame le hayoit (haïssoit). Ce Jacques prouvoit bien par ceux de l'hôtel du comte d'Alençon que en ce jour que ce fut avenu, étoit quatre heures on l'avoit vu au châtel, et le seigneur disoit que à dix heures il l'avoit de-lez (près) lui en sa chambre et que c'étoit chose impossible avoir chevauché d'aller et de venir et accompli le fait dont on le mettoit sus quatre heures et demie vingt quatre lieues; et disoit le seigneur à la dame, qui vouloit aider son écuyer, que elle l'avoit songé; et leur commanda de sa puissance que la chose fut anéantie ni que jamais question ne s'en mut. Le chevalier, qui grand courage avoit et qui sa femme créoit, ne voulut pas tenir cette opinion, mais s'en vint à Paris et remontra sa cause en parlement contre ce Jacques le Gris, lequel répondit à son appel et dit et prit et livra pleiges (gages) que il en feroit et tiendroit ce que parlement en ordonneroit.

La plaidoierie du chevalier et de lui dura plus d'un an et demi et ne les pouvoit-on accorder, car le chevalier se tenoit sûr et bien informé de sa femme, et puisque la cause avoit été tant sçue et publiée que il l'en poursuivroit jusques à la mort. De quoi le comte d'Alençon avoit en très grand' haine le chevalier et l'eut par trop de fois fait occire, si ce n'eut été ce que ils se étoient mis en parlement.

Tant fut proposé et parlementé que parlement en détermina, pourtant (attendu) que la dame ne pouvoit rien prouver sur Jacques le Gris, que champ de bataille jusques à outrance s'en feroit; et furent les parties, le chevalier et l'écuyer et la dame du chevalier, au jour de l'arrêt et du champ jugé à Paris; et devoit être par l'ordonnance de parlement le champ mortel le premier lundi après l'an mil trois cent quatre-vingt et sept.

En ce temps étoit le roi de France et les barons aussi à l'Écluse sus l'entente (intention) de passer en Angleterre. Quand les nouvelles en furent venues jusques au roi qui se tenoit à l'Écluse, et qui jà voyoit que le voyage d'Angleterre ne se feroit pas et jà étoit ordonné de par parlement que telle chose devoit être à Paris, si dit que il vouloit voir le champ du chevalier et de l'écuyer. Le duc de Berry, le duc de Bourgogne, le duc de Bourbon, le connétable de France, qui aussi grand désir avoient de le voir, dirent au roi que ce étoit bien raison que il y fût. Si manda le roi à Paris que la journée fut détriée (différée) de ce champ mortel, car il y vouloit être; on obéit à son commandement, ce fut raison. Et retournèrent le roi et les seigneurs en France. Et tint le roi de France en ces jours ses fêtes de Noël en la cité d'Arras et le duc de Bourgogne à Lille; et endementres (cependant) passèrent toutes manières de gens d'armes et retournèrent en France et chacun en son lieu, si comme il étoit ordonné par les maréchaux. Mais les grands seigneurs se trayrent (rendirent) vers Paris pour voir le champ.

Or furent revenus du voyage de l'Écluse le roi de France et ses oncles et le connétable à Paris. Le jour du champ vint qui fut environ l'an révolu que on compta selon la coutume de Rome l'an mille quatre cent quatre-vingt sept. Si furent les lices faites du champ en la place Sainte Catherine derrière le Temple; le roi de France et ses oncles vinrent en la place où le champ se fit, et là y eut tant de peuple que merveille seroit à penser. Et avoit sur l'un des lez (côtés) des lices faits grands escharfaulx (échafauds) pour voir les seigneurs la bataille des deux champions; lesquels vinrent au champ et furent armés de toutes pièces, ainsi comme à eux appartenoit, et là furent assis chacun en sa chayère (chaise); et gouvernoit le comte Waleran de Ligny et Saint Pol, messire Jean de Carrouge; et les gens du comte d'Alençon, Jacques le Gris. Quand le chevalier dut entrer au champ, il vint à sa femme qui là étoit sur la place en un char tout couvert de noir et la dame vêtue de noir aussi, et lui dit ainsi: « Dame, sur votre information je vais aventurer ma vie et combattre Jacques le Gris. Vous savez si ma querelle est juste et loyale. » — « Monseigneur, dit la dame, il est ainsi et vous combattez sûrement, car la querelle est bonne. » — « Au nom de Dieu soit, dit le chevalier. » A ces mots le chevalier baisa sa femme et la prit par la main et puis se signa et entra au champ.

La dame demeura dedans le char couvert de noir et en grands oraisons envers Dieu et la vierge Marie et en priant humblement que à ce jour par leur grâce elle put avoir victoire selon le droit qu'elle avoit. Et vous dis qu'elle étoit en grands transes et n'étoit pas assurée de sa vie; car si la chose tournoit à déconfiture sus son mari, il en étoit sentencié que sans remède on l'eut pendu et la dame arse. Je ne sais, car je en parlai oncques à li (elle), si elle s'étoit point plusieurs fois repentie de ce que elle avoit mise la chose si avant, que son mari et elle mis en ce grand danger. Et puis finalement il en convenoit attendre l'aventure.

Quand ils eurent juré, ainsi comme il appartient à champ faire, on mit les deux champions l'un devant l'autre et leur fut dit de faire ce pourquoi ils étoient là venus. Ils montèrent sur leurs chevaux et se maintinrent de premier moult arrément (en ordre), car bien connoissoient armes. Là avoit grand'foison de seigneurs de France, lesquels étoient venus pour eux voir combattre. Si joûtèrent les champions de première venue, mais rien ne se forfirent. Après les joûtes ils se mirent à pied et en ordonnance pour parfaire leurs armes, et se combattirent moult vaillamment; et fut de premier messire Jean de Carrouge navré en la cuisse, dont tous ceux qui l'aimoient en furent en grand effroi et depuis se porta-t-il si vaillamment que il abattît son adversaire à terre et lui bouta une épée au corps et l'occit au champ et puis demanda si il avoit bien fait son devoir. On lui répondit que oui. Si fut Jacques le Gris délivré au bourreau de Paris, qui le traîna à Montfaucon et là fut-il pendu [1]. Adonc messire Jean de

(1) Ce duel judiciaire paroît avoir été le dernier qui ait été ordonné par arrêt du parlement. Jean le Cocq jurisconsulte du XIVe. siècle, qui étoit conseil de l'un des accusés et fut témoin du combat, rend compte de cette affaire de la manière suivante. (Voyez Quæstiones Joannis Galli per arresta parlamenti decisæ quæstio 85, Pars. 5. tom. II de la collection de Ch. du Moulin.

Nota de Duello Jacobi le Gris.

Item nota quòd die sabbathi post natalem Domini 1386, qui dies fuit festum B. Thomæ post natalem, fuit factum duellum inter Jacobum le Gris et dominum Joannem Carrouge, retrò muros Sancti Martini de Campis, et devictus fuit dictus Jacobus et mortuus; et habeo scrupulum quod fuerit Dei vindicta, et sic pluribus visum fuit qui duellum viderunt, eo quod dictus Jacobus contra consilium consiliariorum suorum voluit se juvare privilegio clerici, quamvis esset clericus non conjugatus et defensor : et hæc scio, quia de ejus consilio fui. Aliis autem visum fuit quòd fuit die vindicta, eo quod omnes ferebant communiter quod conscius erat criminis propter quod fuit duellum adjudicatum : cujus contrarium tamen pluries affirmavit per juramentum dictus Jacobus, scilicet numquam factum fuisse, nec conscium fuisse, quod ejus conscientiæ relinquo. Item nota quod per magnum consilium fuerunt litiæ factæ ad similitudinem illarum de Gisortio, quæ factæ fuerunt ante ducentos annos; sed dicebatur quod non debebat habere respectus ad ipsas, eo quod factæ fuerunt propter duos, qui bellarunt pedes non eques : litiæ autem Sancti Martini fuerunt restrictæ ad modum dictarum litiarum de Gisortio, quia erant antè factæ propter bellum voluntiarum, quod credebatur fieri inter dominum Guidonem de la Trimolle dominum de Salyaco, et quemdam Anglicanum nuncupatum dominum Petrum de Courtenay. Sequuntur præsumptiones contram dictum Jacobum le Gris, quas habebam, et plures alii. Primò, quia cùm venit Parisius, interrogavit me, an ipso per duellum accusato, et per ipsum obtento posteà per viam ordinariam, vel per questiones contra ipsum procedi. Secundò, an alibi in tali materia recipi deberet. Tertiò, de die qua dicebatur adversarium suum *maintenir* factum

Carrouge vint devant le roi et se mit à genoux. Le roi le fit lever et lui fit délivrer mille francs et le

fuisse, an posset ipsum mutare adversarius suus, vel in ipsa varietate. Quartò, quia post vadium adjudicatus infirmatus fuit. Quintò, quia modicum ante ingressum campi se militem fieri fecit. Sextò, quia quamvis esset defensor militum, crudeliter invasit adversarium suum et pedester, licet habuisset avantagium, si equester fecisset. Septimò, quia licet *Carrouge* esset debilis propter febres quas longo tempore habuerat, et apparebat seu appareret dictus Jacobus robustus, tamen devictus fuit ipse Jacobus, quasi miraculosè, quia non poterat se dictus *Carrouge* juvare. Octavò, quia uxor Carrouge constans fuit semper dicendo factum evenisse, tam in puerperio quàm die duelli: ed quod duellum ducta fuit super curru, sed citò per regis praeceptum remissa. Nonò, quia debiliter fuit locutus praesidentibus cum ipso de concordia loquentibus. Decimò, quia semel me interrogavit an de jure et facto suis dubitarem, quia me cogitare videbat. Undecimò quia mihi dixit quod cùm audivit rumorem quod *Carrouge* volebat eum prosequi super hac causa, fuit citò confessus Presbytero. Sequuntur praesumptiones pro ipso. Primò, quia semper affirmabat, et per juramentum, numquam fecisse, et Deum deprecabatur, ut ipsum juvaret in ipso negotio, secundùm quod bonum jus habebat, et non alias, et hoc fieri vidi per ipsum vicesies, et die duelli fecit. Secundò, quia fecit deprecari in omnibus religionibus Parisius, ut deprecarentur pro ipso Deum, ut ipsum juvare vellet secundùm bonum jus quod habebat, et secundùm quod erat innocens de illo facto, et quod numquam fecerat, et non alias: et sic fecit die duelli. Tertiò, quia erat homo boni status et honesti. Quartò, quia nemo immemor suae salutis, etc. Quintò, quia dominus de Alenconio scripserat regi, et dominis avunculis suis, dictum Jacobum non esse culpabilem. Sextò, plures milites affirmabant ipsum fuisse cum domino de Alenconio tota die continua qua adversarius suus dicebat factum cum fecisse, et pluribus diebus continuis ante proximis. Septimò, quia *Adam Loüel*, qui dicebatur conscius ejusdem delicti, fuerat quaestionatus: et domicella illa, quae dicebatur fuisse illa die in domo de *Carrouge*, et nil confessi fuerant, sed dicebant aliqui quod no'ebat aliquid confiteri: tum quia confessus fuerat super illo facto, et ulteriùs confiteri non tenebatur: tum quia fuisset ejus filiis et amicis vituperio, et quodammodo fateretur contra actionem domini de Alenconio, qui asseveraverat dictum Jacobum non esse culpabilem de ipso facto: attamen numquam fuit scita veritas super illo facto.

Ju.énal des Ursins, l'anonyme de Saint Denis et la chronique de

retint à sa chambre parmi deux cents livres de pension par an que il lui donna toute sa vie. Messire

Saint Denis rapportent que Jacques le Gris, démontré ici coupable par le jugement de Dieu, fut depuis reconnu innocent et que la dame de Carrouge avait été violée par un autre individu qui s'en accusa plus tard, lorsqu'il fut exécuté pour d'autres crimes.

J'ai compulsé les registres du parlement pour trouver tout ce qui avoit rapport à ce combat judiciaire les documents que je suis parvenu à me procurer montrent parfaitement l'état des mœurs à cette époque.

Extrait des registres du parlement.

I

Lundi 9e. jour de Juillet 1386 et en présence du roi.

Entre messire Jehan de Quarrouges, chevalier appelant et demandeur en cas de gage de bataille d'une part, et Jaques le-Gris, défendeur d'autre part, et pour occasion de ce que le dit chevalier dit et maintient contre le dit escuyer que il, à l'aide d'un nommé Adam Louvel a efforciée sa femme, et ordonné est; oyes la demande et défense des parties, que ycelles parties bailleront leurs fais et raisons en escript par devers la cour par manière de mémoire, et lesquels vues, la cour les apointera comme de raison aux fins plaids.

Item est oultre ordonné que les dictes parties et chacune d'ycelles bailleront pléges et caution de comparoir et retourner céans toutes fois que par le roi ou la cour sera ordonné.

Et ce fait, se constituèrent pléges pour le dit chevalier ceulx qui s'ensuivent, et de le faire venir en personne, toutes fois que le roi l'ordonnera.

Le comte de Saint Pol,
Le comte de Valentinois,
Le seigneur de Torcy,
Le vicomte d'Uzès,
Messire Guichard Dauphin,
Le sénéchal d'Eu.

Et pour le dit escuyer se constituèrent pléges de le faire venir pareillement en personne,

Le comte d'Eu,
Le seigneur de Foillet,
Le sire de Torcy,
Le sire de Coigny,

Jean de Carrouge remercia le roi et les seigneurs et
vint à sa femme et la baisa et puis allèrent à l'église

Le sire d'Auviller,
et messire Philippe de Harecourt.

(Registres criminels du Parlement.)

2

Samedi 15e. jour de septembre 1386.

Aujourd'hui en la cour a esté prononcé arrest en la dite cause c'est à savoir que la cour a adjugé le gage de bataille entre les dites parties, et avec ce ordonne que les dites parties bailleront nouveaux otages et caution, nonobstant ceulx qu'ils ont autrefois baillés comme cy-dessus est dit. Et pour ce fait se constituèrent pléges et caution pour le dit chevalier, corps pour corps et avoir, pour avoir et chacun pour le tout, de rendre et amener et faire comparoitre le dit chevalier à toutes les journées qui lui seront assignées par le roi ou sa cour à où il sera ordonné, ceuls qui s'en suivent.

Le vicomte d'Uzès,
Le sire de Hengest,
Messire Jacques de Montmor,
Messire Gérard de Bourbon
Messire Philippe de Cervoles,
Messire Gérart de Grandval,
Et messire Philippe de Florigny.

Et le dit chevalier, c'est à savoir messire Jehan de Quarrouges, a promis à dédommager ses dits pléges.

Et pour le dit Jacques-le-Gris,
Regnault d'Angennes,
Jehan Beloteau,
Guilles d'Acqueville,
Jehan de Fontenay,
Gibert Maillart,
Et Pierre Beloteau.

Et le dit Jacques le-Gris a promis à dédommager les dits pléges, et parmi la dite caution le dit Jacques-le-Gris est élargy partout, sous les soumissions accoutumées en cas de gage de bataille, jusques au dit lendemain de la Saint Martin prochaine venue, si entre deux par le roi que n'est autrement ordonné, et à Eslen son domicile en l'ostel du comte d'Alençon aussi à Paris.

Notre-Dame faire leurs offrandes et puis retournèrent à leur hôtel. Depuis ne séjourna guères mes-

3

Samedi 24 septembre 1386.

Le roi notre seigneur a envoyé à la cour de céans certaines lettres scellées contenant que et convenoit les journées que le gage de bataille se devoit faire entre le seigneur de Quarrouges est Jacques le Gris, laquelle devoit estre le 27e jour de ce mois de Novembre, jusques au samedi prochain après Noël prochain venu; lesquels journées il mandoit estre signifiée aux parties.

Et pour ce, aujourd'hui la cour en la personne du dit Jacques et en la personne du dit Quarrouges a signifié la dite continuation et issue et fait lire en leur présence les dites lettres. Laquelle signification faite, iceux de Quarrouges et Jacques le Gris ont requis à la cour qu'ils fussent eslargis pareillement qu'ils estoient auparavant.

Si a la cour ordonné, veues les dites lettres qui contiennent que les besognes soient continuées en estat que les dit de ce Quarrouges, et Jacques-le-Gris sont e-largis partout sous les soubmissions accoutumées et gage de bataille jusques au dit samedi prochain après Noël prochain venue, parmi rafraichissant la caution qu'ils ont autrefois baillée.

Et ce fait se constituèrent pléges pour le dit de Quarrouges corps pour corps et avoir pour avoir, chacun pour le tout, ceux qui s'ensuivent :

Messire Regnault de Braquemont
Messire Robin de Thibouville
Messire Robert de Torcy   } chevaliers
Messire Merle de Virjus
Messire Guy de Saligny
    Et pour le dit Jacques le Gris
Messire la Galois d'Acy, chevalier
Mathieu de Varennes
Jehan de Montvert
Et Jehan Beloteau.

Les trois pièces rapportées ici sont tirées des registres criminels du parlement, déposées aux archives de la Sainte Chapelle. Mais je lis dans un des volumes de la grande collection des registres du parlement déposés à la bibliothèque royale, cette affaire avec tous ses détails, tels qu'ils ont été présentés au parlement. On en trouvera le texte à la fin de ce volume.

sire Jean de Carrouge en France, mais se partit et se mit au chemin avecques messire Boucingault (Boucicaut) fils qui fut au bon Boucignault et avecques messire Jean Desbordes et messire Loys de Giac; ces quatre emprirent de grand'volonté d'aller voir le Saint Sépulcre et l'Amourabaquin (Amurat) dont il étoit en ce temps très grands nouvelles en France. Et en leur compagnie y fut aussi Robinet de Boulogne, un écuyer d'honneur du roi de France et lequel en son temps a fait plusieurs beaux voyages.

Les Anglois qui n'avoient adopté que long-temps après nous le duel judiciaire l'ont conservé bien plus long-temps.

La loi qui ordonnoit le combat judiciaire en cas d'appel n'a été abolie en Angleterre qu'en 1819; et voici à quelle occasion.

Un nommé Thornton, fortement soupçonné d'avoir commis sur la personne d'une jeune fille le crime de meurtre accompagné de circonstances très aggravantes, ayant été acquitté en 1817 par la déclaration du jury, le frère de la personne assassinée revenant d'un voyage d'outre mer porta un appel contre lui. Thornton, d'après les conseils de son avocat, offrit de se justifier par le combat singulier. Les juges, après en avoir délibéré, se virent dans la nécessité d'accepter ce moyen de défense. On ne parloit plus en Angleterre que du spectacle curieux qui se préparoit. On alloit voir, après plusieurs siècles, le renouvellement d'un combat judiciaire en champ clos. Le public Anglois étoit assez peu satisfait de cette trace récente de barbarie. Mais on fit voir à l'appelant que d'après des lois non révoquées, s'il étoit défait en champ clos, il devoit être mis à mort lui-même. Il réfléchit de plus que Thornton étoit un homme fort, très vigoureux, que lui-même étoit peu habitué au maniement des armes prescrites; et probablement l'appât d'une récompense honnête achevant la conviction, il renonça à son appel. Le parlement Anglois se hâta de révoquer formellement cette loi en 1819. (Voyez Hallam, Europe au moyen âge. Taillandier, réflexions sur les lois pénales de France et d'Angleterre.) J. A. B.

CHAPITRE XLVI.

COMMENT LE ROI D'ARAGON MOURUT ET COMMENT L'ARCHEVÊQUE DE BORDEAUX FUT MIS EN PRISON A BARCELONNE DE PAR LE JEUNE ROI D'ARRAGON ET COMMENT LE DUC DE LANCASTRE FUT EN MAUTALENT (DÉBAT) CONTRE LE ROI D'ARRAGON.

En ce temps, environ la chandeleur, s'accoucha au lit malade le roi Pître d'Arragon. Quand il vit que mourir le convenoit, si fit venir devant lui ses deux fils, Jean l'aîné et Martin le duc de Blamont(1) en Arragon, et leur dit: « Beaux enfants, je vous laisse assez en bon point et les besognes du royaume toutes claires. Tenez-vous en paix et en amour ensemble et vous portez foi et honneur, si en vaudrez mieux: du fait de l'église, pour le plus sûr et pour ma conscience apaiser, j'ai toujours tenu la neutralité. Encore veuil (veux) que vous la tenez jusques à tant que la détermination vous apperra (paraîtra) plus clairement. » Ses deux fils répondirent moult doucement: « Monseigneur, nous le ferons très volontiers et voulons obéir à ce que vous ordonnerez, c'est raison. » En tel état trépassa le roi Pître d'Arragon, qui fut un moult vaillant homme en son temps et qui grandement augmenta

---

(1) L'infant Martin reçut l'investiture du duché de Montblanc le 16 janvier 1387.

la couronne et le royaume d'Arragon et conquit tout le royaume de Majogres (Majorque) et attribua à lui. Si fut enseveli en la bonne cité de Barcelonne et là gît.

Quand la mort de lui fut sçue en Avignon devers le pape Clément et les cardinaux, si escripsirent (écrivirent) tantôt devers le roi de France et ses oncles, devers le duc de Bar et la duchesse qui tenoient leur opinion, qui étoient père et mère de la jeune reine qui seroit d'Arragon, madame Yollent (Yolande), et à la dame aussi que ils fecissent (fissent) tant que le jeune roi d'Arragon et le royaume se déterminât. Le duc et la duchesse en escripsirent (écrivirent) à leur fille madame Yollent (Yolande); le roi de France, le duc de Berry et le duc de Bourgogne aussi: avecques tout ce ils envoyèrent en Arragon un cardinal en légation pour prêcher le jeune roi qui seroit et son frère et le peuple. Le cardinal fit tant avecques l'aide de madame Yolande de Bar qui s'y inclinoit trop fort, pour la cause de ce que père et mère l'en prioient et le roi de France son cousin germain et ses deux oncles Berry et Bourgogne, que elle déconfit son mari, car il vouloit tenir l'opinion son père de la neutralité, et se détermina tout le royaume d'Arragon au pape Clément.

En ces jours que le roi Piètre d'Arragon trépassa étoit en Barcelonne l'archevêque de Bordeaux que le duc de Lancastre y avoit envoyé; je vous dirai pour quelle raison. Le prince de Galles, du temps que il fut duc et sire d'Aquitaine et que tous ses voisins le doutoient, et roi de France, et roi d'Arragon, et roi d'Espagne, et roi de Navarre, et proprement les rois Sarrasins qui en ouyoient parler, pour sa grande fortune et bonne chevalerie, eut une certaine alliance et confédération au roi Piètre d'Arragon et le roi à lui, que le prince lui jura et scella et fit sceller le roi d'Angleterre son père: que pour toujours et à jamais il, ni le royaume d'Angleterre ni les successeurs d'Angleterre et d'Aquitaine qui viendroient, ne feroient point de guerre ni consentiroient à faire au royaume d'Arragon, parmi tant que le roi d'Arragon jura et scella pour lui et pour ses hoirs que tous les ans il serviroit le prince d'Aquitaine de cinq cents lances contre qui que il eut à faire et en payeroit les deniers, si cinq cents lances il ne lui vouloit envoyer. Or étoit avenu que il y avoit bien pour dix ans d'arrérages que le roi d'Arragon n'en avoit rien payé ni fait nul service au roi d'Angleterre ni à ses commis. Et quand le duc de Lancastre yssit (sortit) hors d'Angleterre, il ot (eut) et apporta avecques lui lettres patentes scellées du grand scel d'Angleterre, présent tout le conseil, que le roi l'établissoit ens (dans) ès marches de Bordeaux, de Bayonne, et d'Aquitaine, comme son lieutenant, et lui donnoit pleine puissance royale de demander tous droits dus et actions dues tant sus le royaume d'Arragon comme ailleurs; et vouloit que le duc en eut les levées et les profits sans rien retourner arrière, et les quittoit pleinement et tenoit à ferme et stable tout ce qu'il en feroit. Donc quand le duc de Lancastre fut arrêté en la ville de Saint Jacques en Galice, si comme il est contenu ici dessus, et pensa sus les besognes d'Arragon et regarda que le roi d'Arragon, par la vertu de la commission que il avoit, étoit grandement tenu à lui en grand'somme d'argent pour les arrérages, lesquelles choses lui viendroient grandement à point pour par maintenir sa guerre de Castille avecques les autres aides: si que, lui séjournant à Saint Jacques, il envoya de son conseil à Bordeaux devers l'archevêque de Bordeaux et devers messire Jean Harpedane qui lors étoit sénéchal de Bordeaux et de Bordelois et mandoit par ses lettres que l'un des deux ou les deux tous ensemble en allassent en Arragon devers ce roi et lui remontrassent vivement comment il étoit grandement de long-temps tenu envers le roi d'Angleterre et le duc d'Aquitaine. L'archevêque et le sénéchal regardèrent les lettres du duc et ouïrent ce que ceux qui les avoient apportées disoient. Si eurent conseil ensemble et fut advisé que il valoit trop mieux que le sénéchal demeurât en Bordeaux, que il allât en ambaxaderie (ambassade) au royaume d'Arragon; sique l'archevêque de Bordeaux eut cette commission; et étoit venu en Arragon et si mal à point, ainsi que les choses tournent à la fois sur le pis, que point il n'avoit parlé au roi, car jà étoit-il malade et tous jours il aggrévoit (empiroit) et tant qu'il mourut [1].

Quand il fut mort, l'archevêque suivit les en-

---

[1] Le roi Jacques d'Arragon mourut le 5 janvier 1387 à Barcelonne. (Zurita, Annales d'Arragon.) J. A. B.

fants et le conseil d'Arragon qui vinrent à l'enterrement du roi Pietre d'Arragon en la cité de Barcelonne; et tant parla que trop ce sembla t-il au conseil du roi, et que il fut mis en prison fermée courtoise, mais il ne s'en pouvoit pas partir quand il vouloit et étoit en la cité de Barcelonne. Quand les nouvelles en vinrent à Bordeaux devers le sénéchal, si dit: « Je n'en pensois pas moins, car l'archevêque, où que il soit, a trop chaude tête. Encore je crois que il vaulsit (eut valu) autant que je y fusse allé, car je eusse parlé plus à point; il y a bien manière par tout le monde à savoir doucement demander le sien. »

Le sénéchal manda ces nouvelles par devers le duc de Lancastre qui se tenoit en Galice. Le duc en fut grandement courroucé et se contenta mal du roi d'Arragon et de son conseil, quand on avoit l'archevêque de Bordeaux, un si grand prélat, retenu et mis en prison, en exploitant ses besognes. Adonc escripsi (écrivit) le duc aux compagnons de Lourdes que ils voulussent hérier (harceler) ceux de Barcelonne, où l'archevêque de Bordeaux étoit en prison. Jean de Berne (Béarn) le capitaine, et qui se nommoit sénéchal de Bigorre, Pierre d'Anchin, Ernauton de Rostem et Ernauton de Sainte Coulombe et tous les compagnons de la garnison de Lourdes furent grandement réjouis de ces nouvelles et commencèrent à courir ens (dans) ou (le) royaume d'Arragon et jusques aux portes de Barcelonne et tant que nul marchand n'osoit aller hors. Avecques tous ces méchefs le jeune roi d'Arragon Jean se vouloit faire couronner à roi; mais les bonnes villes d'Arragon ne le vouloient consentir, si il ne leur juroit solemnellement que jamais taille ni subside ni oppression nulle il ne mettroit ni ne éleveroit au pays; et plusieurs autres choses vouloient-ils que il jurât, écrivît et scellât, si il vouloit être couronné; lesquelles choses lui sembloient, et à son conseil aussi, moult préjudiciables; et les menaçoit que il leur feroit guerre et spécialement à ceux de Barcelonne, et disoit le roi que ils étoient trop riches et trop orgueilleux.

En ce temps avoit en la Languedoc sur les frontières d'Auvergne et de Rouergue vers Pezenas et vers la cité d'Uzes une manière de gens d'armes qui s'appeloient les routes (troupes) et se monteplioient (multiplioient) tous les jours pour mal faire. Et en étoient capitaines quatre hommes d'armes qui demandoient guerre à tout homme qui fut monté à cheval; ils n'avoient cure à qui. Si étoient nommés Pierre de Mont-Faulcon, Geoffroi Chastellier, Hainge de Sorge et Le Goulont; et tenoient ces quatre bien trois cents combattants dessous eux et mangeoient tout le pays où ils conversoient (alloient). Quand ils furent informés que l'archevêque de Bordeaux étoit en prison en Arragon et que le duc de Lancastre se contentoit mal sur les Arragonnois, et outre, que le roi d'Arragon se contentoit mal des bonnes villes de son royaume, si en furent tous réjouis; car tels gens comme ils étoient sont plus réjouis du mal que du bien. Si eurent conseil entr'eux que ils approcheroient Arragon et prendroient quelque fort sur les frontières et quand ils l'auroient pris, le roi d'Arragon ou les bonnes villes traiteroient devers eux; quelqu'il fut les ensonnieroit (inquiéteroit), trop bien leur iroit, mais (pourvu) que ils eussent titre de faire guerre. Si se départirent à la couverte de la marche et frontière de Pézénas entre Nismes et Montpellier et s'en vinrent chevauchant tout frontiant (longeant) le pays; et avoient jeté leur visée à prendre le châtel de Durban qui siéd en l'archevêché de Narbonne entre le royaume d'Arragon et le royaume de France, droitement sur le département des terres; et est le dit château au sire de Gléon. Et vinrent si à point et de nuit que ils le trouvèrent en petite garde. Si jetèrent leurs échelles et firent tant que ils l'eurent et en furent seigneurs, dont tout le pays en fut grandement ému et effrayé, et par spécial ceux de Parpegnan (Perpignan) en Arragon; car le châtel siéd à quatre lieues près de là.

Aussi ceux de Lourdes prirent en cette propre semaine un châtel en Arragon à quatre lieues près de Barcelonne, lequel on appelle Châtel-Vieil de Rouanes, et est le châtel à la vicomtesse de Châtel-Bon, cousine germaine au comte de Foix. La dame fut toute ébahie quand elle vit que son châtel fut pris; si le manda à son cousin le comte de Foix que pour Dieu on lui voulut rendre et que il lui fesist (fit) rendre, car ceux qui pris l'avoient étoient de son pays de Berne (Béarn). Le comte de Foix manda à sa cousine que elle ne s'effrayât en rien si son châtel étoit emprunté des Anglois et que c'étoit pour hérier (harasser) et mestrier (dominer) ceux de Barcelonne qui tenoient en prison l'archevêque de Bordeaux à petite cause et que bien le r'auroit quand temps seroit et sans son dommage. La dame s'apaisa sur ce et se dissimula et s'en alla demeurer en un sien autre châtel près de Roquebertin.

Ceux du châtel de Châtel-Vieil de Rouanes et de Durban et aussi ceux de Lourdes guerroyoient grandement les frontières d'Arragon. Le roi au voir (vrai) dire en dissimuloit pour donner châtiment à ses bonnes villes et tant que les bonnes villes se contentèrent mal du roi, car ceux de Barcelonne, de Parpegnan (Perpignan) ni de plusieurs autres ne pouvoient aller en leurs marchandises que ils ne fussent pris et happés et rançonnés. Si s'avisèrent ceux de Barcelonne que ils délivreroient l'archevêque de Bordeaux; mais de sa délivrance ils en parleroient ainçois (auparavant) au roi, c'étoit raison; et traitèrent tout coiement par voie de moyen devers le frère du roi messire Martin le duc de Blamont (Montblanc), lequel étoit grandement en la grâce de toutes gens, que il voulsist (voulut) tant faire devers son frère le roi que ils eussent paix à (avec) ceux de Lourdes et à ceux de Rouanes. Cil (celui-ci) leur enconvenança (promit) pour eux tenir à amour et fit tant devers son frère que l'archevêque de Bordeaux fut délivré de prison et renvoyé en Bordelois.

Assez tôt après fit tant le comte de Foix que la vicomtesse recouvra son châtel, et s'en partirent ceux qui le tenoient: ce service fit le comte en cet an au duc de Lancastre.

Quand le roi d'Arragon vit que la comtesse de Chastel-Bon étoit sitôt retournée en son châtel, si la manda; elle vint. Le roi lui mit sus que elle avoit mis les Anglois en son châtel de Rouanes pour lui guerroyer et son royaume et que trop s'étoit forfaite. La dame s'excusa de vérité et dit : « Monseigneur, si Dieu m'aist (aide) et les Saints, par la foi que je dois à vous, au jour et à l'heure que on me dit les nouvelles que mon châtel de Rouanes étoit pris de ceux de Lourdes, je n'avois oncques eu traité ni parlement aux Anglois; et en escripsi (écrivis) devers mon cousin monseigneur de Foix en priant pour Dieu que il le me fît ravoir et que ceux qui pris l'avoient étoient de Berne (Béarn) et issus de Lourdes; le comte me remanda que je ne me doutasse en rien et que ceux qui le tenoient l'avoient emprunté pour guerroyer ceux de Barcelonne. »

Donc dit le roi: « Or me faites tantôt prouver ces paroles par votre cousin de Foix ou je vous touldrai (enleverai) le châtel. » La dame dit: « Volontiers. »

Elle envoya tantôt ces paroles devers le comte de Foix, qui pour ces jours se tenoit à Orthez en Berne (Béarn), en lui priant que il la voulsist (voulut) apaiser et excuser au roi d'Arragon. Le comte le fit et envoya lettres et un sien chevalier messager, messire Richard de Savredun, en remontrant que il prioit au roi d'Arragon que il voulsist (voulut) tenir en paix sa cousine et la laissât dessous lui vivre et de son héritage ou autrement il lui en déplairoit. Le roi d'Arragon tint les excusances à bonnes et fit grand'chère au chevalier du comte de Foix et dit: « La vicomtesse a fait bien, puisque son cousin de Foix la veut excuser. »

Ainsi se portèrent ces besognes, et demeura la vicomtesse de Châtel-Bon en paix; mais pour ce n'y demeurèrent pas marchands de la cité de Barcelonne et des frontières pour ceux de Lourdes; ainçois (mais) étoient souvent pris et pillés, si ils n'étoient abonnés envers eux. Et avoient ceux de Lourdes leurs abonnements en plusieurs lieux en Castelloingue (Catalogne) et ens ou (le) royaume d'Arragon; et ainsi vouloient faire ceux de la garnison de Durban, et eussent fait pis qui ne fut allé au-devant, car ils couroient plus aigrement au royaume d'Arragon assez que ceux de Lourdes ne faisoient, pourtant (attendu) que ils étoient pauvres et n'avoient cure sur qui, autant bien sur les gens d'office du roi et de la reine, comme sur les marchands du pays; et tant que le conseil du roi s'en mit ensemble, pour ce que les bonnes villes en murmuroient et disoient que le roi qui les dut détruire les soutenoit.

Quand le jeune roi d'Arragon entendit que ses gens murmuroient et parloient sur lui autrement que à point pour ceux de Durban, si lui tourna à grand' déplaisance, pourtant (attendu) que le royaume et l'héritage du roi son père, qui avoit été si aimé de son peuple, lui étoit nouvellement échu. Si en parla à un sien cousin et grand baron en Arragon messire Raymond de Baghes et lui dit: « Messire Raymond, chevauchez jusques à Durban et sachez que ces gens qui sont là me demandent et à mon pays; et traitez devers eux, et faites si vous voulez que ils se départent, ou doucement ou autrement. » Le chevalier répondit: « Volontiers. »

Il envoya un héraut devant, parler à ces compagnons de Durban, et leur mandoit que il vouloit traiter à eux. Quand Mont-Faulcon et Le Goulont et les autres capitaines entendirent que messire Raymond de Baghes vouloit traiter à eux, si pensèrent que ils auroient de l'argent; si dirent au héraut : « Compaing (compagnon), dites de par nous à votre maître messire Raymond que il peut bien venir à nous tout sûrement, car nous ne lui voulons que tout bien. » Le héraut retourna et fit cette réponse à messire Raymond, lequel sus ces paroles se départit de Parpegnand (Perpignan) et s'en vint vers eux et leur demanda pourquoi ils se tenoient là ainsi sus les frontières d'Arragon. Ils répondirent: « Nous attendons l'armée du roi de France qui doit aller en Castille. Si nous mettrons en leur compagnie. » — « Ha, seigneurs, dit messire Raymond, si vous attendez cela, vous demeurerez trop. Le roi d'Arragon ne vous veut pas tant tenir à ses frais ni le pays aussi. » — « Donc, répondirent ils, si il ne nous veut pas tant tenir, nous ne le pouvons amender, mais où que ce soit nous faut vivre. Si il se veut racheter à nous et le pays, nous nous partirons volontiers et autrement non. » — « Et que voudriez-vous avoir? ce dit messire Raymond, et vous vous partirez. » — Ils répondirent: « soixante mille francs. Nous sommes nous quatre, ce seront à chacun quinze mille. » — « En nom Dieu, dit messire

Raymond, c'est argent assez et j'en parlerai au roi. Encore vaudroit-il mieux pour le commun profit du pays que on les payât que ce que on eut plus grand dommage. » Ce disoit messire Raymond pour les apaiser, mais il pensoit tout le contraire.

Il prit congé à eux et leur donna à entendre que ils auroient bien autant ou plus que ils demandoient et puis s'en retourna-t-il à Perpignan où le roi étoit, à qui il recorda ce que ces pillards vouloient avoir. Adonc dit le roi: « Il faut que on en délivre le pays et que on les paye ainsi que on paye larrons et pillards; si je les puis tenir, je les ferai tous pendre; ils ne doivent avoir autre payement. Mais c'est du plus fort comment on les put avoir tous ensemble hors de leur garnison. »

Répondit messire Raymond: « Bien les y aurons, laissez-moi convenir. » — « Or faites, dit le roi, je ne m'en mêle plus fors, tant que je vueil (veux) que le pays en soit délivré. »

Messire Raymond alla mettre une sus secrètement compagnie de gens d'armes, où bien avoit cinq cents lances, et en fit capitaine un écuyer Gascon, vaillant et bon homme d'armes, lequel on appeloit Naudon Seguin et les mit en embûche ainsi, que à une petite lieue de Durban et leur dit: « Quand ceux de la garnison sauldront (sortiront) hors, faites que ils soient tous morts ou pris; nous nous en voulons délivrer et tout le pays. » Ils répondirent: « Volontiers. »

Messire Raymond manda à ces compagnons que ils se missent à cheval et vinssent courir une matinée devant Perpignan pour ébahir les villains de la ville, autrement on ne pouvoit traiter à eux que ils payassent rien, et ceux qui furent tous réjouis de ces nouvelles et qui cuidèrent (crurent) que on leur dit vérité, s'armèrent le jour que l'embûche étoit ordonnée et montèrent tous à cheval et partirent de leurs garnisons et s'en vinrent chevauchant vers Perpignan et en faisant leur montre et vinrent courir jusques aux barrières. Et quand ils eurent tout ce fait, ils se mirent au retour et s'en cuidoient (croyoient) r'aller tout paisiblement; mais ainsi que sur la moitié du chemin ils furent raconsuivis (atteints) et rencontrés et de Naudon Seguin et de sa route (troupe), où bien avoit cinq cents lances qui tantôt se férirent en eux. Ils virent bien que ils étoient déçus et attrapés, si se mirent à défense et se combattirent assez bien ce que durer purent; mais ce ne fut pas longuement, car entr'eux il y avoit grand' foison de pillards et de gens mal armés; si furent tantôt déconfits. Là furent morts Geoffroy Chastellier, Hainge de Sorge, Guiot Maresque, Jean Guies et grand planté (quantité) d'autres; et fut pris Pierre de Mont-Faulcon, Amblarden de Saint Just, et bien quarante, et amenés à Perpignan. Et entretant (pendant) que on les menoit parmi les rues, ces gens de Perpignan yssoient (sortoient) hors de leurs maisons et les huyoient (crioient) ainsi que on fait un loup. Si furent mis en un cep [1] Le Goulont et Pierre de Mont-Faulcon et les autres en une fosse (cachot).

---

(1) Espèce de pilori.

En ce temps étoit venu nouvellement le duc de Berry à Carcassonne et sur les frontières d'Arragon, car il venoit d'Avignon de voir le pape; si ouït recorder comment ceux de Durban étoient pris et morts: tantôt il escripsit (écrivit) devers le roi d'Arragon et devers sa cousine madame Yollen (Yolande) de Bar, en priant que on lui voulsist (voulut) renvoyer Le Goulont et Pierre de Mont-Faulcon, car ils étoient à lui. Le roi et la reine, à la prière de leur oncle, les délivrèrent, et furent renvoyés au duc de Berry. Cette grâce leur fit-il avoir, autrement ils eussent été tous morts sans merci.

CHAPITRE XLVII.

Comment un champ de bataille fut fait a Bordeaux sus Gironde devant le sénéchal et plusieurs autres et comment messire Charles de Blois fut mis hors de prison d'Angleterre et laissa ses deux fils en son lieu en Angleterre.

En ce temps ot (eut) à Bordeaux sus Gironde une appertise d'armes devant les seigneurs, le sénéchal messire Jean Harpedane et les autres, du seigneur de Rochefoucault françois et de monseigneur Guillaume de Montferrant Gascon anglois. Et requit le sire de Rochefoucault, qui fils étoit de la sœur au captal de Buefs (Buch), l'anglois à courir trois lances à cheval, férir trois coups d'épées, trois coups de dagues et trois coups de haches et furent les armes faites devant les seigneurs et dames du pays qui lors étoient à Bordeaux; et y envoya le comte de Foix les chevaliers de son hôtel pour servir et conseiller le seigneur de Rochefoucaut qui fils étoit de sa cousine germaine et lui envoya bons chevaux et armures, dagues, haches, épées et fers de glaives très bons outre l'enseigne, quoique le sire de Rochefoucaut en fut bien pourvu. Si s'armèrent un jour les deux chevaliers, bien accompagnés chacun de grand' chevalerie de son côté, et avoit le sire de Rochefoucaut bien deux cents chevaliers et écuyers et tous de son lignage; et messire Guillaume de Montferrant bien autretant (autant) ou plus. Et là étoient avecques lui le sire de l'Esparre, le sire de Rosem, le sire de Duras, le sire de Mucident, le sire de Landuras, le sire de Courton, le sire de Langoyran, le sire de la Barde, le sire de Taride et le sire de Mont-roial en Pierregort (Périgord), et tous par lignage; et pour ce que l'appertise d'armes étoit de deux vaillants chevaliers emprise les venoit-on voir de plus loin.

Quand ils furent montés sur leurs chevaux et ils eurent leurs targes, et lacés leurs heaumes, on leur bailla leurs glaives (lances). Adonc éperonnèrent-ils leurs chevaux de grand rendon (impétuosité) et s'en vinrent l'un sur l'autre de plain eslai (élan) et se consuivirent (atteignirent) ens ès heaumes de telle façon que les flamèches en saillirent, et portèrent tout jus à terre aux fers des lances leurs heaumes et passèrent outre à (avec) têtes nues excepté les coiffes. « Par ma foi, dirent les seigneurs et les dames, chacun et chacune en droit de soi, ils se sont de première venue bien assenés. »

Adonc entendit-on au remettre à point et de relacer leurs heaumes. Si recoururent encore moult vaillamment la seconde lance, et aussi firent-ils la tierce. Briévement toutes leurs armes furent faites bien et à point au plaisir des seigneurs, tant que il fut dit que chacun s'étoit bien porté; et donna ce jour à souper aux seigneurs et aux dames, en la cité de Bordeaux, le sénéchal messire Jean de Harpedane; et à lendemain tous se départirent et en allèrent sur leurs héritages. Le sire de Rochefoucaut s'ordonna pour aller en Castille; car le roi Jean de Castille l'avoit mandé et le voyage de Castille s'approchoit grandement. Et messire Guillaume de Montferrant, quand il fut revenu chez soi s'ordonna aussi de passer outre et de monter en mer pour aller en Portugal; car le roi l'avoit aussi mandé.

En si grande et si noble histoire comme cette est, dont je, sire Jean Froissart, qui en ai été augmenteur et traiteur depuis le commencement jusques à maintenant, par la grâce et vertu que Dieu m'a donnée de si longuement vivre, que j'ai en mon temps vu toutes ces choses d'abondance et de bonne volonté, que ce n'est pas raison que je oublie rien qui à ramentavoir (rappeler) fasse, et pour ce que les guerres de Bretagne, de Saint Charles de Blois et de messire Jean de Montfort ont grandement renforcé et renluminé cette haute et noble histoire, je veuil (veux) retourner à faire mention, et c'est droit, que les deux fils Jean et Guy de Saint Charles de Blois, qui un long-temps se nommoit duc de Bretagne, et il l'étoit par le mariage que il fit à madame Jeanne de Bretagne laquelle venoit du droit estocq (tige) de Bretagne et des ducs, si comme il est pleinement et véritablement contenu et remontré ici dessus en cette histoire, sont devenus; car je ne les ai pas mis encore hors de la prison et danger (pouvoir) du roi d'Angleterre, où leur père Saint Charles de Blois les eut mis.

Vous savez, et il est ci-dessus écrit et traité, comment le roi Édouard d'Angleterre, pour embellir sa guerre de France, se conjoignit et allia avecques le comte de Montfort, et toujours l'a-t-il aidé, conseillé et conforté à son pouvoir, et tant fait que le comte de Montfort est venu à ses ententes (but) et que il est duc de Bretagne, et sans l'aide du roi d'Angleterre et des Anglois il ne fut jamais venu à l'héritage de Bretagne, car Saint Charles de Blois, lui vivant, eut toujours de sa partie en Bretagne contre le comte de Montfort de sept les cinq. Vous savez comment sus l'an mil trois cent et quarante sept, à une grosse bataille qui fut en Bretagne devant La Roche d'Orient (Derien), où les gens de la partie de la comtesse de Montfort, messire Jean de Harteselle et autres, déconfirent messire Charles de Blois, et fut là pris et amené en Angleterre où on lui fit bonne chère; car la noble reine d'Angleterre, la bonne reine Philippe, qui fut en mon jeune temps madame et ma maîtresse, étoit de droite génération cousine germaine à Saint Charles de Blois. Et lui fit la dame et montra toute la grâce et amour qu'elle pût et mit grand'peine à sa délivrance; car le conseil du roi d'Angleterre ne vouloit point consentir que monseigneur Charles de Blois fut délivré; et disoient le duc Henri de Lancastre et les autres hauts barons d'Angleterre: « Si messire Charles de Blois yst (sort) de prison, il y a en lui trop de belles et grandes recouvrances, car le roi Philippe, qui se dit roi de France, est son oncle; et tant comme nous le tiendrons en prison, notre guerre en Bretagne est bonne. »

Nonobstant toutes les paroles et remontrances que les seigneurs d'Angleterre montroient au roi, le roi Édouard, par le bon moyen de la bonne et noble reine sa femme, le mit à finance; et dût payer deux cent mille nobles et pour avoir répondant de la somme des deniers (qui étoit grande à payer, mais non seroit maintenant pour un duc de Bretagne, car les seigneurs se forment sur une autre condition et manière que ils ne faisoient pour lors et trouvent pour le présent plutôt chevance que ne faisoient leurs prédécesseurs du temps passé, car ils taillent le peuple à volonté, et du temps passé ils n'usoient fors de leurs rentes et revenues; car maintenant la duché de Bretagne sur un an ou sur deux au plus long d'une prière payeroit bien par aide à son seigneur deux cent mille nobles.) Charles de Blois mit et bailla ses deux fils qui pour lors étoient jeunes en pleiges (caution) et en otages pour la somme des deniers le roi d'Angleterre.

Depuis messire Charles de Blois, en poursuivant sa guerre de Bretagne, eut tant à faire à payer soudoyers (soldats), à soutenir son état et toujours en espérance de voir fin de guerre que il non chalia (songea) ses deux enfants. En poursuivant sa querelle et défendant son héritage le très vaillant et saint homme mourut à une bataille en Bretagne qui fut devant Auray par la puissance et confort des Anglois et non par autres gens. Quand le vaillant homme fut mort, pour ce ne fina pas la guerre, mais le roi Charles de France, qui en son temps douta trop grandement les fortunes, quand il vit que le comte de Montfort et les Anglois ne se cessoient point de conquérir toujours avant, si mit en doute que si le comte de Montfort venoit à ses ententes (but) du conquêt de Bretagne que il ne le voulsist (voulut) tenir de puissance sans foi et hommage, car jà l'avoit-il relevé du roi d'Angleterre qui lui aidoit et avoit toujours aidé à faire sa guerre. Si fit traiter devers le comte de Montfort et son conseil, si comme il est ici dessus contenu en cette histoire; si n'en veuil (veux) plus parler; mais le comte de Montfort demeura duc de Bretagne parmi tant que l'hommage et la foi en retourna au souverain et droiturier seigneur le roi de France; et devoit le duc, par les articles du traité, aider à délivrer ses deux cousins les enfants de Saint Charles de Blois qui étoient prisonniers en Angleterre devers le roi [1]; de laquelle chose il n'en fit rien, car toujours

---

(1) Tous ces évènemens sont racontés dans le I.er livre de Froissart. (Voyez la table générale de ce livre placée à la fin du 6.e volume de notre édition). J. A. B.

doutoit-il que si ils retournoient que ils ne lui donnassent à faire et que Bretons, qui plus étoient enclinés à eux que à lui, ne les prensissent (prissent) à seigneurs. Pour cette cause négligeoit-il à les délivrer; et tant demeurèrent en prison en Angleterre les deux fils à Charles de Blois, une fois en la garde de messire Roger de Beauchamp, un très gentil et vaillant chevalier, et de madame Sébille sa femme, et l'autrefois en la garde de messire Jean D'Aubrecicourt, que Guy de Bretagne le plus jeune mourut. Ainsi demeura Jean de Bretagne en prison tout seul, car il avoit perdu sa compagnie son frère. Si lui devoit moult ennuyer; aussi faisoit-il souvent, mais amender ne le pouvoit. Et quand il lui souvenoit de son jeune temps, il qui étoit de la plus noble génération du monde, comment il l'avoit perdu et encore perdoit-il, il pleuroit moult tendrement et eut plus cher à être mort que vif; car trente cinq ans ou environ fut-il au dangier (pouvoir) de ses ennemis en Angleterre, et ne lui apparoît délivrance de nul côté, car ses amis et proismes (prochains) lui éloignoient, et la somme pour laquelle on le tenoit étoit si grande que elle ne faisoit pas à payer, si Dieu proprement ne lui eut aidé. Ni oncques le duc d'Anjou, en toute sa puissance et sa prospérité, qui avoit sa sœur germaine épousée et dont il avoit deux beaux fils Louis et Charles, n'en fit diligence. Or vous veuil (veux)-je recorder la délivrance Jean de Bretagne.

CHAPITRE LVIII.

Comment le comte de Bouquinghen (Buckingham) tint le siége devant Rennes et Nantes et puis retourna en Angleterre.

Vous sçavez, et il est ici dessus contenu en cette histoire, comment le comte de Bouquinghen (Buckingham) fit un voyage parmi le royaume de France et vint en Bretagne, dont le duc de Bretagne l'avoit mandé, pourtant (attendu) que son pays ne vouloit être en obéissance devers lui; et fut le dit comte et ses gens un hiver et le temps ensuivant en grand'pauvreté devant Nantes et devant Vannes jusques au mois de mai [1], que il retourna en Angleterre. Le comte Thomas de Bouquinghen (Buckingham) étant devant Vannes et ses gens logés au dehors au mieux qu'ils pouvoient, vous savez que il y eut fait d'armes devant Vannes, de chevaliers et d'écuyers de France aux chevaliers et écuyers d'Angleterre; et vint là messire Olivier de Clisson connétable de France voir les armes et parla aux chevaliers d'Angleterre et eux à lui. Bien les connoissoit tous, car d'enfance il avoit été nourri en Angleterre entr'eux. Si leur fit aux aucuns bonne compagnies en plusieurs manières, ainsi que nobles gens d'armes

---

(1) De l'année 1381.

font l'un à l'autre et que François et Anglois se sont toujours fait; et bien y avoit cause adonc que il fesist (fit), car il tendoit à une chose qui grandement lui touchoit, mais il ne s'en découvrit à homme du monde, fors à un seul écuyer qui étoit homme d'honneur de son hôtel, et avoit l'écuyer toujours servi à messire Charles de Blois; car si le connétable se fut découvert à homme du monde, il eut perdu son fait et l'espérance où il tendoit à venir et vint, par la grâce de Dieu et par bons moyens.

Le connétable de France ne pouvoit nullement aimer le duc de Bretagne ni le duc lui grand temps avoit, quel semblant que ils se montrassent; et de ce qu'il véoit Jean de Bretagne en prison en Angleterre, il avoit grand'pitié, et le duc de Bretagne venu à l'héritage et possession du pays. En la greigneur (plus grande) amour que ils eurent oncques ensemble, il lui avoit dit et montré ainsi: « Monseigneur, que ne mettez-vous peine que votre cousin Jean de Bretagne soit hors de la prison au roi d'Angleterre. Vous y êtes tenu par foi et par serment; et quand le pays de Bretagne fut en traité devers vous, les prélats et les nobles et les bonnes villes en la cité de Nantes et l'archevêque de Reims messire Jean de Craon et messire Boucicaut, pour le temps maréchal de France, traitèrent devers vous la paix devant Kempercorentin, vous jurâtes que vous feriez votre pleine puissance de délivrer vos cousins Jean et Guy, et vous n'en faites rien. Donc sachez que le pays de Bretagne vous en aime moins. »

Le duc à ses réponses se dissimuloit et disoit: « Taisez-vous, messire Olivier. Où prendrois-je trois cent mille francs ou quatre cent mille que on leur demande. » — « Monseigneur, répondoit le connétable, si le pays de Bretagne véoit que vous eussiez bonne volonté pour cela faire, ils plaindroient peu à payer une taille ni un fouage pour délivrer les enfant qui mourront en prison, si Dieu ne les aide. » — « Messire Olivier, avoit répondu le duc, mon pays de Bretagne n'en sera jà grévé ni taillé. Mes cousins ont de grands princes en leur lignage, le roi de France et le duc d'Anjou, qui les devroient aider, car ils ont toujours à l'encontre de moi soutenu la guerre et quand je jurai voirement (vraiment) à eux aider à leur délivrance, mon intention étoit telle que le roi de France ou leurs prochains payeroient les deniers et je y aiderois de ma parole. » Oncques le connétable n'avoit pu autre chose estraire (tirer) du duc.

Or étoit advenu, si comme je vous ai commencé à dire, que le connétable véoit bien tout clairement que le comte de Bouquinghen (Buckingham) et les barons et chevaliers d'Angleterre, qui avecques lui avoient été en ce voyage de France et venus en Bretagne, se contentoient mal grandement du duc de Bretagne, pour tant que prestement (promptement) il n'avoit fait ouvrir ses villes et ses châteaux, si comme il leur avoit promis au partir hors d'Angleterre, à l'encontre d'eux. Et avoient dit plusieurs Anglois, endementes (pendant) que ils séjournoient devant Vannes et ès faubourgs de Hambont (Hennebon), en si grand'pauvreté que ils n'avoient que manger et que leurs chevaux étoient tous morts, et alloient les Anglois, pour ce temps que ce fut, cueillir les chardons aux champs et les broyoient en un mortier, et la farine ils la détrempoient et en faisoient forme de pâte et la cuisoient et la donnoient-ils à leurs chevaux, et de telle nourrisson ils les paissoient un grand temps; mais nonobstant tout ce ils moururent; donc en cette pauvreté ils avoient dit: « Ce duc de Bretagne ne s'acquitte pas bien loyalement envers nous qui l'avons mis en la possession et seigneurie de Bretagne. Et qui nous en croiroit, nous lui ôteriemes (ôterions), aussi bien que donné lui avons, et mesterienms (mettrions) hors Jean de Bretagne son adversaire, lequel le pays aime mieux cent fois que il ne fait lui. Nous ne nous pourrions mieux venger de lui ni plutôt faire perdre toute Bretagne. »

Bien sçavoit le connétable que telles paroles et murmurations étoient communément entre les Anglois sus le duc de Bretagne, dont il n'étoit pas courroucé; car pour un mal que on disoit de lui, il eut voulu autant que on en dit treize; mais nul semblant n'en faisoit l'écuyer de Bretagne qui étoit informé de son secret; on l'appeloit, ce m'est avis, Jean Rollant. Et advint que quand messire Jean de Harleston le capitaine de Chierebourc (Cherbourg) fut à Châtel-Josselin, châtel du connétable, lequel à lui et à sa compagnie fit cette grâce que conduire jusques à Chierebourc (Cherbourg) et sans péril, et donna le connétable à dîner ens ou (le)

Châtel-Josselin à messire Jean de Harleston et aux Anglois et leur fit faire la meilleure compagnie qu'il put pour mieux avoir leur grâce; et là s'avança l'écuyer du connétable à parler à messire Jean de Harleston, présent le connétable, et dit à messire Jean: « Vous me feriez un grand plaisir si il vous venoit bien à point et qui rien ne vous coûteroit. » Répondit messire Jean: « Pour l'amour du connétable, je vueil (veux) bien que il me coûte. Et que voulez-vous que je fasse? » — « Sire, dit-il, que sur votre conduit je puisse aller en Angleterre voir mon maître Jean de Bretagne que je verrois très volontiers. Et le greigneur (plus grand) désir que j'aie en ce monde, c'est de lui voir. » — « Par ma foi, répondit messire Jean de Harleston, jà par moi ne demeurera que vous ne le voyez; et moi retourné à Cherbourg, je dois temprement aller en Angleterre; si vous en viendrez avecques moi et je vous y conduirai et ferai reconduire, car votre requête n'est pas refusable. » — « Grands mercis, monseigneur, répondit l'écuyer, et je tiens la grâce à belle. »

L'écuyer se départit du Châtel-Josselin avecques messire Jean de Harleston et vint à Cherbourg. Quand messire Jean eut ordonné ses besognes, il se départit de Cherbourg et monta en un vaissel en mer, Jean Rollant en sa compagnie, et vint en Angleterre et droit à Londres, et fit Jean Rollant mener au châtel où Jean de Bretagne étoit. Jean de Bretagne ne le connoissoit quand il vit, mais il se fit connoître et parlèrent ensemble; et eut traité entre Jean de Bretagne et le connétable, que si Jean de Bretagne vouloit entendre à sa délivrance, le connétable y entendroit grandement. Jean qui se désiroit à voir délivré demanda comment : « Sire, dit-il, je le vous dirai ; monseigneur le connétable a une belle fille à marier. Là où vous voudriez jurer et promettre que, vous retourné en Bretagne, vous la prendrez à femme, il vous feroit délivrer d'Angleterre, car il a jà trouvé le moyen comment. » Jean de Bretagne répondit : « Ouil, vraiment. Vous retourné par delà, dites au connétable que il n'est chose que je ne doive faire pour ma délivrance et que sa fille je prendrai et épouserai très volontiers. »

Jean de Bretagne et l'écuyer eurent plusieurs paroles ensemble ; et puis se départit d'Angleterre l'écuyer et lui fit avoir passage messire Jean de Harleston, et retourna en Bretagne, et recorda au connétable tout ce que il avoit trouvé et fait. Le connétable, qui désiroit l'avancement de sa fille à être mariée si hautement que à Jean de Bretagne, ne fut pas négligent de besogner et exploiter et quist (chercha) un moyen en Angleterre pour adresser à ses besognes ; car sans le moyen au voir (vrai) qu'il prit il n'y fut jamais venu ; ce fut le comte d'Asquesuffort (Oxford), lequel étoit tout privé du roi d'Angleterre. Mais les besognes ne se firent pas si trèstôt ; car tant que le duc de Lancastre fut en Angleterre, avant que il se départit pour aller en Gallice ni en Portugal, il ne se découvrit au roi du traité de Jean de Bretagne ni de chose que il voulsist (voulut faire en cette matière. Car quand le comte de Bouquinghen (Buckingham) fut retourné arrière en Angleterre, il troubla tellement le duc de Bretagne envers le roi et ses frères que renommée couroit en Angleterre que le duc de Bretagne s'étoit faussement acquitté envers leurs gens, pourquoi on lui vouloit tout le mal du monde; et fut Jean de Bretagne amené en la présence du roi et de ses oncles et du conseil d'Angleterre et lui fut dit: « Jean, si vous voulez relever la duché de Bretagne et tenir du roi d'Angleterre, vous serez délivré hors de prison et remis en la possession et seigneurie de Bretagne et serez marié hautement en ce pays; » si comme il eut été, car le duc de Lancastre lui vouloit donner sa fille Philippe celle qui fut puis reine de Portugal. Jean de Bretagne répondit que jà ne feroit ce traité ni seroit ennemi ni contraire à la couronne de France. Il prendroit bien à femme la fille du duc de Lancastre, mais (pourvu) que on le voulsit (voulut) délivrer d'Angleterre. Or fut-il remis en prison.

Quand le comte d'Asquesuffort (Oxford) que nous appelerons duc d'Irlande[1] vit que le duc de Lancastre étoit issu hors d'Angleterre et allé ou voyage de Castille et que le traité étoit passé et cassé, car il en avoit mené sa fille avecques lui, si s'avisa que il traiteroit envers le roi d'Angleterre dont il étoit si bien comme il vouloit; que le roi d'Angleterre lui donneroit, en cause de rénumération, Jean de Bretagne pour les beaux services que il lui avoit faits et

---

(1) Il fut nommé duc d'Irlande en 1386. J. A. B.

pouvoit encore faire; car traité secret étoit entre le connétable de France et lui, au cas que Jean de Bretagne seroit sien, il lui délivreroit à deux payements six vingt mille francs, soixante mille à chacun; et auroit les soixante mille délivrés à Londres, si très tôt que Jean de Bretagne seroit mis en la ville de Boulogne sur mer et les autres soixante mille en France en la cité de Paris ou en quelque lieu que il les voudroit avoir. Le duc d'Irlande convoita les florins et fit tant devers le roi d'Angleterre que le roi lui donna, quittement et absolument, Jean de Bretagne, dont on fut moult émerveillé en Angleterre, ni que qui en voulsit (voulut) parler si en parlât, on n'en eut autre chose.

Le duc d'Irlande tint son convenant (promesse). Jean de Bretagne fut envoyé à Boulogne et là trouva-t-il son arroy tout prêt que le connétable lui avoit fait appareiller. Si s'en vint en France, premièrement à Paris; là trouva le roi et les seigneurs de son lignage qui lui firent très bonne chère, et le connétable aussi qui l'attendoit. Si l'enmena en Bretagne, et Jean de Bretagne épousa sa fille ainsi que convenancé (promis) avoit.

Quand le duc de Bretagne sçut que Jean de Bretagne étoit retourné en France et délivré de tous points d'Angleterre par l'aide et pourchas (intrigue) du connétable de France, si eut encore en double haine le connétable et dit: « Voire ! me cuide (croit) messire Olivier de Clisson mettre hors de mon héritage. Il en montre les signifiances. Il a mis hors d'Angleterre Jean de Bretagne et lui a donné sa fille par mariage; telles choses me sont moult déplaisantes, et par Dieu je lui montrerai un jour qu'il n'a pas bien fait, quand il s'en donnera le moins de garde. » Il dit vérité; il lui remontra voirement (vraiment) dedans l'an trop durement, si comme vous orrez (entendrez) recorder avant en l'histoire; mais nous parlerons ainçois (avant) des besognes de Castille et de Portugal et de une armée sur mer que les Anglois firent dont ils vinrent à l'Écluse.

Vous savez comment l'armée de mer du roi de France se dérompit en cette saison, non pas par la volonté du jeune roi Charles de France, car toujours montra-t-il bon courage et grand' volonté de passer. Et quand il vit que tout se dérompoit, il en fut plus courroucé que nul autre. On en donnoit toutes les coulpes (fautes) au duc de Berry; espoir (peut-être) y véoit-il plus clair que nul des autres; et ce que il déconseilla à non aller, ce fut pour l'honneur et profit du royaume de France; car quand on entreprend aucune chose à faire, on doit regarder à quelle fin on en peut venir et le duc de Berry avoit bien tant demeuré en Angleterre en otagerie pour le roi Jean son frère et conversé entre les Anglois et vu le pays que il sçavoit bien par raison quelle chose en étoit bonne à faire; et la cause qui y étoit la plus excusable de non aller, il étoit trop tard et sur l'hiver; et pourtant fut dit que à l'été le connétable de France y meneroit une charge de gens d'armes de six mille hommes d'armes et autant d'arbalêtriers. Et fut dit et regardé par son conseil même que ce seroient assez gens pour combattre les Anglois:

aussi par raison le connétable les devoit connoître, car il avoit été entr'eux nourri de son enfance.

Quand ces seigneurs furent retournés en France, on regarda que il convenoit envoyer en Castille pour secourir le roi Jean de Castille contre le roi de Portugal et le duc de Lancastre; car apparant étoit que là se trairoient (porteroient) les armes, car les Anglois y tenoient les champs. Or ne pouvoit-on là envoyer gens, fors à grands dépens, car le chemin y est moult long, et si n'y avoit point d'argent au trésor du roi ni devers les trésoriers des guerres, fors ens ès bourses du commun peuple parmi le dit royaume; car le grand argent qui avoit été cueilli et levé pour le voyage de mer, était tout passé et aloé (dépensé); si convenoit recouvrer de l'autre: pourquoi une taille fut avisée à faire parmi le royaume de France et à payer tantôt. Et disoit-on que c'étoit pour reconforter le roi d'Espagne et mettre hors les Anglois de son pays. Cette taille fut publiée partout; et venoient les commissaires du roi ens ès bonnes villes qui portoient les taxations et disoient aux seigneurs qui les villes gouvernoient: « Cette cité, ou cette ville, est taxée à tant, il faut que on paye et tantôt. » — « Hà! répondoient les gouverneurs, on la cueillera (ramassera) et mettra-t-on l'argent ensemble; et puis sera envoyé à Paris. » — « Nennil, répondoient les commissaires, nous ne voulons pas tant attendre; nous ne ferons autrement. » Là commandoient-ils de par le roi et sur quan (tout ce que) ils se pouvoient méffaire aux dix ou aux douze que tantôt allassent en prison si ils ne trouvoient la finance. Les suffisants hommes resoingnoient (redoutoient) la prison et la contrainte du roi; si faisoient tant que l'argent étoit prêt et emporté tout promptement et ils le reprenoient sur les pauvres gens et venoient tant de tailles l'une sur l'autre que la première n'étoit pas payée quand l'autre retournoit. Ainsi étoit le noble royaume gouverné en ce temps et les pauvres gens menés, dont plusieurs en vuidoient leurs villes, leurs héritages et leurs maisons que on leur vendoit tout et s'en venoient demeurer en Hainaut et en l'évêché du Liége où nulle taille ne couroit.

CHAPITRE L.

COMMENT LE DUC DE BOURBON FUT ÉLU POUR ALLER EN CASTILLE ET PLUSIEURS AUTRES ET COMMENT MESSIRE JEAN BUCQ (BUYCK) AMIRAL DE FLANDRE FUT PRIS DES ANGLOIS ET PLUSIEURS MARCHANDS.

Or furent avisés les capitaines qui seroient des gens d'armes qui iroient en Castille. Premièrement pour lui essaucier (élever) on élut et nomma le gentil duc Louis de Bourbon: cil (celui-ci) seroit souverain capitaine de tous. Mais avant qu'il se départit du royaume de France, on regarda que on bailleroit aux gens d'armes deux autres capitaines, lesquels ouvriroient le pas et ordonneroient de leurs besognes et lairoient (laisseroient) gens d'armes qui oncques ne furent en Castille aviser le pays et eux loger. Et pour l'arrière-garde le duc de Bourbon devoit avoir deux mille lances, chevaliers et écuyers, si vaillants hommes que tous d'élite. Les deux vaillants chevaliers qui furent ordonnés en l'avant-garde et pour faire le premier voyage et être capitaines des autres, ce furent messire Guillaume de Lignac et messire Gaultier de Passac.

Ces deux barons, quand ils sçurent que souverains et meneurs les convenoit être de tels gens d'armes et pour aller en Castille, s'appareillèrent et ordonnèrent ainsi comme il appartenoit. Adoncques furent mandés chevaliers et écuyers parmi le royaume de France pour aller en Castille, et étoient les passages ouverts tant par Navarre comme par Arragon. Si se départirent chevaliers et écuyers de Bretagne, de Poitou, d'Anjou, du Maine, de Touraine, de Blois, d'Orléans, de Beauce, de Normandie, de Picardie, de France, de Bourgogne, de Berry et d'Auvergne et de toutes les mettes (frontières) du royaume. Si se mirent gens à voie et à chemin pour aller en Castille; et de tous tant que des premiers étoient meneurs et conduiseurs messire Guillaume de Lignac et messire Gaultier de Passac, lesquels, pour essaucier (élever) et garder leur honneur, se mirent en bon arroy, eux et leurs routes (troupes), et en très bonne ordonnance.

Endementes (pendant) que ces gens d'armes, chevaliers et écuyers du royaume de France s'appareilloient et ordonnoient pour aller en Castille, et qui premier avoit fait premier partoit, et ceux des lointaines marches devant, car moult en y avoit qui désiroient les armes, étoient Anglois sur mer entre Angleterre et Flandre. L'armée du roi d'Angleterre, de laquelle le comte d'Arundel qui s'appeloit Richard étoit amiral et souverain, et en sa compagnie étoient le comte de Dousière (Devonshire), le comte de Notinghem (Nottingham) et l'évêque de Norwich, et étoient cinq cents hommes d'armes et mille archers; et ancrèrent en cette saison un grand temps sus la mer, en attendant les aventures et se rafraichissoient sus les côtes d'Angleterre et sur les îles de Cornouailles, de Bretagne et de Normandie, et étoient trop courroucés de ce que la flotte de Flandre leur étoit échappée, laquelle étoit allée en la Rochelle et encore plus de ce que le connétable de France, quand il partit de Lautriguier (Treguier) et il vint à l'Écluse et il passa devant Calais, quand ils ne le rencontrèrent; car volontiers se fussent combattus à lui, nonobstant que le connétable avoit bien autant de vaisseaux armés que ils avoient, et si passèrent tous par devant eux, mais ce fut par le bon vent et la marée que les François eurent de nuit.

Or gisoient ces nefs Angloises à l'ancre par devant Margate à l'embouchure de la Tamise au descendant de Zandvich (Sandwich) et attendoient là l'aventure, et par spécial la flotte des nefs qui en cette saison étoient allées en la Rochelle et bien sçavoient que tantôt retourneroient, ainsi comme elles firent.

Quand les marchands de Flandre, de la Rochelle, de Hainaut et de plusieurs autres pays qui pour la doutance (crainte) des Anglois s'étoient tous conjoints et assemblés ensemble et accompagnés au département de Flandre pour aller et retourner plus sûrement, eurent fait tous leurs exploits à la Rochelle et en Rochelois et au pays de Saintonge, et chargé leurs nefs de grand'foison de vins du Poitou et du pays de Saintonge, et ils virent que ils eurent bon vent, ils se désancrèrent du hâvre de la Rochelle et se mirent au chemin par mer pour retourner en Flandre et à l'Écluse dont ils étoient partis; et singlèrent tant que ils passèrent les ras Saint Mathieu en Bretagne sans péril et sans dommage et coustièrent (côtoyèrent) la basse Bretagne et puis Normandie et d'autre part Angleterre droitement sus l'embouchement de la Tamise, où ces nefs Anglesches (Angloises) étoient. Les nefs de Flandre les aperçurent comment elles gisoient là en guet au pas (passage), et dirent ceux qui étoient ens ès châteaux d'amont (en haut): « Seigneurs, avisez-vous; nous serons rencontrés de l'armée d'Angleterre, ils nous ont aperçus; ils prendront l'avantage du vent et la marée; si aurons bataille avant que il soit nuit. »

Ces nouvelles ne plurent pas bien à aucuns et par spécial aux marchands de Flandre et d'autres pays qui avoient là dedans leurs marchandises; et voulsissent (eussent voulu) bien être encore à mouvoir, si il peuist (eut pu) être. Toutefois, puisque combattre les convenoit et que autrement ils ne pouvoient passer, ils s'ordonnèrent selon ce, et étoient, que arbalêtriers que autres gens, tous en armes et deffensables, plus de sept cents; et avoient là un vaillant chevalier de Flandre à capitaine, lequel étoit amiral de la mer, de par le duc de Bourgogne, et l'appeloit-on messire Jean Bucq (Buyck), preux, sage, entreprenant et hardi aux armes et qui moult avoit porté sur mer de dommage aux Anglois.

Ce messire Jean Bucq les mit tous en ordonnance, et arma les nefs bien et sagement, ainsi que bien le sçut faire, et leur dit: « Beaux seigneurs, ne vous épouvantez de rien. Nous sommes gens assez pour combattre l'armée d'Angleterre et si avons vent pour nous. Et toujours en combattant approcherons-nous l'Écluse; nous coustions (côtoyons) Flandre. Voilà Dunkerque; nous les échapperons bien. » Les aucuns se confortoient sus ces paroles et les autres non, et se mirent en deffense et en ordonnance, et s'appareillèrent arbalêtriers pour traire (tirer), et jeter canons.

Or approchèrent les navies (flottes) et avoient les Anglois aucunes gallées lesquelles ils avoient armées d'archers. Ces gallées tout premièrement s'en vinrent fendant la mer à force d'avirons et furent les premiers assaillants; et commencèrent archers à traire (tirer) de grand randou (impétusité) et perdirent moult de leur trait aux Flamands; car Flamands qui étoient en leurs vaisseaux se tapissoient entre les bords par dedans, et pour le trait point ne se montroient et toujours alloient-ils avant aval le vent. Aucuns arbalêtriers qui étoient hors du trait des archers et à leur avantage détendoient arcs et leur envoyoient carreaux (flèches) dont ils en blessoient plusieurs.

Ainsi ensonniant (harcelant) de ces gallées aux vaisseaux s'approcha la grosse navie (flotte) d'Angleterre, le comte d'Arundel et sa charge, l'évêque de Norwich et sa charge et tous les autres; et ainsi comme oisels gentils se fixent entre esprohons ou coulons (pigeons), ils se boutoient entre les nefs de Flandre et de la Rochelle. Là n'eurent-ils pas trop grand avantage; car Flamands et arbalêtriers se mirent à défense vaillamment et de grand'volonté, car le patron messire Jean Bucq les y admon estoit. Et étoit lui et sa charge en un gros vaissel armé fort et dur assez pour attendre tout autre. Et là dedans avoit trois canons qui jetoient carreaux si grands que là où ils chéoient à plomb ils perçoient tous et portoient grand dommage. Et toujours en combattant et en tirant et en luttant approchoient ceux de Flandre; et y eut aucunes petites nefs de marchands qui prirent les côtes de Flandre et la basse eau; ceux-là se sauvèrent car les gros vaisseaux pour peu de parfont (profondeur) et pour les terres ne les pouvoient approrche. Là eut sur mer, je vous dis, dure bataille et fière et des nefs cassées et effondrées d'une part et d'autre; car ils jetoient d'amont barreaux de fer aiguisés; et là où ils chéoient ils couloient tout jusques au fond. Et vous dis que ce fut une très dure bataille et bien combattue, car elle dura trois marées. Car quand la marée failloit (manquoit), tous se retrayoient (retiroient) et ancroient; il le convenoit; et mettoient à point les blessés. Et la marée et les flots retournoient, ils se désancroient et sacquoient (tiroient) les voiles amont et puis retournoient à la bataille et se combattoient âprement et hardiment. Et là étoit Pètre Dubois de Gand atout (avec) une charge d'archers et de gens de mer qui donnoit aux Flamands moult à faire, car il avoit été maronnier (marin). Si se savoit bien aider sur mer. Et étoit courroucé de ce que ces Flamands et les marchands leur duroient tant.

Ainsi chassant et combattant, et toujours Anglois conquérant sus la navie (flotte) des Flamands, vinrent-ils entre Blanquenberg et l'Écluse, et à l'encontre de Cadsant; et là fut la déconfiture, car ils ne furent secourus ni aidés de nullui (personne), ni il n'avoit à ce jour nulles gens d'armes à l'Écluse ni ens ès nefs ni dedans la ville. Bien est vérité que un homme d'armes et appert écuyer de l'Écluse, qui s'appeloit Arnoul Lemaire, quand il ouït dire que bataille y avoit sur mer de l'armée d'Angleterre à celle de Flandre, entra en une sienne barge que il avoit bonne et belle et prit aucuns sergents de l'Écluse et vingt arbalêtriers et nagea (naviguá) à force de rames jusques à la bataille, mais ce fut sur le point de la déconfiture, car jà étoient Anglois saisis de la greigneur (plus grande) partie des vaisseaux et avoient pris messire Jean Bucq le patron de la navie (flotte) et tous ceux de dedans. Et quand Arnoul Lemaire ne vit la manière que la chose alloit mal pour leurs gens, si fit traire (tirer) trois fois ses arbalêtriers et puis se mit au retour et fut chassé jusques dedans le hâvre de l'Écluse; mais les nefs qui le chassèrent étoient si grosses qu'elles ne purent approcher de si près, pour la terre, que la barge fit; par telle manière se sauva-t-il et toute sa route (troupe).

Moult furent les gens de l'Écluse ébahis, quand les nouvelles furent là venues que l'armée d'Angleterre leur venoit et avoit rué jus et déconfit l'armée de Flandre et la grosse flotte qui venoit de la Rochelle, et cuidièrent (crurent) bien avoir l'assaut. Si ne savoient lequel faire, ni auquel entendre, ou guerpir (quitter) leur ville et tout laisser ou entrer ens (dans) ès vaisseaux qui là dormoient à l'ancre et garder le pas. Et sachez que si les Anglois eussent bien certainement sçu du convenant de l'Écluse, ils eussent été seigneurs de la ville et du châtel, ou si ils eussent cru Piètre Dubois, car il conseilloit trop fort, quand ils furent au-dessus de la bataille et ils eurent saisi toute la navie (flotte), que on venist (vint) à l'Écluse et que de fait on le gagneroit. Mais les Anglois ne l'avoient point en courage (intention) ni en conseil; ainçois (mais) disoient: « Nous ferions une trop grand' folie de nous bouter en la ville de l'Écluse; et puis ceux de Bruges, du Dam et d'Ardembourg venroient (viendroient) et nous enclorroient. Ainsi reperderiesmes (perdrions)-nous tout ce que nous avons gagné. Il vaut trop mieux que nous le gardons et que nous guerroyons sagement que follement. »

Ainsi ne se boutèrent point les Anglois outre la rive de la mer vers l'Écluse, mais ils se mirent en peine d'ardoir la navie (flotte) qui étoit au hâvre de l'Écluse et qui là gisoit à l'ancre; mais des vaisseaux qu'ils avoient pris ils prirent des plus légers et les plus secs et les oignirent bien dehors et dedans de huile et de graisse et puis boutèrent le feu dedans et les laissèrent aller aval le vent et avecques la marée qui venoit à l'Écluse. Ces vaisseaux ardoient bel et clair, et le faisoient les Anglois à cette entente (intention) que ils se prensissent (attachassent) aux grands et gros vaisseaux qui là étoient d'Espagne et d'autres pays, ils n'avoient cure de qui. Mais le feu n'y porta oncques dommage à vaissel qui y fut.

CHAPITRE LI.

Comment les Anglois arrivèrent a l'Écluse et de ce toutes gens s'ébahissoient et comment ils ardirent plusieurs villes.

Après ce que les Anglois eurent déconfit messire Jean Bucq (Buyck) l'amiral de Flandre et conquis toute la flotte qui venoit de la Rochelle, où ils eurent grand profit, et par spécial ils eurent bien neuf mille tonneaux de vins, dont la vinée toute l'année en fut plus chère en Flandre et en Hainaut et en Brabant et à meilleur marché en Angleterre. Ce fut raison. Ainsi se portent les aventures, nul n'a dommage que les autres n'y aient profit. Ne se départirent pas pour ce les Anglois de devant l'Écluse, mais furent là à l'ancre et coururent de leurs barges et de leurs gallées et prirent terre à Tremue à l'opposite de l'Écluse: il n'y a que la rivière entre deux; et l'ardirent, et le moustier aussi, et deux autres villes plus avant en allant sus la marine et sus les dicques (digues), lesquelles on appelle Tourne-Hourque (Turnhout); et Murdequer (Mœrdick) et prirent des gens et des prisonniers sur le pays et furent là gisants à l'ancre plus de neuf jours et firent des embûches entre le Dam et l'Écluse au lez (côté) devers eux au chemin de Coquelar (Coxie) et y fut pris Jean de Launoy un homme d'armes de Tournay, qui étoit là venu avecques le seigneur d'Escornay et messire Blancart de Calonne, qui y vinrent frappant de l'éperon de Tournay atout (avec) quarante lances, quand les nouvelles furent épandues sus le pays que les Anglois étoient à l'Écluse. Et advint aussi que messire Robert Maréchal, un chevalier de Flandre, lequel avoit épousé une des filles bâtardes du comte de Flandre, étoit pour ce jour à Bruges, quand les nouvelles coururent des Anglois, si que il se départit et s'en vint à l'Écluse et se bouta au châtel, lequel il trouva à (avec) petite garde et défense. Et si les Anglois eussent pris terre ou que ils se fussent adonnés de être entrés en l'Écluse, aussi bien que ils firent d'aller à Tremue d'autre part l'eau, ils eussent pris châtel et tout, car les gens qui le devoient garder et ceux de l'Écluse étoient si ébahis que il n'y avoit ordonnance ni arroy en eux et s'en fuyoient les uns çà et les autres là, quand le chevalier dessus nommé y vint qui entendit aux défenses et au pourvoir de gens et rendit cœur et manière à ceux de la ville; si leur dit: « Entre vous gens de l'Écluse, comment vous maintenez-vous? A ce que vous montrez, vous êtes tous déconfits et sans coup férir. Gens de valeur et de défense ne doivent pas ainsi faire. Ils doivent montrer visage tant comme ils peuvent durer. A tout le moins si ils sont morts ou pris, en ont-ils la grâce de Dieu et la louange du monde. » Ainsi disoit messire Robert quand il vint à l'Écluse.

Endementes (pendant) que les Anglois se tenoient et gisoient devant l'Écluse étoit le pays jusques à Bruges moult effrayé, car ils issoient hors tous les jours et venoient courir et fourrer (fourrager) bien avant; et tout de pied, car ils n'avoient nuls chevaux. Et quand ils avoient fait leur emprise, ils s'en retournoient à leur navie (flotte) et là rentroient, et toutes les nuits ils y dormoient; et à lendemain à l'aventure ils s'en ralloient et nullui (personne) ne leur alloit au-devant. Et autretant (autant) bien comme ils s'alloient aventurer sus les parties du soleil couchant, se mettoient-ils hors à terre quand il leur plaisoit sus les parties de soleil levant; et vinrent fourrer et puis ardoir (brûler) la ville de Kokesie (Coxie) sur les dunes de la mer et un autre gros village au chemin de Ardembourg et de la mer que on dit Hosebourc (Oostbrooch); et faisoient ce que ils vouloient, et eussent encore plus fait si ils voulsissent (eussent voulu) et si ils eussent sçu le convenant et l'ordonnance du pays, car il étoit tout vuiz (vide) de gens d'armes. Et quand ils eurent séjourné tant comme bon leur fut et que nul ne se mit au-devant d'eux pour rescourre (délivrer) chose que ils eussent prise ni levée au pays ni en la mer, et ils eurent bon vent, ils se départirent de l'ancre et levèrent les voiles et s'en retournèrent vers Angleterre atout (avec) deux cent mille francs de profit pour eux, que en une manière que en autre, et singlèrent tant que ils vinrent à l'entrée de la Tamise et là passèrent tout contremont jusques à Londres, où ils furent reçus à grand'joie, car les bons vins de Saintonge, que on cuidoit (croyoit) boire en cette saison en Flandre, en Brabant, en Hainaut, en Liége et en plusieurs lieux en Picardie, ils les avoient en leur compagnie; si furent vendus et départis à Londres et en plusieurs lieux en Angleterre. Et firent ces vins là ravaller (baisser) les vins quatre deniers estrelins (sterlings) au galon. Et furent ceux de Londres, et plusieurs Anglois qui hantoient les frontières de Flandre, de Hollande, de Zélande trop grandement lies (joyeux) de la prise messire Jean Bucq (Buyck), car il leur avoit porté par plusieurs fois trop de contraires sur mer en allant à Dourdrech (Dordrecht), à Zereciel (Zuric-Zee), à Lede (Leyde), Meledebourch (Middlebourg) et à la Brielle en Hollande. Et vous dis que aucuns marchands de Zereciel (Zuric-Zee) en Zélande avoient des vins en cette flotte qui venoient de la Rochelle, lesquels leur furent tous rendus et délivrés, et leurs dommages restitués; et bien y avoit cause que les Anglois leur fussent courtois, car oncques ceux de Zereciel (Zuric-Zee) ne se voulurent aconvenchier (accorder) aux François pour aller en Angleterre, et leur dirent bien que jà nefs ni barges de Zereciel (Zuric-Zee) n'y mettroient la voile ni gouvernail. Pourquoi ils enchéoient (tomboient grandement en la grâce et amour des Anglois. Si fut messire Jean Bucq (Buyck) mis en prison courtoise à Londres. Il pouvoit aller et venir parmi la ville, mais dedans soleil couchant il convenoit que il fût à l'hôtel, ni onques depuis on ne le voulut mettre à finance. Si en eut le duc de Bourgogne volontiers par échange rendu le frère du roi Jean de Portugal, un bâtard que ceux de Brenoliet prirent sur la mer en venant à Meledebourch (Middlebourg); mais ils le prirent sur leur puissance, car sus les mettes (frontières) de Zélande, ils ne l'eussent point pris. Et me semble que messire Jean Bucq (Buyck) fut emprisonné courtoisement à Londres en Angleterre environ trois ans et puis mourut.

CHAPITRE LII.

Comment le maréchal du duc de Lancastre prit la ville de Ribadane (Ribadavia) qui moult fort étoit tenue.

Or est heure que nous retournons aux besognes de Castille et de Portugal et que nous parlions du duc de Lancastre qui se tenoit en Galice et des besognes qui y advinrent en cette saison qui ne furent pas petites; et que nous recordons aussi quel coufort le roi de France fit et envoya en Castille; car sans ce les besognes du roi Jean de Castille se fussent petitement portées. Je veuil (veux) bien que on sache que il eut perdu en cette année que le duc arriva à la Coloingne (Corogne) tout son pays entièrement, si il n'eut été conforté des nobles du royaume de France qui y furent envoyés du noble roi de France.

Vous sçavez que nouvelles sont tantôt loin épandues. Le roi de Portugal sçut aussitôt les nouvelles ou plus tôt du roi de France et de l'armée qui se devoit faire par mer en Angleterre, car pour ces jours il séjournoit au Port (Porto) de Portugal qui est une bonne cité et là où le hâvre est un des beaux et des bien fréquentés de tout son royaume, que fit le duc de Lancastre ou plus tôt par les marchands qui retournoient en son pays. Si en fut tout réjoui, car on lui donnoit à entendre que Angleterre étoit toute perdue. Donc au voir (vrai) dire il s'étoit un petit dissimulé devers le duc de Lancastre de non sitôt prendre sa fille pour mouillier (femme). Si avoit-il toujours tenu et servi le duc et la duchesse de saluts et de paroles. Quand il fut justement informé du département du roi de France et du fait de l'Écluse, si appela son conseil et dit : « Beaux seigneurs, vous sçavez comment le duc de Lancastre est en Galice et la duchesse notre cousine avecques lui. Et si sçavez comment il fut ci en grand amour, et eumes conseil et parlement ensemble. Et fut la fin telle, de moi et de lui, et le traité de nous et de notre conseil, que je dois prendre à femme Philippe sa fille. Je vueil (veux) persévérer en cet état et le vueil (veux) mander, car c'est raison, honorablement en Galice, ainsi comme il appartient à un tel seigneur comme le duc de Lancastre est, et aussi à moi qui suis roi de Portugal, car j'en vueil (veux) la dame faire reine. » — « Sire, répondirent ceux à qui il en parloit, vous avez raison, car ainsi lui avez-vous juré et promis. » — « Or avant, dit le roi de Portugal, qui envoyerons-nous devers le duc pour ramener la dame. » ?

Lors fut nommé l'archevêque de Brahges (Braga) et messire Jean Radighes de Sar [1]. Si leur fut dit, car on les manda; pour l'heure que ils furent élus, ils n'étoient pas de-lez (près) le roi. Ils entreprirent à faire le voyage liement; si furent ordonnés deux cents lances pour aller et retourner avecques eux.

Or parlerons du siége que messire Thomas Moreaux maréchal de l'ost tenoit devant Ribadane (Ribadavia) et conterons comment il en avint.

Je crois bien que ceux de Ribadane (Ribadavia) cuidièrent (crurent) bien être confortés du roi Jean de Castille et des chevaliers de France, lesquels ens (dans) ou (le) Val-d'Olif (Valladolid) se tenoient, autrement ils ne se fussent point tant tenus. Mais je ne sçais comment vilains qui n'avoient conseil que d'eux se purent tant tenir contre fleur d'archers et de gens d'armes pour assaillir une ville, et comment ils ne s'ébahissoient point, car ils avoient tous les

---

[1] Duarte de Liaô dit que le roi envoya chercher la fille du duc de Lancastre par trois ambassadeurs, D. Lourenço, archevêque de Praga, Vasco Martinez de Mello et João Rodriguez de Sà, dans le nom duquel il est facile de reconnoître le dernier ambassadeur désigné par Froissart. J. A. B.

jours sans faute l'assaut. Et fut dit à messire Thomas Morel, en manière de conseil, des plus vaillants chevaliers de sa route (troupe): « Sire, laissons cette ville ici, que le mal feu l'arde, et allons plus avant au pays devant Maurez (Guimaraens), ou Noye (Noya), ou Besantes (Betanços). Toujours retournerons-nous moult bien ici. » — « Par ma foi, répondit messire Thomas, jà ne nous avenra (aviendra) que vilains nous déconfisent, et y dussè-je être deux mois, si le duc ne me remande. » Ainsi étoit entré le maréchal en l'opinion de tenir le siège devant Ribadane (Ribadavia).

Le roi Jean de Castille qui se tenoit au Val-d'Olif (Valladolid) et qui avoit mandé spécialement secours en France, sçavoit bien et ouoit (entendoit) dire tous les jours comment ceux de Ribadane (Ribadavia) se tenoient vaillamment et ne se vouloient rendre et lui ennuyoit de ce que, dès le commencement, quand les Anglois vinrent à la Coulongne (Corogne), il n'y avoit mis en garnison des François, car bien s'y fussent tenus. « En nom Dieu, dit le Barrois des Barres, je suis durement courroucé que je n'y avois mis des François qui eussent moult reconforté les gens de la ville et encore me déplaît grandement que je n'y suis; à tout le moins eussé-je eubt (eu) l'honneur que les vilains ont. Et si on m'eut dit véritablement, « C'est une telle ville et de telle force et de telle garde, » Sans faute je l'eusse fait rafraîchir et pourvoir et m'y fusse bouté à l'aventure. Aussi bien m'eut Dieu donné la grâce de la garder et défendre que ceux vilains ont eue. »

Ainsi se devisoient en la présence du roi à la fois les chevaliers de France qui désiroient les armes et fut là dit au roi: « Sire, ce seroit bon que vous envoyassiez jusques à cent lances en la ville et au châtel de Noye (Noya) pour le rafraîchir et garder, afin que les Anglois ne soient seigneurs de la rivière de Dorne (Duero). » — « C'est bon, dit le roi, car s'ils avoient et tenoient le châtel de Noye (Noya) et le châtel de la Caloingne (Corogne), ils auroient les deux clefs de la terre de Galice; et tant que cils (ces) doy (deux) forts seront miens et en mon obéissance, je suis et serai malgré tous mes ennemis sire de Galice, ni il n'est pas sire de Galice qui ne tient Noye (Noya) et la Caloingne (Corogne). Et qui y pourrons-nous envoyer? »

Là se présentèrent plusieurs chevaliers, messire Tristan de Roye, messire Regnault son frère, messire Robert de Braquemont, messire Tristan de la Gaille, messire Jean de Châtel Morant, messire le Barrois des Barres: et le roi les ooit (entendoit) parler et eux présenter. Si leur en sçavoit bon gré: « Beaux seigneurs, dit le roi, grands mercis de votre bonne volonté; vous n'y pouvez pas tous aller. Il faut que il y en demeure de-lez (près) moi pour les aventures qui peuvent advenir. Mais pour le présent je prie le Barrois des Barres que il y voise (aille) et preigne (prenne) telle charge comme il lui plaît. »

Le Barrois fut trop réjoui de ce mouvement, car trop lui ennuyoit à tant séjourner et dit: « Sire roi, grands mercis, et je le garderai à mon pouvoir et le vous rendrai sain et sauf ou à votre commis. Et moi dedans venu je ne m'en partirai de ci à tant que me manderez. » — « De par Dieu, dit le roi, je crois que nous aurons tantôt grandes nouvelles de France. » Encore ne sçavoient rien les chevaliers du département de l'Écluse; mais le roi le sçavoit bien, car le duc de Bourbon lui avoit escript (écrit) tout le fait et comment les besognes se portoient en France et comment il devoit venir en Castille à (avec) trois mille lances, mais devant y devoient ouvrir les passages à (avec) trois mille lances messire Guillaume de Lignac et messire Gautier de Passac. Si demandèrent les chevaliers au roi qui désiroient à ouïr nouvelles: « Ha! sire; dites-nous des nouvelles de France que nous désirons. » Dit le roi. « Volontiers. »

Or dit le roi de Castille aux chevaliers qui là étoient: « Le duc de Bourbon est élu principalement à venir en ce pays de par le roi de France et son conseil et ses deux oncles, et doit être chef de six mille lances, que chevaliers que écuyers; et pour qu'il ne m'ennuie ni à vous aussi à être si tardivement secourus, on a ordonné du premier passage deux vaillants chevaliers à capitaines, messire Guillaume de Lignac et messire Gautier de Passac. Ceux-ci viendront premièrement atout (avec) trois ou quatre mille lances, et commencent jà à venir et à passer, car le voyage de mer est rompu et mis en souffrance jusques à l'été que le connétable de France et le comte de Saint Pol et le sire de Coucy atout (avec) quatre mille lances doivent aller en ce mai en Angleterre. Et vous, qu'en dites-vous, dit le roi? » — « Que nous en disons, sire, répondirent les chevaliers qui furent tous réjouis. Nous disons que ce sont riches nouvelles. Nous ne pouvons avoir meilleures, car, en votre pays, sur l'été qui nous vient, se trayront les armes, si comme il appert. Et si ils sont mandés six mille, il en viendra neuf mille. Nous combattrons les Anglois sans faute. Ils tiennent maintenant les champs, mais nous leur clorrons avant la Saint Jean Baptiste. » — « Et par ma foi, dit chacun à son tour, en ces trois capitaines que vous nous avez nommés, a gentils chevaliers et par spécial au gentil duc de Bourbon ; et les autres deux, messire Guillaume et messire Gautier sont bien à certes chevaliers et gouverneurs de gens d'armes. »

Lors vissiez épandues tout parmi le Val-d'Olit (Valladolid) et parmi Castille, que grand confort leur venoit de France dedans le premier jour de mai et que il étoit ainsi ordonné. Si en furent tous réjouis, chevaliers et écuyers, car ce fut raison.

Or se départit le Barrois des Barres atout (avec) cinquante lances seulement et laissa le roi au Val-d'Olif (Valladolid) et s'en vint chevaucher vers la ville et châtel de Noye (Noya). Nouvelles vinrent en l'ost du maréchal du duc, je ne sçais qui les rapporta, que les François chevauchoient et étoient bien cinq cents lances et venoient pour lever le siége de Ribedane (Ribadavia). Et quand messire Thomas Moreaux entendit ces nouvelles, si les créy (crut) assez légèrement ; car celui qui lui contoit le lui affirmoit pour vérité et que il les avoit vus chevaucher outre la rivière de Dorne (Duero) et venus loger à Ville-Arpent (Vilhalpandos). Or se mit le maréchal en doute et créoit bien toutes ces paroles; et ot (eut) conseil que il signifieroit tout son état au duc de Lancastre son seigneur. Aussi il fit; et envoya messire Jean d'Aubrecicourt et Coimbre le héraut qui sçavoit tous les chemins en Galice; et fut depuis toujours plus fort sus sa garde et se doutoit de être sousprins (surpris) de nuit. Si fit-on grand guet en son ost (armée). Et veilloient toujours bien la moitié de l'ost entretant (pendant) que les autres dormoient.

Or vinrent messire Jean d'Aubrecicourt et le héraut en la ville de Saint Jacques où le duc et la duchesse se tenoient. Quand le duc sçut que ils étoient venus, si dit: « Il y a nouvelles. » Tantôt il les fit venir devant lui et demanda: « Quelles nouvelles? »—« Monseigneur, bonnes, dit messire Jean; mais le maréchal m'envoie devers vous pour sçavoir que vous voulez qu'il fasse, car on lui a rapporté pour certain que les François se sont mis ensemble en Castille et chevauchent fort, et veulent passer la rivière pour venir combattre nos gens devant Ribedane (Ribadavia); véez là (voilà) les nouvelles que je vous apporte. »—« En nom Dieu, dit le duc, messire Jean, ce sont nouvelles assez et nous y pourverrons. » Tantôt il regarda sus messire Jean de Holland son connétable, et son amiral messire Thomas de Percy, et leur dit: « Prenez trois cents lances de nos gens et cinq cents archers et en allez devant Ribedane (Ribadavia) voir les compagnons. Ils se doutent des François que ils ne les viennent réveiller. » Et ceux répondirent : « Monseigneur, volontiers. » Lors s'ordonnèrent les deux seigneurs dessus nommés et prirent trois cents lances et cinq cents archers. Et se départirent du duc et cheminèrent tant qu'ils vinrent près de la ville de Ribedane (Ribadavia), où leurs compagnons étoient logés qui furent grandement réjouis de leur venue. « Maréchal, dit messire Jean de Holland, que disent ceux de Ribedane (Ribadavia) ? Ne se veulent-ils point rendre. » — « Par ma foi, sire, nennil, répondit messire Thomas. Ce sont orgueilleuses gens ; ils voient que le pays se rend tout autour d'eux et si se tiennent toujours en leur opinion et si ne sont que vilains. Il n'y a là dedans un seul gentilhomme. » — « Or vous taisez, dit messire Jean de Holland. Car dedans quatre jours nous les mettrons en tel point que ils se rendront volontiers qui les voudroit prendre à merci. Mais or nous dites, à l'amiral et à moi, chevauchent les François ? » Répondit messire Thomas ; « Ainsi fui-jon (fus-je) un jour informé qui voirement (vraiment) chevauchoient-ils plus de cinq cents en une flotte (troupe) ; et bien est en leur puissance, car ils ne font que venir gens de France. Et depuis ai-je sçu que ce fut le Barrois des Barres qui se vint bouter atout (avec) cinquante lances en la ville et au châtel de Noye. Car nulles autres apparences nous n'y avons vu. »

Atant (alors) laisserent-ils leurs paroles et se logèrent les nouveaux venus tous ensemble au mieux qu'ils purent et faisoient venir et amener grandes pourvéances après eux dont ils furent grandement servis.

Environ quatre jours après ce que messire Jean de Holland et messire Thomas de Percy furent venus en l'ost du maréchal avoient chevaliers et écuyers et toutes autres gens d'armes ordonné un grand appareil d'assaut; et firent faire et ouvrer et charpenter un grand engin de bois sus roes (roues), que on pouvoit bien mener et bouter à force de gens là où on vouloit; et dedans pouvoit bien aisément cent archers et autant de gens d'armes qui voulsist (voulut); mais pour cet assaut archers y entrèrent. Et avoit-on rempli les fossés à l'endroit où l'engin devoit être mené.

Lors commença l'assaut et approchèrent cet engin à force de boutements sur roues, et là dedans et tout dessus étoient archers bien pourvus de sayettes (flèches) qui traioient (tiroient) à ceux de dedans de grand' façon, et ceux de dedans jetoient à eux dardes de telle manière que c'étoit grand merveille. Au pied de cet engin et dessous y avoit manteaux couverts de cuirs de chèvres, de bœufs et de vaches pour le jet des pierres et pour le trait des dardes, et dessous ces manteaux, à la couverte, se tenoient gens d'armes qui approchèrent le mur, lesquels étoient bien paveschiez [1] et piquoient de pics et de hoyaux au mur. Et tant firent que ils empirèrent grandement le mur, car les défendants n'y pouvoient entendre pour les archers qui ounie-

---

[1] Couverts de pavois. J. A. B.

ment (à la fois) traioient (tiroient) et qui fort les ensoinnoient (inquiétoient). Là fit-on renverser un pan de mur et cheoir ès fossés. Quand les Galiciens qui dedans étoient ouïrent le grand meschef, si furent tous ébahis et crièrent tout haut : « Nous nous rendons, nous nous rendons! » Mais nul ne leur répondoit ; et avoient les Anglois bons ris de ce que ils véoient, et disoient : « Ces vilains nous ont battus et fait moult de peine et encore se moquent-ils de nous, quand ils veulent que nous les recueillions à merci et si est la ville nôtre. » — « Nennil, nennil, répondirent aucuns des Anglois. Nous ne sçavons que vous dites ni nous ne sçavons parler Espagnol. Parlez bon François ou Anglois, si vous voulez que nous vous entendions. » Et toujours alloient-ils et passoient avant et chassoient ces vilains qui fuyoient devant eux et les occioient à monceaux ; et en y eut ce jour morts, que d'uns que d'autres, parmi les juifs dont il y avoit assez, plus de quinze cents. Ainsi fut la ville de Ribedane (Ribadavia) gagnée à force ; et y eurent ceux qui y entrèrent grand pillage ; et par spécial ils trouvèrent plus d'or et d'argent en la maison des juifs que autre part.

Après la prise et conquêt de Ribedane (Ribadavia), qui fut prise par bel assaut, et que les Anglois l'eurent toute furtée (pillée) et que ils en furent seigneurs, on demanda au maréchal quelle chose on en vouloit faire et si l'on bouteroit le feu par dedans. « Nennil, répondit le maréchal ; nous la tiendrons et garderons et la ferons rappareiller aussi longuement et bien que nulle autre ville de Galice. »

Ainsi fut la ville déportée (épargnée) de non être arse; et fut regardé où on se trairoit (rendroit). Il fut regardé que on se trairoit (rendroit) devant Maures (Guimaraens), une bonne ville aussi en Galice, et puis furent ceux ordonnés qui demeureroient pour la garder et réparer. Et y fut laissé messire Pierre de Cliqueton (Clinton) un moult appert chevalier atout (avec) vingt lances et soixante archers. Si firent les seigneurs charger grand'foison de pourvéances de la ville de Ribadavia à leur département, car ils y en trouvèrent assez, et spécialement de porcs sallés et de bons vins qui étoient si forts et si ardents que ces Anglois n'en pouvoient boire; et quand ils en buvoient trop largement, ils ne s'en pouvoient aider bien deux jours après.

Or se délogèrent-ils de Ribadavia et cheminèrent vers la ville de Maures (Guimaraens) en Galice, et faisoient mener tout par membres le grand engin que ils avoient fait charpenter avec eux; car ils véoient bien que c'étoit un grand chastioir et épouvantement de gens et de villes.

Quand ceux de Maures (Guimaraens) entendirent que les Anglois venoient vers eux pour avoir leur ville en obéissance et que Ribadavia avoit été prise par force et les gens de dedans morts, et faisoient les Anglois mener après eux un diable d'engin si grand et si merveilleux que on ne le pouvoit détruire, si se doutèrent grandement de l'ost et de ce grand engin, et se trayrent (rendirent) en conseil pour sçavoir comment ils se maintiendroient; si ils se rendroient, ou si ils se défendroient. Eux conseillés, ils ne pouvoient voir que le rendre ne leur vaulsist (valut) trop mieux assez que le défendre; car si ils étoient pris par force, ils perdroient corps et avoir, et au défendre il ne leur apparoît confort de nul côté. « Regardez, disoient les sages, comment il leur en est pris de leurs défenses à ceux de Ribadavia, qui étoient bien aussi forts ou plus que nous ne soyons; ils ont eu le siége près d'un mois et si ne les a nul confortés ni secourus. Le roi de Castille, à ce que nous entendons, compte pour cette saison tout le pays de Galice pour perdu jusques à la rivière de Derve (Duero). Vous n'y verrez de cette année entrer François. Si que rendons-nous débonnairement sans dommage et sans riotte (trouble), en la forme et en la manière que les autres villes qui se sont rendues ont fait. » — « C'est bon, dirent ils. » Tous furent de cette opinion. « Et comment ferons-nous, dirent aucuns ? » — « En nom Dieu, dirent les sages, nous irons sur le chemin à l'encontre d'eux et porterons les clefs de la ville avecques nous et leur présenterons, car Anglois sont courtoises gens. Ils ne nous feront nul mal, mais nous recueilleront (recevront) doucement et nous en sauront très grand gré. »

A ce propos se sont tous tenus. Donc yssirent (sortirent) hors cinquante hommes de la ville dessus dite, tous des plus notables de la ville. Sitôt qu'ils sçurent que les Anglois approchoient, ils postèrent ceux de la ville dessus nommée en leur compagnie et se mirent sur le chemin entre la ville et les Anglois.

Et là, aussi comme au quart de une lieue, ils attendirent les Anglois qui moult fort les approchoient.

Nouvelles vinrent aux Anglois que ceux de la ville de Maures (Guimaraens) étoient yssus (sortis) hors, non pour combattre, mais pour eux rendre; et portoient les clefs des portes avecques eux. Adonc s'avancèrent les seigneurs et chevauchèrent tout devant pour voir et sçavoir que ce vouloit être; et firent toutes gens, archers et autres, demeurer en bataille derrière, et puis vinrent à ces Galiciens qui les attendoient. Il fut qui leur dit: « Véez-cy (voici) les trois principaux seigneurs d'Angleterre envoyés de par le duc de Lancastre pour conquérir le pays; parlez à eux. » Adonc se mirent-ils tous à genoux et dirent: « Chers seigneurs, nous sommes des pauvres gens de Maures (Guimaraens) qui voulons venir à l'obéissance du duc de Lancastre et de madame la duchesse notre dame sa femme: si vous parlons et prions que vous nous veuilliez recueillir à mercy; car ce que nous avons est vôtre. » Les trois seigneurs d'Angleterre répondirent tantôt par l'avis l'un de l'autre: « Bonnes gens, nous irons avecques vous en la ville, et une partie de notre host (armée) aussi et non pas tout; et là vous nous ferez serment, si comme bonnes gens et subgiez (sujets) doivent faire à leur seigneur et dame, que la ville de Maures (Guimaraens) vous reconnoîtrez à monseigneur et à madame. » Ils répondirent: « Ce ferons-nous volontiers. » — « Or allez donc devant et faites ouvrir les portes, car vous êtes pris et recueillis à mercy. »

Adonc se mirent ceux au chemin, et vinrent à leur ville, et firent ouvrir portes et barrières au-devant du connétable et des seigneurs qui pouvoient être environ trois cents lances et non plus. Le demeurant se logea aux champs; mais ceux qui dehors étoient demeurés eurent largement des biens de la ville; et les seigneurs se logèrent dedans la ville et firent faire serment aux bonnes gens de la ville de Maures (Guimaraens) ainsi comme il est ci-dessus dit.

CHAPITRE LIII.

Comment le duc de Lancastre manda l'amiral et le maréchal lesquels conquéroient villes et châteaux en Gallice pour être aux noces de sa fille que le roi de Portugal épousa.

A lendemain que la ville de Maures (Guimaraens) en Galice fut rendue et que les chevaliers s'ordonnoient et appareilloient pour aller devant la cité de Besances (Betanços), leur vinrent lettres et nouvelles du duc de Lancastre; et leur mandoit que, ces lettres vues, en quel état qu'ils fussent, ils se départesissent (partissent) et retournassent devers lui, car il attendoit dedans briefs jours l'archevêque de Braghes (Brague) et messire Radiges de Sare (João Rodriguez de Sâ), les ambassadeurs du roi de Portugal, lesquels venoient à cette fois pour épouser sa fille et mener au Port (Porto), là où le roi l'attendoit.

Quand messire Jean de Holland et le maréchal et l'amiral entendirent ces nouvelles, si retournèrent leur chemin et dirent que voirement (vraiment) appartenoit-il bien que, au recevoir les ambassadeurs du roi de Portugal, le duc leur seigneur eût ses gens et son conseil de-lez (près) lui; si se mirent au retour et laissèrent garnisons ès villes que ils avoient conquises, et dirent que ils n'en feroient plus jusques au mai; et s'en retournèrent en la ville de Saint Jacques (Santiago), ainsi que le duc les avoit mandés.

Dedans trois jours après que ils furent venus, vinrent l'archevêque de Braghes (Brague) et messire Jean de Radighes de Sar (Sâ), et descendirent à (avec) plus de deux cents chevaux dedans la ville de saint Jacques; tous furent logés, car on avoit toute chose ordonnée pour eux loger. Quand ils furent appareillés, l'archevêque et les chevaliers et encore des autres seigneurs de leur compagnie se trayrent (rendirent) devers le duc et la duchesse en bon arroy, où ils furent recueillis à (avec) grand'joie. Adonc remontrèrent-ils ce pourquoi ils étoient là venus, et le duc y entendit volontiers, car de l'avancement de sa fille devoit-il être tout réjoui et aussi de l'alliance que il avoit au roi de Portugal, qui bien lui venoit à point au cas que il vouloit entrer par conquêt en Castille. L'archevêque montra au duc et à la duchesse et au conseil comment par procuration il pouvoit et devoit personnellement épouser au nom du roi Jean de Portugal madame Philippe de Lancastre fille au duc et tant que le duc et la duchesse et leur conseil s'en contentèrent et y ajoutèrent foi. Donc ens (dans) ès jours que les ambassadeurs de Portugal séjournèrent à saint Jacques, messire Jean Radhiges de Sar Sâ), par la vertu de la procuration que il avoit, épousa madame Philippe de Lancastre au nom et comme procureur du roi de Portugal, qui en ce l'avoit ordonné et institué; et les épousa l'archevêque de Braghes (Brague), et furent sus un lit courtoisement, ainsi comme époux et épousée doivent être. Ce fait, à lendemain la dame eut tout son arroy prêt pour partir. Si partit quand elle eut pris congé à son père et à sa mère et à ses sœurs; et monta sus haquenées traveillants (voyageant) très bien, et damoiselles avecques elle, et sa sœur bâtarde la femme du maréchal. En sa compagnie furent ordonnés d'aller messire Jean de Holland et messire Thomas de Percy et messire Jean d'Aubrecicourt et cent lances d'Anglois et deux cents archers. Si se mirent au chemin ces seigneurs et ces dames et chevauchèrent vers la ville et cité du Port (Porto).

Contre la venue de la jeune reine de Portugal yssirent (sortirent) hors de la cité du Port (Porto), pour lui faire honneur et révérence, les prélats qui à ce jour y étoient; l'évêque de Lisbonne et l'évêque d'Eure (Evora), l'évêque de Coïmbre et l'évêque du Port (Porto). Et des barons; le comte d'Augouse, le comte de Novare (Nuno Alvarez Pereira) et le comte d'Escalez [1], Galop Ferrant Percok [2] et Jean Ferrant Percok [3], le Pouuasse de Coingne [4], Vasse

---

(1) Froissart n'ayant pas donné le nom de baptême avec le nom propre, je ne puis le reconnoître. J. A. B.

(2) Guadalupe Ferrant Pacheco. J. A. B.

(3) João Ferrant Pacheco. J. A. B.

(4) Le Pouasse de Coingne est mis là pour Lopo Vasques da Cunha. Les copistes ont écrit le Pouasse au lieu de Lopo Vasc. J. A. B.

(Vasques) Martin de Merlo, le Pondich de Senede[1] Ferrant Rodriguez maître d'Avis, et plus de quarante chevaliers et foison d'autre peuple et dames et damoiselles et tout le clergé revêtu en habit de procession. Et fut ainsi madame Philippe de Lancastre amenée au Port (Porto) de Portugal et au palais du roi et là fut descendue. Et la prit le roi par la main [2] et la baisa et toutes les dames qui étoient venues en sa compagnie et l'amena jusques à l'entrée de sa chambre, et là prit congé; et les seigneurs aux dames, et tous se retrairent (retirèrent). Si furent les seigneurs d'Angleterre qui étoient là venus logés à leur aise, et leurs gens aussi, en la cité du Port (Porto), car elle est grande et bonne assez. Et cette nuit on fit les vigiles de la fête. A lendemain les danses les carolles et les ébattements, et passèrent ainsi la nuit.

Quand ce vint le mardi [3], le roi de Portugal, les prélats et les seigneurs de son pays furent tous appareillés, au matin, à heure de Tierce: si montèrent tous à cheval au pied du palais du roi et puis s'en vinrent à l'église cathédrale que on dit de Sainte Marie et là descendirent et attendirent la reine qui vint bien accompagnée de dames et de damoiselles assez tôt et toutes sus palefrois amblans (marchant) bien arrées (arrangés) et ordonnés pour elles servir et

---

(1) Lopo Diaz da Azevedo. J. A. B.
(2) Le roi étoit alors à Evora et il n'arriva qu'après elle. J. A. B.
(3) Le mariage se fit le jour de la purification, 11 février 1387. D. Jean avoit alors 29 ans et la reine 28. J. A. B.

porter ⁽¹⁾. Et quoique messire Jean Radighes de Sar (Sâ) eut épousée la jeune dame, la fille du duc de Lancastre, au nom du roi de Portugal, le roi solennellement, devant tous ceux qui le purent voir, de rechef l'épousa là. Et puis retournèrent au palais et là furent faites les fêtes grandement et solennellement, et y ot (eut) joûtes après dîner devant la reine grandes et fortes et bien joûtées, et eut le prix au soir de ceux de dehors messire Jean de Holland, et de ceux de dedans un chevalier d'Allemagne du roi qui s'appeloit messire Jean Tête d'Or. Si fut la journée et la nuittée toute persévérée en grands joies et en grands ébattements, et fut cette nuit le roi avecques sa femme. Et lui portoient renommée ceux du pays qui le connoissoient que encore étoit-il castes (chaste) et n'avoit oncques eu compagnie charnellement à femme.

A lendemain renouvelèrent les fêtes et joûtèrent encore les chevaliers; et ot (eut) le prix des joûtes de dedans Vasse (Vasques) Martin de Merlo et de dehors messire Jean d'Aubrecicourt; et toute la nuit ensuivant on ne fit que danser, chanter et ébattre, ni aussi toute la semaine. Et tous les jours y avoit joûtes de chevaliers et d'écuyers, moult grandes.

En telles joies et ébattements que vous pouvez

(1) Duarte de Liaõ donne quelques détails curieux sur cette cérémonie. Le roi étoit monté sur un beau cheval blanc et il était vêtu de drap d'or. La reine étoit montée sur un palefroi de la même couleur et elle portoit sur son front une couronne d'or ornée de pierreries. Les grands qui les accompagnoient étaient tous à pied et l'archevêque de Brague tenoit la bride du palefroi de la reine. Derrière la reine suivoient un grand nombre de femmes mariées chantant des couplets comme c'étoit alors l'usage. J. A. B.

ouïr fut recueillie, fêtée et épousée la reine de Portugal en son avenue en la cité du Port (Porto); et durèrent les fêtes plus de dix jours; et y ot (eut) du roi aux étrangers beaux dons donnés et présentés, tant que tous s'en contentèrent.

Or prirent congé les chevaliers d'Angleterre au roi et à la reine et se mirent au retour et exploitèrent tant que ils vinrent en la ville de Saint Jacques dont ils étoient partis; et retournèrent devers le duc et la duchesse, qui leur demandèrent des nouvelles et ils en recordèrent ce que ils en avoient vu et qu'ils en sçavoient et comment le roi de Portugal les saluoit et la reine se recommandoit à eux; et dirent encore messire Jean de Holland et messire Thomas de Percy: « Monseigneur, la derraine (dernière) parole que le roi de Portugal nous dit fut telle; que vous vous trayez (rendiez) sus les champs quand il vous plaira, car il s'y traira (rendra) aussi à (avec) toute sa puissance et entrera en Castille. » — « Ce sont bonnes nouvelles, ce dit le duc. »

Environ quinze jours après ce que le connétable et l'amiral furent retournés du Port (Porto) et des noces du roi de Portugal, s'ordonnèrent le duc de Lancastre et ses gens pour chevaucher et pour aller conquérir villes et châteaux en Galice. Encore n'en étoit pas le duc seigneur de tous ni de toutes villes. Et fut ordonné du conseil du duc, et il appartenoit qu'il fut ainsi, que quand le duc partiroit de la ville de Saint Jacques, la duchesse et sa fille Catherine en partiroient aussi et iroient au Port (Porto) voir le roi de Portugal et la jeune reine. Si furent autant bien les besognes de la duchesse ordonnées comme celles du duc et de leur jeune fille aussi; et fut la ville de Saint Jacques à un chevalier d'Angleterre baillée à garder et pour en être capitaine, lequel on appeloit messire Louis de Cliffort; et avoit dessous lui trente lances et cent archers.

CHAPITRE LIV.

Comment le duc de Lancastre et ses gens chevauchoient vers la cité de Besances (Betanços) et comment ceux de Besances (Betanços) composèrent a eux et comment la duchesse et sa fille allèrent voir le roi et la reine de Portugal.

Or se départit le duc de Lancastre à (avec) toutes ses gens; rien ne demeura en la garnison fors ceux qui ordonnés étoient à demeurer. Et chevauchèrent le duc et la duchesse devers la cité de Besances (Betanços); c'est à l'un des coins de Galice la derraine (dernière) bonne ville au lez (côté) devers le royaume de Portugal et au droit chemin du Port (Porto) et de Coïmbre. Et pour ce que madame de Lancastre et sa fille devoient aller voir le roi et la reine, tinrent-elles le chemin. Ceux de Betanços entendirent que le duc venoit sur eux à (avec) tout son pouvoir, si se trayrent (rendirent) à conseil pour sçavoir quelle chose ils pourroient faire. En leur conseil eut plusieurs paroles retournées. Finalement ils ordonnèrent, et pour le mieux, que ils envoieroient devers le duc et la duchesse qui venoient, six de leurs hommes des plus notables de la ville de Betanços en souffrance (trève) de non être assaillie huit jours tant seulement. Et là en dedans ils envoieroient devers le roi de Castille; et lui remontreroient que si il ne venoit si fort que pour combattre le duc, ils se rendroient au duc quittement et franchement sans nul moyen.

Lors montèrent sus chevaux six hommes qui élus y furent de la ville de Betanços et chevauchèrent le droit chemin que les Anglois venoient. Si encontrèrent premièrement l'avant-garde que le maréchal menoit. Si furent pris et arrêtés des premiers chevaucheurs; ils dirent que ils étoient de Betanços et que sus bon appointement chargés de la ville ils alloient parler au duc. Adonc dit le maréchal à messire Jean Soustrée (Sounder) qui chevauchoit delez (près) lui: « Menez ces hommes devers monseigneur; ils ont bon mestier (besoin) d'être conduits, car nos archers les pourroient occire. » Le chevalier répondit: « Volontiers. »—« Allez, allez, dit le maréchal; ce chevalier vous mènera au duc. » Lors se départirent-ils et chevauchèrent tous ensemble et trouvèrent le duc et la duchesse et leur fille et messire Jean de Holland et messire Thomas de Percy et plusieurs autres qui étoient descendus dessous moult beaux oliviers; et regardèrent fort tous ensemble sus Soustrée (Sounder), quand ils le virent venir. Si lui demanda messire Jean de Holland en disant: « Beau frère Soustrée (Sounder), ces prisonniers sont-ils à toi? »—« Sire, répondit Soustrée (Sounder), ils ne sont pas prisonniers. Ce sont hommes de Betanços que le maréchal m'a baillés en conduit pour venir parler à monseigneur; car selon ce que il m'est advis ils veulent traiter. » Le duc de Lancastre ooit (entendoit) toutes ces paroles, aussi faisoit la duchesse; car il et elle étoient présents. Adonc leur dit Soustrée (Sounder): « Avancez-vous, bonnes gens, car véez-la (voilà) votre seigneur et votre dame. » Lors s'avancèrent ces six hommes et se mirent à genoux ; et parla l'un ainsi et dit: « Mon très cher et redouté seigneur et ma très chère et redoutée dame, la communauté de la ville de Betanços nous envoie ici. Ils ont entendu que vous venez sus eux ou envoyez à main armée pour avoir la seigneurie. Si vous prient, de grâce spéciale, que vous vous veuillez souffrir (arrrêter), et cesser neuf jours tant seulement de non faire assaillir, et ils envoieront devers le roi de Castille qui se tient à Val-d'Olif (Valladolid) et lui remontreront le danger où ils sont; et si dedans les neuf jours ils ne sont secourus de gens forts assez pour vous combattre, ils se mettront du tout en votre obéissance. Et le terme que vous logerez près d'ici, si vivres et pourvéances vous besognent (manquent), pour vos déniers, cher sire et vous très chère dame, ceux de la ville de Betanços vous en offrent à prendre à votre volonté pour vous et pour vos gens. »

A ces paroles ne répondit point le duc, mais laissa parler la duchesse qui très bien avoit entendu leur langage, car elle étoit du pays, et regarda vers le duc et dit: « Monseigneur, qu'en dites-vous? » — « Et vous, dame, qu'en dites-vous aussi? Vous êtes héritière. L'héritage me vient de vous; si en devez répondre. » — « Monseigneur, c'est bon qu'ils soient reçus parmi le traité qu'ils mettent avant, car je crois bien que le roi de Castille n'a nulle volonté si prestement de vous combattre. »—« Je ne sçais, dit le duc; Dieu doint (donne) qu'il vienne à la bataille tantôt, si serons plutôt délivrés; car je voudrois que ce fut dedans six jours. Et puisque vous le voulez, je le vueil (veux) aussi. »

Adonc se retourna la dame devers les hommes et leur dit en Galicien: « Allez; vous avez exploité; mais délivrez au maréchal de vos hommes de la ville des plus notables jusques à douze qui soient pleiges (garants) pour tenir le traité. »—« Bien, madame, répondirent ceux de la ville. » Adoncques se levèrent-ils; et messire Jean Soustrée (Sounder) fut élu et chargé, qui amenés les avoit, de faire toute cette réponse au maréchal, lequel maréchal s'en contenta bien, quand ils furent retournés devers lui; et ceux s'en allèrent à Betanços et contèrent comment ils avoient exploité.

Adoncques furent pris en la ville douze hommes des plus notables et envoyés devers le maréchal. Si demeura la ville de Betanços en paix parmi la condition que je vous baille; et tantôt que ils eurent parlé ensemble, ils envoyèrent devers le roi de Castille; et y furent commis ces propres six hommes et non autres, lesquels avoient fait les traités au duc de Lancastre. Et cheminèrent tant qu'ils vinrent au Val-d'Olif (Valladolid) où le roi se tenoit et une partie de son conseil. Quand ils furent venus et le roi sçut leur venue, il les voult (voulut) voir pour parler à eux et pour demander des nouvelles. Encore ne sçavoit-il rien de la composition que ils avoient faite au duc de Lancastre ni que les Anglois fussent devant Betanços.

Entrementes (pendant) que ces six hommes allèrent au Val-d'Olif (Valladolid) pour parler au roi, si comme vous sçavez, ordonna le duc et la duchesse sa femme et sa fille madame Catherine pour aller au Port (Porto) voir le roi de Portugal et la jeune reine sa fille, et lui dit ainsi le duc au partir : « Constance, vous me saluerez le roi mon fils et ma fille et les barons de Portugal et leur direz des nouvelles telles que vous sçavez, comment ceux de Betanços sont en traité devers moi et ne sçais pas encore comment ils sont fondés, ni si votre adversaire Jean de Tristemare leur a fait faire ce traité, ni si il nous viendra combattre, car bien sçais que grand confort lui doit venir de France et viendra, puisque le voyage de mer est rompu et que chevaliers et écuyers de France qui désirent les armes et à eux avancer viendront en Castille au plutôt comme ils pourront. Si me faudra tous les jours être sur ma garde pour attendre la bataille. Et ce direz-vous au roi mon fils et aux barons de Portugal. Et si aucune chose me vient où que je voie que je doive avoir affaire, je le signifierai sur heure au roi de Portugal. Si lui direz de par moi que il soit ainsi pourvu comme pour aider à garder notre droit et le sien, ainsi comme nous avons par alliance juré et promis ensemble; et outre vous retournerez devers moi; mais vous lairrés (laisserez) cette saison notre fille Catherine de-lez (près) la reine sa sœur au Port (Porto) de Portugal. Elle ne peut mieux-être ni en meilleure garde. » — « Monseigneur, répondit la dame, tout ce ferai-je volontiers. »

Lors prit congé au duc la duchesse et sa fille et les dames et damoiselles qui en leur compagnie étoient et montèrent aux chevaux et partirent. Si furent accompagnées de l'amiral messire Thomas de Percy, messire Yon Filz Warin (Fitz Waren), du seigneur de Tailleboc (Talbot), de messire Jean d'Aubrecicourt et de messire Maubruin de Linières: et leur furent délivrés cent lances et deux cents archers; et chevauchèrent vers le Port (Porto) et tant exploitèrent que ils y parvinrent ou assez près.

CHAPITRE LV.

COMMENT LA DUCHESSE DE LANCASTRE ET SA FILLE ALLOIENT VOIR LE ROI ET LA REINE DE PORTUGAL ET COMMENT LA VILLE DE BETANÇOS SE MIT EN COMPOSITION AU DUC DE LANCASTRE ET ELLE SE RENDIT A LUI.

Quand le roi de Portugal entendit que la duchesse de Lancastre et sa fille venoient si en fut grandement réjoui; et envoya à l'encontre d'elles des plus notables de sa cour, le comte d'Angouse (Acosta) et le comte de Novaire (Nuno Alvarez), messire Jean Redighes de Sar (Sâ), messire Jean Ferrant Percok

(Pacheco), de Valrouseaux (Vasconcellos), messire Wasse (Vasquez) Martin de Merlo, messire Égbeux Coille (Égas Coelho) et bien quarante chevaliers, lesquels chevauchèrent deux grandes lieues contre les dames et les recueillirent grandement et liement et moult honorablement. Et la duchesse qui bien le sçavoit et sçait faire s'accointa aussi moult doucement des barons et des chevaliers. Et étant sur les champs, l'un après l'autre elle inclina et les reçut de paroles et de manière et par bon arroy. Ainsi vinrent-ils jusques en la cité du Port (Porto); et fut la duchesse et sa fille et toutes les dames et damoiselles, ordonnées de loger au palais. Là vint le roi premièrement contre les dames et damoiselles et en recueillant les baisa toutes l'une après l'autre, et puis vint la reine bien accompagnée de dames et de damoiselles laquelle reçut sa dame la duchesse et sa sœur moult honorablement, car bien le sçut faire; et ne les voulut oncques laisser, à tant que toutes furent en leurs chambres. Moult fut toute l'ostellée (maison) du roi réjouie de la venue des dames. De toutes leurs accointances ne me vueil (veux)-je pas trop ensoingnier (mêler) de parler, car je n'y fus pas; je ne les sçais fors par le gentil chevalier messire Jean Ferrant Percok (Pacheco) qui y fut et qui m'en informa. Là remontra la duchesse au roi de Portugal, quand heure fut, toutes les paroles dont le duc son mari l'avoit avisée et chargée du dire et conter. Le roi répondit moult doucement et sagement et lui dit: « Dame et cousine, je suis tout prêt, si le roi de Castille se met avant sus les champs; et aurai sur trois jours trois mille lances, car ils logent tous aux champs sur les frontières de Castille; et aurai encore bien vingt mille combattants des communautés de mon royaume qui ne sont pas à refuser, car ils me valurent grandement un jour à la bataille qui fut à Juberotte (Aljubarrota). » — « Sire, dit la dame, vous parlez bien et grand merci. Si rien surcroît (arrive) à monseigneur, tantôt il le vous signifiera. » Ainsi se tinrent ensemble en telles paroles et en autres le roi de Portugal et la duchesse. Or retournons nous un petit à ceux de Betanços et conterons comment ils exploitèrent.

Quand ces six hommes de Betanços furent devant le roi de Castille, ils se mirent à genoux et dirent: « Très redouté sire, il vous plaise à entendre à nous. Nous sommes ici envoyés de par votre ville de Betanços, laquelle s'est mise, et de force, en composition devers le duc de Lancastre et la duchesse. Et ont souffrance de non être assaillis neuf jours. Et là en dedans, si vous y venez fort, assez ou envoyez, tellement que pour résister contre la puissance du duc, la ville vous demeurera; ou si non ils se sont obligés, et en ont baillé otages, que ils se rendront. Si que, très redouté roi, il vous en plaise à répondre quelle chose vous en ferez. » Le roi répondit et dit: « Nous nous conseillerons et puis aurez réponse. » Adonc se départit le roi de leur présence et rentra en sa chambre. Je ne sçais si il se conseilla ou non, ni comment la besogne se porta, mais iceux six hommes de Betanços furent là huit jours que oncques ils ne furent répondus, ni depuis ils ne virent point le roi.

Or vint le jour que la ville se devoit rendre, et point n'étoient encore retournés leurs gens. Le duc de Lancastre envoya son maréchal au dixième jour parler à ceux de Betanços et dire que ils se rendesissent (rendissent) ou il feroit couper les têtes à leurs otages. Le maréchal vint à Betanços jusques aux barrières et fit là venir les hommes de la ville parler à lui; ils y vinrent. Quand ils y furent venus, il leur dit: « Entendez, entre vous bonnes gens de Betanços; monseigneur m'envoie devers vous et vous fait demander pourquoi vous n'apportez les clefs de cette ville à son logis et vous mettez en son obéissance ainsi que faire devez. Les neuf jours sont accomplis dès hier et bien le sçavez. Si vous ne le faites, il fera trancher les têtes à vos otages et puis vous viendra assaillir et prendre par force et serez tous morts sans merci, ainsi que furent ceux de Ribedane (Ribadavia). »

Quand les hommes de Betanços entendirent ces nouvelles, si se doutèrent, à perdre leurs amis qui étoient en otages devers le duc et dirent : « En bonne vérité, monseigneur le maréchal, monseigneur de Lancastre a cause de dire ce que vous dites ; mais nous ne oons (entendons) nulles nouvelles de nos gens que nous avons pour icelle cause envoyés devers le roi au Val d'Olif (Valladolid) ni que ils sont devenus. » — « Seigneurs, dit le maréchal, espoir (peut-être) sont-ils retenus pour les nouvelles que ils ont là apportées qui ne sont pas ni ont été trop plaisantes au roi de Castille. Et monseigneur ne veut plus attendre.

Pourtant avisez vous, car moi fait votre réponse, il est ordonné que vous aurez l'assaut. » Donc reprirent-ils la parole et dirent : « Sire, or nous laissez assembler toute la ville et nous parlerons ensemble. » — « Je le vueil (veux), dit-il. »

Lors rentrèrent-ils en Betanços et firent sonner de rue en rue les trompettes pour assembler toutes manières de gens et venir en la place. Ils s'assemblèrent et; quand ils furent tous assemblés, ils parlementèrent et remontrèrent les plus notables à la communauté toutes les paroles que vous avez ouïes. Si furent d'accord que ils rendroient la ville et racheteroient leurs otages qui en prison étoient, car ils ne les vouloient pas perdre. Si retournèrent au maréchal et dirent ces nouvelles en disant : « Monseigneur le maréchal, en toutes vos demandes n'y a que raison : nous sommes appareillés (préparés) de recevoir monseigneur et madame et mettre en la possession de cette ville et véez-cy (voici) les clefs. Nous nous en irons avecques vous devers eux en leurs logis, mais (pourvu) que il vous plaise et que vous nous y veuilliez mener. » Répondit le maréchal : « Oui, volontiers. »

Donc yssirent (sortirent) de Betanços bien soixante et emportèrent avecques eux les clefs des portes, et le maréchal les mena tout droit au duc et fit pour eux l'entrée et la parole. Le duc les recueillit (reçut) et leur rendit leurs otages et entra ce jour en la cité de Betanços et s'y logea. Et s'y logèrent aussi ses gens qui loger s'y purent.

Au chef de quatre jours après ce que Betanços se

fut rendue au duc de Lancastres retournèrent les six hommes lesquels avoient été envoyés au Val-d'Olif (Valladolid) devers le roi de Castille. Si furent enquis et demandés de ceux de la ville pourquoi ils avoient tant demeuré. Ils répondirent qu'ils ne l'avoient pu amender. Bien avoient parlé au roi, et répondit le roi, quand il les eut ouïs et entendus, que il se conseilleroit sus pour donner réponse; et pour ce séjournâmes-nous là huit jours et encore sommes-nous retournés et sans réponse. » On ne leur demanda plus avant; mais ils dirent bien que on disoit au Val-d'Olif (Valladolid) que le roi de Castille attendoit grand' gens qui venoient de France, et jà en y avoit foison de venus qui étoient logés sus le pays et se logeoient à la mesure qu'ils venoient. Mais encore étoient les capitaines, messire Guillaume de Lignac et messire Gautier de Passac, derrière et les grosses routes (troupes), et étoient jà sus le chemin la greigneur (majeure) partie des chevaliers et des écuyers qui en Espagne devoient aller avecques les dessus dits deux capitaines ; mais ceux qui étoient retenus de la route (troupe) du duc de Bourbon étoient encore en leurs hôtels.

Or passèrent messire Guillaume de Lignac et messire Gautier de Passac tout outre le royaume de France et entrèrent tous, eux et leur route (troupe), en la Languedoc. Et étoient plus de mille lances chevaliers et écuyers, de tous pays du royaume de France, lesquels alloient en Castille pour gagner les gages du roi. Et s'assemblèrent toutes gens en Carcassonne, en Narbonne et en Toulousain; et ainsi qu'ils venoient ils se logeoient en ce bon pays et prenoient à leur avis le plus gras. Et tant y avoit des biens que ils ne payoient chose que ils y prensissent (prissent)

Les nouvelles vinrent au comte de Foix qui se tenoit à Orthez en Berne (Béarn) que gens d'armes de France approchoient son pays à pouvoir et vouloient passer parmi, et alloient en Espagne. « Mais tant y a, monseigneur, ils ne payent chose que ils prennent ; et fuit tout le menu peuple par-tout où ils viennent, devant eux, si comme ils fussent Anglois. Mais encore se tiennent les capitaines à Carcassonne et leurs gens là environ qui s'y amassent de tous lez (côtés). Et passeront la rivière de Garonne à Toulouse et puis entreront en Bigorre et de là ils seront tous en votre pays. Et si ils y font, ce que ils ont fait au chemin que ils sont venus, ils vous porteront et à votre pays de Berne (Béarn) grand dommage ; regardez que vous en voulez dire et faire. »

Répondit le comte de Foix qui tantôt fut conseillé de soi-même et dit : « Je vueil (veux) que toutes mes villes et mes châteaux, autant bien en Foix comme en Berne (Béarn), soient pourvus et gardés de gens d'armes, et tout le plat pays avisé de chacun être en sa garde ainsi que pour tantôt entrer en bataille : je ne vueil (veux) pas comparer (payer) la guerre de Castille. Mes terres sont franches. Si François veulent passer parmi, vraiment ils payeront tout ce que ils prendront ou les passages leur seront clos. Et si vous en charge, messire

Arnoul Guillaume et vous messire Pierre de Berne (Béarn). » Ces deux chevaliers étoient frères bâtards, vaillants hommes et bien se sçavoient eux maintenir en armes. « Monseigneur, répondirent ceux, et nous nous en chargeons. »

Donc furent parmi toutes les terres du comte de Foix faites ordonnances que chacun fut prêt et pourvu de toutes armures ainsi comme à lui appartenoit et que autrefois l'avoient été au mieux; et que du jour à lendemain ils vinssent là où ils seroient mandés. Lors vissiez en Foix, en Berne (Béarn) et en la seneschauldie (sénéchaussée) de Nebosem toutes gens prêts et appareillés, ainsi que pour tantôt entrer en bataille. Si fut envoyé en la cité de Palmes (Pamiers), lui bien hourdé (escorté) de cent lances et de bonnes gens d'armes, messire Espaing de Lyon; à Savredun messire Ricart de Saint Léger; à Massères se tint messire Pierre de Berne (Béarn) à (avec) cent lances; à Belleput (Belpuech), à l'entrée de la comté de Foix, messire Pierre de Cabestan; à Saint Thibaut sus la Garonne messire Pierre Mennaulx de Noualles à (avec) cinquante lances; à Palamininch messire Pierre de la Roche; au châtel de Lamesen le bâtard d'Espagne; à Morlans messire Arnault Guillaume atout (avec) cent lances; à Pau messire Guy de la Mote; au Mont-de-Marsan messire Raymond de Châtel Neuf; à Sauveterre messire Yvain de Foix, fils bâtard du comte; à Montesquieu messire Berdruc de Nebosem; à Aire messire Jean de Sainte Marcille; à Oron messire Hector de la Garde; à Montgerbiel Jean de Châtel-Neuf; à Erciel Jean de Morlans. Et manda à messire Raymond l'ainsné (aîné), lequel avoit le châtel de Mauvoisin en garde que il fut soigneux de toute la frontière. Et envoya à saint Gaudens un sien cousin, Ernauton d'Espagne. Brièvement, il ne demeura cité, ville ni châtel en Foix ni en Berne (Béarn) qui ne fut rafraîchi et pourvu de gens d'armes. Et se trouvoit bien garni de deux mille lances et de vingt mille hommes d'armes tous d'élite. Il disoit que c'étoit assez pour attendre le double d'autres gens d'armes.

Les nouvelles vinrent à messire Guillaume de Lignac qui se tenoit à Toulouse et à messire Gautier de Passac qui séjournoit à Carcassonne comment le comte de Foix se pourvéoit de gens d'armes et mettoit en garnisons par toutes ses villes et forteresses. Et couroit renommée que il ne lairoit (laisseroit) passer nulluy (personne) parmi sa terre. Si en furent ces deux chevaliers, pourtant que ils étoient capitaines de tous les autres, tous ébahis. Et si mirent journée de parler ensemble; et chevauchèrent chacun pour trouver l'un l'autre ainsi que au moitié du chemin. Et vinrent au châtel neuf d'Auroy et parlèrent là ensemble du comte de Foix comment ils s'en cheviroient; et dit messire Guillaume à messire Gautier: « Au voir (vrai) dire, c'est merveille que le roi de France et son conseil n'en ont escript (écrit) à lui pour ouvrir sa terre paisiblement. » — « Messire Gautier, dit messire Guillaume, il vous faudra aller parler à lui doucement et dire que nous sommes ci envoyés de par le roi de France pour passer, nous et nos gens paisiblement, et payer ce que nous prendrons. Sachez que le comte de Foix est bien si grand que si il ne veut, nous n'aurons point de passage parmi sa terre; et nous faudra passer parmi Aragon qui nous est trop long et nous tourneroit à trop grand contraire. Au voir (vrai) dire, je ne sçais de qui il se doute, ni pourquoi il garnit maintenant ses forts, ses villes ni ses châteaux, ni si il a nulles alliances au duc de Lancastre : je vous prie, allez jusques là en sçavoir la vérité. Toujours passeront nos gens jusques à Tarbes et jusques en Bigorre. » — « Je le vueil (veux), dit messire Gautier. » Lors prirent, ces deux capitaines, congé l'un de l'autre, quand ils eurent dîné ensemble. Messire Guillaume de Lignac retourna à Toulouse et messire Gautier s'en vint, atout (avec) quarante chevaux tant seulement, passer la Garonne à Saint Thibaut et trouva là messire Menault de Nouvalles qui lui fit grand'chère et qui se tenoit en garnison : messire Gautier lui demanda du comte où il le trouveroit. Il lui dit que il étoit à Orthez.

Ces deux chevaliers furent une espace ensemble et parlèrent de plusieurs chose; et puis partit messire Gautier et vint à saint Gaudens et la gésit (coucha); et par tout lui faisoit-on bonne chère. A lendemain il vint à Saint Jean de Rivière et chevaucha toute la lande de Bourg, et coustia (côtoya) Mauvoisin et vint gésir (coucher) à Tournay, une ville fermée du royaume de France, et à lendemain il vint dîner à Tarbes et là se tint tout le jour et trouva le seigneur d'Anchin et messire Mennault de Barbasan deux grands barons de Bigorre, lesquels parlèrent à lui, et lui à eux, de plusieurs choses; et pourtant (attendu) que le sire de Barbasan étoit Armignacois [1], il ne pouvoit nul bien dire du comte de Foix.

A lendemain messire Gautier de Passac se départit de Tarbes et s'en vint dîner à Morlens en Berne (Béarn) et là trouva messire Arnault Guillaume, le frère bâtard du comte, qui le reçut liement et lui dit: « Messire Gautier, vous trouverez monseigneur de Foix à Orthez; et sachez que il sera tout réjoui de votre venue. »—« Dieu y ait part, dit messire Gautier; pour parler à lui le viens-je voir. » Ils dînèrent ensemble et après dîner messire Gautier vint gésir (coucher) à Montgerbiel et lendemain à tierce il vint à Orthez et ne put parler au comte jusques à une heure après nonne que le comte de Foix, si comme il avoit usage, yssit (sortit) hors de sa chambre.

Quand le comte de Foix sçut que messire Gautier de Passac étoit venu pour parler à lui, si se hâta encore un petit plus de yssir (sortir) hors de sa chambre et de venir en ses galeries. Messire Gautier, sitôt comme il le vit yssir (sortir) hors de sa chambre, s'en vint contre lui et l'inclina et le salua. Le comte qui savoit autant des honneurs comme chevalier pouvoit sçavoir lui rendit tantôt son salut et le prit par la main et dit: «Messire Gautier, vous soyez le bien venu. Quelle besogne vous amène

---

[1] Du parti des Armagnacs. J. A. B.

maintenant au pays de Berne (Béarn). » — « Monseigneur, dit le chevalier, on nous a donné à entendre, à messire Guillaume de Lignac et à moi qui sommes commis et établis de par le roi de France à mener outre et conduire en Castille ces gens d'armes dont vous avez bien ouï parler, que vous voulez empêcher notre chemin et clorre votre pays de Berne (Béarn) à l'encontre de nous et de nos compagnons. »

A ces paroles répondit le comte de Foix et dit : « Messire Gautier, sauve soit votre grâce ; car je ne vueil (veux) clorre ni garder mon pays à l'encontre de vous ni de nul homme qui paisiblement et en paix le veuille passer et ce que il y trouvera prendre et payer au gré de mon peuple, lequel j'ai juré à garder et tenir en droit et en justice, ainsi que tous seigneurs terriens doivent tenir leur peuple, car pour ce ont-ils et tiennent les seigneuries. Mais il me fut dit que il vient à val une manière de gens, Bretons, Barrois, Lorrains, Bourguignons, qui ne sçavent que c'est de payer; et contre telles gens je me vueil (veux) clorre, car je ne veuil (veux) pas que mon pays soit foulé, ni gâté, ni grevé; mais le vueil (veux) tenir en droit et en franchise. » — « Monseigneur, répondit messire Gautier, c'est l'intention de mon compagnon et de moi que si nul passe parmi votre terre, si il ne paye ce que il prendra paisiblement au gré des pauvres gens, que il soit pris et arrêté et corrigé selon l'usage de votre pays, et tantôt restitué tout le dommage que il aura fait ou, nous pour lui en satisferons; mais (pourvu) que le corps nous soit délivré; et si il n'est gentilhomme, devant vos gens nous en ferons justice et punition de corps, cruelle tant que les autres y prendront exemple; et si il est gentilhomme nous lui ferons rendre et restituer tous dommages ou nous pour lui. Et ce ban et ce cri ferons-nous faire à la trompette par tous leurs logis. Et de rechef, afin que ils s'en avisent, on leur ramentevra (rappelera) quand ils entreront en votre terre, par quoi ils ne se puissent pas excuser que ils n'en soient sages. Or me dites si il suffit assez ainsi. »

Donc répondit le comte et dit. « Ouil, messire Gautier, or suis-je content, si ainsi est fait. Or vous soyez le bien venu en ce pays. Je vous y vois volontiers. Or allons dîner, il est heure; et puis aurons autres parlements ensemble. » Le comte de Foix [1] prit messire Gautier de Passac par la main et le mena en la salle; et quand il eut lavé il le fit laver et seoir à sa table et après ce dîner ils retournèrent ens (dans) ès (les) galeries qui sont moult belles et moult claires et là eurent grand parlement et long ensemble. Et encore dit le comte de Foix à messire Gautier: « Ne vous émerveillez pas si je me tiens garni de gens d'armes, car oncques je ne suis sans guerre, ni jà ne serai tant que je vive. Et

---

[1] Tout cet alinéa jusqu'à: Messire Gautier, dit le comte, page 372 était omis dans les éditions données jusqu'à présent en Angleterre et en France. Il seroit trop long et trop fastidieux pour le lecteur de relever toutes ces fréquentes omissions. Il me suffira de dire qu'il ne m'a pas été possible de faire usage des imprimés pour mon édition et qu'il a fallu faire copier les manuscrits et les collationner ensuite ensemble sans aucun égard pour les éditions précédentes. J. A. B.

quand le prince de Galles alla en Castille, il passa lui et tous ses gens au-dehors de cette ville: oncques homme ne vit plus belle compagnie de gens d'armes et plus belles gens, car il mena en Espagne, là où vous tendez à aller, quinze mille lances; et étoient bien soixante dix mille chevaux et les tenoit tous en Bordelois et en Poitou et en Gascogne sur le sien, de l'entrée de mai jusques en la moyenne (moitié) de Janvier. Et quand le passage approcha, il envoya devers moi en cette ville deux des plus grands de son hôtel messire Jean Chandos et messire Thomas de Felton, qui me prièrent moult doucement au nom de lui que je voulsisse (voulusse) ouvrir ma terre à l'encontre de ses gens; et cils (ceux-ci) me jurèrent, présents les barons de Berne (Béarn) que tout ce que ses gens y prendroient ni leveroient ils le payeroient et si nul s'en plaindoit (plaignoit) de mauvais payement, ces deux seigneurs que je dis me jurèrent d'en faire leur dette, et au payer vraiment ils me tinrent bien convenant (parole); car tous ceux qui y passèrent, fut par cette ville ou au dehors, payèrent tout courtoisement et sans resieute (poursuite); et disoient encore les Anglois l'un à l'autre: Gardez-vous que vous ne fourfaites rien en la terre du comte de Foix, car il n'y a voix sur gosier en Berne (Béarn) qu'il n'ait un bassinet en la tête. » Adouc commença messire Gautier à rire et dit:« Monseigneur, je le crois bien que il fut ainsi, à ce pourpos (propos) est l'intention de mon compagnon et de moi que nos gens seront tous signifiés et avisés de cette affaire et s'il en y a nul ou aucuns qui voist (aille) hors du commandement, il sera puni et corrigé tellement que les autres se exemplieront (prendront exemple).

Lors issit (sortit) le comte de ce propos et prit un autre pour plus solacier (amuser) messire Gautier, car trop volontiers il gengle (cause) et bourde (plaisante) à tous chevaliers estraingnes (étrangers); et au départir de lui, veulent ou non, il faut qu'ils s'amendent de lui.

« Messire Gautier, dit le comte de Foix, maudite soit la guerre de Castille et de Portugal; je m'en dois trop bien plaindre, car oncques je ne perdis tant à toutes fois que je perdis en une saison en la guerre du roi de Portugal et de Castille, car toutes mes bonnes gens d'armes du pays de Berne (Béarn) sur une saison y furent morts; et si leur avois bien dit au partir et au congé prendre que ils guerroyassent sagement, car Portingallois sont dures gens d'encontre et de fait, quand ils se voyent au-dessus de leurs ennemis ni ils n'en ont nulle merci. Je le vous dis pourtant, messire Gautier, quand vous viendrez en Castille, entre vous et messire Guillaume de Lignac, qui êtes conduiseurs et capitaines de ces gens d'armes à présent qui sont passés et qui passeront, vous serez requis espoir (peut-être) du roi de Castille de donner conseil. Je vous avise que vous ne vous hâtiez trop ni avanciez de conseiller de combattre sans votre grand avantage le duc de Lancastre, le roi de Portugal, Anglois et Portingallois, car ils sont familleux (affamés). Et désire le duc de Lancastre, aussi les Anglois désirent, à avoir bataille pour deux raisons: ils n'eurent, grand temps a, profit; mais sont pauvres et n'ont rien gagné, trop a long-temps, mais toujours perdu. Si désirent à eux aventurer pour avoir nouvel profit. Et tels gens qui sont aventureux et qui convoitent l'autrui se combattent hardiment et ont volontiers fortune pour eux. L'autre raison est telle que le duc de Lancastre sçait tout clairement que il ne peut venir parfaitement ni paisiblement à l'héritage de Castille qu'il demande et challange (réclame) de par sa femme qui s'en dit héritière, fors par bataille. Et sçait bien et voit que si il avoit une journée pour lui et que le roi de Castille fut déconfit, tout le pays se rendroit à lui et trembleroit contre lui. Et en cette instance est-il venu en Galice et a donné une de ses filles par mariage au roi de Portugal, qui lui doit aider à soutenir sa querelle; et je vous en avise pour tant (attendu) que, si la chose alloit mal, vous en seriez plus demandé, vous et messire Guillaume de Lignac, que ne seroient tous les autres. »

— « Monseigneur, répondit messire Gautier, grand merci qui le me dites et qui m'en avisez. Je me dois bien exemplier (prendre exemple) par vous, car aujourd'hui vous êtes entre les princes Xreptiens (Chrétiens) recommandé pour le plus sage et le plus heureux de ses besognes; mais mon compagnon et moi avons encore souverain dessus nous, monseigneur le duc de Bourbon; et jusques à tant que il sera venu et entré en Castille, nous ne nous hâterons ni ne avancerons de combattre les ennemis pour personne qui en parle. »

Atant (alors) rentrèrent-ils en autres jangles (conversations) et furent là parlant et eux ébattant ensemble en plusieurs manières bien trois heures ou environ que le comte de Foix demanda le vin. On l'apporta. Si but, et messire Gautier de Passac, et tous ceux qui là étoient. Et puis fut pris le congé. Si rentra le comte en sa chambre et messire Gautier retourna en son hôtel, et l'accompagnèrent les chevaliers de l'hôtel jusques à là. On ne vit point le comte de Foix jusques à son souper, une heure largement après mie nuit que messire Gautier y retourna et soupa avecques lui.

A lendemain après dîner prit messire Gautier de Passac congé du comte et le comte lui donna. Et au partir, avecques tout ce, on lui présenta de par le comte un très bel coursier et une très belle mule. Le chevalier, c'est à savoir messire Gautier, en remercia le comte et les fit mener à l'hôtel. Tout son arroi étoit prêt. Si monta et montèrent ses gens et issirent (sortirent) hors d'Orthez et vinrent gesir (coucher) ce jour à Erciel et à lendemain au soir ils s'en allèrent à Tarbes, car ils chevauchèrent ce jour grande journée pour avancer leur besogne.

Quand messire Gautier fut venu à Tarbes, il s'arrêta là et s'avisa que il manderoit à messire Guillaume de Lignac tout son état et comment il avoit exploité devers le comte de Foix, ainsi que il fit. Et lui mandoit que il fit traire (marcher) avant toute sa route (troupe), car ils trouveroient le pays de Berne (Béarn) et toutes les villes du comte ouvertes en payant tout ce que ils prendroient et autrement non.

Le messager qui apporta lettres de par messire Gautier exploita tant qu'il vint à Toulouse. Si fit son message. Quand messire Guillaume eut lu le contenu des lettres, si fit à savoir à tous capitaines des routes (troupes) que on se mit au chemin, mais ce que on prendroit ni leveroit en la terre du comte de Foix tout fut payé, autrement on s'en prendroit aux capitaines qui amenderoient le forfait; et fut sonné à la trompette de logis en logis, afin que tous en fussent avisés.

Or se délogèrent toutes gens de la marche de Toulouse et de Carcassonne, de Limousin et de Narbonne, et se mirent à chemin pour entrer en Bigorre et étoient plus de deux mille lances. Si se partit messire Guillaume de Lignac de Toulouse et prit le chemin de Bigorre et exploita tant que il vint à Tarbes et là trouva messire Gautier son compagnon. Si se entrefirent bonne chère (accueil), ce fut raison. Et toujours passoient gens d'armes et routes (troupes) et s'assembloient tous en Bigorre pour chevaucher ensemble parmi Berne (Béarn) et le pays du comte de Foix et pour passer à Orthez au pont la rivière de Gave qui court à Bayonne.

Sitôt que on ist (sort) du pays de Berne (Béarn), on entre au pays de Bascles (Basques), auquel pays le roi d'Angleterre tient grand'terre en l'archevêché de Bordeaux et en l'évêché de Bayonne. Si que les Basclois (Basques) qui se tiennent et tenoient lors du roi d'Angleterre, où bien sont quatre-vingts villes à clochers, entendirent que les passages seroient parmi leur pays. Si se doutèrent grandement des François et de être tous courus, ars (brûlés) et esseilliet (ravagés), car ils n'avoient sur tout le pays nulles gens d'armes de leur côté qui pouvoient défendre les frontières. Si se conseillèrent ensemble les plus sages et ceux qui le plus avoient à perdre que ils envoieroient traiter devers les souverains capitaines et racheteroient leurs pays: encore leur étoit-il plus profitable qu'ils fussent rançonnés à quelconque chose que leur pays fut ars et esseilliet (détruit). Si envoyèrent à Orthez quatre hommes, lesquels étoient chargés du demeurant du pays pour faire le apaisement.

Ces quatre hommes de Bascles (Basques) contèrent à Ernanton du Puy, un écuyer du comte de Foix et gracieux et sage homme, ce pourquoi ils étoient là venus, et que quand messire Guillaume et messire Gautier viendroient là, et ils y devoient être dedans deux jours, que il voulsist (voulut) être avecques eux pour aider à traiter. Il dit que ils y seroit volontiers.

Advint que les capitaines vinrent à Orthez et se logèrent à la Lune chez Ernauton du Puy. Si leur aida à faire à ceux de Bascles (Basques) leurs traités; et payèrent tout comptant deux mille francs, et leur pays fut déporté (épargné) de non être pillé ni couru. Encore leur fit le comte de Foix bonne chère et donna aux capitaines à dîner; et à messire Guillaume de Lignac un très beau coursier. Et furent ce jour à Orthez; et lendemain ils passèrent à

Sauveterre et entrèrent au pays des Bascles (Basques), lesquels s'étoient rachetés, si comme vous sçavez. On y prit des vivres là où on les put trouver et tout ce fut abandonné; et passèrent les François parmi sans faire autre dommage et s'en vinrent à Saint Jean du Pied des Ports à l'entrée de Navarre.

CHAPITRE LVI.

Comment messire Thomas de Holland et messire Jean de Roye firent un champ de bataille a Betanços devant le duc de Lancastre.

Vous avez bien ci-dessus ouï recorder comment la ville de Betanços se mit en composition devers le duc de Lancastre et comment elle se rendit à lui, car le roi de Castille ne la secoury (secourut) ni conforta en rien; et comment la duchesse de Lancastre et sa fille vinrent en la cité du Port (Porto) en Portugal voir le roi et la reine. Et aussi comment le roi et les seigneurs les reçurent liement et grandement. Ce fut raison.

Or advint, endementes (pendant) que le duc de Lancastre séjournoit en la ville de Betanços, que nouvelles s'avallèrent là du Val-d'Olif (Valladolid); et les apporta un héraut de France lequel demanda, quand il fut venu à Betanços, l'hôtel à messire Jean de Holland. On lui enseigna.

Quand il fut là venu, il trouva messire Jean.

Si s'agenouilla devant lui et lui bailla unes lettres et lui dit en les baillant: « Sire, je suis un héraut d'armes que messire Regnault de Roie envoye ci par devers vous et vous salue. Si vous plaise à lire ou faire lire ces lettres. » Messire Jean répondit et dit: « Volontiers; et tu sois le bien venu. » Adonc ouvrit-il les lettres et les lisit (lut); et contenoient que messire Regnault lui prioit, au nom d'amour et de sa dame, que il le voulsist (voulût) délivrer de trois coups de lances acérées à cheval, de trois coups d'épées, de trois coups de dague et de trois coups de haches; et si il lui plaisoit à aller ou Val-d'Olif (Valladolid), il lui avoit pourvu un sauf-conduit de soixante chevaux; et si il avoit plus cher à Betanços, il lui prioit que, allant et retournant, lui trentième de compagnons il lui empetrâst (obtint) un sauf-conduit au duc de Lancastre. Quand messire Jean de Holland ot (eut) lu les lettres, il commença à rire et regarda sus le héraut et lui dit: « compaings (compagnon) tu sois le bien venu. Tu m'as apporté nouvelles qui bien me plaisent et je les accepte. Tu demeureras en mon hôtel avecques mes gens et je te ferai réponse dedans demain, de sçavoir où les armes se feront, ou en Galice ou en Castille. » Et celui répondit: « Sire, Dieu y ait part. »

Le héraut demeura en l'hôtel messire Jean de Holland; on le tint tout aise. Messire Jean s'en vint devers le duc; si le trouva et le maréchal parlant ensemble. Il les salua et puis si leur dit nouvelles et leur montra les lettres. « Comment, dit le duc! Et les avez-vous acceptées ? » — « Par ma foi, monseigneur, ouy. Et quoi donc? Je ne désire autre chose que les armes et le chevalier m'en prie que je lui fasse compagnie; si lui ferai. Mais regardez où vous voulez qu'elles se fassent. » Le duc pensa un petit et puis répondit et dit: « Qu'elles se fassent en cette ville; c'est ma volouté. Faites-lui escripre (écrire) un sauf-conduit tel que vous voudrez, je le scellerai. » — « En mon Dieu, dit messire Jean, volontiers, et c'est bien dit. »

Le sauf-conduit fut écrit et scellé pour trente chevaliers et écuyers et leurs meisnies (gens), sauf aller et venir; et le délivra messire Jean de Holland au héraut, et avecques tout ce un bon mantel fourré de menu vair [1] et douze nobles.

Le héraut prit congé et s'en retourna au Val-d'Olif (Valladolid) devers ses maîtres et conta comment il avoit exploité et montra de quoi. D'autre part les nouvelles en vinrent au Port (Porto) devers le roi de Portugal et les dames comment armes se devoient faire à Betanços: « En nom Dieu, dit le roi, si Dieu plaît, je y serai, et toutes les dames et ma femme autant bien. » — « Grand merci, dit la duchesse, quand je serai accompagnée de roi et de reine. »

Ne demeura guères long-temps depuis que les choses se approchèrent; et se partit le roi de Portugal et la reine, et la duchesse et sa fille et toutes les dames du Port (Porto); et cheminèrent en grand arroi devers Betanços. Quand le duc de Lancastre

---

(1) Espèce de fourrure fort estimée alors. J. A. B.

sçut que le roi de Portugal venoit, si monta à cheval et montèrent grand' foison de seigneurs et issirent (sortirent) hors de Betanços et allèrent encontre le roi et les dames. Si s'entrencointèrent (accueillirent) le roi et le duc moult grandement quand ils se trouvèrent, et aussi firent les dames au duc. Si entrèrent le roi et le duc ensemble en la ville; et tous furent en leurs hôtels ordonnés ainsi comme il appartenoit et à l'aisement du pays; ce ne fut pas si largement comme à Paris.

Environ trois jours après que le roi de Portugal fut venu à Betanços, vint messire Regnault de Roye bien accompagné de chevaliers et d'écuyers de leur côté et étoient plus de six vingt chevaux. Si furent tous bien logés à leur aise, car le duc en avoit fait ordonner par ses fourriers.

A lendemain que ils furent venus, messire Jean de Holland et messire Regnault de Roye s'armèrent et montèrent à cheval et vinrent en une belle place sablonneuse par dedans le clos de Betanços, où les armes se devoient faire; et étoient là escharfaulx (échafauds) ordonnés pour les dames où toutes montèrent, et le roi et le duc et les autres seigneurs d'Angleterre, dont il en y avoit à planté (quantité), car tous y étoient venus pour voir les armes des chevaliers; et tous les véants (spectateurs) à grand' foison demeurèrent sur leurs chevaux. Là vinrent les deux chevaliers, qui les armes devoient faire, si bien ordonnés et arréez (arrangés) que rien n'y failloit; et leur portoit-on leurs lances, leurs haches et leurs épées. Et étoit chacun monté sur fleur de coursier;

et vinrent l'un devant l'autre ainsi que le trait d'un archer, et se coupioient (dressoient) sur leurs chevaux et se demenoient frisquement (élégamment) et joliettement, car bien sçavoient que ils étoient regardés.

Toutes choses en eux étoient ordonnées à leur volonté et désir de faire les armes excepté l'outrance. Et toutes fois nul ne pouvoit sçavoir à quelle fin ils viendroient, ni comment leurs coups par armes s'adresseroient, car bien sçavoient que joûter les convenoit, puisque jusques à là étoient venus, non de fers courbés, mais de pointes de glaives, de fers de Bordeaux aigus, mordants et tranchants; et après les armes faites, des lances férir et des épées grands horions sus les heaumes; lesquelles épées étoient forgées à Bordeaux, dont le taillant étoit si âpre et si dur que plus ne pouvoit. Et en après faire encore armes de haches et de dagues si très fortes et si bien trempées que on ne pouvoit mieux. Or regardez le péril où tels gens se mettent pour leur honneur essauchier (agrandir); car en toutes leurs choses n'a que une seule mésaventure mauvaise, c'est un coup à meschef.

Or se joignirent-ils en leurs targes et s'avisèrent parmi les visières de leurs heaumes et prirent leurs lances et férirent chevaux de leurs éperons et les laissèrent courre à leur volonté: toutes fois pour trouver l'un l'autre ils s'adressèrent bien, car ils s'encontrèrent de plein élai et de droite visée et aussi bien comme s'ils l'eussent ligné à la cordelle [1]; et s'attei-

---

[1] Comme s'ils se fussent alignés avec un cordeau. J. A. B.

gnirent en la visière de leurs heaumes par telle manière que messire Regnault rompit sa lance en quatre tronçons si haut que on ne les eut pas jetés où ils allèrent, et tinrent tous et toutes le coup à bel. Messire Jean de Holland cousuivy (atteignit) messire Regnault en la visière de son roide glaive, mais le coup n'ot (eut) point de force; je vous dirai pourquoi. Messire Regnault avoit lâché son heaume à son avantage; il ne tenoit fors à une seule petite lanière; si rompit la lanière contre la lance et le heaume vola hors de sa tête et demeura messire Regnault tout nud hormis de quafe [1]; et passèrent tous deux outre; et porta messire Jean de Holland sa lance franchement. Tous et toutes disoient: « Voilà bien et gentiment joûté. »

Or retournèrent tout le pas chacun chevalier sur son lez (côté): messire Regnault fut reheaumé et remis en lance; messire Jean de Holland prit la sienne, car de rien n'étoit empirée. Et quand ils furent tous deux rassenvilliés (remis), ils s'en vinrent l'un contre l'autre férant de l'éperon; et s'entrencoutrèrent de grand randon (impétuosité) et pas ne faillirent, car ils avoient chevaux à volonté et bien aussi les avoient à main et les sçavoient mener et conduire. Et s'entrencontrèrent à ligne et se consuivirent (atteignirent) de pleines lances ens (dans) ès (les) visières des heaumes, tellement que on vit saillir les étincelles de feu du heaume messsire Jean de Holland; et reçut un très dur horion, car la lance ne

---

[1] Excepté de la coiffe qu'il portoit sous son heaume. J. A. B.

ploya point de ce coup, ainçois (mais) se tint toute droite et roide. Aussi ne fit la lance à messire Regnault; et férirent, ainsi comme devant. Messire Regnault fut consuivi (atteint) de la lance en la visière du heaume, mais la lance à messire Jean passa outre sans attacher; et porta le heaume tout jus (à bas) sur la croupe du cheval et demeura messire Regnault à nue tête.

« Ha! dirent les Anglois, ce François prend avantage; pourquoi n'est son heaume aussi bien bouclé et lacé comme celui de messire Jean de Holland est. Nous disons que c'est baraterie (tromperie) que il y fait: on lui dise que il se mette en l'état de son compagnon. » — « Taisez-vous, dit le duc de Lancastre, laissez-les convenir (s'attaquer). En armes chacun prend son avantage au mieux que il sçait prendre ni avoir. Si il semble à messire Jean que le François ait avantage en cette ordonnance, si se mette en ce parti. Si mette son heaume et lace de une lanière; mais tant que à moi, dit le duc, si je étois ens (dans) ès armes où les chevaliers sont, je ferois mon heaume tenir du plus fort que je pourrois et de cent qui seroient en ce parti, vous en trouveriez quatre-vingt de mon opinion. »

Adonc s'apaisèrent les Anglois et ne relevèrent point le mot, et dames et damoiselles qui les véoient en jugeoient et disoient: « Ces chevaliers joûtent bien. » Aussi prisoit grandement leur joûte le roi de Portugal et en parloit à messire Jean Ferrant Perceck (Pacheco) et lui disoit: « En notre pays les chevaliers ne joûteroient jamais ainsi, si bien et si bel; que vous en semble-t-il, messire Jean?»—«Par ma foi, monseigneur, ils joûtent bien. Et autrefois ai-je vu joûter ce François devant le roi votre frère, quand nous fûmes élevés à l'encontre du roi de Castille; et fit adoncques les armes pareilles que il fait à messire Guillaume de Windsor et joûta aussi moult bien. Mais je n'ouïs point adoncques dire que il n'eut son heaume mieux attaché et plus fort que il n'est ores. »

A ces mots laissa le roi à parler à son chevalier et retourna son regard sur les chevaliers qui devoient faire la tierce lance de leur joûte.

Or s'en vinrent tiercement l'un sus l'autre messire Jean et messire Regnault et se avisèrent bien pour eux atteindre sans eux épargner, et bien pouvoient tout ce faire, car leurs chevaux étoient si bien à main qu'à plein souhait; et s'en vinrent à l'éperon l'un sus l'autre, et se consuivirent (atteignirent) de rechef ès heaumes si justement et par tel randon (impétuosité) que les yeux leur étincelèrent en la tête pour les durs horions. De ce coup rompirent les plançons [1] et fut encore messire Regnault désheaumé. Jamais ne s'en fut passé sans ce; et passèrent outre tous deux sans cheoir, et se tinrent franchement. Tous et toutes dirent que ils avoient bien joûté. Et blâmoient tous les Anglois trop grandement l'ordonnance de messire Regnault de Roye; mais le duc de Lancastre ne l'en blâmoit pas et disoit: « Je tiens homme à sage quand il doit faire en

---

[1] Bois de lance.

armes aucune chose et il montre son avantage. Sachez, disoit-il encore, à messire Thomas de Percy et à messire Thomas Morel, messire Regnault de Roye n'est pas maintenant à apprendre de la joûte; il en sçait plus que messire Jean de Holland quoique il s'y soit si bien porté. »

Après les armes faites des lances, ils prirent les haches et en firent les armes et s'en donnèrent chacun trois coups sus les heaumes et ainsi des épées et puis des dagues. Quand tout fut fait, il n'y ot (eut) nullui (personne) blessé, la fête s'espardit (dissipa). Les François emmenèrent messire Regnault à leur hôtel et les Anglois messire Jean de Holland au sien. Si furent désarmés et aisés. Ce jour donna le duc de Lancastre à dîner aux chevaliers de France en son hôtel et les tint tout aises et se sist (plaça) la duchesse en la salle, à table de-lez (près) le duc, et messire Regnault de Roye dessous lui.

Après ce dîner qui fut beau et long et bien ordonné, on entra en la chambre de parement; et là prit, en entrant en la chambre, la duchesse messire Regnault par la main et le fit entrer dedans presques aussitôt comme elle fit. Et tous les autres chevaliers y entrèrent. Et en la chambre y eut parlé et devisé d'armes et de plusieurs autres choses un long temps et presque jusques à donner le vin. Adonc se traist (approcha) la duchesse plus près des chevaliers de France qu'elle n'étoit et commença à parler et dit: « Je me émerveille comment entre vous, chevaliers de France, vous pouvez tenir ni soutenir l'opinion d'un bâtard, ni aider à mettre sus; et là vous fault (manque) sens, avis et gentillesse; car vous sçavez, aussi sçait tout le monde, que Henri, qui jadis fut roi de Castille fut bâtard. Et à quelle fin ni juste cause soutenez-vous doncques sa cause et aidez à votre pouvoir à déshéritier le droit hoir (héritier) de Castille. Ce suis-je, car moi et ma sœur fûmes filles de loyal mariage au roi Dam Piètre. Et Dieu qui est droiturier sait si nous avons juste cause en le calenge (réclamation) de Castille. » Et adonc la dame ne se put abstenir que elle ne pleurât quand elle parla de son père, car trop fort l'aima.

Messire Regnault de Roye s'inclina envers la dame et reprit la parole et dit: « Certes, madame, nous sçavons bien que il est ainsi que vous dites, mais notre roi, le roi de France, tient l'opinion contraire que vous tenez et nous sommes ses subgiez (sujets); si nous faut guerroyer pour lui et aller où il nous envoie. Nous n'y pouvons contredire. » A ces mots prirent messire Jean de Holland et messire Thomas de Percy la dame et l'emmenèrent en la chambre, et le vin vint; on l'apporta. Si but le duc et les seigneurs et les chevaliers de France qui prinrent (prirent) congé; si se départirent et vinrent à leur hôtel et trouvèrent tout prêt pour monter. Si montèrent et se départirent de Betanços et chevauchèrent ce jour jusques à Noya qui se tenoit pour eux. Et là se reposèrent, et à lendemain ils se mirent au chemin et s'en allèrent devers le Val-d'Olif (Valladolid.)

CHAPITRE LVII.

Comment le roi de Portugal et le duc de Lancastre eurent conseil ensemble que ils entreroient en Castille pour conquérir villes et chateaux en Castille.

Après ces armes faites, si comme je vous recorde, eurent le roi de Portugal et le duc de Lancastre parlement ensemble; et m'est avis que ils ordonnèrent entre eux là de chevaucher dedans briefs jours. Et pour ce que le roi de Portugal avoit assemblé tout son pouvoir et mis sus les champs, il fut avisé que lui et ses gens tiendroient une frontière de pays et entreroient en Castille par une bende (frontière) au lez (côté) devers Saint-Yrain (Santarem) et le duc de Lancastre et sa route (troupe) tiendroient la bende (frontière) de Galice et conquerroient villes et châteaux qui encore se tenoient et qui à conquérir étoient. Et si le roi Jean de Castille se traioit (rendoit) sur les champs, si fort que pour demander la bataille, ils se remettroient ensemble; car il fut avisé et regardé que leurs deux osts (armées) conjoints et mis ensemble ne se pourroient pourvoir ni étoffer, et espoir (peut-être) y pourroient nourrir grand'foison de maladies tant pour les logis que pour les fourrages, car Anglois sont hâtifs et orgueilleux sus les champs, et Portingallois chauds et bouillants et tantôt entrepris de paroles;

ni ils ne sont pas trop souffrants; mais pour attendre une grande journée et une bataille ils sont bons ensemble. Là se concorderoient-ils bien, et aussi feroient Gascons.

Ce conseil fut arrêté. Et dit le roi de Portugal au duc de Lancastre: « Sire et beau-père, si très tôt comme je saurai que vous chevaucherez, je chevaucherai aussi, car mes gens sont tout prêts, ni ils ne demandent autre chose que bataille. » Répondit le duc de Lancastre: « Je ne séjournerai point longuement; on m'a dit qu'il y a encore en Galice aucunes villes rebelles qui point ne veulent venir en l'obéissance de nous; je les irai visiter et conquerre et puis chevaucherai cette part et où je cuideray (croirai) plutôt trouver mes ennemis. »

Sus cet état prit congé le roi de Portugal au duc de Lancastre et à la duchesse et aussi fit la reine Philippe sa femme et autant bien la jeune fille mademoiselle Catherine fille au duc et à la duchesse; car il fut ordonné que, la guerre durant et la saison tout aval, la jeune fille se tiendroit avecques la reine sa sœur au Port (Porto) de Portugal. Elle ne pouvoit être en meilleure garde; et la duchesse s'en retourneroit en la ville de Saint Jacques en Galice. Ainsi se portèrent les ordonnances; et s'en alla chacun où il s'en devoit aller, le roi de Portugal au Port (Porto) et la duchesse en la ville de Saint Jacques bien accompagnée de chevaliers et d'écuyers; et le duc demeura à Betançòs et toutes ses gens avecques lui ou là environ; et ordonnèrent leurs besognes pour chevaucher hâtivement, car le séjour leur ennuyoit, pourtant (attendu) que on étoit jà au joli mois d'Avril, que les herbes étoient jà toutes mûres en Galice et en Castille et le bled en grain et les fleurs en fruit, car le pays y est si chaud que, à l'entrée du mois de Juin, l'Août [1] y est passé. Si se vouloient délivrer d'exploiter et de querre (chercher) les armes endemantes (pendant) que il faisoit si beau temps et si souef (doux), car c'étoit grand plaisir que d'être aux champs.

Or parlerons-nous un petit de l'ordonnance des François et du roi de Castille autant bien que nous avons parlé des Anglois.

CHAPITRE LVIII.

COMMENT MESSIRE GUILLAUME DE LIGNAC ET MESSIRE GAUTIER DE PASSAC VINRENT A L'AIDE DU ROI DE CASTILLE ET COMMENT ILS EURENT CONSEIL, LE ROI ET EUX, COMMENT ILS SE MAINTIENDROIENT.

Vous sçavez comment messire Guillaume de Lignac et messire Gautier de Passac firent tant par sagement traiter que le comte de Foix laissa paisiblement passer eux et leurs routes (troupes) parmi son pays de Berne (Béarn) pour aller en Castille. Encore donna ledit comte en droit don, de sa bonne volonté, car il n'y étoit point tenu si il ne vouloit,

[1] L'Août se prend ici pour moisson. J. A. B.

aux chevaliers et aux écuyers qui passoient par la
ville de Orthez et qui l'allèrent voir en son châtel
et conter des nouvelles, grands dons et beaux; à
l'un un cent, à l'autre deux cents, à l'autre trente,
à l'autre quarante, à l'autre cinquante florins,
selon ce que ils étoient; et coûta bien au comte
de Foix le premier passage, selon ce que les
trésoriers depuis me dirent à Orthez, la somme de
dix mille francs, sans les chevaux, les haquenées
et les mules que il donna. Or prenez le seigneur qui
ce fasse, ni qui le sçut ni le voulut faire. Au voir
(vrai) dire tant en vueil (veux)-je bien encore dire.
C'est dommage que un tel prince envieillist (vieillisse)
ni muert (meurt): ni à sa cour il n'y a nuls marmousets (favoris) qui disent: « Otez ci; donnez ci,
donnez là; prenez ci, prenez là. » Nennil; ni oncques
n'en eut nuls, ni jà n'en aura. Il fait tout de sa tête,
car il est naturellement sage. Si sait bien donner
où il appartient et prendre aussi où il appartient; et
quoique de ses dons et largesses faire, il travaille
ses gens, c'est vérité, car la revenue n'est pas si
grande que il put donner les dons qu'il donne,
bien tous les ans soixante mille francs, de tenir
son état qui n'est pareil à nul autre et de assembler pour le doute (crainte) des aventures le
grand trésor que il assemble, et a assemblé puis
trente ans, où on trouveroit en la tour à Orthez
trente fois cent mille francs, si ne prient ses gens
à Dieu d'autre chose que il puisse longuement vivre,
ni ils ne plaignent chose que ils mettent en lui. Et
leur ouïs dire que, au jour que il mourra, il y a en

Foix et en Berne (Béarn) eux dix mille qui voudroient mourir aussi. Or regardez, ils ne disent pas cela sans grand amour que ils ont à leur seigneur. Et vraiment, si ils l'aiment, ils ont droit et raison, car il les tient en paix et en justice, et sont toutes ses terres aussi franches et libérales, et en aussi grand' paix. le peuple y vit et est comme s'ils fussent en paradis terrestre. On ne dise mie que je le blandisse (flatte) trop pour faveur ou pour amour que je aie à lui, ou pour ses dons que il m'a donnés; car je mettrois en voir (vrai) et en preuve toutes les paroles que je dis et ai dites du gentil comte de Foix, et encore plus, par mille chevaliers et écuyers, si il en étoit besoin.

Or retournons à messire Guillaume de Lignac et à messire Gautier de Passac qui étoient capitaines souverains conduiseurs et meneurs de toutes ces gens d'armes.

Quand ils eurent passé le pays des Bascles (Basques) et le pas de Roncevaux, où ils mirent trois jours au passer, car il y avoit tant de neiges et de froidures sur les montagnes, quoique ce fût au mois d'avril, que ils eurent moult de peine, eux et leurs chevaux, du passer outre. Lors s'en vinrent-ils vers Pampelune et trouvèrent le royaume de Navarre ouvert et appareillé, car le roi de Navarre ne vouloit pas faire déplaisir au roi de Castille, car son fils messire Charles de Navarre avoit à femme pour ce temps la sœur du roi Jean de Castille; et quand la paix fut faite du roi Henri[1], père au roi Jean, au

---

[1] Henry de Transtamare. J. A. B.

roi de Navarre, ils jurèrent grands alliances ensemble, lesquelles se tenoient et étoient bien taillées de tenir; ni le roi de Navarre ne peut résister au fort contre le roi de Castille, si il n'a grands alliances ou confort du roi d'Aragon ou du roi d'Angleterre.

Ces capitaines de France s'en vinrent à Pampelune où le roi de Navarre étoit,[1] lequel les reçut assez liement et les fit venir dîner à son palais, et aucuns chevaliers de France qui étoient avecques eux, et les tint tout aises. Après dîner il les emmena en sa chambre de parement et là les mit en paroles de plusieurs choses, car ce fut un sage homme et subtil et bien enlangagé, et sur la fin de son parlement il leur remontra bien que le roi de France et son conseil s'étoient grandement injuriés contre lui; et que à tort et sans cause on lui avoit ôté sa terre et son héritage de Normandie, qui lui venoit de ses prédécesseurs rois de France et de Navarre, lequel dommage il ne pouvoit oublier, car il étoit trop grand; car on lui avoit ôté en Normandie et en Languedoc parmi la baronie de Montpellier [2] la somme de soixante mille francs de revenue par an et si ne s'en sçavoit à qui traire (prendre), fors à Dieu, où il en put avoir droit. « Non pas, seigneurs,

---

[1] Ces évènements sont de l'année 1386. Les chevaliers françois étoient rentrés en France de leur expédition d'Espagne, avant l'expiration de cette même année. Le roi de Navarre mourut le Ier Janvier 1387. J. A. B.

[2] Johnes, Sauvage et tous les éditeurs précédents disent à tort la baronie de Montpensier. Les manuscrits 8325 et 8328 disent avec plus de raison baronie de Montpellier. Le texte est parfaitement conforme à la vérité historique. J. A. B.

dit le roi, que je le vous dise pour la cause que vous m'en fassiez avoir raison, ni adresse; nennil, car je sçais bien que vous n'y avez nulle puissance, ni pour vous on n'en feroit rien; ni vous n'êtes pas du conseil du roi, mais êtes chevaliers errants et souldoiers (soldats) qui allez au commandement du roi et de son conseil où on vous envoie: cela est vérité. Mais je le vous dis, pourtant (attendu) que ne me sçais à qui complaindre fors à tous ceux du royaume de France qui par ci passent. » Donc répondit messire Gautier de Passac et dit: « Sire, votre parole est véritable, de ce que vous dites que pour nous on n'en feroit rien ni du prendre ni du donner, car voirement (vraiment) ne sommes-nous pas du conseil du roi. On s'en garde bien: nous allons là où on nous envoie. Et monseigneur de Bourbon qui est notre souverain et oncle du roi, si comme vous sçavez, doit tantôt faire ce chemin, allant et retournant; si lui en pourrez remontrer vos besognes, car c'est un sire doux, gracieux et aimable, et par lui pourrez vous avoir toutes adresses (réparations); et Dieu vous puisse rendre et mérir (récompenser) le bien et l'honneur que vous nous avez fait et faites à nos gens et nous vous en regracierons au roi de France et à son conseil, nous retournés en France, et à monseigneur de Bourbon souverainement qui est notre maître et notre capitaine et que nous viendrons devant le roi et le conseil de France. » A ces mots fut le vin apporté. On but. Adonc ces chevaliers prirent congé au roi: il leur donna doucement et puis leur fit présenter à leur hôtel chacun un moult bel présent, dont ils eurent grand' joie et tinrent le don à grand amour.

Ainsi passèrent ces gens d'armes parmi le royaume de Navarre et vinrent au Groing (Logrogno) et demandèrent où ils trouveroient le roi. On leur dit que il s'étoit tenu un grand temps au Val-d'Olif (Valladolid), mais on pensoit que il étoit à Burgos en Espagne, car là se faisoient ses pourvéances. Donc prirent-ils le chemin de Burgos et laissèrent le chemin de Galice. Il n'y faisoit pas sain, car les Anglois étoient trop avant sur les champs et sur le pays.

Nouvelles vinrent au roi de Castille que grand secours lui venoit de France, plus de deux mille lances. Si en fut tout réjoui, et se partit du Val-d'Olif (Valladolid), et s'en vint à Burges (Burgos); et chevauchoit à (avec) plus de six mille chevaux. Or vinrent ces gens d'armes à Burges (Burgos) et là environ, et se logèrent et s'espardirent (répandirent) sus le pays, et toujours venoient gens. Messire Guillaume de Lignac et messire Gautier de Passac s'en vinrent devers le roi à son palais, lequel les receupt (reçut) liement et doucement et les complaignit de la peine et du travail si grand que ils avoient pris pour l'amour de lui et pour lui venir servir. Ces chevaliers en inclinant (saluant) le roi de Castille répondirent et dirent: « Sire, mais (pourvu) que nous puissions faire service qui vous vaille, notre peine et travail seront bientôt oubliés; mais il nous faudra avoir conseil et avis l'un pour l'autre comment nous nous chevirons (conduirons), ou si nous chevaucherons sus les ennemis, ou si nous les laizerons et guerroierons par garnisons tant que monseigneur de Bourbon soit venu. Si mandez messire Olivier du Glayaquin (Guesclin); nous savons bien que il est en ce pays; messire Pierre de Villaines, le Barrois des Barres, Châtel Morant et tous les compagnons de de-là qui ont hanté plus en cette contrée que nous n'ayons, car ils y sont venus devant nous. Si nous conseillerons et parlerons ensemble et ferons tant, si Dieu plaît, parmi le bon avis de l'un et de l'autre que vous et votre royaume y aurez profit et honneur. » Dit le roi: « Vous parlez loyalement et sagement et je le vueil (veux). »

Adonc furent mis clercs en œuvre et lettres escriptes (écrites) à pouvoir, et messages envoyés en plusieurs lieux où les chevaliers se tenoient épandus sus les pays lesquels on vouloit avoir. Quand ils sçurent que messire Guillaume de Lignac et messire Gautier de Passac étoient à Burgos de-lez (près) le roi, si en furent tous réjouis; et considérèrent bien le temps, et que on les mandoit pour avoir conseil et avis comment on se maintiendroit. Si se départirent des villes et des châteaux, car ils se tenoient en garnisons. Quand ils les eurent recommandés à leurs gens, ils prinstrent (prirent) de toutes parts le chemin de Burgos en Espagne et tant firent que ils vinrent. Et eut là à Burgos et là environ grand' chevalerie de France.

Or entrèrent le roi de Castille et ces compagnons, barons et chevaliers de France, en parlement pour avoir certain arrêt et avis comment ils se maintiendroient, car bien savoient que leurs ennemis chevauchoient et tenoient les champs. Si y vouloient pourvoir et remédier selon leur puissance à l'honneur du roi et de eux et au profit du royaume de Castille. Là furent plusieurs paroles retournées, et furent nombrés les gens d'armes que le roi de Castille pouvoit avoir. On disoit bien que de son royaume on mettroit bien ensemble trente mille chevaux et les hommes sus armés à l'usage de Castille, lançants et jetants dards et archegayes (javelots), et de pied bien trente mille ou plus jetants de pierres à (avec) frondes. Les chevaliers de France considérèrent bien tout cela entre eux et dirent bien que ce étoit grand peuple, mais (pourvu) que ils vaulsist (valût) rien. Mais on y avoit vu et trouvé tant de lasquete (lâcheté) que on avoit petite fiance en eux ; tant que à la bataille de Nazre (Najara), où le prince de Galles fut et eut la victoire, comme à la bataille de Juberote (Abjubarrota), où les Portingallois et les Gascons furent, et toujours avoient été les Espagnols déconfits.

Donc fut reprise la parole et rehaulcée (relevée) du comte de la Lune (Lerma) en soutenant les Castellains (Castillans) et eux excusant et dit ainsi : « Tant que à la bataille de Nazre (Najara), je vous en répondrai. Il est bien vrai que messire Bertran du Glayaquin (Guesclin) et grand'foison de noble chevalerie et bonne du royaume de France furent là et se combattirent vaillamment, car tous y furent morts ou pris ; mais vous sçavez bien, ou avez ouï dire, que toute la fleur de chevalerie du monde étoit là avecques le prince de Galles, de sens, de vaillance et de prouesse, laquelle chose n'est pas à présent avecques le duc de Lancastre. Le prince de Galles à la bataille de Nazre (Najara) avoit bien largement dix mille lances et six mille archers, et telles gens que il y en avoit trois mille dont chacun valoit un Roland et un Olivier. Mais le duc de Lancastre à présent n'a non plus de douze cents ou de quinze cents lances et quatre mille archers; et nous aurons bien six mille lances et si n'avons pas à faire ni à combattre contre Roland ni Olivier. Messire Jean Camdes (Chandos), messire Thomas de Felléton (Felton), messire Olivier de Clisson, messire Hue de Caurelée (Calverley), messire Richard de Pont-Chardon, messire Garsis du Châtel, le sire de Ray, le sire de Rieux, messire Louis de Harcourt, messire Guichart d'Angle, et tels cinq cents chevaliers vous nommerois-je qui y furent n'y sont pas, et tous sont morts ou tournés de notre côté, si ne nous est pas la chose si périlleuse comme elle a été du temps passé; car qui m'en croira nous les combattrons et passerons la rivière de Derve (Duero), si nous tournera à grand' vaillance. »

La parole que le comte de la Lune (Lerma) dit et le conseil que il donna fut bien ouï et entendu et y en avoit grand' foison qui tenoient cette opinion. Adonc parla messire Olivier du Glayaquin (Guesclin) et dit: « Comte de la Lune (Lerma), nous sçavons bien que quant (tout ce) que vous dites, c'est par grand sens et par grand' vaillance qui est en vous: or prenons que nous allons combattre le duc de Lancastre. Si nous n'avions à autrui à faire que à lui, nous nous en chevirions (viendrions à bout) bien, mais vous laissez le plus gros derrière; c'est le roi de Portugal et sa puissance, où bien a, selon ce que nous sommes informés, vingt cinq cents lances et trente mille autres gens. Et sus la fiance du roi de Portugal, le duc de Lancastre est entré en Galice; et ont, si comme nous sçavons de vérité, et il convient qu'il soit et si s'en sieut (suit), grandes alliances ensemble; car le roi de Portugal a la fille du duc par mariage. Or regardez que vous voulez dire sus cela. » — « En nom de Dieu, répondit le comte de la Lune (Lerma), nous combattrons entre nous François, car je me compte des vôtres, le duc de Lancastre: nous sommes gens assez en quatre mille lances pour le combattre; et le roi de Castille et les Castelloings (Castillans) auront bien, si comme ils disent, vingt mille chevaux et trente mille de pied, et combattront bien et hardiment le roi de Portugal. Je oserois bien attendre l'aventure avecques eux. »

Quand les chevaliers de France se virent ainsi reboutés du comte de la Lune (Lerma), si dirent: « Par Dieu, vous avez droit et nous avons tort, car nous devrions dire et mettre avant ce que vous dites; et il sera ainsi, puisque vous le voulez; ni nul ne contredira à votre parole. » — « Seigneurs, dit le roi, je vous prie, conseillez-moi loyalement, non par bobant (orgueil) ni par hâtiveté, mais par avis et par humilité et que le meilleur en soit fait. Je n'accepte pas cette journé, ni ne tiens pour arrêtée. Je veuil (veux) que nous soyons encore demain ensemble en cette propre chambre; et par spécial vous, messire Guillaume de Lignac, et vous messire Gautier de Passac, qui êtes envoyés en ce pays de par le roi de France et le duc de Bourbon comme souverains capitaines de tous, je vous prie que vous ayez collation (entretien) ensemble et regardez lequel est le plus profitable et honorable pour moi et pour mon royaume; car par vous sera tout fait, du combattre nos ennemis ou du laisser. » Ils s'inclinèrent devers le roi et répondirent: « Sire, volontiers. »

Ainsi se départit le parlement pour la journée et se retraist (retira) chacun en son hôtel. Les chevaliers de France eurent, ce jour ensuivant après dîner et le soir, plusieurs paroles ensemble; et dirent les aucuns: « Nous ne nous pouvons combattre honorablement jusques à tant que monseigneur de Bourbon sera venu. Que sçavons-nous quelle chose il voudra faire, ou combattre ou non? Or soit que nous combattons et que nous ayons la journée pour nous, monseigneur de Bourbon en seroit grandement indigné contre nous et par spécial sur les capitaines de France. Et si la fortune étoit contre nous, nous perdrions nos corps et ce royaume; car si nous étions rués jus, il n'y auroit point de recouvrier (remède) ens (dans) ès (les) Castelloings (Castillans), que tout le royaume ne se perdeist (perdit) pour le roi à présent. Et si en serions encoulpez (accusés) plus que les autres; car on diroit que nous aurions fait faire la bataille et que nous ne sçavons donner nul bon conseil. Encore outre, que sçavons-nous si tout ce pays est à un, ni si ils ont mandé couvertement (secrètement) le duc de Lancastre et sa femme qui se tient héritière de Castille, car elle fut fille au roi Dam Pietre; tout le monde le sçait bien; et si ils véoient le duc et les Anglois sur les champs qui calengent (réclament) la couronne de Castille et disent que ils ont juste cause, car le roi Jean fut fils au bâtard, ils se pourroient tourner en la fin, si comme ils firent à la grosse bataille de Nazre (Najara); et nous demeurerions morts ou pris sur les champs. Si que, il y a doubles périls tant pour le roi que pour nous : il est fol et outrageux qui conseille la bataille. »

« Eh! pourquoi donc, dirent les autres, n'en parlent ceux qui y sont tenus de parler, comme messire Guillaume de Liguac et messire Gautier de Passac ? » — « Pour ce, répondirent les autres, que ils veulent sçavoir l'opinion de tous; car il ne peut être que on ne leur ait dit bien au partir, les consaulx (conseillers) du roi et du duc de Bourbon, quelle chose ils doivent faire; et par raison le saurons-nous demain. »

Ainsi furent en plusieurs estrifs (débats) aucuns chevaliers de France ce jour et ce soir. Et autretant (aussi) bien d'autre part étoient les Espagnols et ne conseilloient pas ceux qui aimoient le roi à combattre par plusieurs raisons; car si il combattoit et la journée étoit contre lui, sans recouvrier (remède) il perdroit son royaume; et le roi tenoit bien aussi ce propos et ressoingnoit (redoutoit) les fortunes, et ne sçavoit pas, ni sçavoir ne pouvoit, tous les couraiges (intentions) de ses hommes, ni lesquels l'aimoient et lesquels non. Si demeura la chose jusques à lendemain que tous retournèrent au palais du roi et entrèrent en parlement.

En ce parlement eut plusieurs paroles dites et retournées, car chacun à son pouvoir vouloit le roi Jean de Castille loyalement conseiller; et bien véoient et connoissoient les plusieurs que il ne s'inclinoit pas trop grandement à la bataille, car il lui souvenoit souvent de la dure journée que il avoit eue à Juberonne (Aljubarrota), où le roi de Portugal le déconfit et où il prit si grand dommage que si il avoit l'aventure pareille il perdroit son royaume. Quand on eut allé tout autour de la besogne et que on eut à chacun demandé ce que bon leur en sembloit ni véoit, on dit à messire Guillaume de Lignac et à messire Gautier de Passac que ils en dissent leur entente (intention), car par eux se devoit tout ordonner, au cas que ils étoient les souverains capitaines et là envoyés de par le roi de France et son conseil. Ces deux chevaliers regardèrent l'un l'autre; et dit messire Gautier: « Parlez, messire Guillaume. » — « Non ferai, mais parlez-vous, car vous êtes plus usé d'armes que je ne sois. »

Là furent en estrif (débat) de parler: finalement il convint messire Guillaume parler, car il étoit aîné combien que aussi avant étoit chargé de la besogne l'un que l'autre, et dit ainsi:

« Sire roi, vous devez, ce m'est avis, grandement remercier la noble et bonne chevalerie de France qui vous est venue voir et servir de si loin. Et outre, ils ne montrent pas que ils aient affection ni volonté de eux enclorre ni eux enfermer en cité, en ville, en châtel ni en garnison que vous ayez; mais ont grand désir de eux traire (rendre) sur les champs et de trouver et combattre vos ennemis, laquelle chose, sauve soit leur grâce et la bonne volonté que ils montrent, ne se peut faire à présent par plusieurs raisons; et la principale raison est que nous attendons monseigneur de Bourbon, qui est dessus nous souverain, lequel viendra tantôt et nous reconfortera encore grandement de gens d'armes. Aussi il y a grand' foison de chevaliers et d'écuyers en nos routes (troupes), qui oncques ne furent en ce pays ni qui point ne l'ont appris. Si appartient bien que ils le voient et apprennent deux ou trois mois, car on ne vit oncques bien venir de chose si hâtivement faite que de vouloir tantôt combattre ses ennemis. Nous nous guerroierons sagement par garnisons deux ou trois mois, ou toute cette saison, si il est besoin; et lairons (laisserons) les Anglois et les Portingallois chevaucher parmi Galice et ailleurs si ils peuvent. Si ils conquièrent aucunes villes, nous les r'aurons moult tôt requises, mais (pourvu) que ils soient partis hors du pays. Ils ne les feront que emprunter. Encore y a un point en armes où gisent et sont moult d'aventures. En chevauchant et eux travaillant parmi ce pays de Galice, lequel est chaud et de fort air, ils pourront prendre tels travaux et telles maladies que ils se repentiront de ce que ils auront été si avant, car ils ne trouveront pas l'air si attrempé (tempéré), ainsi comme il est en France, ni les vins de telle boisson ni douceur, ni les fontaines attrempées (tempérées) si comme en France; mais les rivières troubles et froides pour les neiges qui fondent ens (dans) ès (les) montagnes, dont eux et leurs chevaux, après la grand'chaleur du soleil que ils auront eue tout le jour, morfondront, ni jà ne s'en sauront garder. Ils ne sont pas de fer ni d'acier que à la longue ils puissent en ce chaud pays de Castille durer. Ce sont gens si comme nous sommes et nous ne les pouvons mieux déconfire ni gâter que de non combattre et laisser aller. Partout ils ne trouveront rien au plat pays où ils se puissent prendre ni aherdre (allier), ni nulle douceur où ils se puissent rafraîchir; car on m'a donné à entendre que le plat pays est tout gâté de nos gens mêmes; donc je prise bien cet avis et cette ordonnance, car si ce étoit à moi à faire je le ferois. Et si il est nul de vous qui sache mieux dire, si le dise, nous l'orrons (entendrons) volontiers. Et si vous en prions messire Guillaume et moi. »

Tous répondirent ainsi que de une voix: « Ce conseil soit tenu. Nous n'y véons meilleur ni plus profitable pour le roi de Castille et son royaume. »

A ce conseil se sont tous tenus que, avant que on se mette sus les champs ni que on fasse nul semblant que on combatte les Anglois, on attendra la venue du duc de Bourbon et pourverra-t-on de gens d'armes les garnisons sus les frontières, et laira (laissera)-t-on les Anglois convenir et les Portingalois aller et venir parmi le pays de Castille là où ils pourront aller. Ils n'emporteront pas le pays, quand ils s'en iront, avecques eux. Ainsi se defina (termina) le parlement et issirent (sortirent) tous de la chambre.

Ce jour donna à dîner aux barons et chevaliers de France en son palais à Bourges (Burgos) le roi de Castille grandement et largement selon l'usage d'Espagne. A lendemain, dedans heure de nonne, furent ordonnés et départis les gens d'armes, et sçavoit chacun par la relation des capitaines quelle chose ils devoient faire ni où aller. Si fut envoyé messire Olivier Duglayaquin (Guesclin), le comte de Longueville, atout (avec) mille lances à une ville forte assez sus la frontière de Galice, que on dit ville d'Agillare; messire Regnault et messire Tristan de Roye en une autre garnison à dix lieues de là sus la frontière aussi de Galice en une ville que on appelle Ville Sainte atout (avec) trois cents lances; messire Pierre de Vilaines atout (avec) deux cents lances à Ville en Bruelles; le vicomte de la Lune (Lerma) en la ville de la Mayolle; messire Jean des Barres atout (avec) trois cents lances en la ville et châtel de Noye (Noya) en la terre de Gallice; messire Jean de Chastel-Morant et messire Tristan de la Gaille et plusieurs autres compagnons en la cité de Palence; le vicomte de la Berlière en la ville de Ribesor; messire Jean et messire Robert de Braquemont et tous les Normands en ville Arpent (Villalpando). Ainsi furent tous départis ces gens d'armes et connétables: de eux tous faits et ordonnés. Messire Olivier Duglayaquin (Guesclin), lequel avoit la greigneur (plus grande) charge, messire Guillaume de Lignac et messire Gautier de Passac demeurèrent de-lez le roi à Bourges (Burgos), et partout où il alloit ils allèrent. Ainsi se portèrent en cette saison les ordonnances en Castille, en attendant le duc de Bourbon, lequel étoit encore en France à Paris et ordonnoit ses besognes pour aller en Castille.

Nous mettrons un petit en repos cette armée de Castille du duc de Lancastre et du roi de Portugal. Quand temps et lieu sera, nous y retournerons bien et parlerons des avenues qui avinrent en cette saison en France et en Angleterre, dont il en y eut des folles et des périlleuses pour l'un royaume et pour l'autre et des déplaisantes pour les rois et pour leurs consaulx (conseillers).

CHAPITRE LIX.

Comment en Angleterre eut grand' pestillence entre les gentilshommes et les communes pour les finances et tailles.

Vous avez bien ci-dessus ouï recorder comment l'armée de mer et la grande assemblée, qui fut à l'Écluse de gens d'armes, d'arbalêtriers, de gros varlets et de grand' foison de navires, et tout ordonné et assemblé pour aller en Angleterre, se dérompit [1] et

---

[1] Il s'agit de l'expédition préparée à l'Écluse qui échoua, en 1386, par le retard du duc de Berry. J. A. B.

pour montrer et donner courage et volonté de aller une autre fois en Angleterre, parquoi on ne desist (dit) pas que les François fussent froids ni recréants (las) de faire ce voyage ou un aussi grand, il fut ordonné que tantôt, à l'entrée de Mai que la mer est paisible et que il fait bon guerroyer, le connétable de France auroit charge d'aller en Angleterre à (avec) quatre mille hommes d'armes et deux mille arbalêtriers. Et se devoient toutes les gens d'armes du connétable trouver et assembler en une cité en Bretagne séant sur mer sus les frontières de Cornouaille, que on dit l'Antriguies (Treguier); et là se faisoient les pourvéances grandes et grosses, et devoient toutes gens d'armes passer à (avec) chevaux pour plus aisément courir en Angleterre, car, sans aide de chevaux, sur terre on ne peut faire guerre qui vaille. Et vous dis que au hâvre de l'Antriguies (Tréguier) en Bretagne avoit très grand et très bel apparent de naves (nefs), de hoquebos (barques), de barges de balleniers et de gallées; et les pourvéoit-on de vins, de chairs salées, de biscuit et de toutes choses si largement que pour vivre quatre ou cinq mois toutes gens, sans rien prendre ni trouver sur le pays; car bien sçavoient le connétable et ses consaulx (conseillers) que les Anglois, quand ils sentiroient venir ni approcher tant de si bonnes gens d'armes en leurs pays ils détruiroient tout; par quoi nul ne fut aisiez (aidé) des biens que il trouveroit au plat pays; et pour ce faisoit le connétable ses pourvéances si fortes. D'autre part aussi et tout de une issue et de une armée et pour aller aussi en Angleterre, se ordonnoit et appareilloit une très belle et grande navie (flotte) au hâvre de Harfleur, car le sire de Coucy, le comte de Saint Pol et l'amiral de France devoient là monter atout (avec) deux mille lances et pour aller en Angleterre. Et étoit tout ce fait à l'entente (but), si 'comme renommée couroit, que pour attraire (attirer) le duc et la duchesse de Lancastre hors de Castille et pour en voir le mouvement et la fin. Le duc de Bourbon se tenoit encore à Paris, car bien sçavoit que si le duc de Lancastre retournoit en Angleterre, il n'auroit que faire en Castille ni travailler son corps si avant. Et devoient en l'armée du connétable être et aller en Angleterre avecques lui Bretons, Angevins, Poitevins, Maassiaulx (Manceaux), Saintongiers, Blaisois, et Tourangeaux et chevaliers et écuyers des basses marches; et avecques le comte de Saint Pol et le sire de Coucy devoient être François, Normands et Picards; et le duc de Bourbon avoit deux mille lances pour sa charge, Berruyers, Auvergnois, Limousins et Bourguignons des basses marches. Ainsi étoient en ce temps les choses parties en France; et sçavoit chacun quelle chose qu'il devoit faire et où il devoit aller, fût en Angleterre ou en Castille.

Bien est vérité que le royaume d'Angleterre fut en cette saison en grand péril et en pestillence plus grande assez que quand les vilains d'Exsesses (Essex) et de la comté de Kent et d'Arundel se rebellèrent contre le roi et les nobles et ils vinrent à Londres, et je vous dirai raison pourquoi.

Les nobles d'Angleterre et les gentilshommes furent adoncques tous d'un accord et de une alliance avecques le roi contre les vilains. Maintenant ils se différoient les uns des autres trop grandement, le roi d'Angleterre contre ses deux oncles le duc d'York et le duc de Glocestre, et les oncles contre le roi; et toute cette haine venoit et naissoit du duc d'Irlande qui étoit tout le conseil du roi. Les communautés en Angleterre, en plusieurs lieux, cités et bonnes villes, sçavoient bien le différend qui entre eux étoit; les sages le notoient à grand mal qui en pouvoit naître et venir; les foux n'en faisoient compte et disoient que c'étoit tout par envie que les oncles du roi avoient sus leur neveu le roi, et pour ce que la couronne d'Angleterre leur éloignoit; et les autres disoient: « Le roi est jeune, si croit jeunement et jeunes gens; mieux lui vaudroit, et plus honorable et profitable lui seroit, de croire ses oncles qui ne lui veulent que bien et l'honneur et profit du royaume d'Angleterre, que cette poupée le duc d'Irlande, qui oncques ne vit rien, ni oncques rien n'apprit, ni ne fut en bataille. » Ainsi se différoient les cœurs et les langages des uns et des autres en Angleterre et y apparoient grandes tribulations; et bien étoit sçu et connu en France; et pour ce s'appareilloient les dessus dits nommés seigneurs de y aller à (avec) toute leur puissance et faire un très grand destourbier (trouble).

D'autre part les prélats d'Angleterre étoient aussi en haine l'un contre l'autre. L'archevêque de Cantorbie (Canterbury), lequel étoit de ceux de Montagu et de Percy contre l'archevêque d'York, lequel étoit de ceux de Neville. Si étoient-ils proismes (prochains) et voisins, mais ils s'entre héoient (haïssoient) mortellement, pour tant que le sire de Neville avoit le regard (garde) et le gouvernement de Northumberland à l'encontre des Écossois dessus le comte de Northumberland et ses enfants, messire Henri et messire Raoul de Percy. Et en cette seigneurie et donation l'avoit mis son frère l'archevêque d'York, qui étoit l'un des gens du conseil du roi avecques le duc d'Irlande.

Vous devez sçavoir que si très tôt que les Anglois sçurent que le voyage de mer de l'Écluse fut rompu et brisé, il y eut en Angleterre plusieurs murmurations en plusieurs lieux; et disoient aucuns qui pensoient le mal avant que le bien : « Que sont devenues les grandes entreprises et les vaillants hommes d'Angleterre. Le roi Édouard vivant, et son fils le prince, nous soulions (avions coutume) aller en France et rebouter nos ennemis de telle façon que nul ne s'osoit mettre en bataille contre nous; et si il s'y mettoit, il étoit déconfit davantage. Quelle chose fut-ce du noble roi Édouard de bonne mémoire, quand il arriva en Normandie, en Coustentin (Cotentin) et il passa parmi le royaume de France? Et les belles batailles et les beaux conquêts que il y eut sur le chemin; et puis à Crecy il déconfit le roi Philippe et toute la puissance de France, et prit, avant que il retournât de ce voyage en Angleterre, la ville de Calais! Où sont les chevaliers ni ses enfants en Angleterre maintenant qui fassent la cause pareille. Aussi du prince de Galles le fils de ce noble roi; ne prit-il pas le roi de France et déconfit sa puissance à Poitiers à (avec) peu de gens que il avoit contre le roi Jean? En ces jours étoient Anglois doutés et cremus (craints), et parloit-on de nous par tout le monde et de la bonne chevalerie qui y étoit; et maintenant on s'en doit bien taire, car ils ne sçavent guerroyer fors que les bourses aux bonnes gens. A ce faire sont-ils tous appareillés. Il n'y a en France que un enfant à roi et si nous donne tant à faire que oncques ses prédécesseurs n'en firent tant. Encore a-t-il montré grand courage de venir en ce pays. Il n'a pas tenu à lui, fors à ses gens. On lui doit tourner à grand' vaillance. On a vu le temps que si telles apparences de nefs et de vaisseaux fussent avenues à l'Écluse que le bon roi Édouard ou son fils les fussent allés combattre à l'Écluse; et maintenant les nobles de ce pays sont tous réjouis, quand ils n'ont que faire et que on les laisse en paix; mais pour ce ne nous laissent-ils pas en paix ni en repos d'avoir de l'argent. On a vu le temps que quand les conquêts se faisoient de ceux de ce pays en France et si n'en payoit-on ni maille ni denier, dont on s'en sentit en rien, mais retournoient et abondoient les biens de France en ce pays, tant que tous en étoient riches. Où vont les finances si grandes et si grosses que on lève par tailles en ce pays avecques les rentes et coutumes du roi? Il faut qu'elles se perdent ou soient emblées (enlevées). On devroit sçavoir comment le royaume est gouverné ni le roi mené; et ce ne se peut longuement souffrir (retarder) que il ne soit sçu; car ce pays n'est pas si riche ni si plein de puissance que il puist (puisse) porter le faix que le royaume de France fait et feroit, où tous les biens de ce monde redondent (affluent). Encore outre, il appert bien que nous sommes en ce pays affoiblis de sens et de grâce. Nous soulions (avions coutume) sçavoir toutes les armes et les consaulx (conseils) qui en France se faisoient trois ou quatre mois devant. Donc nous nous pourveismes (pourvoyions) et avisiemes (avisions) là dessus. A présent nous n'en sçavons rien, mais sçavent les François tous nos secrets et notre conseil et si n'en sçavons qui encoulper (inculper). Si sera-t-il sçu un jour, car il y a des traîtres couverts (secrets) en la compagnie; et mieux vaudroit que on le sçut avant tôt que tard, car on le pourroit bien sçavoir si tard que on n'y pourroit remédier ni aider. »

Ainsi par divers langages se devisoient les gens en Angleterre, et aussi bien chevaliers et écuyers que communautés; tant que le royaume en gisoit en dur parti et en grand péril; et pour ce l'assemblée que le roi d'Angleterre, ses oncles et son conseil avoient faite étoit grande et grosse. Et avoient fait grands coustaiges (dépenses) en plusieurs manières pour aller et remédier à l'encontre du roi de France et des François, qui devoient par l'Écluse entrer et venir en Angleterre; car chevaliers et écuyers qui en avoient été mandés vouloient être payés de leurs saudées (gages); c'étoit raison. Si fut ordonné un parlement général en la cité de Londres, des nobles, des prélats et des communautés d'Angleterre; et principalement la chose étoit taillée et assise pour faire une grosse taille en Angleterre et de prendre sus chacun feu un noble, et le fort portant le foible.

Le parlement s'ajousta (réunit); et vinrent à Wesmoustier (Westminster) tous ceux qui venir y devoient et encore plus. Car moult y vinrent pour ouïr et sçavoir nouvelles qui point n'y étoient mandés. Là fut le roi et ses deux oncles, messeigneurs Aymon et Thomas (¹). Là furent tous les nobles. Et fut parlementé et dit que on ne sçavoit au trésor du roi point de finance, fors que pour son état maintenir bien sobrement et que il convenoit, ce disoient ceux de son conseil, que on fesist (fit) une générale taille parmi le royaume d'Angleterre, si on vouloit que le grand faix et le grand coûtage qui avoit été fait généralement, pour la doutance (crainte) du roi de France et des François, fussent payés.

A tout ce s'accordoient assez bien tous ceux de l'évêché de Nordvich (Norwich) et de l'archevêché de Cantorbie (Canterbury), de la comté d'Excesses (d'Essex), de la comté de Hautonne (¹), de l'évêché de Warvich (Warwick) et de la terre au comte de Sallebery (²), pourtant (attendu) que ils sentoient mieux que ce avoit été que les autres lointains et que ils avoient eu plus grand'paour (peur) que ceux du Nord, ni ceux de la marche de Galles, de Brisco (Bristol), ni de Cornouailles; et y étoient les lointains tous rebelles et disoient : « Nous n'avons nul-

---

(1) Edmond duc d'York et Thomas duc de Glocester. J. A. B.
(2) Southampton est dans le Hampshire. J. A. B.
(3) Salisbury est dans le Wiltshire. J. A. B.

luy (personne) vu de nos ennemis venir en ce pays. A quelle fin mettrions-nous outre si grand'somme et serions-nous grevés et pressés, et si n'a-t-on rien fait? » — « Ouil, ouil, disoient aucuns : qu'on parole (parle) à l'archevêque d'York conseiller du roi, au duc d'Irlande qui a eu soixante mille francs du connétable de France pour la rédemption de Jean de Bretagne : cet argent-là dut avoir été tourné au commun profit d'Angleterre. Qu'on parole (parle) à messire Simon Burley, à messire Guillaume Hellem (Elmham), à messire Thomas Trivet, à messire Nicolas Brambre, à messire Robert Triviliem (Tresilian), à messire Miquiel (Michel) de la Poule, à messire Jean de Sallebery (Salisbury), à messire Jean de Beauchamp, qui ont gouverné le roi et le royaume. Si chils (ceux-ci) rendoient compte des levées que ils ont fait en Angleterre, ou si on leur faisoit rendre, le menu peuple demeureroit en paix ; et si seroient les frais payés que on doit, et si auroit-en or et argent assez de demeurant. »

Quand telles paroles furent ouvertes et mises avant, les oncles du roi en furent grandement réjouis, car c'étoit pour eux que on parloit ; car tous ceux que j'ai nommés leur étoient trop durs ; et ne pouvoient avoir bout ni volée ni audience en la cour du roi pour eux. Si aidèrent à remettre sus ces paroles, et pour entrer en la grâce du peuple, à dire : « Ces bonnes gens qui ainsi parlent sont bien conseillés, si ils veulent avoir compte et si ils se défendent de non payer, car voirement (vraiment) doit avoir en la bourse du roi ou de ceux qui l'ont gouverné grand' finance. » Petit à petit ces paroles se monteplièrent (multiplièrent) et le peuple qui se défendoit de non être taillé ni le royaume aussi, s'enhardit grandement de parler et de défendre, quand ils virent que les oncles du roi étoient de leur accord et les aidoient à soutenir; et l'archevêque de Cantorbie (Canterbury), le comte de Sallebery (Salisbury), le comte de Northumberland et plusieurs barons d'Angleterre.

Adonc fut dissimulée cette taille et fut dit que on n'en feroit rien pour cette saison jusques à la saint Michel qui retourneroit. Chevaliers et écuyers qui cuidoient (croyoient) avoir argent et or n'en eurent point, dont ils se contentèrent mal sur le roi et son conseil. On les apaisa le mieux que on pouvoit. Le conseil du roi se départit mal duement, je ne sais comment; les uns çà et les autres. Là le roi ne prit point congé à ses oncles, ni ses oncles à lui. Le roi fut conseillé que il s'en allât en la marche de Galles et là se tint un temps tant que autres nouvelles lui vensissent (vinsent). Il répondit: « Je le vueil (veux). » Si se départit de Londres sans prendre congé à nulluy (personne) et enmena en sa compagnie tout son conseil, les dessus nommés, excepté l'archevêque d'York, qui s'en alla arrière en son pays sur son archevêché, dont trop bien lui chey (arriva), car si il eut été avecques les autres, quand le trouble émut, je crois que on eut fait de lui ce que on fit de tout le conseil du roi; si comme je vous recorderai temprement (bientôt) en l'histoire. Mais aussi faut-il parler de France comme d'Angleterre, quand la matière le requiert.

CHAPITRE LX.

Comment le connétable de France et plusieurs autres s'appareilloient pour aller en Angleterre conquérir villes et chateaux.

Quand la douce saison fut venue et le beau et joli mois de mai, que on compta en ce temps en l'an de grâce notre seigneur mil trois cent quatre-vingt et sept, endementes(pendant) que le duc de Lancastre étoit en Galice et que il faisoit ses conquêtes et que il et le roi de Portugal atout (avec) grand' puissance chevauchoient en Castille et que nul ne leur alloit audevant, s'ordonnoient en France, si comme je vous ai ci-dessus dit, le connétable de France d'un lez (côté), le comte de Saint Pol, le sire de Coucy et messire Jean de Vienne d'autre lez (coté); l'un à l'Antriguies (Treguier) en Bretagne et l'autre à Herflues (Harfleur) en Normandie, pour aller en cette saison en Angleterre, et de là mener jusques à six mille hommes d'armes, deux mille arbalêtriers et six mille gros varlets. Et étoit ordonné que nul ne devoit passer mer, ni entrer en ce voyage, si il n'étoit armé de toutes pièces, pourvu de vivres et de pourvéances pour quatre mois et toute fleur de gens d'armes, et pourvus de foins et d'avoines pour leurs chevaux; quoique sur l'été Angleterre est un pays bon pour ostoier (faire la guerre) chevaux. Et avoient ces seigneurs qui capitaines étoient et souverains de faire ce voyage un certain jour concordé ensemble quand ils se départiroient; et devoient prendre terre en deux ports en Angleterre à Douvres et à Oruelle (Orwell). Et approchoit grandement le jour que ils devoient être en leurs navies (vaisseaux); et si comme il avoit été fait et ordonné en la saison passée à l'Écluse que les meisnies (varlets) des seigneurs faisoient les pourvéances de charger de toutes choses qui leur appartenoit et qui leur pouvoit être nécessaire, naves (nefs) et balengniers (petits bâteaux); ainsi faisoient-ils pareillement à Herflues (Harfleur) en Normandie et en l'Antriguies (Treguier) en Bretagne. Et étoient jà payés les gens d'armes pour quinze jours, lesquels le sire de Coucy, le comte de Saint Pol et l'amiral devoient mener outre. Mais ils étoient encore en leurs hôtels fors les lointains de la havêne (hâvre) qui venoient tout bellement, et approchoient Normandie.

Ces passages pour certain étoient si affremés (fixés) que nul ne cuidoit (croyoit) que ils se dussent rompre. Aussi ne rompirent-ils pas par l'incidence ni affaire des capitaines, lesquels étoient élus et ordonnés du mener; mais se rompirent par une autre manière merveilleuse qui advint en Bretagne, de laquelle le roi de France et son conseil furent durement conseillés pour cette saison, mais amender ne le purent; et leur convint porter et dissimuler bellement et sagement, car il n'étoit pas heure de l'amender. Et aussi autres nouvelles qui étoient felles (cruelles) vinrent des parties d'Allemagne au roi de France et à son conseil tout en une même saison, desquelles je vous ferai mention quand temps et lieu sera. Mais nous parlerons de celles de Bretagne avant que de celles d'Allemagne, car ce furent les premières et les plus mal prises quoique les autres coûtèrent plus.

Si je disois : ainsi et ainsi en advint en ce temps; sans ouvrir ni esclaicir (éclaircir) la matière qui fut grande et grosse et horrible et bien taillée de aller malement, ce seroit chronique et non pas histoire, et si m'en passerois bien si je voulois. Or ne m'en vueil (veux)-je pas passer que je n'éclaircise tout le fait, au cas que Dieu m'en a donné le temps, le sens, la mémoire et le loisir de chroniser et historier tout au long de la matière. Vous sçavez, si comme il est contenu en plusieurs lieux ci-dessus en cette histoire, comment messire Jean de Montfort qui s'écrit et nomme duc de Bretagne, et voirement (vraiment) l'est-il par conquêt et non par droite hoirie (héritage), a toujours à son loyal pouvoir soutenu la guerre et opinion du roi d'Angleterre et de ses enfants à l'encontre du roi de France et des François. Et bien y a eubt (eu) cause, au voir (vrai) dire, que il ait été de leur partie, car ils lui ont fait sa guerre; car sans eux ni leur aide n'eut-il rien fait ni exploité devant Auray ni ailleurs.

Vous sçavez encore, et il est écripst (écrit) et contenu ici dessus en cette histoire, comment le duc de Bretagne ne put faire sa volonté des nobles de son pays de la greigneur (majeure) partie ni des bonnes villes, spécialement de messire Bertrand Duglayaquin (Guesclin) tant comme il vesqui (vécut), de messire Olivier de Clisson connétable de France, du seigneur de Laval, du seigneur de Beaumanoir, du seigneur de Rays, du vicomte de Rohan, du seigneur de Dinant et du seigneur de Rochefort. Et là où ces barons se veulent incliner toute Bretagne s'incline.

Bien veulent être avecques leur seigneur et duc contre tout homme excepté la couronne de France. Et sachez véritablement que je ne puis voir ni imaginer par nulle voie que les Bretons n'aient gardé et gardent encore mêmement et principalement l'honneur de France; et on le peut voir clairement qui lit ici dessus cette histoire en plusieurs lieux. Et tout ce qui est écrit est véritable. Qu'on ne dise pas que j'aie la noble histoire corrompue par la faveur que je aie eue au comte Gui de Blois qui le me fit faire et qui bien m'en a payé tant que je m'en contente, pour ce que il fut nepveux (neveu) et si prochain que fils au comte Louis de Blois, frère germain à Saint Charles de Blois, qui tant qu'il vesqui (vécut) fut duc de Bretagne! Nennil vraiment, car je ne vueil (veux) parler fors que de la vérité et aller parmi le tranchant sans colorer l'un ni l'autre; et aussi le gentil sire et comte qui l'histoire me fit mettre sus et édifier ne le voulsist (eut voulu) point que je la fisse autrement que vraie.

A retourner au propos, vous sçavez que quand le duc Jean de Bretagne vit que il ne pouvoit faire sa volonté de ses gens et se douta de eux grandement que de fait ils ne le prendissent (prissent) et amenassent en la prison du roi de France, il se départit de Bretagne et emmena en Angleterre tout son hôtel et sa femme madame Jeanne de Holland, fille qui fut jadis à ce bon chevalier messire Thomas de Holland, aussi qui sœur étoit du roi Richard d'Angleterre; et là se tint un temps et puis vint en Frandre de-lez (près) le comte Louis, qui étoit son cousin germain, lequel le tint de-lez (près) lui plus d'un an et demi. En la fin son pays le remanda et par bon accord il y ralla.

Encore lui revenu à cette fois au pays de Bretagne, les aucunes villes lui étoient closes et rebelles, spécialement la cité de Nantes; mais tous les barons et les chevaliers et prélats étoient de son accord, excepté les barons nommés ci-dessus; et pour avoir la seigneurie et obéissance de eux, et par le moyen aussi de ses plusieurs cités et bonnes villes qui s'y assentirent pour donner cremeur (crainte) au roi de France et à son conseil, car on les vouloit presser en soussides (subsides) et en aides, si comme on fait en France et en Picardie et nullement il ne l'eut souffert ni son pays aussi, il manda en Angleterre au roi et à son conseil confort et aide de gens d'armes et d'archers et leur signifia et certifia ainsi, là où le roi d'Angleterre ou l'un de ses oncles viendroient ou voudroient venir en Bretagne atout (avec) puissance de gens d'armes et d'archers, il trouveroit le pays tout ouvert et appareillé pour eux recevoir et recueillir.

Le roi d'Angleterre et son conseil furent tous

réjouis de ces nouvelles, et leur semblèrent bonnes; et ne pouvoient mieux exploiter que de là envoyer, puisque Bretagne leur seroit ouverte et appareillée, ni leur guerre ne pouvoit être plus belle. Si envoyèrent le comte de Bouquighem (Buckingham) atout (avec) quatre mille hommes d'armes et huit mille archers, lesquels arrivèrent à Calais et passèrent tout parmi le royaume de France et ne trouvèrent à qui parler, si comme il est contenu ci-dessus. Si ne demandoient-ils que la bataille; et vinrent en Bretagne et cuidoient (croyoient) trouver le pays tout ouvert et appareillé pour eux recevoir et pour passer l'hiver; et là dedans eux aiser et rafraîchir, car au voir (vrai) dire, ils avoient fait un lointain voyage: mais ils trouvèrent tout le contraire; car le duc de Bretagne fut si mené de ses gens et si sagement traité que on l'apaisa au jeune roi Charles de France; car au roi Charles son père ne l'eut-on point apaisé, car trop le hayoit (haïssoit) (1).

Et le duc de Bourgogne, qui pour ce temps avoit une partie du gouvernement du royaume de France, lui aida grandement à faire sa paix, car il en étoit traité et prié de sa femme madame de Bourgogne, qui y mit grand'peine pour la cause de ce que le duc de Bretagne lui étoit de lignage si prochain; et convint que il deffaulsist (manquât) aux Anglois de tous ses convenants (engagements), car il ne leur en pût tenir nul ni accomplir, ni ne feroit jamais que

---

(1) Tous ces évènements ont été racontés avec de grand détails dans le deuxième livre de Froissart. J. A. B.

Bretons quittement ni liement se rendissent au roi d'Angleterre pour guerroyer le royaume de France: oncques n'eurent cette opinion, ni jamais n'auront. Et convint les Anglois, l'hiver que ils y logèrent en la marche de Vannes recevoir et prendre tant de pauvretés que oncques tant n'en eurent pour une saison, et par spécial leurs chevaux moururent tant de faim comme de pauvreté. Et se départirent de Bretagne sur le temps d'été si mal contents du duc que plus ne pouvoient; et spécialement le comte de Bouquighem (Buckingham) et les barons d'Angleterre qui en sa compagnie étoient; et eux retournés en Angleterre, ils en firent grands plaintes au roi, au duc de Lancastre et à son conseil; et fut devisé et ordonné que on délivreroit Jean de Bretagne qui lors étoit prisonnir en Angleterre, et le ameneroient Anglois, à (avec) puissance de gens d'armes, en Bretagne pour guerroyer le duc de Bretagne; et disoient Anglois: « Messire Jean de Montfort sait bien que nous l'avons mis en la seigneurie et possession de la duché de Bretagne; car sans nous il n'y fut jamais venu; et nous a joué de ce tour que travailler nos corps et lever nos gens et faire dépendre l'argent du roi. C'est bon, dirent-ils, que nous lui montrons que il a mal fait. Au fort nous ne nous en pouvons mieux venger que de délivrer son adversaire et lui mener en Bretagne; car tout le pays lui ouvrira villes, cités et châteaux et boutera l'autre hors qui nous a ainsi trompés. » Tous furent d'un général accord et Jean de Bretagne fut amené en la présence du roi et des seigneurs; et lui fut dit que on le feroit duc de Bretagne, et lui seroit recouvré (rendu) tout l'héritage de Bretagne; et auroit à femme madame Philippe de Lancastre, fille au duc de Lancastre, mais (pourvu) que la duché de Bretagne il voulsist (voulut) tenir en foi et hommage et relever du roi d'Angleterre, laquelle chose il ne voulst (voulut) faire. La dame fille du duc l'eut-il bien prise par mariage; mais que il eut juré contre la couronne de France, il ne l'eut jamais fait pour demeurer autant en prison que il y avoit été ou toute sa vie. Quand on vit ce, si se refroida-t-on de lui faire grâce et fut renvoyé en la garde de messire Jean d'Aubrecicourt, si comme il est contenu en cette histoire ici dessus.

Or devez-vous sçavoir que je ai fait de toutes les choses dessus dites énarration pour les incidences qui s'en poursuivent et que on a vu apparoir par le duc de Bretagne ens (dans) ou (le) pays de Bretagne. Car le duc sçavoit bien et s'en apercevoit bien clairement que il étoit grandement hors de la grâce des nobles d'Angleterre et de la communauté et venoient selon l'imagination les meschefs et les haines, pour le voyage que le comte de Bouquighem (Buckingham) et les Anglois avoient fait en France, dont ils étoient descendus en Bretagne, et quand ils furent là, ils trouvèrent tout le contraire au duc de ce que il leur avoit promis. Et ne lui escripsoient (écrivoient) jamais le roi ni ses oncles si amiablement ni clairement, ainsi comme ils avoient fait plusieurs fois et par spécial avant que le voyage au comte de Bouquighem (Buckingham) se fit en France; et étoit entré en doute (crainte) encore plus grand que devant, quand il vit retourné en Bretagne et délivré de tous points d'Angleterre Jean de Bretagne; et pensoit en soi-même que les Anglois l'avoient fait pour le contrarier. Si s'avisa le duc d'un merveilleux avis et jeta son imagination sur ce que à toutes ces choses il pourverroit de remède et radresseroit les choses en bon point et feroit tant couvertement (secrètement) que les Anglois lui en sauroient gré, car il sçavoit bien que l'homme au monde que les Anglois doutoient et héoyent (haïssoient) le plus, c'étoit messire Olivier de Clisson connétable de France. Car au voir (vrai) dire, messire Olivier de Clisson ne faisoit ni nuit ni jour que soubstillier (imaginer) comment il put porter contraire et dommage aux Anglois; et l'armée de l'Écluse voirement (vraiment) l'avoit-il jetée, avisée et commencée; et si étoit conduiseur de ceste (celle) qui se faisoit à Herflues (Harfleur) et par l'Andriguier (Treguier). Si dit en soi-même que pour complaire aux Anglois et retourner en leur grâce et eux montrer que au fort il ne fait ni ne faisoit pas trop grand compte de l'amour et de la grâce des François, il romproit et briseroit le voyage; non que il dut ses gens défendre ni commander sur la peine de perdre leurs héritages que nul n'allât en Angleterre, cela ne feroit-il point, car il montreroit trop clairement que la guerre seroit sienne et l'affaire sienne. Nennil; il vouloit ouvrer et faire ses besognes plus couvertement (secrètement); et comment, disoit-il en son imagination, le pourroit-il faire honorablement; à son honneur ne pouvoit-ce être: ne-que-dont (néanmoins) il vouloit et convenoit que il le fesist (fît) ores ou jamais; et prendroit le connétable de France, et l'occiroit ou feroit noyer. Les Anglois lui en sauroient bon gré, car ils le héent (haïssent); et n'auroit à faire que à son lignage, lesquels n'étoient pas puissants pour lui faire guerre; car le connétable n'a que deux filles à enfants, dont Jean de Bretagne a l'une et le fils du vicomte de Rohan l'autre: contre eux se cheviroit-il bien, et contre tout son lignage. Il n'auroit mort (tué) que un baron; mais que il fut mort, nul n'en leveroit guerre: qui est mort, il est mort.

CHAPITRE LX.

Comment le duc de Bretagne manda tous barons et chevaliers pour être au conseil a Vannes et après ce conseil comment il pria le connétable d'aller voir son chatel de l'Ermine et comment il le retint prisonnier en son dit chatel et le sire de Beaumanoir aussi en tel parti.

Sur cette imagination que je vous dis se fonda et arrêta le duc de Bretagne du tout; et pour venir à son entente (but), il s'en vint à Vannes et fit là assembler un grand parlement de barons et chevaliers de Bretagne et les pria moult doucement et par ses lettres que tous y vinssent; et par spécial il pria moult affectueusement le connétable de France que il y vint et que il n'y voulsist (voulut) point faillir (manquer), car il lui y verroit plus volontiers que nul des autres.

Le connétable ne se sçut oncques ni ne se voulut excuser; car, pour ce que le duc de Bretagne étoit son seigneur naturel, il vouloit bien être en sa grâce, et vint à Vannes. Aussi firent grand' foison des barons de Bretagne. Le parlement fut là grand et long et de plusieurs choses qui touchoient au duc et au pays, sans rien du monde toucher ni parler du voyage qui se devoit faire en Angleterre; et ne vouloit pas le duc montrer que il en sçut rien, mais trop bellement s'en couvrit et s'en dissimula.

Le parlement fait dedans la cité de Vannes et au châtel que on dit à La Motte, le duc donna à dîner très grandement aux barons de Bretagne et les tint en soulas (divertissements) et en paroles amoureuses jusques à la nuit que ils s'en retournèrent en leurs hôtels au bourg hors de la cité. Le connétable, pour complaire aux chevaliers et aux écuyers de Bretagne et pour ce aussi que il y étoit tenu, ce lui sembloit, fit prier à lendemain en son nom de donner à tous les chevaliers qui là étoient à dîner. Aucuns y vinrent et aucuns s'en retournèrent à leurs hôtels pour prendre congé à leurs femmes ou à leurs pères ou dames de mère car c'étoit l'intention du connétable que, lui parti de là, il s'en iroit tout droit à sa navie (flotte) qui l'attendoit à l'Andriguier (Treguier). Tout ce sçavoit bien le duc de Bretagne; mais nul mot n'en avoit sonné ni en requoi (particulier), ni en général, pourtant (attendu) que il ne vouloit point montrer que il en sçut rien.

Or fut ce dîner finé auquel furent la greigneur (majeure) partie des barons de Bretagne. Droit sur la fin vint le duc et s'ébattoit sur eux très amoureusement par semblant, mais il sçavoit bien quelle chose il avoit dedans le cœur; et pensoit; et nul ne le pouvoit sçavoir fors lui et ceux à qui il s'en étoit secrètement découvert.

Quand il fut entré en l'hôtel du connétable et que on dit: « Véez-ci (voici) monseigneur le duc! » Tous se levèrent contre lui; ce fut raison; et le recueillirent (reçurent) doucement, ainsi que on doit recueillir son seigneur. Il s'accompagna et humilia grandement envers eux et s'assit entr'eux, et but et mangea ainsi que par amour et par grand' compagnie; et leur montra plus grand semblant d'amour que il n'avoit oncques fait, et leur dit: « Beaux seigneurs, mes amis et mes compagnons, Dieu vous laisse en aller et retourner à joie et vous doint (accorde) faire telle chose en armes qu'il vous plaise et qui vous vaille. » Ils répondirent tous: « Monseigneur, Dieu le vous veuille mérir (rendre). Et grandement s'en contentèrent de lui, de ce que humblement il les étoit venus voir et prendre congé à eux.

Vous devez sçavoir que assez près de Vannes le duc de Bretagne pour ces jours faisoit faire un châtel très bel et très fort, lequel châtel on l'appelle l'Ermine et étoit presque tout fait. Il qui vouloit entraper le connétable là dedans dit ainsi au connétable, au seigneur de Laval [1], au vicomte de Rohan [2], au seigneur de Beaumanoir et à aucuns barons qui là étoient: « Beaux seigneurs, je vous prie, à votre département, que vous veuillez venir voir mon châtel de l'Ermine, si verrez comment je l'ai fait ouvrer et fais encore. » Tous le lui accordèrent, car par semblant il étoit là venu entr'eux si amoureusement et si privément que ils n'y pensoient que tout bien, ni jamais ne lui eussent refusé; et montèrent tous à cheval ou la plus grand' partie et s'en allèrent avecques le duc à l'Ermine. Quand le duc, le connétable, le sire de Laval, le sire de Beaumanoir et aucuns autres chevaliers furent venus au châtel, ils descendirent de leurs chevaux et entrèrent ens (dedans). Le duc par la main les mena de chambre en chambre et d'office en office, et devant le cellier, et les fit là boire.

Quand ils eurent fait le tour, le duc s'en vint sus la maîtresse tour et s'arrêta à l'entrée de l'uis (porte) et dit au connétable: « Messire Olivier, il n'y a homme de çà la mer qui mieux se connoisse en ouvrage de maçonnerie que vous faites. Je vous prie, beau sire, que vous montez lassus (là dessus), si me saurez à dire comment le lieu est édifié. Si il est bien, il demeurera ainsi; si il est mal, je l'amenderai ou ferai amender. » Le connétable qui nul mal n'y pensoit dit: « Monseigneur, volontiers: allez devant, monsei-

---

(1) Le sire de Laval étoit beau-frère d'Olivier de Clisson. J. A. B.

(2) Cendre d'Olivier de Clisson. J. A. B.

gneur, dit-il au duc. »—« Non ferai, dit le duc, allez tout seul; je parlerai ici un petit, endementes (pendant) que vous irez, au sire de Laval. » Le connétable qui se vouloit délivrer entra ens (dedans) et monta les degrés. Quand il fut monté à mont et il eut passé le premier étage, il y avoit gens en embûche en une chambre qui ouvrirent un uys (porte). Les aucuns vinrent fermer l'uys (porte) de dessous et les autres s'avancèrent qui étoient tous armés et qui savoient bien quelle chose ils devoient faire et vinrent sur le connétable. Encore en y avoit-il en haut en une chambre sur le pavement. Là fut le connétable de France enclos et pris de eux et tiré en une chambre et enferré (enchaîné) de trois paires de fers. Et lui dirent ceux qui le prirent et qui l'enferrèrent: « Monseigneur, pardonnez-nous ce que nous vous faisons; car il le nous faut faire. Ainsi nous est-il enjoint et commandé de monseigneur de Bretagne. » Si le connétable fut ébahi à cette heure, ce ne fut pas merveille.

Bien se devoit émerveiller le connétable de ce qui lui étoit avenu, car depuis que les haines montèrent entre le duc de Bretagne et lui pour lettres que le duc lui escripsist (écrivit), pour prière qu'il lui fesist (fit) ni fist (fit) faire pour sauf-conduit allant et retournant qu'il lui voulsist (voulut) envoyer, oncques le connétable de France ne vouloit venir en la présence du duc, ni il ne se eut osé fier ni assurer. Or l'étoit-il maintenant, dont il se véoit en dur parti; car il sentoit le duc haineux et merveilleux sur lui et bien lui montroit.

Quand le sire de Laval qui étoit bas à l'entrée de l'uys (porte) de la tour ouït et vit l'uys (porte) de la tour clorre à l'encontre d'eux, tout le sang lui commença à frémir, et entra en grand souspeçcon (soupçon) de son beau-frère le connétable et regarda sus le duc qui devint plus vert que une feuille. Adonc connut-il bien et sentit que la chose alloit malement. Si dit: « Ha! monseigneur, pour Dieu merci, que voulez-vous faire? N'ayez nulle male volonté sus beau-frère le connétable. »—« Sire de Laval, dit le duc, montez à cheval et vous partez de ci; vous vous en pouvez bien aller, si vous voulez, je sçais bien que j'ai à faire. »—« Monseigneur, répondit le sire de Laval, jamais je ne me partirai sans beau-frère le connétable. »

A ces mots entra et vint en la présence du duc le sire de Beaumanoir que le duc hayoit (haïssoit) grandement et demandoit aussi. Le duc vint contre lui en tirant sa dague et dit: « Beaumanoir, veux-tu être au point de ton maître.? »—« Monseigneur, dit le sire de Beaumanoir, je crois que mon maître soit bien. »—« Et toutefois, dit le duc, je te demande si tu veux être ainsi. »—« Ouil, monseigneur, dit-il: » Adonc traist (tira) le duc sa dague et la prit par la pointe et dit. « Or ça, ça, Beaumanoir, puisque tu veux être ainsi, il te faut crever un œil. » Le sire de Beaumanoir vit bien que la chose alloit mal; car le duc étoit plus vert que une feuille, si se mit à un genouil devant lui et lui dit: « Monseigneur, je tiens tant de bien et de noblesse en vous que, si il plaît à Dieu, vous ne nous ferez que droit, car nous sommes en votre merci. Et par bonne amour, et par bonne compagnie, et à votre requête et prière, sommes-nous ci venus; si ne vous déshonorez pas pour accomplir aucune felle (cruelle) volonté, si vous l'avez sur nous; car il en seroit trop grand'nouvelle. » — « Or va, va, dit le duc, tu n'auras ni pis ni mieux que il aura. » Adonc fut-il mené en une chambre de ceux qui étoient ordonnés pour ce faire et là enferré (enchaîné) de trois paires de fers. S'il fut ébahi, il y eut bien cause, car il sentoit que le duc ne l'aimoit que un petit, ni le connétable aussi, si n'en pouvoit-il avoir autre chose.

Ces nouvelles s'épandirent ens ou (le) châtel et en la ville que le connétable de France et le sire de Beaumanoir sont retenus et le sire de Laval; mais cil (celui-ci) s'en pouvoit partir, quand il vouloit; car le duc ne lui demandoit rien. Donc furent les gens ébahis et émerveillés. Il y eut bien cause, car tous disoient que le duc les feroit mourir, car il avoit trop mortelle haine sur eux. Là étoit blâmé le duc grandement des chevaliers et écuyers auxquels les nouvelles venoient, et disoient: «Oncques si grande défaute ne fut en prince, comme elle est maintenant au duc de Bretagne. Il a prié le connétable d'aller dîner avecques lui; il y est allé; sur ce il l'est venu voir à son hôtel et boire de son vin et prié d'aller voir ses ouvrages; puis l'a retenu. On n'ouït oncques parler de la cause pareille. Et que pense le duc à faire? Il s'est tout entièrement, et n'en fesist (fit) jamais plus [1], déshonoré; ni on n'aura jamais fiance en nul haut prince, puisque le duc s'est ainsi deçu; et par voies obliques et fallaces (trompeuses) il a mené ces prud'hommes et vaillants hommes voir son châtel et puis les a ainsi déçus. Que dira le roi de France quand il saura les nouvelles. ? Véez-là (voilà) son voyage de mer rompu et brisé. Oncques si grand'larqueté (lâcheté) ni mauvaistié (méchancheté) ne fut pourpensée. Ores montre-t-il deforainement (en dehors) ce que il avoit au cœur deventrainement (intérieurement). Est-il nul qui veyst (vit) oncques avenir en Bretagne ni ailleurs la cause pareille ? Si un petit chevalier avoit ce fait, il seroit déshonoré. En qui doit-on ni peut-on avoir fiance fors en son seigneur. Et le seigneur doit adresser ses gens et tenir en droit et en justice. Qui prendra correction de ce fait ici, ni qui en est taillé du prendre, fors le roi de France ? Or montre le duc de Bretagne tout appertement que il est Anglois et que il veut soutenir et porter l'opinion du roi d'Angleterre, quand il brise ainsi le fait et le voyage de l'armée de mer. Que devroient faire maintenant chevaliers et écuyers en Bretagne auxquels les nouvelles venront (viendront) ? Ils se devroient hâtivement partir de leurs hôtels et venir mettre le siége à pouvoir devant le châtel de l'Ermine et enclorre le duc là dedans, et tant faire que il fut pris, mort ou vif, et le mener ainsi comme un faux prince et déloyal devers le roi de France et le lui rendre. »

---

[1] Lors même qu'il n'en feroit pas plus qu'il n'en a fait. J. A. B.

Ainsi disoient chevaliers et écuyers qui en la marche de Vannes étoient et qui avecques les seigneurs à ce parlement avoient été, et faisoient grand doute que le duc ne le fesist (fît) mourir. Et les autres disoient: « Le sire de Laval est demeuré avecques lui; il ne le souffriroit nullement. Il est bien si sage que, veuille ou non le duc, il l'adressera en ses besognes: » Et voirement (vraiment) y adressa-t-il à son pouvoir; car si il n'eut été, il n'est nulle doute, le connétable eut été mort en la nuit et eut eu [1] quinze mille vies.

On dit bien croire et penser que messire Olivier de Clisson n'étoit pas à son aise, quand il se véoit ainsi pris et attrapé et enferré de trois paires de fers et gardé de bien trente qui ne le sçavoient de quoi reconforter, car ils ne pouvoient sçavoir la volonté du duc. En soi-même il se comptoit pour mort, ni nulle espérance de venir jusques à lendemain il n'avoit; car ce le ébahissoit moult fort et à bonne cause que par trois fois il fut desferré et mis sus les carreaux. Une fois vouloit le duc que on lui tranchât la tête. L'autre fois vouloit que on le noyât; et de l'une de ces morts brièvement il fut finé, si ce n'eut été le sire de Laval. Mais quand il ooit (entendoit) le commandement du duc, il se jetoit à genoux devant lui en pleurant moult tendrement et joidant (joignant) les mains et lui disoit: « Ah ! monseigneur, pour Dieu merci, avisez-vous. N'ouvrez (exécutez) pas telle cruauté sur beau-frère le

---

[1] C'est-à-dire, lors même qu'il eut eu. J. A. B.

connétable; il ne peut avoir desservy (mérité) mort. Par votre grâce veuillez moi dire qui vous meut à présent de être si crueusement (cruellement) courroucé envers lui et je vous jure que le fait qu'il vous a méfait je lui ferai du corps et des biens amender si grandement, ou je pour lui, ou nous deux tous ensemble, que vous oserez dire ni juger. Monseigneur, souvienne vous pour Dieu comment de jeunesse vous fûtes compagnons ensemble et nourris tous en un hôtel avecques le duc de Lancastre, qui fut si loyal et si gentil prince que oncques plus ni si loyal ni si gentil ne naquit, que lui duc de Lancastre ne le fut autant ou plus. Monseigneur, pour Dieu merci, souvienne vous de ce temps, comment avant que il eut sa paix au roi de France, il vous servit toujours loyalement et vous aida à recouvrer votre héritage. Vous avez toujours en lui trouvé bon confort et bon conseil. Si êtes en présent mû et informé sus lui autrement que par raison, il n'a pas desservy (mérité) mort. » — « Sire de Laval, répondoit le duc, Clisson m'a tant de fois courroucé que maintenant il est heure que je le lui montre; et partez vous de ci. Je ne vous demande rien. Laissez-moi faire ma cruauté et ma hâtiveté, car je vueil (veux) qu'il muyre (meure). » — « Ha! monseigneur, pour Dieu merci, disoit le sire de Laval, affrenez (retenez)-vous et amodérez un petit votre courage, et regardez à raison. Si il étoit ainsi que vous le fesissiez (fissiez), oncques prince ne fut si déshonoré que vous seriez, ni il n'y auroit en Bretagne chevalier ni écuyer, cité, châtel ni bonne ville ni homme nul qui ne

vous hait à mort, et ne mit peine à vous déshériter.
Ni le roi d'Angleterre ni son conseil ne vous en sauroient nul gré. Vous voulez vous perdre pour la vie
d'un homme: pour Dieu prenez autre imagination,
car cette ne vaut rien, mais est déshonorable en
tous cas trop grandement. Que de un si grand baron
et si grand chevalier que le sire de Clisson est, sans
nul titre de raison, vous le faisiez ainsi mourir,
ce seroit trahison reprochable ci et devant Dieu et
par tout le monde. Ne l'avez vous-point prié au dîner, et il y est venu? Après, amiablement vous l'êtes
venu querre (chercher) en la ville pour voir vos ouvrages; il y est venu et il a obéi à vous en tous cas et
bu de votre vin. Et est-ce la grand'amour que vous
lui montrez? Vous le voulez traiter à mort. Oncques si grand blâme n'avint à seigneur que il vous
avenroit (adviendroit), si vous le faisiez faire. Tout
le monde vous en reprocheroit, haïroit et guerroyeroit. Mais je vous dirai que vous ferez. Puisque
vous le hayez (haïssez) tant que vous montrez, rançonnez-le de une grande somme de florins. Tout
cela pouvez-vous bien faire; et si il tient ville ni
châtel où vous ayez nulle engauche (envie), si lui
demandez; vous l'aurez. Car de tout ce que il vous
aura en convenant (promesse), j'en serai pleige
(caution) avecques lui. »

Quand le duc de Bretagne eut ouï le seigneur
de Laval parler ainsi et qui le suivoit de si près que
toute la nuit il ne le laissa un seul pied ester (être
debout) que il ne fut toujours de-lez (près) lui, si
pensa un petit et refrena son grand mautalent

(mécontentement), et quand il parla il dit: « Sire de Laval, vous lui êtes un grand moyen, et vueil (veux) bien que vous sachiez que le sire de Clisson est l'homme au monde que je hais le plus. Et si vous ne fussiez, jamais de cette nuit sans mort ne fut issu (sorti). Vos paroles le sauveront; mais allez parler à lui et lui demandez si il veut payer cent mille francs tous appareillés. Je n'en prendrai vous ni autrui en pleige (caution) fors que les déniers. Et encore si il me veut rendre trois châteaux et une ville tels que je vous nommerai, Châtel-Brouch (Brou), Châtel-Josselin, le Blaim (Lamballe) et la ville de Jugon. Et m'en fasse mettre en possession, ou ceux que je y commettrai, je le vous rendrai. » — « Monseigneur, dit le sire de Laval, grand merci quand à ma prière vous descendez, et soyez sûr que tout ce que vous demandez je le vous ferai accomplir sans doute, les châteaux et la ville rendre et les cent mille francs payer avant que il se départe de céans. »

Adonc n'avoit au sire de Laval que réjouir, quand il vit que son beau-frère de Clisson étoit hors du péril de la mort, et fit ouvrir la tour. On l'ouvrit au commandement du duc et non autrement. Lors monta le sire de Laval à mont les degrés et vint à un étage de la tour où il trouva le connétable moult ébahi, car il n'attendoit que la mort; et étoit enferré de trois paires de fers.

Quand le sire de Clisson vit le sire de Laval, si lui revint le cœur et pensa que aucun traité y avoit. « Avant, dit le sire de Laval à ceux qui là étoient envoyés de par le duc, déferrez beau-frère de Clisson et puis je parlerai à lui. » Et dit au sire de Clisson : « Vous ferez, beau-frère, ce que je vous dirai. » — « Ouil, beau-frère, répondit le connétable. » A ces mots il fut déferré. Lors se traist (rendit) à part le sire de Laval et lui dit : « Beau-frère, à grand'peine et à grand tourment ai-je pu tant faire que la vie vous soit sauvée. J'ai fait votre fin ; il vous faut payer, avant que vous issiez (sortiez) hors de céans, en deniers tous comptants cent mille francs ; et encore outre, il vous faut rendre au duc trois châteaux et une ville, Châtel-Briouch (Brou), Châtel-Josselin et le Blaim (Lamballe) et la ville de Jugon ; autrement vous n'avez point de délivrance. » Dit le connétable : « Je vueil (veux) tenir ce marché. » — « Vous avez droit, beau-frère ; et tout heureux quand vous y pouvez venir. »

Adonc dit le connétable : « Qui pourra soigner d'aller à Clisson et ailleurs querre (chercher) la finance là où je l'envoierai ? Beau-frère de Laval, il vous y faudra aller. » Répondit le sire de Laval : « Je n'y entrerai jà ; ni jamais de ce châtel ne partirai si en sauldrès (sortirez) aussi, car je sens le duc trop cruel. Si il se repentoit en l'absence de moi, par aucune folle imagination ou information que il auroit sur vous, ce seroit tout rompu. » — « Et qui y pourra aller, ce dit le sire de Clisson ? » — « Il ira, dit le sire de Laval, le sire de Beaumanoir qui est en prison comme vous êtes ; cil (celui-ci) fera toutes les délivrances. » — « C'est bon, ce répondit le connétable. Descendez aval et ordonnez-en ainsi que vous savez que bon est. »

CHAPITRE LXI.

Comment le connétable de France fut délivré a la requête du sire de Laval par rançon et comment le connétable, pour sa délivrance faire, laissa au duc trois chateaux et une ville et paya cent mille francs.

A ces coups descendit le sire de Laval et s'en vint en la chambre du duc qui s'appareilloit pour aller coucher, car toute la nuit il n'avoit point dormi. Le sire de Laval l'enclina (salua) et lui dit : « Monseigneur, c'est fait. Vous aurez votre demande. Mais il faut que vous nous fassiez délivrer le seigneur de Beaumanoir et que beau-frère de Clisson et lui parollent (parlent) ensemble; car il ira pour faire les finances et pour mettre vos gens en la possession des châteaux que vous demandez. » — « Bien, dit le duc, on le délivre donc hors des fers; et les mette-t-on, Clisson et lui, en une chambre; et vous soyez moyen (médiateur) de leur traité, car je n'en vueil (veux) nul voir, et jà quand je aurai dormi, retournez vers moi, nous parlerons encore ensemble. » — « Bien, monseigneur, dit le sire de Laval. »

Adoncques yssi (sortit)-il hors de la chambre du duc et s'en alla là où le sire de Laval les mena en la compagnie des deux chevaliers qui vinrent là où le sire de Beaumanoir étoit enferré et avoit été moult ébahy et en grand'doutance (crainte) de la mort; et cuida (crut) bien, ce dit-il depuis, quand on ouvrit la chambre, que on le vint quérir pour faire mourir. Et quand il vit le seigneur de Laval, le cœur lui revint; et encore plus quand il lui dit : « Sire de Beaumanoir, votre délivrance est faite. Réjouissez-vous. » A ces mots fut-il déferré et amené en la salle. Adoncques alla-t-on quérir le connétable et fut amené à val et mis entre eux trois en une chambre et lors apporta-t-on vins et viandes assez. Et sachez que tous ceux de l'hôtel furent grandement réjouis, quand ils surent comment les besognes alloient et étoient tournées sur le mieux; car enuis (avec peine) avoient-ils vu ce que fait on avoit au connétable et au seigneur de Beaumanoir; mais amender ne l'avoient pu, car obéir les convenoit à leur seigneur, fut à tort fut à droit.

Et sachez que depuis que la porte du châtel fut fermée et le pont levis levé, que oncques homme ni femme n'entra au haut châtel ni yssi (sortit) aussi, car les clefs étoient en la chambre du duc, et furent là tant que il ot (eut) dormi. Et jà étoit, quand il se leva, tierce, dont écuyers et varlets qui étoient dehors et attendoient leurs maîtres, étoient tous ébahis; et pensoient et disoient : « Ce que on a fait de l'un, on a fait de l'autre. »

Les nouvelles étoient jà courues jusques à l'Antriguier (Treguier) et disoit-on : « Vous ne savez quoi ! Le duc de Bretagne a emmenés en son châtel de l'Ermine le connétable de France, le seigneur de Laval et le seigneur de Beaumanoir; et supposons bien que il les fera mourir, si ils ne sont morts. » Donc vissiez chevaliers et écuyers qui là se tenoient émerveillés et ébahis, et disoient les compagnons : « Or est notre saison perdue et le voyage de mer rompu. Ha, connétable, que vous est avenu! Pauvre conseil vous a deçu. Le parlement qui a été à Vannes ne fut fait ni assemblé fors que pour vous atraper. Vous souliez (aviez coutume) avoir opinion telle que si le duc vous eut mandé et vous eut assuré de cinq cents assurances, si ne fussiez-vous point allé à son mandement, tant le doutiez (craigniez)-vous fort; et maintenant vous y êtes allé simplement. Il vous en est bien mécheu (mal avenu).

Là plaiguoient parmi Bretagne toutes gens le connétable et n'en savoient que dire ni que faire. Chevaliers et écuyers disoient, quand nouvelles leur venoient : « Et pourquoi séjournons-nous, que nous n'allons devant l'Ermine enclorre le duc là dedans? et si il a fait mourir le connétable le contrevenger; et si il le tient en prison tant faire que nous le r'ayons? Car oncques si grand meschef n'avint en Bretagne, comme il y est avenu pour le présent, par la prise du connétable. » Ainsi disoient les uns et les autres, mais nul ne s'en mouvoit encore; et attendoient autres nouvelles. Et toujours couroient et voloient et s'espardoient (répandoient) nouvelles parmi Bretagne et ailleurs aussi; et vinrent à Paris sus moins de deux jours, dont le roi, le duc de Berry et le duc de Bourgogne furent grandement émerveillés. Pour ce temps étoit jà le duc de Bourbon parti et s'en alloit vers Avignon pour aller en Castille ; mais avant que il eut vu le pape Clément, si lui en vinrent les nouvelles sur le chemin ; et étoit, je crois, à Lyon sus le Rhône et avecques lui son neveu le comte de Savoie.

Le comte de Saint Pol, le sire de Coucy et l'amiral de France, qui se tenoient à Harfleur étoient tous prêts pour entrer en mer et faire leur voyage, quand les nouvelles leur vinrent comment le duc de Bretagne avoit pris et atrapé au châtel de l'Ermine de-lez (près) Vannes le connétable de France, le seigneur de Laval et le sire de Beaumanoir ; et disoient ainsi ceux qui les nouvelles portoient : « Fame (renommée) court généralement et vole par le pays de Bretagne que le duc a fait du moins mourir le connétable de France et le sire de Beaumanoir, car il les hayoit (haïssoit) à mort. »

Quand ces seigneurs dessus nommés entendirent ces nouvelles, si leur furent trop dures et trop felles (cruelles) et ne s'en pouvoient trop émerveiller ; et dirent tantôt : « Notre voyage est rompu ; donnons à toutes manières de gens d'armes congé et en allons à Paris devers le roi, si saurons quelle chose il voudra dire ni faire. » A ces paroles répondit l'amiral et dit : « C'est bon que nous allions à Paris, mais nous ne donnerons pas pour ce congé à nos gens ; à l'aventure les voudra-t-on employer en Castille ou ailleurs, car monseigneur de Bourbon y va, ou en Bretagne dessus ce duc. Pensez-vous que le roi de France doive la chose laisser ainsi. Par Dieu nennil ; il ne peut jamais échapper que il n'y ait deux cent mille florins de dommage sans le blâme que on a fait à son connétable: encore s'il s'en échappe vif. On n'ouït oncques mais parler de la cause pareille, de rompre et briser ainsi le voyage d'un roi qui veut porter dommage et contraire à ses ennemis. Or séjournons ci encore, dit l'amiral, deux ou trois jours; par aventure aurons-nous autres nouvelles qui nous venront (viendront) de France ou de Bretagne. »

CHAPITRE LXII.

Comment lettres furent écrites a la volonté du duc que le connétable lui rendoit ses villes et chateaux a lui et a ses hoirs (héritiers) a toujours et a jamais et comment on exploita tant que ces dites villes et chateaux furent livrés aux gens du duc.

Or parlons un petit du duc de Bretagne. Quand il eut un petit reposé sus son lit, il se leva et apparcilla; et quand il fut appareillé, il manda en sa chambre le seigneur de Laval, lequel vint tantôt. Là eurent-ils ensemble encore grand parlement et long: finalement lettres furent écrites tantôt à la volonté du duc; que le connétable de France clamoit (déclaroit) quitte pour toujours et jamais les châteaux dessus nommés, et les rendoit purement et liement au duc de Bretagne; et disoient les lettres ainsi; que le duc de Bretagne et ses livres en fussent ahérités et en donnoient pleine puissance de hériter qui que le duc de Bretagne vouloit.

Quand les lettres furent écrites et scellées du

tout à l'intention du duc et sans rappel [1], le sire
de Beaumanoir fut ordonné de par le connétable

(1) Les conventions conclues entre Olivier Cliçon et le duc de Bretagne sont de la teneur suivante: (preuves de l'histoire) de Bretagne

« C'est la forme du traité fait et parlé entre très noble et puissant prince Jehan duc de Bretaigne, et noble homme Olivier sire de Cliçon, sur ce que monseigneur le duc disoit le dit sire de Cliçon avoir commis et perpetré plusieurs extorsions, rebellions et désobéissances et autres malversations contre lui et l'état de sa personne, pour lesquelles il entendoit procéder contre le dit messire Olivier à punition de corps et privation de tous ses biens, meubles et héritages. A la supplication et requête de plusieurs nobles personnes, savoir est: le sire de Laval et de Vitré, le vicomte de Rohan, le sire de Château-Brient, le sire de Rochefort et Rieux, le sire de Montfort, et le sire de Malestroit, et plusieurs autres amis et parents du dit sire de Cliçon, ont accordé, transigé et composé en la manière qui ensuit : premièrement, toutes les forteresses du dit sire de Cliçon et celles de Jehan de Bretaigne, fils monseigneur Charles de Blois, seront présentement délivrées et rendues à mon dit sieur le duc ou à son commandement loyaument et de fait, avec Jugon, et cest jour de vendredi sera le chastel Jousselin rendu au sire de Malestroit en nom de mon dit seigneur le duc, et cest prouchain samedi dedans soleil couchant seront rendus franchement les villes et forteresses de Lamballe, de Brou, de Jugon, et de Blain, et dedans dimanche prochain soleil couchant les villes, châteaux et forteresses de Guingamp, de la Roche-Derrien, de chastel Audren, de Cliçon et de chastel Guy: Item le dit chastel Guy sera abatu et le tribut que prend le sire de Cliçon sur la rivière de Loire sera nul, et non levera ni ne fera lever jamais nul en nul endroit de la dite rivière, sauf à lui a soi lever et jouir ses rentes et anciens devoirs, comme souloient faire ses prédécesseurs. Item le dit sire de Cliçon ne se entremettra jamais au dit Jehan de Bretaigne, de ses terres, de sa délivrance, ne de son gouvernement, ne ne lui pourvoyra, ne autre par lui de chevance, par prest, ne autrement, ne autre confort ne lui fera. Item le mariage parlé du dit Jehan et de la fille du dit sire de Cliçon sera nul et ne se fera jamais, et les alliances d'entr'eux seront nulles. Item, renuncie et cède dès présent le dit sire de Cliçon à mon dit seigneur le duc Jugon, Le Gavre, Cesson et toutes les donations des héritages que il a eu de monsieur le duc, à lui demourer par héritage et à ses hoirs, procréez et à procréer de son propre corps, sans ce que le dit sire de Cliçon en

pour aller aux châteaux et pour faire partir et issir (sortir) ceux qui les tenoient et avoient tenus tou-

ait aucun retour, et en rendra toutes les lettres faites ou titres qu'il en a eus; et aussi cède et délaisse à mon dit seigneur le duc la terre de Guillac à lui demourer à héritage pour lui et ses hoirs procréés comme dit est en perpétuel. Item la ville, le chastel, et la chastelenie de chasteau Jousselin, toute la terre de Porhouet, avec leurs appartenauces demoureront à mon dit seigneur le duc et à ses hoirs procréés ou à procréer, comme dit est, à jamais; et lui en rendra le dit sire de Cliçon tous les fais qu'il en a, et y fera assentir ses hoirs. Item, le chastel et la chastelenie de Brou demourera à mon dit seigneur le duc à en jouir son viaige. Item, paiera présentement avecques, et le jour de la rendue de chasteau Jousselin le dit sire de Cliçon à mon dit seigneur le duc cent mille frans d'or à estre siens pour jamais. Item le fouage derrainement imposé pour le fait de Brest sera présentement levé ez terres du dit sire de Cliçon, et aux autres fouages pour celui fait, et jusques à l'accomplissement de la prinse obeira, et fera son pays et ses subgets y contribuer. Item, le dit sire de Cliçon obéira à mon dit seigneur le duc et à sa justice comme subget, et jamais contre lui ne fera ne ne fera faire convocation ne assemblée des subgetz de monseigneur, fors tant seulement pour le fait du roi; ne ne les induira ne requerra par lui ne par autres à faire grez, promesses, alliances ne confédérations; et toutes les alliances et confédérations qu'il a à quelconques personnes que ce ce soit, excepté tant seulement le roi, il renonce de fait, ne jamais n'en fera nulles. Item le dit sire de Cliçon voudra et commandera aux seigneurs de Beaumanoir, de Derval, de Rostrenen, et à tous autres ses alliez venir à monseigneur le duc dessus dit pour renoncer aux grez et promesses qu'ils lui ont faits, et à mon dit seigneur en requerront pardon. Item mon dit seigneur le duc aura la moitié des gabelles, impositions et autres novaletés ez terres du dit sire de Cliçon et en celles de sa femme. Item en cas que le dit sire de Cliçon feroit aucune chouse contre la forme de cest traitie, toutes ses terres, meubles, et héritages seront confisqués et demoureront à mon dit seigneur le duc et à ses hoirs procréez, comme dit est à héritage. Item se pour cause de ceste detemption, ou pour ce que s'en est ensuy et ensuivra, ou pour autres causes quelconques du temps passé ou à venir, le dit sire de Cliçon a aucuns subgets ou officiries de mon dit seigneur le duc en indignation ou malegrace, jà pour quelconque cause ou occasion que ce soit ou puisse estre, il ne leur peichera ne pourchacera aucun domage, ennui, ou empêchement, par lui, ou par autres,

jours au nom du connétable et pour mettre en possession les gens du duc. Avecques tout ce, les châ-

ains voudra leur bien sans taudre à aucune vengeance; et ces chouses accomplies de la part du dit sire de Cliçon, ses chasteaux et terres lui seront rendus, excepté Chastel Jousselin et Brou, et les autres héritages qui par cest traité doivent demourer à mon dit seigneur le duc en la manière dessus dite. Et je le dit Olivier sire de Cliçon et de Belleville confesse avoir fait et fait le traité et promesses dessus dits, en la manière et selon que contenues cy devant, et icelles et chacunes de ma pure et libérale volonté, à ma requeste, et sans pourforcement, fraude ne mal engin y penser, ay promis, juré, promets et jure à Dieu, aux saintes évangiles, par la foi et serment de mon corps, et sur l'obligation de moi, mes hoirs, et de tous mes biens présents et futurs, tenir, fournir, garder et loyaument accomplir de point en point, comme contenu est en ces présentes, sans venir encontre par moi ne par autres, en nulle manière; et ay renuncié et renunce par ces faits à toutes exceptions qui contre la teneur de cestes lettres pourroient estre dittes, objecties, ou opposées, tant de fait, de droit, que de coustume, à toute ayde et remède de droit, establissement de pape, de roi, fait et à faire; et veil et octrie que s'il avenoit, que jà ne soit, moi venir au contraire, en privé ou en appert, ou en quelconque manière que ce peust être, que dez lors je sois reputé et eu pour faux et desloyal chevalier en tous lieux et places. En tesmoin des quelles choses et afin qu'elles soient fermes et estables à toujours mais, je ai mis mon scel à ces lettres, avec les sceaux de mes dits parents et cousin le seigneur de Laval et de Vitré, le vicomte de Rohan, le sire de Montafilant et de Chasteau-Brient pour lui et pour le sire de Rieux et de Rochefort, à Maire-fermeté; et fut fait et donné le 27ᵉ jour de Juin l'an 1387.

Je Olivier sire de Cliçon et de Belleville fais savoir à tous que la forme d'une composition et accordance faite entre mon très redouté seigneur monsieur Jehan duc de Bretaigne comte de Montfort et de Richemont d'une partie, et moi de l'autre partie, par laquelle accordance je devois rendre et mettre en la main de mon dit seigneur loyaument et de fait toutes les forteresses que je tenois en Bretaigne, par la manière et comme il est contenu ez lettres sur ce faittes, ez quelles mon scel est apposé, avec les sceaux de mes très chers frères le seigneur de Laval, le vicomte de Rohan et autres de mes parents, je tendrai et ferai acomplir toutes les autres choses contenues en la dite

teaux délivrés, il lui convenoit payer cent mille francs en déniers appareillés et tant faire que il souffisist (suffit) au duc.

Adonc furent les portes ouvertes du châtel, et se départit et issit le seigneur de Beaumanoir dehors chargé et ordonné de par le connétable d'accomplir toutes les ordonnances et prié qu'il s'en délivrât au plutôt qu'il pourroit, et avecques lui issirent (sortirent) les gens du duc.

Ainsi par eux sçut-on à Vannes et sur le pays, qui se commençoit jà tout à émouvoir, que le connétable n'avoit garde de mort et que il étoit mis à finance. Toutes gens qui l'aimoient, chevaliers et écuyers, en furent réjouis et se retrairent (retinrent) de non venir avant, car vraiment ils disoient bien que si ces secondes nouvelles ne fussent venues aux chevaliers et écuyers de Bretagne, ils fussent venus mettre le siége devant le châtel de l'Ermine et là eussent-ils enclos le duc; ni ils ne furent oncques en aussi bonne volonté de faire chose comme ils eussent fait cette.

Vous sçavez que nouvelles sont tantôt volées partout, elles vont avecques le vent. Les trois barons

---

acordance; laquelle acordance je ay ferme et agréable, loue, approuve et ratiffie, et promets en bonne foi, sous l'obligation de moi, de mes hoirs, et tous mes biens présents et futurs, et par le serment de mon corps, tenir, fournir et acomplir de point en point, selon le contenu d'icelles, sans jamais venir ne faire venir au contraire par moi ne par autres en aucune manière. Et en temoin de ce je ai donné ces présentes lettres sellées de mon propre scel. Ce fut fait et donné en ma ville de Moncoutour le IV jour de Juillet 1387. J. A. B.

qui étoient à Harfleur ouïrent tantôt dire et certainement que le connétable n'avoit garde de mort, mais il en avoit été en grand péril et aventure et l'eut été pour certain, si son beau-frère, le sire de Laval, n'eut été et ne lui eut si grandement aidé. Et toutefois on ne le pouvoit avoir aidé que il ne convenist (convint) que le duc eut trois de ses châteaux et une ville; et avecques ce la somme et finance de cent mille francs.

Donc parlèrent-ils ensemble et dirent: « La chose va bien, puisqu'il n'y a point de mort. Toujours recouvrera bien le connétable finance et héritage; le roi en a assez pour lui, si il en a besoin: c'est fait; notre voyage est rompu; nous pouvons bien partir d'ici et donner à nos gens congé et aller à Paris devers le roi pour apprendre des nouvelles. Car jà entendons-nous que tous ceux qui étoient ordonnés à passer et entrer en mer en la cité et au hâvre de l'Andriguier (Tréguier) sont contremandés; ce n'est pas signe que on doive en cette saison aller nulle part. Et bien y a cause, car le connétable se pourchassera du dépit et dommage que on lui a fait. » Adonc donnèrent ces trois seigneurs congé à toutes manières de gens d'armes et d'arbalêtriers qui à Harfleur gisoient et à la navie (flotte) aussi; et eux mêmes se départirent et se mirent à chemin pour venir à Paris où le roi de France étoit.

Le sire de Beaumanoir exploita tellement que sus quatre jours il eut mis en possession et saisine les gens au duc de Bretagne des châteaux dessus nommés et de la ville de Jugon, tant que le duc de

Bretagne s'en contenta bien. Après il fit tant que la finance des cent mille francs pour le rachat du connétable fut toute prête et payée et mise là où le duc vouloit. Quand tout fut accompli, le sire de Laval dit au duc: « Monseigneur, vous avez par devers vous tout ce que vous demandez, cent mille francs, la ville de Jugon, Châtel-Briouch (Brou), Leblaim (Lamballe) et Châtel-Josselin; or me délivrez beau-frère le connétable. » — « Volontiers, dit le duc; il s'en voise (aille), je lui donne congé. » Adonc fut délivré le connétable de France; et se départirent lui et le sire de Laval de l'Ermine, et se tinrent à très heureux quand ils furent hors du châtel et ils eurent la clef des champs. Le connétable ne fit pas moult grand séjour en Bretagne, mais monta tantôt sur un grand coursier et bon et ses pages sur autres et tant fit que il fut en deux jours à Paris; et descendit premièrement à son hôtel et puis alla au Louvre devers le roi et ses oncles, le duc de Berry et le duc de Bourgogne. Ses gens et son arroy le suivoient tout bellement par derrière. Le roi et ses oncles étoient jà informés de sa délivrance, mais ils ne sçavoient pas que il fut si près. On ouvrit les portes de la chambre du roi à l'encontre de lui, car le roi le vouloit. Si vint en la présence du roi et se jeta en genoux devant lui et dit: « Très redouté sire, votre seigneur de père, à qui Dieu pardoint (pardonne) ses deffautes, me fit et créa connétable de France, lequel office, à mon loyal pouvoir j'ai loyalement exercé et usé, ni oncques nul n'y vit deffaute; et si il étoit aucun, excepté votre corps et messeigneurs vos oncles, qui voulut dire ni mettre outre que je m'y fusse mal acquitté, ni que envers vous et la noble couronne de France j'eusse fait autrement qu'à point, je voudrois bailler mon gage et mettre outre. » Nul ne répondit à cette parole ni le roi ni autres; donc dit le connétable:

« Très cher sire et noble roi, il est advenu en Bretagne que, en votre office faisant, le duc de Bretagne m'a pris et tenu en son châtel de l'Ermine et voulu mettre à mort, sans nul titre de raison, fors que de son grand outrage et mauvaise volonté; et l'eut fait de fait, si Dieu et beau-frère de Laval ne m'eussent aidé. Pourquoi et par laquelle chose et prise il a convenu, si je me voulois ôter ni délivrer de ses mains, que je lui aie baillé et délivré une mienne meilleure ville en Bretagne et trois forts châteaux et avecques tout ce en deniers appareillés la somme de cent mille francs; pourquoi, très cher sire et noble roi, le blâme et le dommage que le duc de Bretagne m'a fait regardent grandement à votre majesté royale, car le voyage de mer, où moi, où mes compagnons espérions à aller, en est rompu et brisé. Si vous rends l'office de la connétablie et y pourvéez tel qu'il vous plaira, car je ne m'en vueil (veux) plus charger, ni nulle honneur je n'en aurois de le faire. » — « Connétable, dit le roi, nous sçavons bien que on vous a fait blâme et dommage et que ce est grandement en notre préjudice et de notre royaume. Si manderons temprement (bientôt) nos pairs de France et regarderons quelle chose s'ensuivra; et ne vous en souciez, car vous en aurez droit et raison et comment que il se doive prendre ni avenir. »

Adonc prit-il le connétable par la main et le fit lever et dit: « Connétable, nous ne voulons pas que vous partiez de votre office ainsi, mais voulons que vous en usiez tant que nous aurons eu autre conseil. » Le connétable de rechef se mit à genoux et dit: « Très cher sire, la chose me touche de si près, et tant fort pense au blâme et au dommage que le duc de Bretagne m'a fait, que bonnement pour le présent je n'en pourrois user. Et l'office est grand, et convient user de répondre et parler à toutes gens qui poursuivent l'office; pourquoi je n'aurois pas manière ni arroi de répondre ni de parler ainsi comme il appartient. Si le vous plaise à reprendre pour y pourvoir autre pour un temps. Toujours suis-je et serai appareillé en votre commandement. »
— « Or bien, dit le duc de Bourgogne, monseigneur, il vous offre assez, vous en aurez avis. »
— « C'est voir (vrai), dit le roi. »

Lors fit-il lever le connétable, lequel se trait (rendit) tout doucement devers le duc de Berri et le duc de Bourgogne, avisés de remontrer ces besognes et pour eux informer justement de la matière, car il en appartenoit à eux grandement au cas que ils avoient le gouvernement du royaume. Mais en parlant à eux et en remontrant ses besognes et comment le duc l'avoit demené, il s'aperçut bien que la chose ne leur touchoit pas de si près que le roi lui avoit répondu; car en la fin ils le blâmèrent grandement de ce que il étoit allé à Vannes quand il se sentoit en haine au duc. Il répondit que il ne s'en étoit pu garder ni excuser. « Si pussiez bien, dit le duc de Bourgogne, au cas que votre navie (flotte) étoit prête et que chevaliers et écuyers vous attendoient à l'Andriguier (Tréguier) et encore outre, quand vous eutes dedans Vannes été et dîné avecques lui et vous futes retourné en votre hôtel au bourg et que bien vous en étoit pris, vous n'aviez que faire de plus séjourner ni d'aller voir son châtel de l'Ermine. » — « Monseigneur, dit le connétable, il me montroit tant de beaux semblants que je ne lui osois refuser. » — « Connétable, dit le duc de Bourgogne, en beaux semblants sont les déceptions. Je vous cuidois (croyois) plus subtil que vous n'êtes. Or allez, allez, les besognes venront (viendront) à bien. On y regardera par loisir. » Adonc laissa le duc de Bourgogne le connétable et reprit la parole à son frère de Berri.

Bien aperçut le connétable que ces seigneurs lui étoient plus durs et plus rudes que le roi n'étoit et que il n'avoit pas bien fait à leur gré. Si se départit tout bellement et tout coiement du Louvre et s'en vint à son hôtel. Là le vinrent voir aucuns seigneurs de parlement et du conseil du roi qui le reconfortèrent et lui dirent que les choses venroient (viendroient) bien; et là vinrent devers lui, pour lui conseiller, le comte de Saint Pol, le sire de Coucy et l'amiral de France, et lui dirent bien: « Connétable, ne faites nulle doute; car vous aurez votre raison grandement du duc de Bretagne, car il a fait contre la couronne de France un très grand déplaisir et en pourroit être honni et bouté hors de sa terre: allez vous ébatre à Mont-le-Héry, vous serez sus le vôtre et nous laissez convenir, car les pairs de France en ordonneront, ni la chose ne peut demeurer ainsi. »

Le connétable crut ces seigneurs et se départit de Paris et s'en vint à Mont-le-Héry demeurer et être; et vaqua l'office de la connétablie un temps, et fut telle fois que on disoit que messire Guy de la Trimouille seroit connétable de France; mais non fut. Il ne l'eut jamais prise, tant est-il bien avisé dessus messire Olivier de Clisson. Ce n'eût point été honneur à lui, ce lui sembloit d'en prendre l'office.

CHAPITRE LXIII.

Comment nouvelles vinrent au roi de France des parties d'Allemagne, lesquelles lui furent moult déplaisantes et a ses oncles aussi.

En ces jours, en la propre semaine que les nouvelles de la prise du connétable vinrent à Paris, vinrent aussi autres nouvelles des parties d'Allemagne, lesquelles furent grandement déplaisantes au roi, à ses oncles et à leurs consaulx (conseillers) et je vous dirai de quoi et comment. Le duc de Guerles (Gueldres), fils au duc de Juliers, s'étoit allié avecques le roi d'Angleterre pour faire guerre au roi de France et avoit pris les profits et la pension d'argent, quatre mille francs par an, lesquels profits et pension le duc de Juliers son père avoit eus du temps passé sur les coffres du roi d'Angleterre, mais il y avoit renoncé; et son fils qui étoit jeune les avoit pris à la requête du roi d'Angleterre et de son conseil; et parmi tant il devoit défier le roi de France et faire guerre à son loyal pouvoir.

Cil (celui-ci) à être de la partie des Anglois s'étoit incliné le plus, pour ce que il tenoit en guerre madame de Brabant et le duché de Brabant et sentoit de tous points que son pays étoit favorable au roi de France, car il devoit au temps à venir retourner au duc de Bourgogne ou à ses enfants. Si vouloit montrer le duc de Guerles (Gueldres) que la chose lui touchoit et que il porteroit contraire et dommage au roi de France et à son royaume et à tous ses conjoints et alliés. Si envoya, en ces jours que les nouvelles étoient fraîches du connétable de France, défier le roi de France par unes lettres scellées de son scel moult dures et moult felles (cruelles) et qui ne furent pas scellées ni acceptées en plaisance du roi ni de ses oncles, si comme je vous dirai ça en avant en l'histoire, quand il en appartiendra à parler et je vous éclaircirai la guerre de Brabant et de Guerles (Gueldres). Si n'en montra le roi de France nul semblant, mais fit bonne chère à l'écuyer de Guerles (Gueldres), qui la défiance avoit apportée. Si cuida (crut)-il bien mourir, telle fois fut; car il vint par la cité de Tournay, et ne vouloit aller plus avant; et avoit montré la défiance au prévôt et aux seigneurs de la ville et s'en vouloit passer, parmi tant que il disoit que il suffisoit quand il étoit adressé en une cité si notable comme la cité et la ville de Tournay est;

mais il ne suffit pas aux seigneurs, quoique Tournay soit au roi de France. Si prirent et arrêtèrent l'écuyer et le mirent en prison fermée et puis envoyèrent par devers le duc de Bourgogne à savoir que il en vouloit faire et que telles choses étoient venues avant.

Le duc escripsi (écrivit) au prévôt de Tournay que ils lui amenassent l'homme qui les défiances portoit. Ils lui amenèrent. Si cuida (crut) bien être mort, quand il vint à Paris, mais non fut; car le roi et ses oncles et les seigneurs ne lui firent oncques que toute courtoisie; et lui donna le roi de France un gobelet d'argent pesant bien quatre marcs et cinquante francs dedans et le tinrent tout aise. Les seigneurs lui donnèrent un bon sauf-conduit pour retourner en son pays. Si que pour ces nouvelles, la cour de France, étoit toute troublée, et le conseil du roi tout troublé quand le connétable de France vint faire sa plainte du duc de Bretagne, car ils véoient que peines et frais leur venoient et sourdoient de tous côtés. Si convenoit bien qu'ils eussent sens pour eux sçavoir chevir et dissimuler; mais toute fois le conseil du roi, quoique fut du duc de Guerles (Gueldres), ne se vouloit point passer que le connétable de France, qui si loyalement avoit servi le roi et le royaume en Flandre et ailleurs, ne fut adressé des duretés que le duc de Bretagne lui avoit faites, rançonné son corps, pris ses châteaux sans nul titre de raison, et par spécial le sire de Coucy et l'amiral de France y rendoient grand' peine.

Or retournerons-nous au duc de Lancastre et au roi de Portugal qui étoient en Gallice et faisoient guerre forte et belle et conterons comment ils persévérèrent.

CHAPITRE LXIV.

Comment les gens au duc de Lancastre assaillirent la ville d'Aurench (Orense) et fut prise, car la ville se rendit aussi comme les autres villes de Galice.

Vous sçavez comme quoi les armes furent faites à Betanços de messire Jean de Holland et de messire Regnault de Roye. Et là furent le roi de Portugal et sa femme. A leur département le roi de Portugal aconvenança (promit) au duc que, lui retourné en la cité du Port (Porto), il ne séjourneroit pas six jours que il ne chevaucheroit, car ses gens étoient tous prêts. Le duc envoya Constance sa femme en la ville de Saint Jacques pour séjourner en la garde du seigneur de Filwatier (Fitz-Walter), un grand baron d'Angleterre atout (avec) cent lances et deux cents archers, et lui dit au partir de Betanços: « Dame, vous vous tiendrez là à Compostelle et nous irons, le roi de Portugal mon fils et nos gens, en Castille requerre (chercher) nos ennemis, et les combattrons où que nous les trouvons. Cette saison ici verrons-nous si jamais aurons rien au royaume de Castille. » La dame répondit: « Dieu y ait part. »

Ainsi furent les départies pour le présent. Messire Thomas de Percy et messire Yon Filzwarin (Fitz-Waren) convoyèrent (accompagnèrent) la duchesse atout (avec) deux cents lances hors des périls, et puis retournèrent devers le duc qui jà étoit parti de Betanços et chevauchoit vers une ville en Galice, que on nomme Aurench (Orense), laquelle lui étoit rebelle et ne lui vouloit obéir, car elle étoit forte et y avoit en garnison Bretons qui l'avoient prise à garder sus leur péril. Et pour ce que ils sentoient bien que le duc et les Anglois viendroient cette part, ils s'étoient encore grandement fortifiés.

Le maréchal de l'ost avoit bien ouï parler de ceux d'Aurench (Orense) et que tous les jours ils se fortifioient. Si conseillèrent, le connétable, messire Jean de Holland et il, le duc à là venir. Donc s'adressèrent toutes manières de gens à venir cette part, et firent tant que ils vinrent assez près et se logèrent à l'environ.

La première nuit que ils furent là venus, il faisoit si bel et si chaud que sur le plus, car c'étoit environ l'Ascension. Si firent les seigneurs tendre tentes et trefs (pavillons) en ces beaux plains dessous les oliviers. Et se tinrent là la nuit et lendemain tout le jour et sans assaillir, car ils cuidoient (croyoient) que ceux de la ville se dussent rendre légèrement et sans eux faire assaillir. Volontiers se fussent rendus les bons hommes de la nation de la ville, mais ils n'étoient pas seigneurs de leur ville; ainçois (mais) l'étoient Bretons, compagnons aventureux. Si étoient capitaines deux bâtards Bretons bretonnants. L'un étoit nommé le bâtard d'Aulroy et l'autre le bâtard de Pennefort; bien étoient bonnes gens d'armes; et bien y parut, quand ainsi vaillamment, hors de tous conforts, ils emprirent à garder la ville d'Aurench (Orense) contre l'ost au duc de Lancastre.

Au tiers jour que les Anglois furent là logés et que ils eurent la ville avisée et comment à leur avantage ils l'assaudroient; le connétable, le maréchal et l'amiral de la mer, ces trois greigneurs (plus grands) seigneurs et capitaines, firent sonner les trompettes. Si s'armèrent toutes gens et issirent (sortirent) de leurs logis et se trairent (rendirent) sur les champs et là furent-ils bellement départis (distribués) en quatre parties pour assaillir en quatre lieux; et puis s'en vinrent tout le pas et gentiment ordonnés en trompettant devant eux jusques à la ville, et s'arrêtèrent sus les fossés. Il n'y avoit point d'eau, mais il y avoit bons pallis (palissades) de bois au-devant des murs, et y avoit de bonnes épines et des ronces où gens d'armes ne se pourroient jamais embattre; car eaux n'y a nulles en ce pays là en trop de lieux, fors que en citernes que on recueille quand il pleut, et en été des neiges qui fondent et descendent des montagnes, dont eux et leurs chevaux sont mal servis. Or commença l'assaut en quatre lieux; et se commencèrent à avaler gens d'armes et gros varlets ès fossés; et apportoient haches en leurs poings, dont ils abattoient et tailloient ronces et épines devant eux à pouvoir.

Là étoient Galiciens qui les servoient en ces fossés de dardes que ils lançoient; et si ceux qui abatroient ronces et épines n'eussent été paveschiez[1], il y en eut eu grand'foison de morts et de blessés, mais les gens d'armes qui ens (dans) ès fossés étoient et entroient avoient gros varlets qui les paveschoient (couvroient) et eux aussi.

D'autre part sus les fossés se tenoient archers qui traioient (tiroient) à pouvoir contre ceux de dedans, si roidement et si fort que à peine se osoit nul montrer.

Là vint le duc de Lancastre, monté sur un grand palefroi que le roi de Portugal lui avoit donné, pour voir l'assaut et lesquels le faisoient le mieux. Si y fut bien trois heures en eux regardant que il ne se pouvoit partir, tant de plaisance y prenoit-il!

De ce premier assaut et ce premier jour furent les fossés délivrés et les ronces et les épines toutes coupées et abattues et pouvoit-on bien aller jusques aux palis. Adonc fut sonnée la retraite et dit le duc, qui là étoit et qui les regardoit, au maréchal: « Messire Thomas, vos gens et les nôtres en ont assez fait pour ce jour, il les faut faire retraire (retirer), car ils sont bien lassés et foulés. » — « Monseigneur, répondit le maréchal, je le veuil (veux) bien. » Lors fut la retraite sonnée et laissèrent l'assaut tous ceux qui assailloient, et retournèrent aux logis, et mirent à point les blessés et navrés, et passèrent le soir et la nuitée de ce qu'ils avoient. Des vins avoient-ils grand' foison; mais ils étoient si chauds et si forts que à peine les pouvoient-ils boire; et ceux

---

[1] Couverts de boucliers. J. A. B.

qui ne s'en sçavoient garder et qui grand' foison d'eau au boire n'y mettoient, s'en trouvoient tellement appareillés que ils ne se pouvoient aider au matin.

Quand ce vint au lendemain on ot (eut) conseil que on n'assaudroit point pour la chaleur du jour, ce jour tout entier. Car encore étoient leurs gens tous échauffés de l'assaut et des forts vins que ils avoient le soir bus; mais à lendemain une heure devant soleil levant, à la fresquière (fraîcheur) on assaudroit, et tout jusques à tierce. Si fut signifié parmi l'ost que chacun se tînt tout aise et se reposât et dormît et que nul ne s'armât jusques au son de la trompette du maréchal. Ainsi fut fait. Ce jour ot (eut) nouvelles le duc de Lancastre du roi de Portugal, lequel s'étoit trait (rendu) sur les champs et parti du Port (Porto) et s'en alloit vers Saint-Yrain (Santarem), car par là vouloit-il entrer en Castille; et retrouveroient leurs deux osts l'un l'autre sus la rivière de Derne (Duero) devant la ville de Padrou (Benevente) ou devant Ville-Arpent (Vilhalpando). Ainsi l'avoient Anglois avisé et Portingallois, voir (mais) si le roi de Castille et les François qui venus étoient et qui encore venoient tous les jours ne leur sailloient (sortoient) au-devant; mais au cas que ils se mettroient ensemble, et qu'il feroit nul apparent d'assemblée pour défendre les champs et pour donner bataille, il conviendroit que ils y fussent plutôt assemblés.

De ces nouvelles fut le duc très réjoui et fit donner au varlet portingallois, qui les certaines nouvelles en apportoit, dix nobles. Or parlons de l'assaut qui ce matin se fit à Aurench (Orense) en Galice, ainsi que le maréchal et les Anglois l'avoient ordonné.

Quand ce vint droit à l'aube-crévant que le jour apparut bel et clair, la trompette du maréchal sonna par-devant les logis pour réveiller toutes gens d'armes. Donc s'appareillèrent chevaliers et écuyers et se mirent en bon arroy, chacun dessous son pennon; et mirent plus de une heure avant que ils fussent tous appareillés. Le duc de Lancastre étoit en son pavillon et ne se leva point sitôt, car il n'y avoit que faire. Le maréchal se traist (rendit) sur les champs, ainsi que celui qui sçavoit bien faire son office, et dessous son pennon se trayrent (rendirent) tous ceux qui ordonnés étoient pour assaillir.

La nouvelle en vint dedans la ville d'Aurench (Orense) que les Anglois s'appareilloient et auroient l'assaut, car les Bretons qui avoient fait le guet en avoient bien la connoissance par les trompettes du maréchal. Si se réveillèrent toutes gens en la ville, hommes et femmes, et firent dire aux défenses aux Galiciens qui là étoient : « Seigneurs, soyez tous bonnes gens et ne vous ébahissez d'assaut que vous voyez. Nous n'avons garde; nous sommes en forte place et si avons dardes et lances enferrées assez pour eux rebouter, et pierres et cailloux assez pour jeter à eux et pour eux porter grand dommage. Quand nous voudrons, au fort (à la fin) ils nous recueilleront à merci. Pis ne nous peuvent-ils faire. » — « Par Dieu, disoient les capitaines qui là étoient, nous avons été aucunes fois en place plus foible assez que cette ici n'est, que oncques n'y eûmes dommage. »

Ces Galiciens, par l'admonnestement (encouragement) de ces Bretons, voulsissent (voulussent) ou non, s'encouragoient, ce que point n'eussent fait si ils n'eussent été, mais ils se fussent tantôt rendus sans assaut. Car au voir (vrai) dire et parler, en Castille et en Galice les communautés ne valent rien à la bataille. Ils sont mal armés et de pauvre courage. Les nobles et ceux qui s'appellent gentils-hommes sont assez bons, mais (pourvu) qu'ils soient aux champs et aux chevaux; mais quand ils ont fait leurs empaintes (attaques) ils tournent le dos et fièrent (frappent) chevaux des éperons en fuyant toudis (toujours) devant eux.

Or vinrent les Anglois tous appareillés et ordonnés pour assaillir environ heure de soleil levant, et s'en allèrent ens (dans) ès fossés qui étoient parfons (profonds) assez et sans eau, et vinrent jusques aux palis sans nul empêchement, car ce tiers jour ils avoient coupé et abattu ronces et épines et tout ce qui ensonnier (gêner) les pouvoit, et apportoient haches à grands fers et larges en leurs poings, dont ils commencèrent à abattre ces palis et mettre jus à leurs pieds; et pour ce ne furent-ils encore pas au mur, car ils avoient à passer un fossé bien aussi large ou plus comme celui que passé avoient, et là avoit en aucuns lieux de la bourbe; mais ils ne ressoingnoient (craignoient) pas leur peine, ainçois (mais) se boutèrent dedans ce fossé et vinrent jusques au mur.

Quand ceux qui étoient à mont les virent approcher de si près, pour ce ne s'ébahirent-ils pas, mais se défendirent très vaillamment; et lançoient ces Galiciens dardes dont le coup étoit moult périlleux. Car qui en étoit atteint à plein, il convenoit que il fut bien paveschié (couvert) et fort armé, si il n'étoit durement blessé.

Là s'avisèrent Anglois pour dresser échelles; et furent apportées en plusieurs lieux et dressées à mont car on les avoit ouvrées et charpentées le jour devant que ils n'avoient point assailli. Là vissiez chevaliers et écuyers avancer pour monter à mont, les targes (boucliers) sur leurs têtes et l'épée en la main, et venir combattre main à main ces Bretons, qui au voir (vrai) dire vaillamment se défendoient; car je tiens la vaillance en ce que tant assaillir se faisoient et bien sçavoient que ils ne seroient confortés de nulluy (personne), car l'ordonnance des François et du roi de Castille étoit telle que on laissoit convenir (assembler) les Anglois en Galice et ailleurs, si passer ils vouloient, sans eux combattre ni ensonnier (inquiéter) et ces Bretons se tenoient ainsi. « Ha! disoient les aucuns Anglois, si toutes les villes de Castille nous donnoient autant de peine comme fait cette, nous n'averions (aurions) jamais fait. » Et disoient les autres: « Il y a là dedans grand pillage que ils y ont assemblé et attraîné (entraîné) du pays et d'environ; pour ce montrent-ils si grand'défense que ils veulent que on traite à eux de rendre la ville, et que tout leur demeure sans rien remettre arrière. » Et demandoient les aucuns : « Qui sont les capitaines ? » — « Ils sont deux bâtards Bretons hommes d'armes et qui savent bien que c'est d'assaut et de siége, car ils y ont été plusieurs fois. C'est le bâtard de Pennefort et le bâtard d'Aulroy. » — « Qui que ce soient, disoient les autres, ils sont vaillants gens, car ils ne voient apparence de secours de nul côté, et si se tiennent ainsi. »

Ceux qui montoient sus ces échelles par appertises d'armes étoient à la fois reboutés et reversés tout jus, et lors y avoit grand' huerie (cris) de ces Espagnols.

Quand le duc de Lancastre fut levé et il ot (eut) ouï sa messe, il dit que il vouloit venir voir l'assaut. Si monta sur un coursier; et n'étoit point armé, et faisoit porter devant lui son pennon pleinement de France et d'Angleterre à trois labiaux d'argent, et ventiloit au vent par manière d'une escrannère (étendard), car le coron (coin) descendoit bien près à terre. Et quand le duc fut venu, si s'efforça l'assaut, car compagnons s'avançoient afin que ils eussent plus grand' louange; et aussi ceux qui se défendoient, les Bretons et les capitaines, quand ils virent le pennon du duc ventiler, ils connurent bien que il étoit là; si s'efforcèrent tant plus de faire armes. Ainsi et en tel état furent ils assaillants et défendants jusques à heure de tierce. Et n'étoit pas apparent que ils dussent la ville d'Aurench (Orense) gagner si légèrement ni de tel assaut.

Adonc demanda le duc : « Et qui sont les capitaines de là dedans ? » On les lui nomma. Donc dit le duc : « Dites au maréchal que il traite à eux ou fasse traiter, pour sçavoir si ils voudront rendre la ville et mettre en mon obéissance; je crois que on ne leur a encore oncques point demandé. Allez, dit-il à un sien chevalier, messire Guillaume, faites le maréchal venir parler à moi. » Le chevalier se départit du duc et chevaucha avant, et vint devers le maréchal et lui dit : « Messire Thomas, monseigneur vous demande : venez parler à lui. » Lors se départit le maréchal et vint devers le duc. Quand il fut venu, le duc lui dit : « Maréchal, savez-vous point si ces Bretons qui tiennent cette ville contre nous se voudroient point mettre en notre obéissance ? Nous travaillons (fatiguons) nos gens et faisons blesser, et gâtons notre artillerie; et si ne savons quand nous en aurons mestier (besoin). Je vous prie, allez devers eux et leur faites dire que vous voulez traiter à eux. » Messire Thomas répondit et dit : « Monseigneur, volontiers; puisque vous les voulez prendre à merci, c'est droit que ils le soient. »

Lors se départit le maréchal du duc et s'en vint jusques à l'assaut et dit à un héraut : « Va tout devant et fais tant que tu parles à eux; nos gens te feront voie; et leur dis que je vueil (veux) traiter à eux. » Le héraut répondit : « Sire, volontiers. » Lors se bouta-t-il ès fossés; une cotte d'armes vêtit qui avoit été au duc de Lancastre, et dit : « Ouvrez-vous; il me faut aller parler à ces Bretons, car le maréchal m'y envoie. » A ces paroles lui firent voie ceux qui là étoient.

Le bâtard d'Aulroy le vit venir, et avoit bien vu d'amont des fossés le convenant (disposition) du maréchal comment il avoit parlé à lui. Si s'en vint aux créneaux et se montra et demanda: « Héraut, que voulez-vous? Je suis l'un des capitaines de cette ville, je crois que on vous envoie parler à moi. » — « C'est voir (vrai), dit le héraut, que on clamoit (appeloit) Percy. Monseigneur le maréchal vous mande que vous veniez parler à lui, car il veut avoir traité et parlement à vous. » — « Je le vueil (veux), répondit le bâtard, mais (pourvu) que il fasse vos gens retraire (retirer) et cesser l'assaut, car autrement n'irai-je point. » — « Je crois bien, dit le héraut, que tout ce se fera, car c'est raison. » Adonc retourna le héraut au maréchal et lui dit ce que vous avez ouï. Le maréchal appela sa trompette et dit: « Sonnez pour retraire (retirer). » Il sonna; lors se cessèrent les assauts de toutes parts. Adonc quand les assauts furent cessés, si s'en vinrent les capitaines de la porte et passèrent tout outre et vinrent aux barrières. Là étoient le connétable, messire Jean de Holland, messire Thomas Morel et grand'foison d'Anglois. « Comment, dit le maréchal; vous feriez-vous prendre à force et tout perdre ou occire et les pauvres gens de là dedans. Nous sçavons bien que la communauté de la ville se rendroit volontiers à monseigneur et à madame et se fussent pieça (déjà) rendus si vous ne fussiez. Sachez que il vous en pourra bien mal prendre; car, quoique il en advienne, nous ne nous partirons de ci si serons audessus de la ville, soit bellement ou autrement: parlez ensemble et vous avisez et me répondez, car je sçais bien de quoi je suis chargé. » — « Sire, dit le bâtard d'Aulroy, je suis tout conseillé et aussi sommes-nous tous et bien avisés, au cas que nous et le nôtre vous metterez en bon conduit et sûr pour aller à Ville-Arpent (Vilhalpando) ou à voie là où il nous plaira à traire (rendre). Vous nous ferez conduire sauvement et sans péril; nous vous rendrons la ville; et aussi que tous les hommes, femmes et enfants qui sont dedans et qui demeurer y voudront, y demeurent sans péril et dommage parmi l'obéissance que ils feront au duc de Lancastre, si comme les autres villes de Galice ont fait et non autrement. Nous sçavons bien que vous êtes maréchal de l'ost et que le traité appartient à vous, et ce que vous en ferez le duc l'accordera. » — « C'est vérité, dit messire Thomas. Or soit ainsi, que vous emportez ce que vous direz qui sera vôtre, je ne vueil (veux) pas que vous pilliez la ville, et puis si nous fassiez entendant que vous l'avez conquis sus le pays, car vous vous mettriez en riotte (querelle) et en péril contre nos gens. » — « Nennil, dit le bâtard d'Aulroy, nous n'emporterons fors ce qui est nôtre; et si les compagnons de notre délivrance (suite) ont aucune chose pris et acchaté (acheté) et ils l'ont mal payé, nous n'en voulons pas pour ce entrer en riotte (querelle), car je crois bien que de boire et de manger, depuis que nous vînmes ici en garnison, nos gens n'en ont rien payé. » — « Nennil, nennil, dit le maréchal, tout ce vous est excepté. Les vivres sont d'avantage; aussi seront-ils nôtres; mais nous parlons des meubles. » Dit le bâtard d'Aulroy: « Maréchal, je ne nous ferai jà si prud' hommes que nous n'en ayons. »

Donc dit messire Jean de Holland: « Laissez-les passer et ce qui est leur soit leur, on ne leur voist (aille) jà si près que pour enquerre (chercher) en leurs malles. »—« Or soit ainsi, dit le maréchal. »

Là fut mis ce jour tout entier en souffrance, et à lendemain ils se devoient partir. Et s'en retournèrent le duc et les Anglois à leurs logis et se désarmèrent et aisèrent de ce que ils avoient, et les Bretons entendirent ce jour à trousser et à enmaller grand pillage que ils avoient pris et levé sus le pays de Castille mêmement, car tout avoit été abandonné du roi: donc ceux qui vinrent premièrement en Castille par cette incidence y firent grandement bien leur profit. Et encore en troussant et en enmallant, en la ville d'Aurench (Orense), boutèrent-ils plusieurs bonnes choses des meubles des pauvres gens de la ville, pennes (velours) et draps et autres joyaux, si ils les trouvoient. Et quand on en parloit et disoit: « Ha! Monseigneur, ceci est nôtre; vous ne l'apportâtes pas céans. » Ils répondoient: « Taisez-vous, méchantes gens, nous avons commission du roi de Castille de nous faire payer partout de nos gages; vous ne nous voulez payer et si vous avons servi bien et loyalement; si faut que nous nous payons; gagnez du nouveau, car ceci est nôtre. »

Quand ce vint au matin, le maréchal monta à cheval, et environ soixante lances en sa compagnie, et s'en vint à Aurench (Orense) jusques à la barrière. Il s'arrêta là un petit. Les capitaines des Bretons vinrent et le maréchal leur demanda: « Êtes-vous tous prêts? »—« Ouil, dirent-ils, baillez-nous un conduit qui nous mène. »—« Où voulez-vous aller, dit le maréchal? Véez-cy (voici) qui vous conduira. » Adonc appela-t-il un chevalier d'Angleterre qui s'appeloit messire Étienne Astebery (Eastbury) et lui dit: « Prenez dix lances de nos gens et conduisez ces Bretons et retournez ici demain. »—« Bien, dit le chevalier. » Il fit ce que le maréchal ordonna et prit ces Bretons en conduit et les mena, lesquels se départirent moult bourdés (chargés) et moult troussés.

Quand ils furent tous vidés, le maréchal et ses gens entrèrent en la ville; les gens de la ville l'inclinèrent (saluèrent) tout bas et cuidoient (croyoient), moult y en avoit, que ce fut le duc de Lancastre; pour ce lui faisoient-ils si grand' révérence. Le maréchal demanda à aucuns: « Et ces Bretons qui se départent si bourdés (chargés) et si troussés, emportent-ils rien du vôtre? »—« Du nôtre, monseigneur, par Dieu ouil, beaucoup! »—« Et que ne le me disiez-vous, dit le maréchal, je le vous eusse fait r'avoir. »—« Monseigneur, nous n'osions; ils nous menaçoient d'occire si nous faisions plaintes: ce sont maldites gens, il n'en y a nul qui ne soit larron. Et pourquoi ne nous le seroient-ils, quand ils le sont l'un à l'autre? » Le maréchal commença à rire et puis se tut et demanda les plus notables hommes de la ville. Ils vinrent: quand ils furent venus, il leur fit faire serment que la ville d'Aurench (Orense) qui rendue s'étoit au duc de Lancastre, ils tiendroient du duc à toujours et à jamais en la forme et en la manière comme les autres villes de Galice se sont rendues. Ils le jurèrent; et adonc ordonna et renouvela le maréchal officiers; et prit de ceux de la ville, et quand il eut tout fait et pris les foix et serments, et il et sa route (troupe) eurent bu un coup, il s'en retourna devers le duc et son ost qui étoient logés au long de beaux verts oliviers et de figuiers pour avoir l'ombre, car il faisoit si chaud que hommes ni chevaux ne osoient attendre le soleil, ni depuis heure de tierce n'osoient chevaucher ni aller en fourrage pour la grand'chaleur du soleil qui couroit.

La greigneur (plus grande) imagination que le duc de Lancastre eut, c'étoit que on lui apportât nouvelles en disant: « Sire, le roi de Castille chevauche et vient contre vous pour vous combattre. » Car il lui sembloit que il ne pouvoit parfaitement venir au challange (réclamation) de Castille ni à la seigneurie fors que par bataille. Si en faisoit-il demander soigneusement mais on lui disoit: « Monseigneur, nous entendons par pélerins qui viennent à Saint Jacques que votre adversaire de Castille ne met nullui (personne) sus les champs ni ensemble pour traire (marcher) avant, mais se tient en garnison, et ses gens aussi, et encore n'est pas le duc de Bourbon venu qui cuidoit (croyoit) venir, ni il n'en est encore nulle nouvelle de sa venue en Castille. » Or eut le duc conseil, quand il se fut tenu cinq jours en la marche d'Aurench (Orense), que il iroit devant Noye (Noya), et là essaieroient-ils si jamais par assaut ils pourroient passer par le pont ni la rivière Derne (Duero). Jà étoit retourné le chevalier Anglois qui avoit conduit les Bretons en la ville de Ville-Arpent (Vilhalpando). On lui demanda quelles gens étoient là en la Ville-Arpent (Vilhalpando) en garnison. Il répondit que il avoit entendu que messire Olivier Duclayaquin (Duguesclin) y étoit à (avec) bien mille lances de Bretons et de François. « Ce seroit bon, dirent au duc le connétable et le maréchal et messire Thomas de Percy, que nous les allissions voir, et escarmoucher à eux; espoir (peut-être) sauldront (sortiront)-ils dehors pour demander armes, car ils en ont grand désir, les aucuns, de les trouver. » — « Je le vueil (veux) bien, dit le duc, délogeons-nous et allons ailleurs; ci n'avons-nous nul profit. » Lors fut ordonné du déloger au matin et de aller vers Noya et puis vers Ville-Arpent (Vilhalpando).

Or parlerons nous un petit du roi de Portugal et du chemin qu'il fit en entrant en Castille et en retournant devers le duc de Lancastre.

CHAPITRE LXV.

Comment le roi de Portugal ardit une ville quand il départit du Port (Porto) et assiégea deux châteaux; mais il les laissa par ennui.

Le roi de Portugal se départit du Port (Porto) et laissa la reine sa femme et sa sœur, la jeune fille au duc de Lancastre; et pour elles garder et la cité aussi il y ordonna le comte de Novaire (Nuno Alvarez) à demeure, atout (avec) deux cents lances de Portingalois et de Gascons qui l'étoient venus servir; et puis se mit aux champs; et se logèrent du premier jour à trois lieues du Port (Porto). Et à lendemain ils se délogèrent et chevauchèrent en trois arrois et en trois batailles, et ne pouvoient aller que le pas pour les gens de pied que le roi menoit, où bien avoit douze mille hommes, et pour le sommage et le charroi qui étoit moult grand, car il tenoit bien deux lieues de long. L'avant-garde faisoit le maréchal, un chevalier de Portugal bon homme d'armes, qui s'appeloit Alve Perrière [1]. Avecques lui étoient deux grands barons de Portugal, Vasse (Vasco) Martin de Merlo et Gonsalvas (Gonsalo Eanes) de Merlo. Et avoient bien en leur route (troupe) cinq cents lances. Après eux venoient toutes manières de gens de pied, qui tenoient bien de chemin demie lieue largement, et puis tous les sommages et le charroi. Et en après venoit la grosse bataille du roi, où bien avoit mille lances. Là étoient Dien (Diaz) Gallopes (Guadalupe) Ferrant Percek (Pacheco), Jean Ferrant Percek (Pacheco), Gallopes (Guadalupe) Ferrant Percek (Pacheco), le Pounasse (Lopo Vasquez) de Coigne (Cunha); et portoient la bannière du roi Vasse (Vasco) Martin de Coigne (Cunha), Jean Radighes (Rodriguez) Perriere (Pereira), Jean Geunez (Gomez) de Salver (Da Silva), Jean Redighes (Rodriguez) de Sar (Sa) et le maî-

---

[1] Alvaro Pereira, frère du connétable Nuno Alvarez. S. A. B.

tre Denis (d'Avis), qui s'appeloit Ferrant Redighes [1]; et tous grands barons et chevaliers.

Et l'arrière-garde faisoient le connétable de Portugal, le comte d'Angouse (Agoa), le comte d'Escalle (Egas Coelho), le Podich (Lopo Diaz) d'Asnede (Azevedo), Mendose Radigo, Redighes (Rodriguez) de Val Coussiaulx (Vasconcellos), Res (Ruy) Mendighes (Mendez) de Valcousiaulx (Vasoncellos), Ange Salvasse d'Agenene, Jean Salle de Popelan et tous barons et chevaliers; et étoient en cette route (troupe) cinq cents lances.

Ainsi cheminèrent ces Portingalois et prirent le chemin de Saint-Yrain (Santarem); et alloient à petites journées, car ils se logeoient très (dès) tierce, ni depuis ils ne chevauchoient ni cheminoient point tout le jour; et vinrent à la Cabasse (Alcobaça) de Juberote (Aljubarota) et là furent-ils deux jours; et de là ils allèrent en deux jours à Orench (Ourem) en Portugal et là furent-ils deux jours. Et puis ils vinrent en deux jours à Saint-Yrain (Santarem) et là se logèrent. La ville étoit toute désemparée très (dès) la bataille de Juberote: si la trouvèrent toute vide, car les gens qui s'y étoient tenus s'étoient retraits (retirés) en Castille et boutés ens (dans) ès cités et ès forts lieux pour la doubtance (crainte) des Portingalois; mais les châteaux se tenoient; et y avoit Bretons et Portingalois et Poitevins dedans, que on y avoit établis pour les garder.

---

[1] Fernaò Rodriguez de Sequeira, grand commandeur de l'ordre d'Avis. J. A. B.

Le roi de Portugal eut conseil que les châteaux de Saint-Yrain (Santarem), qui étoient l'un à un côté de la ville et l'autre d'autre côté, il feroit assaillir, car pour honneur ils ne pouvoient passer par là sans faire armes; car les Chastellains (Castillans) avoient jà conquis sur eux la ville et les châteaux. Si vouloient essayer si ils les r'auroient. Or avoient-ils amené avecques eux engins du Port (Porto), car ils sçavoient bien que ils feroient des assauts en leur chemin.

Or se logèrent le roi de Portugal et ses gens en la marche de Saint-Yrain (Santarem); c'est l'entrée de Castille tout au long de la rivière de Tese (Tage) qui va à Seville la grande [1]. Par cette rivière pouvoient bien venir en l'ost parmi mer, fut de Lisbonne ou du Port (Porto) grands biens, ainsi que ils firent; et bien leur besognoit, car ils étoient grand'gent, plus de trente mille d'uns et d'autres.

Le connétable assit (assiégea) lui et sa route (troupe) avec la moitié de la communauté de Portugal, le châtel devers soleil levant que on disoit à la Perrade. Et l'autre châtel de soleil couchant assistrent (assiégèrent) le connétable, le maréchal et sa route (troupe) et l'appeloit-on au pays Taillidon. Du châtel de la Perrade étoit capitaine un chevalier de Bretagne, qui s'appeloit messire Maurice Fouchaut, appert homme d'armes; et du châtel Taillidon messire Jacques de Montmerle, un chevalier

---

[1] Le Tage ne coule pas dans la direction de Séville. C'est le Guadalquivir qui passe à Séville. J. A. B.

de Poitou. Et avoient chacun avecques eux cinquante lances de bons compagnons. Si furent là bien quinze jours et plus que rien n'y firent; et étoient engins dressés au devant qui jetoient bien dix ou douze fois le jour contre les murs grosses pierres, mais petit les empiroient, excepté les couvertures des tours qui furent rompues et désemparées; mais les compagnons de dedans n'en faisoient compte, car les étages qui étoient prè des couvertures étoient de fortes pierres, qui ne pouvoient effondrer pour jet de pierre, d'engin ni d'espringalle.

Quand on vit que on ne les auroit point et que on se commença à tanner (fatiguer), on eut conseil que on se délogeroit et que on entreroit en Galice et que on approcheroit l'ost du duc de Lancastre; parquoi si ses gens venoient on seroit plus fort; et aussi le roi et le duc auroient conseil comment ils se maintiendroient ni comment ils iroient, ni quelle part ils iroient. Si se délogèrent un jour et troussèrent tout et mirent à voiture et se départirent de Saint-Yrain (Santarem); mais à leur département la ville fut si nettement arse que il ne demeura oncques pour establer (1) ni loger un cheval.

Quand ceux des châteaux virent que on les laissoit, si en furent tous réjouis et commencèrent à sonner leurs trompettes et à faire grand ébattement,

---

(1) Mettre en écurie. Ce mot s'est conservé en Anglais, ainsi que bien d'autres mots qui ne sont plus d'usage en France et dont on sent cependant tous les jours le besoin. M. Courier et M. Pongens ont fait de fort judicieuses remarques à ce sujet. J. A. B.

et convoyèrent de tel envoi l'ost tant que tous les derniers furent passés; et quand ils ne les virent plus ils se cessèrent et l'ost s'en alla ce jour loger à Pont Ferrant (Ponte Ferrade) en Galice et à lendemain au Pont de Sainte Catherine et au tiers jour ils vinrent devant le Férol en Galice, une ville assez forte qui se tenoit pour le roi de Castille et là s'arrêtèrent.

CHAPITRE LXVI.

Comment le roi de Portugal et ses gens prinstrent (prirent) la ville de Férol par assaut et comment le roi de France fut défié du duc de Guerles (Gueldres).

Quand le roi de Portugal et ses gens furent venus de Portugal devant Férol, ils trouvèrent assez bon pays. Si l'environnèrent; et dirent le connétable et le maréchal que ils la feroient assaillir et que elle étoit bien prenable. Ils furent là deux jours que oncques n'y livrèrent assaut, car ils cuidoient (croyoient) que sans assaillir ils se dussent rendre: mais non firent; car il y avoit Bretons et Bourguignons qui disoient que ils se tiendroient bien.

Or furent au tiers jour ces engins dressés, et fit le maréchal sonner les trompettes pour assaillir; donc s'ordonnèrent toutes gens et s'armèrent et approchèrent la ville.

Les compagnons qui dedans Férol étoient, quand

ils ouïrent les trompettes de l'ost, eurent bien connoissance que ils auroient l'assaut. Si se appareillèrent et firent appareiller tous ceux de la ville défensables, et femmes aussi qui apportoient pierres et cailloux pour jeter contreval. Car sachez que en Galice les femmes y sont de grand' défense et de grand courage, aussi grand ou en partie comme sont les hommes. Là s'en vinrent tout bellement le pas les Portingalois jusques aux fossés, qui étoient roystes (roides) et parfons (profonds), mais il n'y avoit point d'eau: si y entrèrent baudement (hardiment) et puis commencèrent à monter et à ramper contre mont sans eux épargner. Mais ceux qui montoient avoient fort à faire, si ils n'étoient bien paveschiez (couverts); car ceux qui se tenoient amont (en haut) leur jetoient pierres et cailloux dont ils en blessèrent aucuns et les firent reculer, voulsissent (voulussent) ou non.

Là y avoit bon ébattement de ceux de dedans, qui jetoient dardes à ceux de dehors; et ceux de dehors aussi, qui se tenoient sur les crêtes (bords) des fossés, lançoient à ceux de dedans; ainsi dura l'assaut jusques à heure de tierce que le jour échauffa moult fort et le soleil luisoit à raies et moult ardent. Et point n'avoient de vent ni d'air ceux qui étoient ens (dans) ès fossés; et sembloit que ils ardissent: donc pour la grand' chaleur qu'il faisoit, et que il étoit apparant du faire, l'assaut cessa; mais toujours jetoient les engins dedans la ville à l'aventure.

Adonc se retrairent (retirèrent) Portingalois à leurs logis et rafraîchirent et mirent à point les blessés. Là fut conseillé le maréchal de Portugal que on n'assaudroit plus, hors par engins, car à l'assaillir il y avoit trop de peines et de coûtages de leurs gens, mais on iroit bien escarmoucher aux barrières, pour les compagnons ébattre et apprendre les armes. Si fut ainsi fait comme il fut ordonné; et y avoit presque tous les jours escarmouche. Et vous dis que ceux de dedans, à la fois les soudoyers et les compagnons qui y étoient, s'enclooient (enfermoient) hors de la porte entre les barrières et la porte pour escarmoucher mieux à leur aise. Donc il avint que le maréchal de Portugal, messire Alve Perrière (Alvarez Pereira), qui moult étoit usé d'armes, soubtilla (imagina) sur cette affaire de l'escarmouche et en parla à messire Jean Ferrant Percok (Pacheco) et lui dit : « Je vois que ces soudoyers s'encloient (enferment) à la fois entre la barrière et la porte tout en escarmouchant. Et si nous faisons une chose que je vous dirai, que nous presissions (prissions) cinq ou six cents des nôtres bien montés, et vous ou moi vinssions escarmoucher à (avec) un petit (peu) de gens de commencement à eux, et quand ils seroient dedans leur barrière nous reculissions petit à petit, je crois que pour la convoitise de gagner ils ouvriroient leur barrière, et lors nous sauldrions (avancerions) à la barrière et les ensomnerions (inquièterions) nous; et lors l'embûche, dont ils ne sauroient rien, venroit (viendroit) à course de chevaux sur eux. Quand ils verroient venir efforcément l'embûche, ils lairoient (laisseroient) ester (rester) leur barrière et feroient ouvrir la porte.

Voulsissent (voulussent) ou non, nous les enforcerions ; si que, avecques eux nous entrerions en la porte; et si les Galiciens n'en ouvroient la porte, à tout le moins tous ceux qui seroient dehors seroient nôtres. » — « Il est vérité, répondit messire Jean Ferrant. Or prenez l'un et je prendrai l'autre. » Dit le maréchal : « Vous ferez l'embûche entre vous et Vasse (Vasco) Martin de Merlo et le Pounasse de Coingne (Lopo Vasquez da Cunha) et je irai à l'escarmouche, car c'est de mon office. »

Ce conseil fut tenu ; et furent ordonnés cinq cents hommes bien armés et bien montés pour aller en l'embûche; et trois jours tout entiers on n'escarmoucha point, dont les soudoyers de dedans étoient tous émerveillés; et disoient aux Galiciens de la ville : « Or regardez, méchants gens, vous vous fussiez tantôt rendus, quand les Portingalois vinrent ici, si nous ne fussions. Nous vous gardons grandement l'honneur de votre ville, car le roi de Portugal et tout son ost se départiront de ci sans rien faire. »

Au quatrième jour que les Portingalois eurent séjourné, l'escarmouche, par l'ordonnance que je vous ai dit, fut faite. Et s'en vint le maréchal de l'ost atout (avec) un petit de gens escarmoucher, et la grande embûche demeura derrière.

Les Bretons qui désiroient à gagner quelque bon prisonnier, car jà en avoient-ils jusques à six, quand ils virent venir aux barrières les Portingalois, firent ouvrir leur porte et laissèrent sans fermer pour la trouver plus appareillée; car point ils ne se confièrent trop avant ès Galiciens; et aussi le guichet tout ouvert; et vinrent aux barrières et commencèrent à traire (tirer) et à lancer et à faire le droit d'armes et ce que escarmouche demande.

Le maréchal, quand il vit que ce fut heure, et ses compagnons, changèrent le pas et montrèrent que ils étoient trop travaillez (fatigués) et sur le point de être déconfits et reculèrent petit à petit. Quand ces compagnons qui dedans étoient en virent la manière, si les cuidièrent (crurent) bien tous prendre et attraper; et ouvrirent leur barrière tout à une fois et saillirent dehors et se boutèrent en ces Portingalois et en prirent et en retinrent jusques à vingt cinq. Sique, en tirant et en sachant (tiraillant) pour mettre dedans la ville à sauveté, ils s'ensonnièrent (embarrassèrent) tellement que ils n'eurent loisir de refermer leurs barrières; et aussi le maréchal qui attendoit le secours, derrière les ensievoit (suivoit) ce qu'il pouvoit : et véez-cy (voici) venir messire Jean Ferrant Percok (Pacheco), Vasse (Vasco) Martin de Merlo et le Pounasse de Coingne (Lopo Vasquez da Cunha) à (avec) cinq cents chevaux; et venoient plus que les galles (galop); et se boutèrent tous à une fois sur la barrière et en furent seigneurs.

Quand les soudoyers Bretons et François virent ce, si se voulurent recueillir dedans la ville; mais ils ne purent, car aussitôt y entrèrent les Portingalois comme eux. Ainsi fut la ville prise et gagnée et en y ot (eut) des morts, mais plenté (beaucoup) ne fut ce pas. Les soudoyers (soldats) qui là étoient en garnison furent pris, excepté dix ou douze qui se sauvèrent par une autre porte que ils firent ouvrir ; et prirent les champs, et s'en allèrent par devers Ville-Arpent (Valhalpando) en Castille, où messire Olivier Duglayaquin (Duguesclin) et plus de mille lances de François se tenoient. Quand ils furent là venus, ils leur recordèrent comment la ville de Férol étoit perdue. Ainsi que je vous recorde advint de la ville de Férol en Galice ; les Portingalois la gagnèrent et la mirent en l'obéissance du duc de Lancastre, pour qui ils faisoient la guerre.

Le roi de Portugal en fut grandement réjoui de ce que ces gens avoient si bien exploité et en envoya tantôt noncier (annoncer) les nouvelles au duc de Lancastre, en disant que il lui accroîtroit grandement son héritage, car il lui avoit jà pris une ville ; et se mettroit en peine, aussi feroient ses gens, de conquérir des autres. Le duc de Lancastre fut tout réjoui de ces nouvelles ; et étoit jà parti d'Aurench (Orense) et s'en venoit devant Noya, où le Barrois des Barres et messire Jean de Chastel-Morant, messire Tristan de la Gaille et messire Regnault de Royc, messire Guillaume de Montigny et plusieurs chevaliers et écuyers étoient.

Tant exploita l'ost au duc de Lancastre que ils virent le châtel de Noya. Adonc dit le maréchal : « Véez-la (voilà) Noya en Galice. Si comme la Calloingne (Corogne) est une des clefs de Galice au-lez (côté) devers la mer, est le chastel de Noya une autre clef de Galice au-lez (côté) devers Castille ; et n'est pas sire de Galice, qui n'est sire de la Calloingne (Corogne) et de Noya. Nous irons jusques à là voir les compagnons. On m'a dit que le Barrois des Barres, un des plus apperts chevaliers du royaume de France, s'y tient. Et si ferons à l'entrée du pont quelque escarmouche. » — « Nous le voulons, répondirent les compagnons qui chevauchoient de-lez (près) lui, messire Maubruin de Linières, et messire Jean d'Aubrecicourt. »

Lors chevaucha l'avant-garde où bien avoit cinq cents lances et tous bonnes gens, car le duc y avoit envoyé une partie de ses gens pourtant (attendu) que il approchoit le châtel, pour faire plus grand'montre à ceux du châtel; et aussi il sçavoit bien que son maréchal les iroit voir et faire armes, s'il trouvoit à qui.

Quand la gaitte (guet) du châtel vit approcher l'avant-garde et les Anglois, si commença à corner et à lui demener par telle manière que c'étoit grand' plaisance de la voir et ouïr. Le Barrois et les compagnons entendirent tantôt que les Anglois venoient. Si se armèrent et mirent tous en bonne ordonnance; et étoient bien deux cents hommes d'armes; et s'en vinrent tout outre jusques aux barrières et là s'arrêtèrent en bon convenant (ordre). Et y avoit douze pennons. Mais messire Jean des Barres étoit le plus renommé, et aussi avoit-il le plus de charge des armes; et messire Jean de Châtel-Morant après.

Quand messire Thomas Morel maréchal de l'ost vit que ils étoient assez près de la ville et des barrières, il s'arrêta sur les champs. Aussi se arrêtèrent toutes ses gens et mirent pied à terre et baillèrent leurs chevaux aux pages et aux varlets et puis s'en vinrent tout joignant et tout serré jusques bien près des barrières, chacun chevalier et écuyer leurs lances en leurs mains; et n'alloient que le pas, et de six pas en six pas ils se arrêtoient pour eux mieux ordonner et aller tout joint sans eux ouvrir. Au voir (vrai) dire, c'étoit belle chose que du voir.

Quand ils furent là où ils vouloient venir, ils s'arrêtèrent et puis s'en vinrent tout de front faire aux barrières armes. Ils furent reculés (repoussés) de grand'façon et par bonne ordonnance, et crois bien que si ils fussent tous au plein sur les champs il y eut eu telles armes faites qu'il n'y ot (eut) point là, car là ils ne pouvoient advenir les uns aux autres, pour les barrières qui étoient closes et fermées.

Là étoit arrêté le maréchal de sa lance sur messire Jean de Châtel-Morant et il sur le maréchal; et se travailloient pour porter dommage l'un à l'autre, mais ils ne pouvoient, car ils étoient trop fort armés; et messire Thomas de Percy sur messire le Barrois; et messire Maubruin de Linières sur messire Guillaume de Montigny; et messire Regnault de Roye sur messire Jean d'Aubrecicourt; et le sire de Taillebot (Talbot) sus messire Tristan de la Gaille; et aussi chacun avoit son pareil, si avant que ils se pouvoient asséner luttoient et escarmouchoient de leurs lances. Et quand ils étoient lassés et travaillés ou trop échauffés, ils changeoient le pas, et autres chevaliers, tant d'un côté que d'autre, revenoient frais et nouveaux, et escarmouchoient. Là furent-ils en tel ébattement jusques à la tierce toute haute. Bien étoit onze heures, quand l'escarmouche se cessa. Et puis encore revinrent archers aux barrières, mais les chevaliers, pour la doutance (crainte) du trait, se départirent et ordonnèrent leurs arbalêtriers et les Espagnols qui lançoient dardes à l'encontre du trait; et dura cette escarmouche, trayant (tirant) et lançant l'un contre l'autre, jusques à nonne; et puis y revinrent gros varlets pour escarmoucher jusques aux vêpres et sus le soir jusques à soleil couchant. Et y retournèrent les chevaliers frais et nouveaux et tinrent l'escarmouche. Ainsi fut le jour tout employé jusques à la nuit que les Anglois se retrayrent (retirèrent) en leurs logis et les compagnons de Noya dedans leur fort et firent bon guait (guet).

Environ demie lieue du châtel de Noya, tout contre val la rivière, se logèrent les Anglois, laquelle eau leur fit grand bien et à leurs chevaux aussi, car ils en avoient en grand' deffaulte (disette) à venir jusques à là. Si se vouloient rafraîchir cinq ou six jours et puis iroient devant Ville-Arpent (Vilhalpando) voir le connétable de Castille et les François qui là étoient; et aussi ils avoient ouï nouvelles du roi de Portugal qui se logeoit ès plains de Férol et tout son ost aussi, et vouloit venir devers la ville de Padron en Galice qui étoit aussi au chemin du duc et des Anglois. Et me semble que le roi de Portugal et le duc de Lancastre se devoient là trouver et être ensemble et avoir collation (entretien) de leur chevauchée pour sçavoir comment ils persévéreroient. Car ils avoient jà été plus d'un mois sur le pays et avoient mis en leur obéissance tout le royaume de Galice; petit s'en failloit (manquoit) et si ne ouyoient (entendoient) nulles nouvelles du roi de Castille ni des François; dont ils avoient grand'merveille, car on leur avoit dit que le roi de Castille avoit fait son mandement, à Bourges (Burgos) où il se tenoit, de toutes les parties de Castille, de Séville, de Cordouan, de Toulette (Tolède), d'Espagne, du Lion (Léon), d'Esturges (Asturies) et du Val-d'Olif (Valladolid) et de Soirie (Soria); et avoit bien soixante mille hommes et six mille lances de purs François; et y devoit être le duc de Bourbon, car il étoit parti de France et s'en venoit cette part. Pourtant s'en vouloient retrouver eux et leurs deux les hosts (armées) ensemble, les Anglois et les Portingalois, pour être plus forts l'un pour l'autre et plus appareillés si leurs ennemis venoient; car ils tenoient toutes ces nouvelles que on leur disoit des François et des Espagnols à bonnes et à vraies; et en avoient par semblant grand' joie et vissent volontiers que on se délivrât de eux combattre, car ils ne pouvoient, ce leur sembloit, venir à perfection de leur besogne fors que par bataille.

Messire Guillaume de Lignac et messire Gautier de Passac se tenoient de-lez (près) le roi de Castille là où que il fut ni allât. Car toutes les semaines il avoit deux ou trois fois nouvelles de France et comment on s'y maintenoit, et aussi du duc qui devoit venir et étoit jà mu, mais il avoit pris le chemin d'Avignon, car il vouloit venir voir le pape Clément et les cardinaux: si l'attendoient les dessus dits; et ne se fussent jamais combattus sans lui, ni pas il n'appartenoit. Entre les nouvelles que ils avoient eues de France, celle du duc de Bretagne qui avoit ainsi pris et attrapé au châtel de l'Ermine le connétable de France et rançonné à cent mille francs et eut trois de ses châteaux et une ville et rompit le voyage de mer de non aller en Angleterre, les faisoit plus émerveiller que nulle autre chose. Et ne pouvoient sentir à quel propos le duc de Bretagne l'avoit fait, et aussi ne faisoient nuls ou supposoient que ces conseils lui étoient venus d'Angleterre.

Ainsi que je vous dis et que j'ai dit ci-dessus, fut le royaume de France en esmay (trouble), spécialement les oncles du roi et les grands seigneurs qui l'aimoient, et avoient à conseiller par les défiances qui vinrent du duc de Guerles (Gueldres); car elles furent felles (cruelles) et mal courtoises et hors de la rieulle (règle) des autres défiances, si comme vous direz que je vous dis voir (vrai), quand je vous les éclaircirai, et aussi du duc de Bretagne qui avoit brisé si grand fait que le voyage de mer et pris merveilleusement celui qui en devoit être chef, le connétable de France et rançonné de cent mille francs et lui avoit ôté quatre châteaux; laquelle chose étoit grandement au préjudice du roi car on n'y pouvoit voir nul titre de raison. Le roi, s'emportoit de toutes ces choses assez bellement car il étoit jeune; si ne les pesoit pas grandement, que si adonc il eut été quarante ou cinquante ans d'âge. Et disoient les aucuns anciens qui ramentevoient (rappeloient) le temps passé: « Pour tel fait ou pour le semblable a eu le royaume de France moult à souffrir; car le roi de Navarre fit occire messire Char-

les d'Espagne, connétable de France pour le temps, pour la quelle occision le roi Jean ne put oncques depuis aimer le roi de Navarre et lui tolli (ôta) à (avec) son pouvoir toute sa terre de Normandie. » —
« Pensez-vous, disoient les autres, que si le roi père de ce roi vivoit, qui tant aimoit le connétable, que il ne lui dût pas bien anoier (fâcher) ? Par Dieu si feroit; il feroit guerre au duc de Bretagne et lui touldroit (enleveroit) sa terre, combien que il lui dût coûter. »

Ainsi et en plusieurs manières en parloit-on au royaume de France, car toutes gens disoient que il avoit mal fait. Or fut avisé et regardé des oncles du roi et du conseil pour adoucir les choses et le peuple qui trop mal se contentoit du duc de Bretagne et pour les besognes mettre et réformer en droit, que un prélat et trois barons sages et vaillants hommes seroient envoyés devers le duc de Bretagne pour parler à lui et pour ouïr ses raisons et pour lui faire venir à Paris ou ailleurs, là où le roi voudroit lui excuser de ce que il avoit méfait. Si y furent nommés : premièrement, l'évêque de Beauvais, messire Milles des Dormans, un sage et vaillant homme et beau langagier (parleur). Avecques lui messire Jean de Vienne, messire Jean de Beuil et le seigneur de La Rivière. Ceux furent chargés quelle chose ils devoient dire et faire. Par spécial, pour lui mieux informer de la matière et de toutes les besognes, l'évêque de Beauvais s'en vint au Mont-le-Héry où le connétable se tenoit, car la ville, le châtel et toutes les appendances, le roi Charles lui donna à lui et à ses hoirs. L'évêque de Beauvais là étant, une maladie le prit dont il s'alita et fut quinze jours en fièvre et en maladie et puis mourut. Si eut le prud'homme grand'plainte. Au lieu de l'évêque de Beauvais y fut envoyé l'évêque de Langres. Celui se mit au chemin de Bretagne avecques les dessus-dits.

On me pourroit demander qui voudroit, dont telles choses me viennent à savoir, pour en parler si proprement et si vivement J'n répondrois à ceux qui m'en demanderoient que grand'cure et grand'diligence je mis en mon temps pour le sçavoir, et encerchay (visitai) maint royaume et maint pays pour faire juste enquête de toutes les choses qui ci-dessus sont contenues eu cette histoire et qui aussi en suivant en descendront; car Dieu me donna la grâce et le loisir de voir en mon temps la greigneur (majeure) partie et d'avoir la connoissance des hauts princes et seigneurs, tant en France comme en Angleterre. Car sachez que sus l'an de grâce mil trois cent quatre vingt et dix je y avois labouré trente-sept ans et à ce jour je avois d'âge cinquante sept ans. Au terme de trente sept ans, quand un homme est dans sa force et en son venir et il est bien de toutes parties, car de ma jeunesse je fus cinq ans de l'hôtel au roi d'Angleterre et de la reine, et si fus bien de l'hôtel du roi Jean de France et du roi Charles son fils, si pus bien sus ce terme apprendre et concevoir moult de choses. Et pour certain c'étoit la greingneur (plus grande) imagination et plaisance que je avois que toujours enquérir avant et de retenir, et tantôt escripsre (écrire) comme j'en avois fait les enquêtes. Et comment je fut (fus) adonc informé et par qui de la prise du connétable et de ce qui en descendit, je le vous dirai.

Je chevauchois en ce temps que les choses furent advenues, ou un an après, de la cité d'Angers à Tours en Touraine; et avois geu (couché) à Beaufort en Vallée. A lendemain, d'aventure je trouvai au-dehors le Mont-le-Herne un chevalier de Bretagne et d'amont, lequel s'appeloit messire Guillaume d'Ancenis, et s'en alloit voir la dame de Mailly en Touraine, sa cousine et ses enfants, car elle étoit nouvellement vefve (veuve). Je m'acointai du chevalier, car je le trouvai courtois et doux en ses paroles. Je lui demandai des nouvelles et par spécial de la prise du connétable, dont je tendois fort à sçavoir la vérité. Il la me dit, car il disoit que il avoit été à Vannes au parlement qui y fut avecques le seigneur d'Ancenis, un sien cousin et un grand baron de Bretagne. Et tout ainsi comme Espaing du Lion me dit et informa des choses dessus dites qui étoient advenues en Foix, en Berne (Béarn) et en Gascogne, et aussi messire Jean Pertck (Pacheco) des avenues de Portugal et de Castille, me conta plusieurs choses le gentil chevalier; et plus m'en eut conté si je eusse longuement chevauché en sa compagnie.

Entre Mont-le-Herne et Prilly, a quatre grandes lieues, et nous chevauchions bellement à l'aise des chevaux. Et là, sus ce chemin, il me conta moult de choses, lesquelles je mis bien en remembrance (souvenir) et par spécial des avenues de Bretagne. Et ainsi que nous chevauchions et que nous étions près de Prilly à une lieue, nous entrâmes en un pré. Là s'arrêta-t-il et dit: « Ha! Dieu ait l'âme du bon connétable de France! Il fit ici une fois une belle journée et profitable pour ce pays dessous la bannière messire Jean de Beuil, car il n'étoit pas connétable, mais étoit nouvellement venu et issu (sorti) hors d'Espagne. » Et comment il en advint je le demandai. « Je le vous dirai, dit il, mais (pourvu) que nous soyons à cheval. » Il monta et nous montâmes; il commença à chevaucher bellement et puis à faire son conte ainsi comme il en avint.

« Du temps que je vous parle, dit le chevalier, étoit ce pays ici si rempli d'Anglois et de larrons Gascons, Bretons et Allemands et gens aventureux de toutes nations, que tout le pays de ça Loire et de là Loire en étoit rempli, car la guerre de France et d'Angleterre étoit renouvelée. Si entroient toutes manières de pillards en ce pays et se amassoient et fortifioient par manière de conquête. Le châtel de Beaufort en Vallée que vous avez vu en étoit tenu; et le pays d'environ vivoit en pacti (composition) tout dessous lui. Pour venir à mon propos, Anglois et Gascons tenoient Prilly et l'avoient mallement fortifié, et nul ne les en boutoit ni chassoit hors. Et tenoient ce chemin sus la rivière de Loire autres petits forts et tout à la ronde; et quand ils vouloient chevaucher, ils se trouvoient entre mille et huit cents combattants.

« Le connétable, messire Bertrand, et messire Jean de Beuil, et le sire de Mailly, et aucuns chevaliers de ce pays eurent imagination que ils se mettroient à l'aventure pour délivrer tout le pays. Et se cueillirent environ cinq cents lances, et sçurent que les Anglois vouloient chevaucher et aller vers Saumur; et étoient tous les capitaines des forts de ci environ mis ensemble et avoient fait leur amas à Prilly qui siéd devant nous. Nos gens chevauchèrent et passèrent cette eau et se mirent en embûche en un bois qui siéd ci-dessous à la bonne main. Au matin, ainsi qu'au soleil levant, les ennemis se départirent de Prilly. Et étoient bien neuf cents combatants. Quand nos gens les virent venir qui étoient en embûche ils sçurent bien que combattre les convenoit. Là eurent-ils parlement pour sçavoir quel cri on crieroit. On vouloit prendre le cri de messire Bertrand, mais il ne le voulst (voulut); et encore plus, il dit que il ne bouteroit jà hors ce jour ni bannière ni pennon mais se vouloit combattre dessous la bannière de messire Jean de Beuil. Nos ennemis vinrent en ce pré où je descendis ores (maintenant). Ils n'y furent oncques sitôt entrés que nous yssimes (sortimes) hors du bois et de notre embûche et entrâmes au pré. Quand ils nous virent, ils furent tous confortés et mirent pied à terre et se ordonnèrent en bon arroi, et nous aussi d'autre part. Nous entrâmes l'un dedans l'autre. Là eut grand poussis et boutis de lances, et renversé des nôtres et des leurs; et dura la bataille un grand temps sans branler ni d'une part ni d'autre.

« Au voir (vrai) dire nous étions tous droites gens d'armes et de élection; mais des ennemis en y avoit grand'planté (quantité) de mal armés et de pillards. Toutes fois ils nous donnoient moult à faire: mais messire Maurice Treseguidy et messire Geffroy Richon et messire Geffroy de Kermel et autres suivoient messire Bertran à l'éperon: ceux nous rafraîchirent de soixante lances de bonnes gens qu'ils nous amenèrent, et se boutèrent en eux tous à cheval; et les espardirent (dissipèrent) tellement que oncques depuis ne se purent remettre ensemble. Quand les capitaines de ces pillards virent que la chose alloit mal pour eux, si montèrent sus leurs chevaux; les aucuns et non pas tous, car ils demeurèrent au pré tous morts jusques à sept et bien trois cents des leurs; et dura la chasse jusques à Saint Mor sur Loire et là se boutèrent en un batel messire Robert Tem, messire Richard Helme et Richard Gille et Janequin Clercq. Ces quatre se sauvèrent et traversèrent la Loire et se boutèrent en autres forts que leurs gens tenoient par de là Loire; mais point n'y séjournèrent car ils s'en allèrent en Auvergne et en Limousin, et cuidoient (croyoient) toujours avoir le connétable à leurs talons.

« Par cette déconfiture, beau maître, dit le chevalier, fut délivré tout ce pays ici environ, ni oncques depuis n'y eut pillards ni Anglois qui s'y amassèrent: si que je dis que le connétable Bertran fut un vaillant homme en son temps et moult profitable pour l'honneur du royaume de France, car il y fit plusieurs recouvrances. » — « Par ma foi, sire, dis-je, vous dîtes voir (vrai); ce fut un vaillant homme et aussi est messire Olivier de Clayquin (Guesclin) son frère. »

A ce que je nommai Clayquin le chevalier commença à rire et je lui demandai: « Sire, pourquoi riez-vous? » — « Je le vous dirai, dit-il, pourtant que vous avez nommé Clayquin. Ce n'est pas le droit surnom d'eux ni ne fut oncques, comment que tous ceux qui en parlent le nomment ainsi, et nous aussi bien comme vous qui sommes de Bretagne; et messire Bertran, lui vivant, y eut volontiers adressé et remédié si il eut pu; mais il ne put oncques, car le mot est tel que il chied (arrive) en la bouche et en la parole de ceux qui le nomment, mieux que l'autre. »

Et adonc lui demandai: « Or me dites, sire, par votre courtoisie, a-t-il grand'différence de l'un à l'autre. » — « Si m'ayst (aide) Dieu, nennil, dit-il; il n'y a autre différence de l'un à l'autre, fors que on devroit dire messire Bertran du Glayaquin; et je vous dirai dont ce surnom anciennement lui vint, selon ce que j'ai ouï recorder les anciens; et aussi c'est une chose toute véritable, car on le trouve en escripst (écrit) ès anciennes histoires et chroniques de Bretagne. »

Cette parole que le chevalier me dit me fit grand bien; et lui dis adonc: « Ha! doux sire, vous me ferez grand plaisir au recorder, et si le retiendrai de vous, ni jamais je ne l'oublierai; car messire Bertran fut bien si vaillant homme que on le doit augmenter ce que on peut. » — « Il est vérité, dit le chevalier et je le vous dirai. » Lors commença messire Guillaume d'Ancenis à faire son conte.

« Au temps que le grand Charles de France régnoit, qui fut si grand conquérant et qui tant augmenta la sainte creptienté (chrétienté) et la noble couronne de France et fut empereur de Rome, roi de France et d'Allemagne, et gît à Aix la Chappelle, ce roi Charles, si comme on lit et trouve ès chroniques anciennes, car vous sçavez que toutes les connoissances de ce monde retournent par l'écriture, ni sur autres choses de vérité nous ne sommes fondés fors que par les écritures approuvées, fut en Espagne par plusieurs fois, et plus y demeura une fois que une autre: une fois entre les autres saisons il y demeura neuf ans sans partir ni retourner en France, mais toujours conquérant avant. En ce temps avoit un roi mécréant qui s'appeloit Aquin, lequel étoit roi de Bugie et de Barbarie à l'opposite d'Espagne; car Espagne mouvant (du côté) de Saint Jean du Pied des Ports est durement grande, car tout le royaume d'Arragon, de Navarre, de Biscaye, de Portugal, de Coïmbre, de Lisbonne, de Séville, de Tollette (Tolède), de Cordouan et de Lion (Léon) sont encloses dedans Espagne, et jadis conquit le grand roi Charlemaine (Charlemagne) toutes ces terres. En ce long séjour que il y fit, ce roi Aquin, qui roi étoit de Bugie et de Barbarie, assembla ses gens et s'en vint par mer en Bretagne et arriva au port de Vannes, et avoit amené sa femme et ses enfants; et s'amassa là au pays, et ses gens s'y amassèrent, en conquérant toujours avant. Bien étoit le roi Charles informé de ce roi Aquin qui se tenoit en Bretagne, mais il ne vouloit pas pour ce rompre ni briser son voyage ni son emprise et disoit: « Laissez-le amasser en Bretagne, ce nous sera petit de chose à délivrer le pays de lui et de ses gens, quand nous aurons acquitté les terres de deçà et mis à la foi creptienneté (chrétienté).

« Ce roi Aquin sus la mer et assez près de Vannes fit faire une tour moult belle que on appeloit le Glay, et là se tenoit ce roi Aquin trop volontiers. Advint que quand le roi Charles eut accompli son voyage et acquitté Galice et Espagne et toutes les terres encloses des deux lez (côtés) Espagne, et mort les rois Sarrasins et bouté hors les mécréants et toute la terre tournée à la foi creptienne (chrétienne), il s'en retourna en Bretagne et mit jus (débarqua), et livra un jour une grosse bataille contre le roi Aquin; et y furent morts et déconfits tous les Sarrasins ou en partie qui là étoient, et convint ce roi Aquin fuir. Et avoit sa navie (flotte) toute prête au pied de la tour du Glay. Il entra dedans et sa femme et ses enfants; mais ils furent si hâtés des François qui chassoient les fuyants, que le roi Aquin et sa femme n'eurent loisir de prendre un petit fils qu'ils avoient, environ d'un an, qui dormoit en cette tour du Glay et l'oublièrent; et équipèrent en mer et se sauvèrent ce roi, sa femme et ses enfants.

« Si fut trouvé en la tour du Glay cet enfant et fut apporté au roi Charlemaine (Charlemagne), qui en eut grand' joie et voulst (voulut) que il fut baptisé; si le fut; et le tinrent sus les fonts Roland et Olivier; et eut nom celui enfant Olivier; et lui donna l'empereur bons maimbourgs (gouverneurs) pour le garder et toutes les terres que son père avoit conquises en Bretagne; et fut cet enfant, quand il vint en âge d'homme, bon chevalier et vaillant, et l'appeloient les gens Olivier du Glayaquin, pourtant (attendu) que il avoit été trouvé dans la tour du Glay et qu'il avoit été fils du roi Aquin. Or vous ai-je dit la première fondation et venue de messire Bertran de Clayquin que nous dussions dire du Glay-Aquin et vous dis que messire Bertran disoit, quand il eut bouté hors le roi Dam Piètre du royaume de Castille et couronné le roi Henry, que il s'en vouloit aller au royaume de Bugie, il n'y avoit que la mer à traverser; et disoit que il vouloit raquérir son héritage. Et l'eut sans faute fait, car le roi Henry lui vouloit prêter gens assez et navie (flotte) pour aller en Bugie; et s'en douta le roi de Bugie grandement, mais un empêchement lui vint qui lui rompit et brisa tout. Ce fut le prince de Galles qui guerroya le roi Henry, et il ramena le roi Dam Piètre, et le remit par puissance en Castille. Adonc fut pris à la grande bataille de Narrez (Najara) messire Bertran de messire Jean Chandos, qui le rançonna à cent mille francs, et aussi une autre fois il l'avoit de la prise du roi rançonné à cent mille francs. Si se dérompirent les propos de messire Bertran, car la guerre de France et d'Angleterre renouvela. Si fut si ensoingnié (embarrassé) que il ne put ailleurs entendre; mais pour ce ne demeure mie que il ne soit yssu du droit estoc du roi Aquin, qui fut roi de Bugie et de Barbarie. »

« Or vous ai-je conté l'estrasse (extraction) de

messire Bertran du Glay-Aquin. » — « C'est vérité, sire, dis-je; si vous en sais grand gré et jamais ne l'oublierai. » Atant (alors) vînmes-nous à la ville de Prilly.

CHAPITRE LXVII.

Comment les ambassadeurs du roi de France vinrent devers le duc de Bretagne pour la prise du connétable, et de la réponse que il leur fit après ce que ils eurent fait leur relation.

Si j'eusse été à loisir autant avecques messire Guillaume d'Ancenis que je fus avecques messire Espaing du Lyon, quand je chevauchai de la cité de Pamiers jusques à Orthez en Berne (Béarn), ou que je fus avecques messire Jean Ferrant Pertek (Pacheco), le chevalier de Portugal, il m'eut dit et conté plusieurs choses; mais nennil, je n'y fus point longuement, car tantôt après dîner que nous eûmes chevauché ensemble deux lieues, nous vînmes sus un chemin croisé là où il y avoit deux voies dont l'une alloit à Tours en Touraine, où je tendois à aller et l'autre à Mailly où il vouloit aller : à ce chemin se défit notre compagnie. Il me donna congé et je le pris, mais entre Prilly et notre département il m'avoit dit plusieurs choses et par spécial de celles de Bretagne et comment l'évêque de Langres, qui y fut envoyé au lieu de l'évêque de Beauvais qui mort étoit et messire Jean de Vienne et messire Jean de Beuil exploitèrent devers le duc, et la réponse que il leur fit, quand il les eut ouïs parler; sur laquelle information du chevalier je me suis fondé et arrêté et ai escript (écrit) ce qui s'ensuit.

Vous devez sçavoir que les dessus nommés se départirent de Paris et du conseil du roi bien avisés comment ni quelle chose ils devoient dire et faire; et cheminèrent tant par leurs journées que ils vinrent à Nantes et demandèrent où le duc se tenoit: on leur dit en la marche de Vannes, et que là par usage se tenoit-il plus volontiers que ailleurs. Donc se mirent-ils au chemin tant que ils y vinrent, car il n'y a de Nantes que vingt lieues; et descendirent en la cité, car le duc étoit ens ou (le) châtel que on dit à la Motte. Ils s'ordonnèrent et appareillèrent ainsi comme à eux appartenoit et vinrent devers le duc, lequel par semblant les recueillit assez doucement. L'évêque de Langres, pourtant (attendu) que il étoit prélat, commença à parler et faire son procès, bellement et sagement accosté de ses deux compagnons, messire Jean de Vienne et messire Jean de Beuil et dit:

« Sire duc, nous sommes ci envoyés de par le roi notre sire et nos seigneurs ses oncles, monseigneur de Berry et monseigneur de Bourgogne, pour vous dire et montrer que il leur tourne à grand'merveille pourquoi le voyage de mer qui se devoit faire en Angleterre vous l'avez rompu par la prise et arrêt de celui qui en étoit chef et qui en avoit la souveraine charge, monseigneur le connétable; et avec tout ce vous l'avez rançonné de mise si avant que il s'en deult (plaint) grandement: et outre, vous voulûtes avoir trois des châteaux à messire Olivier de Clisson, connétable de France, qui sont en Bretagne, et qui pourroient grandement nuire le demeurant (reste) du pays, si ils leur étoient contraires, avecques l'aide de la ville de Jugon, laquelle est de l'héritage du connétable et que vous avez voulu avoir. Si sommes chargés de vous dire, et le vous disons, je pour mes seigneurs et compagnons qui ci sont de par le roi notre seigneur et nos seigneurs messeigneurs ses oncles, que vous rendiez arrière à messire Olivier de Clisson, connétable de France, son héritage que vous tenez et l'en mettez en possession paisible, ainsi comme droit est et comme il étoit audevant quand ils vous furent baillés et délivrés par contrainte, non par nulle action de droit que vous y eussiez; et aussi la mise de l'argent toute entière, restituez-la pleinement là où il lui plaira à avoir. Et de ce que vous avez fait, c'est la parole du roi et de son conseil que vous vous venez excuser à Paris, ou là où il plaira au roi et à son conseil. Nous le tenons si doux et si patient, avecques ce que vous êtes de son sang, que il orra (entendra) volontiers votre excusance, et si elle n'est pas bien raisonnable, si l'amoyenneront (arrangeront) et adouciront à leur pouvoir nos dits seigneurs nos seigneurs les ducs de Berry et de Bourgogne et feront tant par prière et autrement que vous demeurerez ami et cousin au roi et à eux, ainsi que par raison vous devez être. »

Donc se tourna l'évêque sur messire Jean de Vienne et lui demanda: « Est-ce votre parole? » Il répondit et dit: « Sire, ouil. » Et aussi fit messire Jean de Beuil. A ces paroles dire et montrer en la chambre du duc n'y avoit que eux quatre.

Quand le duc de Bretagne eut ouï parler l'évêque de Langres, il pensa un petit; et bien y ot(eut) cause que il fut pensif, car les paroles dites et montrées faisoient bien à gloser; et quand il parla il dit: « Sire, j'ai bien entendu ce que vous avez dit et c'est raison que je y entende, car vous êtes ici envoyés de par monseigneur le roi et mes seigneurs ses oncles: si vous dois et vueil (veux) au nom de eux faire toute honneur et toute révérence, car je y suis tenu; et votre parole et requête demande bien à avoir conseil, et je me conseillerai ou de moi ou des miens, tellement que à la réponse vous vous contenterez de moi, car autrement je ne le voudrois faire ni ne pourrois. » — « Vous dites bien, répondirent les seigneurs, et il nous suffit. » Donc se départirent les seigneurs de lui et retournèrent à leurs hôtels.

Quand ce vint au soir, ils furent priés, de par le duc, de dîner à lendemain avecques lui. Ils l'accordèrent. Quand ce vint à lendemain ils montèrent au châtel et trouvèrent là le duc et ses chevaliers qui le recueillirent grandement et arréement (en ordre) et bien le sçurent faire.

Assez tôt après ce que ils furent là venus, on lava pour asseoir à table. On assit l'évêque de Langres tout au dessus pour cause de prélation (1) et en après le duc et puis l'amiral de France et après messire Jean de Beuil. Le dîner fut grand et bel et bien servi. Le dîner fait, ou entra en la chambre de parlement; et là commencèrent à jangler (causer) de plusieurs choses et à ouïr menestrels. Bien cuidoient (croyoient) ces seigneurs de France avoir réponse; mais non eurent. On apporta vin et épices, et après ce ils prirent congé du duc et retournèrent à leurs hôtels et s'y tinrent ce soir.

Quand ce vint au matin, il leur fut signifié de par le duc que ils vinssent au châtel parler à lui. Ils y allèrent: ils entrèrent en une chambre où le duc étoit, qui les recueillit assez doucement, et puis parla, car à lui appartenoit à parler, et dit: « Beaux seigneurs, je sçais bien que vous attendez réponse. Car sus les paroles que vous m'avez dites et montrées, vous êtes chargés de rapporter à monseigneur le roi et à mes seigneurs ses oncles réponse. Je vous dis que je n'ai fait chose de messire Olivier de Clisson dont je me repente, fors tant qu'il a eu si bon marché que il s'en est parti en vie: et ce que je lui sauvai la vie, ce fut pour l'amour de son office non mie pour sa personne, car il m'a fait tant de contraires et de grands déplaisirs que je le dois bien haïr jusques à la mort. Et sauve soit la grâce de monseigneur et de messeigneurs ses oncles et de leur conseil, que je aie pour la prise de Olivier de

---

(1) Parce qu'il étoit prélat. J. A. B.

Clisson rompu ni brisé le voyage de mer, de ce me vueil (veux)-je bien excuser, que nul mal je n'y ai pensé ni ne pensois au jour que je le pris. Car partout doit-on prendre son ennemi là où on le trouve. Et si il étoit mort, si se voudroit le royaume de France rieuler (régler) et ordonner aussi bien ou mieux que par son conseil. Tant que des châteaux que je tiens pour la prise de Olivier de Clisson et que il m'a délivrés, j'en suis en possession, si y demeurerai, si puissance de roi ne m'en ôte. Tant que à la mise de l'argent, je répondrai. J'ai eubt (eu) tant à faire du temps passé en ce pays ici et ailleurs par les haines qui sont nées de par Olivier de Clisson que je l'ai payé et délivré envers ceux à qui je étois tenu et obligé par cause de dette. »

Telle fut la substance de la réponse que le duc de Bretagne fit aux commissaires du roi et de son conseil. Depuis y eut autres paroles retournées pour ramener le duc à raison, mais toutes les réponses de lui tournoient toujours à cette conclusion.

Quand ils virent que ils n'en auroient autre chose, ils prirent congé pour leur département; il leur donna. Lors se mirent-ils au retour et firent tant par leurs journées que ils vinrent à Paris et puis allèrent à l'hôtel de Beauté de-lez (près) le bois de Vincennes, car le roi s'y tenoit et la reine. Et là vinrent messeigneurs les ducs de Berry et de Bourgogne, qui grand désir avoient de ouïr la réponse du duc de Bretagne.

La réponse avez-vous assez ouïe, je n'ai que faire

d'en plus parler; mais toutes fois ceux qui furent envoyés en Bretagne n'exploitèrent rien; dont le roi et son conseil s'en contentèrent mal sur le duc de Bretagne et dirent bien que ce duc étoit un orgueilleux homme et présumpcieux (présomptueux), et que la chose ne demeureroit pas ainsi, car elle étoit trop préjudiciable pour la couronne de France. Et étoit bien l'intention du roi et de son conseil que il feroit guerre au duc de Bretagne.

Le duc n'en attendoit autre chose, car bien véoit et sçavoit que il avoit grandement courroucé le roi et son conseil; mais il haioit (haïssoit) tant le connétable, que la grand'haine que il avoit à lui lui brisoit et lui tolloit (ôtoit) la connoissance de raison; et se repentoit trop fort de ce que quand il en étoit audessus, il ne l'avoit mis à mort.

Ainsi se portèrent ces choses un longtemps; et demeuroit le duc de Bretagne à Vannes; et chevauchoit petit (peu) parmi son pays, car il se doutoit trop fort des embûches, mais il tenoit à amour les cités et bonnes villes de Bretagne et avoit secret traité aux Anglois; et faisoit ses châteaux et ses villes garder aussi près que si il eut eu guerre ouverte. Et avoit plusieurs imaginations sur ce que il avoit fait; une heure s'en repentoit; en l'autre heure il disoit que il ne voulsist (eut voulu) pas que il n'eut pris le connétable. A tout le moins donnoit-il exemple à tous ceux qui en sçavoient à parler que messire Olivier de Clisson l'avoit courroucé et que sans cause il ne l'eut jamais fait; et aussi cremeur (crainte) à son pays, car c'est petite seigneurie de seigneur qui n'est cremeu (craint) et douté de ses gens; et (toudis) toujours au fort auroit-il paix quand il voudroit.

Nous nous souffrirons un petit à parler du duc de Bretagne et retournerons à parler des besognes du roi d'Angleterre, qui furent en ce temps moult merveilleuses et horribles.

APPENDICE.

Voici l'acte dressé par le parlement dans l'affaire de le Gris et Carrouge, tel que je l'ai extrait des registres du parlement pour le mois de septembre 1386.

Comparentibus coram nobis et nostro consilio in nostra Parlamenti curia dilectis nostris Joanne *de Quarrouges* milite, actore ex una parte, et Jacobo *Le Gris* armigero defensore ex altera. Pro parte dicti militis extitit propositum quod ipse pridem tantam fiduciam et amicitiam erga dictum Jacobum gesserat et habuerat, quod quendam filium suum ex legitimo matrimonio ipsius militis et filiæ suæ Joannæ de *Tilly* militis domini de *Chambay* primæ uxoris dicti Joannis de *Quarrouges* procreatum consenserat et fecerat per dictum Jacobum in sacro fonte Baptismatis levari et teneri, et sic inter eos compaternitas et affinitas contracta extiterat unde dictus miles in præfato Jacobo quamplurimum confidebat; mortua autem uxore prædicta ipse miles cum *Margarita de Thibouville* matrimonium contraxerat, in quo quidem matrimonio dicti miles et Margareta tanquam personæ nobiles, fideles et legales sese mutuo dilexerant ac vitam duxerant amicabilem et honestam. Quibus sic matrimonialiter et honeste viventibus, dictus miles ad partes Scotiæ et Angliæ pro facto guerrarum nostrarum in comitiva dilecti et fidelis Admiralli nostri cum aliis armorum gentibus accesserat, prædicta **Margareta** uxore sua cum suis parentibus in loco de *Fontanis La Sorel* honeste remanentibus, dicto que milite a dictis partibus reverso ipse dictam **Margaretam** ad quandam domum vocatam *Caposmenil* honeste duci fecerat, ut ibidem in societate *Nicolaæ de Quarrouges* matris dicti militis moraretur; quæ quidem domus erat situata in et sub alta justitia nostra in plana patria et absque fortalicio nec non propinquitate et vicinitate gentium elongata. Dicebat etiam quod post dictum matrimonium et **Margaretam** contractum, ipsi conjuges nec non dictus **Jacobus** una cum pluribus aliis nobilibus et honestis personis ad visitandum causa jocunditatis et amicitiæ uxorem *Joannis Crispini* Scutiferi quæ recenter in puerperio jacuerat et a puerperii lecto relevabat seu relevari debebat accesserant, et ibidem dicta **Margareta** de præcepto prædicti militis eundem **Jacobum** compatrem suum in signum affinitatis et amicitiæ osculata fuerat. Dicebat ulterius quod dictus **Jacobus** abundans et potens in divitiis fuerat et erat consuetus mulieres sollicitare, muneribus seu promissionibus fraudulentis et dolosis mediantibus, etiam multotiens præter et contra ipsarum voluntatem carnaliter cognoscere, et de hoc fuerat et erat publice diffamatus, conceperatque et cogitaverat qualiter dictam **Margaretam** pulcram et juvenem ac probam et honestam posset decipere et carnaliter cognoscere, prout ex verissimilibus conjecturis poterat denotari, et super hoc cum *Adam Louvel* qui prope dictum hospitium de *Capomesnil* morabatur colloquium seu tractatum habuerat, per cujus Adæ medium seu consilium dictus Jacobus carnalem copulam cum pluribus mulieribus habuerat, proponebat insuper quod mense Januarii ultimo præterito ipse miles pro certis suis negotiis ad villam nostram *Parisius* venerat et in dicta domo de *Capomesnil* dictam Margaretam cum prædicta matre dicti militis et ejus gentibus dimiserat ac in loco *de Argentan* veniendo Parisius, præfato Jacobo et nonnullis aliis servitoribus carissimi consanguinei nostri comitis de Alençonio dixerat se venire ad villam nostram Parisius prædictam, dicto que milite Parisius existente in tertia septimana prædicti mensis Januarii vel circiter prædicta Nicolaa fuerat certa die ipsius septimanæ adjornata ad comparendum coram vicecomite de *Falesia* in villa sancti Petri super Divam: qua die dicta Nicolaa ad dictam villam sancti Petri super Divam accesserat, domicellam seu ancillam dictæ Margaretæ et nonnullos alios suos et dicti militis familiares secum ducens ac dictam Margaretam in dicto loco de Campomesnil quasi solam dimiserat. Dictus vero Jacobus de absentia prædicti militis et præfatæ matris suæ ac familiarium suorum tam per prædicta quam ex notificatione dicti Adæ certioratus cupiens suum detestabile propositum ad effectum perducere, prope dictam domum de Campomesnil festinanter accesserat et ad dictam domum præfatum Adam transmiserat; quiquidem Adam ficte, dolose et malitiose præfatæ Margaretæ supplicaverat ut erga dictum militem impetraret dilationem seu terminum solutionis centum francorum auri in quibus eidem militi tenebatur, subjungens verbis blandis et dolosis ut dicta Margareta dictum Jacobum recommandatum haberet; nam dictus Jacobus cordialiter diligebat, et omnia sibi possibilia faceret ad ipsius Margaretæ voluntatem ac loqui cum ea cordialiter affectabat. Prædicta Margareta respondente quod ipsa dicto Jacobo loqui nolebat, et quod de verbis seu exhortationibus hujus modi dictus Adam abstineret et taceret, alioquin displicentiam dictæ Margaretæ perceperet. Quibus sic ad invicem loquentibus dictus Jacobus aulam ipsius domus in qua erant dicti Adam et Margareta intraverat et salutatione præcedenti præfatæ Margaretæ dixerat quod ipsa erat domina totius patriæ quam plus amabat, et pro qua plus faceret, se et bona sua ad ipsius Margaretæ libitum submittendo cui dicta Margareta multum stupefacta responderat; quod idem Jacobus talibus verbis inhonestis et illicitis nullatenus uteretur, ipsamque Margaretam dictus Jacobus per manus acceperat et dicens quod juxta se supra quandam bancam sederet; quodque bene sciebat quod dictus miles ipsius Margaretæ maritus a dictis partibus Scotiæ et Angliæ male seu tenue munitus pecunia reversus fuerat, de qua dictæ Margaretæ tradere promittebat abundanter. Dicta Margareta voluntati dicti Jacobi obedire recusante ac dicente quod de sua pecunia non curabat et manus suas a detentione dicti Jacobi prout melius potuit amovente; dictus vero Jacobus statim dictam Margaretam per brachia accipiens juraverat quod ipsa Margareta ascenderet in quandam cameram quæ prope dictam aulam existebat; et tunc dicta Margareta perversam et iniquam ipsorum Jacobi et Adæ voluntatem percipiens, cupiens ab eorum manibus et violentia liberari, et sibi aliquo juvamine subveniri cridum de haro altâ voce clamaverat; et hoc nonobstante dictus Jacobus et Adam eamdem Margaretam usque ad pedem seu principium graduum seu ascensus dictæ cameræ per violentiam duxerant; et ibidem dicta Margareta continue clamans cridum de haro attendens quod nullus erat ibidem qui sibi præberet auxilium ut manus violentas ipsorum malefactorum evaderet ad terram se cadere permiserat dicens et asserens vicibus iteratis quod justitiæ, marito et amicis suis conqueretur de violentia supradicta. Dictus vero Jacobus ab inceptis non desistens, ipsam Margaretam iterato inhumaniter per brachia ceperat et aripuerat, et per dictum Adam a posteriori parte sui corporis capi fecerat et sic per vim et violentiam dicti Jacobus et Adam per dictos gradus seu incessum dictæ cameræ dictam Margaretam traxerant et in dicta camera posuerant et statim dictus Adam dictam cameram exierat, et hostium claudens dictum Jacobum cum præfata Margareta dimiserat; quæ quidem Margareta ad quandam fenestram ipsius cameræ ut audiri et juvari posset dictum cridum de haro prout ante pluries emiserat. Nemine tamen in ejus adjutorium veniente et ut violentiam hujus modi evaderet dicta

Margareta videns aliud hostium dictæ cameræ, et dictum Jacobum qui certa deligamenta seu denodationes suarum caligarum intendebat, ad prædictum hostium celeriter cucurrerat cujus exitum dictus Jacobus impediverat, dictamque Margaretam arripuerat et super quendam lectum posuerat, ac posse suum fecerat ut per violentiam suam jaceret carnaliter cum eadem. Cujus Jacobi violentiæ damnabili dicta Margareta tantam resistentiam fecerat quod idem Jacobus licet fortis corpore suam nequitiam pro tunc nequiverat adimplere : quapropter idem Jacobus prædictum Adam ad se venire fecerat ut dictam Margaretam virtute sua teneret, dicens et asserens quod aliquam mulierem nunquam invenerat fortiorem. Ad cujus Jacobi præceptum dictus Adam intrans dictam cameram pradictam Margaretam sic fatigatam et viribus corporeis debilitatam ac semper dictum cridum seu clamorem cum adjutorio populi sicut poterat exclamantem, per unum brachium et unam tibiam, et dictus Jacobus per alias partes sui corporis supra dictum lectum fortiter, ceperant et strinxerant, ac ejus oris organum sive vocem, ne clamores suos ulterius valeret emittere proprio capucio ipsius Margaretæ ori suo violenter supposito impendiverant et obstruxerant ac eandem Margaretam in et sub tanta violentia et inhumanitate vexaverant, fatigaverant et detinuerant; quod nullis ejus viribus corporeis urgentibus, suspiriisque pro vita necessariis quasi totaliter suffocatis, dictus Jacobus eandem Margaretam invitam et contradicentem ut præfertur carnaliter cognaverat, raptum, adulterium, proditionem, incestum et parjurium damnabiliter committendo; et deinde verbis dulcibus ipsam induxerat ad hoc quod dictum crimen dicto marito suo aut quicunque alii nullatenus revelaret, sed sub silentio et secreto teneret; mam si dicta Margareta dictum crimen detegeret seu revelaret, illud aliqualiter probari nequiret, et sic per dictum maritum suum posset occidi vel saltem remaneret perpetuo diffamata; ac eidem Margaretæ quendam sacculum in quo dicebat esse certam quantitatem pecuniæ obtulerat, rogans eam ut dictum sacculum cum pecunia retineret. Quod dicta Margareta facere recusaverat dicens quod de dicto Jacobo vel de sua pecunia non curabat, sed potius violentiam, crimen seu maleficium et alia præmissa prædicto marito suo et ejus amicis diceret et revelaret ut exinde ultio seu vindicta condecens insequeretur. Dicebat ulterius quod de maleficiis et criminibus hujusmodi sic commissis et dicto milite a prædicta villa nostra Parisius ad dictam domum suam reverso, ipse perceperat quod prædicta Margareta tristis et dolens apparebat nec vultum seu gestum lœtum ostendebat sicut alias frequenter viderat, et ob hoc timens ne inter ipsam et dictam matrem suam fuisset controversia sive rixa ab eadem inquisiverat suæ tristitiæ materiam sive causam; qua quidem Margareta tristis et flebilis prædicto militi marito suo totam hujusmodi criminum scelerum seu maleficiorum seriem dixerat et narraverat, rogans ipsum affectuose et humiliter ut propter honorem suum et ne tanta facinora sub dissimulatione pertransirent procederet ad vindictam, ipsa que crimina dicta Margareta proba, honesta, laudabilis et fide digna tam coram dicto suo marito quam coram suis parentibus et amicis ac aliis de hoc veritatem scire volentibus absque violentia inductionibus vi et metu pluries et frequenter confessa fuerat et asseruerat evenisse et facta fuisse modo et forma superius declaratis; et in hujusmodi opinione seu confessione et assertione adhuc constanter existebat et perseverabat sub animæ suæ periculo et sub multimodis juramentis studiose super hoc examinata ac multimode conjurata. Præterea dicebat idem miles quod omnia ad duellum seu duelli gagium juxta ordinationes regias super hoc editas convenientia seu necessaria in præmissis evenerant et concurrebant: nam pro certo prædicta crimina evenerant ac occulte latenter proditionaliter perperam et inique perpetrata fuerant, de ipsisque sequi debebat punitio capitalis seu mortalis ac per testes aut alias quam per duellum probari vel ostendi non poterant, fuerat etiam et erat dictus Jacobus de ipsis publice et notorie diffamatus et suspectus; et idcirco petebat, requirebat et concludebat dictus miles quod per arrestum sive judicium nostrum et consilii nostri diceretur, pronuntiaretur et declararetur quod pro criminibus, excessibus, delictis, injuriis et maleficiis antedictis præfatus Jacobus in corpore et in bonis aut in alia pœna secundum jus, usum et consutudinem et secundum casus exigentiam et nostram ordinationem ac prout de ratione pertineret condemnaretur et puniretur, dictaque crimina et maleficia in quantum concernebat dictos militem et Margaretam per cridum seu clamorem publicum et alias ad arbitrium nostrum repararentur et emendarentur. Si dictus Jacobus confiteretur eadem, et si ea negaret quæ per testes aut per alias probationes ordinarias probari non poterant ut præfertur, dictus miles ad fines antedictos offerebat et obtulit eadem de suo corpore vel sui advocati contra dictum Jacobum tanquam homo nobilis in campo clauso ostendere et probare retenuta facta de die equo armis et omnibus aliis ad gagii duellum juxta statum et nobilitatem personæ suæ necessariis, utilibus et convenientibus, et contra dictum Jacobum gagium suum duelli projecerat et projiciebat; petebat etiam dici et declarari quod dictus miles per viam gagii duellaris in hac parte venire poterat et debebat et quod gagium duelli cadebat in præmissis, quodque dictus miles juste debite et valide dictum suum duelli gagium obtulerat et offerebat et ad illud projiciendum et prosequendum audiretur et admitteretur; dictusque Jacobus absque causa et ad sui turpitudinem seu vituperium dictum gagium refutaverat et refutabat; diceretur etiam quod dictus miles petitionem suam hujusmodi bene et sufficienter fecerat, formaverat et declaraverat, ac ulterius non teneretur diem, qua prædicta crimina seu maleficia fuerant, ut præfertur, perpetrata declarare seu nominare, ipsaque petitio diceretur admittenda, et ad ipsum conducendum seu prosequendum, et ad omnia per ipsum militem proposita dictus miles esset audiendus et admittendus ac ipsa sibi valerent et prodessent dictus etiam Jacobus ad suum propositum contrarium non esset audiendus seu admittendus nec illud sibi prodesset, ac ipsius militis damnis interesse et expensis in prosecutione hujusmodi factis et faciendis dictus Jacobus condemnaretur, ad hujus modi fines facta et rationes supradictas et nonnullas alias latius proponendo ac omnes alias protestationes et retenutas in casibus gagii dullaris actori seu provocanti necessarias utiles et consuetas faciendo. Pro parte vero dicti Jacobi *Le Gris* extitit propositum ex adverso quod ipse à nobili progenie extractus extiterat nobisque et predecessoribus nostris in facto guerrarum regni nostri in et sub comitiva plurium vassalorum nostrorum tam de genere nostro quam aliorum servierat et in omnibus gestis suis prudenter, honeste, fideliter et laudabiliter se gesserat et habuerat ac semper fuerat et erat bonæ vitæ, famæ et conversationis honestæ, ipsumque propter bonum ejus gestum corporis nostri scutiferum retinueramus. Dicebat etiam quod dictis milite et Jacobo in servitio defuncti comitis de Pertico, et etiam dicti comitis de Alençonio invicem remanentibus, dictus Jacobus quendam puerum dicti militis de prima uxore sua procreatum in fonte Baptismatis levaverat et tenuerat, et sic ejus extiterat. Præterea vacante per mortem patris dicti militis officio Capitanei castri de *Belesme*. Sectante ad dictum comitem Alençonii, dictus miles prosecutionem fecerat ut dictum officium obtineret, quod dictus comes concedere noluerat, sciens dictum militem fore melancholicum et facilis voluntatis, insuper dictus miles terram de *Quigny* quæ tenebatur in feodo a dicto comite emerat et acquisierat; quam quidem terram dictus comes tanquam dominus ipsius feodi pro pretio ipsius emptionis sibi retinuerat prout sibi facere licuerat et licebat, et quia dictus comes in dicto Jacobo quam plurimum confidebat ipse miles crediderat seu tenuerat et putaverat quod dictus Jacobus in præmissis eidem præbuisset nocumentum, qua propter contra ipsum odium et malevolentiam conceperat. Dicebat etiam quod durante conjugio dicti militis et prædictæ primæ uxoris suæ dictus miles melancholicus et facilis voluntatis ut profertur ac fatuitate zelotipiæ seductus et vexatus austeram vitam cum eadem uxore duxerat, taliter quod dicta uxor quæ proba, honesta et bonæ vitæ et famæ existebat, ante tempus naturaliter ordinatum decesserat, ac eamdem pluries exhortatus fuerat ut ipsa diceret quod dictus Jacobus ipsam carnaliter cognoverat, quod dicta uxor prudens et proba facere noluerat, cum illud omni veritate careret, dictus que Jacobus præfatam Margaretam ad præsens uxorem dicti militis nunquam viderat nec ei locutus fuerat alias quam in præsentia nostra, partibus ipsis litigantibus, nisi dumtaxat biennio transacto cum uxor Johannis *Crespini* armigeri fuerat puerperio relevata. Dicebat ulterius quod dicto milite a partibus Scotiæ reverso et dicta Margareta cum matre dicti militis aliisque mulieribus et pluribus aliis personis in dicto hospitio de Capomesnil ad ordinationem ipsius militis insimul remanentibus, idem miles mense Januarii ultimo præterito ad villam nostram Parisius venerat, ipsoque Parisius existente vel antea *Robertus Fevrel* subditus et justitiabilis prædictæ matris a quadam sententia lata per custodem justitia dictæ matris coram Baillivo Cadomi appellaverat, et super eadem appellatione dictam matrem coram dicto Baillivo ad sedem sancti Petri supra Divam adjornare fecerat ad diem Jovis dicimam octavam dicti mensis Januarii, quæ dies Jovis fuerat in tertia septimana ipsius mensis, ad quam diem dicta mater ad prædictum locum sancti Petri distantem a dicta domo de Capomesnil quasi per duas leucas parvas accesserat et statim, constituto seu ordinato certo procuratore seu attornato pro ipsa, ad dictum locum de Capomesnil reversa fuerat, ubi venerat hora prandii vel paulo post; pendente vero tempore quod dicta mater sic absens extiterat, quidam textor et duæ mulieres in prædicta domo cum dicta Margareta continue remanserant, dictaque mater ad dictam domum regrediens prædictam Margaretam invenerat latantem et jocundam ac nullum signum displicentiæ ostendentem, et post modum circa tres vel quatuor dies dicto milite ad prædictam domum de Capomesnil revertentem et dictam Margaretam eum domicella seu ancilla sua inveniente, idem miles sua ductus inordinata voluntate seu zelotipia imposuerat dictæ domicellæ quod ipsa pendente tempore absentiæ dicti militis continuam moram in dicta domo non fecerat, eadem domicella respondente quod dicta die Jovis ad dictum locum sancti Petri cum prædicta matre accesserat, et statim dictus miles præfatam domicellam et post modum dictam Margaretam de pugna super caput percusserat. Die vero sequente cupiens dictum Jacobum destruere, per dictam Margaretam publicari fecerat quod prædicta die Jovis, hora primæ vel circiter, dictus Jacobus mediante auxilio dicti Adæ Louvel eamdem Margaretam violenter rapuerat et carnaliter cognoverat, licet antea dicta Margareta super hoc nunquam locuta fuisset, hujus modique crimen per dictum militem sic contra veritatem adventum, dictus miles tam per se quam per dictam Margaretam intervenientem minis et timore dicti militis ac etiam per quosdam alios adeo divulgaverat et publicaverat ac divulgari et publicari fecerat quod hujus modi divulgatio seu publicatio ad notitiam dicti comitis devenerat, qua propter dictus comes cupiens ad hoc scire veritatem Bernardum de *Turri* socerum dicti militis et post modum dictum Johannem *Crespini* ad se venire mandaverat; qui Bernardus et Johannes super hoc interrogati separatim dicto comiti dixerant quod prædicti miles et Margareta pluries et in diversis locis dixerant et publicaverant eandem Margaretam fuisse per dictum Jacobum violenter ac modo prætacto carnaliter cognitam, quodque dicti miles et Margareta penes dictum comitem accederent super hoc justitiam petituri, super quo dictus comes paratus se obtulerat justitiam ministrare et propter hoc quosdam prælatos, milites et alios consiliarios et expertos fecerat congregare, dictis milite et Margareta non comparentibus licet dictus comes super prædictis bonam justitiam facere cordialiter affectaret, feceratque dictus comes propter hoc dictum *Adam Louvel* prisionarium arrestari et aliquo tempore detineri, ac super dicto facto se informaverat et dictum Jacobum purum innocentem et sine culpa invenerat et hoc nobis et nonnullis aliis de genere nostro per suas litteras scripserat. Proponebat in super quod petitio dicti militis fuerat et erat obscura et minus sufficienter formata, nam diem quâ pretendebat dictum factum evenisse nulla tenus declarabat ad finem impediendi veras et ligitimas defensiones ipsius Jacobi quas habebat proponere facta declaratione de die prædicta, dictique miles et Margareta pluries dixerant et publicaverant quod dictum factum evenerat die Jovis tertiæ septimanæ dicti mensis Januarii quæ fuerat decima octava dies ipsius mensis; et ad ipsam diem dicta mater in dicto loco sancti Petri pro causa prætacta comparuerat prout per certas litteras poterat apparere, qua die Jovis placitæ seu litigia fuerant in curia dicti loci et non in quacunque alia die totius tertiæ septimanæ supra dictæ, et sic alia die dicere non poterant dictum crimen evenisse. Dicebat etiam quod die lunæ prædictæ tertiæ septimanæ quæ fuit decima quinta dies dicti mensis Januarii dictus Jacobus a villa *d'Argentam* ad hospitium de *Bellomeso* pertinens ad Johannem *Beloteau* scutiferum distans a villa *d'Argentan* per duas leucas, accesserat ut interesset servitio divino quod propter obitum uxoris ipsius Johannis de novo defunctæ fieri debebat, et ibidem usque ad diem Mercurii subseqentem continue remanserat qua die Mercurii ad dictam villam *d'Argentam* de mandato dicti comitis reversus fuerat, ac in cæna ipsius comitis, et etiam, quousque dictus comes intraverat lectum quietis nocturnæ, in domo habitationis ejusdem comitis personaliter remanserat, et hoc acto in ipsa villa in quadam camera sua jacuerat et pernoctaverat. Dicta vero die Jovis bene mane Petrus *Taillepie* et Petrus *Beloteau* frater dicti Johannis *Beloteau* prædictum Jacobum adhuc in lecto quiescentem invenerant qui statim a lecto surrexerat et penes dictum comitem cum de mane surgebat et hora missæ suæ continue fuerat. Missa vero celebrata dictos Petrum *Taillepie* et Petrum *Beloteau* in dicta villa *d'Argentam* exitentes penes dictum comitem duxerat quos dictus comes pro prandio retinuerat, et cum ipsis dictus Jacobus in aula dicti comitis palam et publice pransus fuerat; factoque prandio cum susceptione specierum et vini eosdem in dictam cameram suam duxerat et ultra lecto viderat, ac eis continuam societatem usque ad horam cænæ fecerat, eosque ad cœnandum cum dicto comite duxerat, et cæna facta dictoque comite in lecto cubante, dictus Jacobus in prædictis semper existens in prædicta camera sua tota nocte jacuerat, et adveniente die Veneris subsequente decima nona die dicti mensis a dicta villa *d'Argentam* recedens ad domum de *Auvou* quæ distabat a dicta villa *d'Argentam* una leuca, prænominatos Petrum *Taillepie* et Petrum *Beloteau* duxerat et ibidem usque ad diem sabbati subsequentem continue remanserat; et tunc ad hospitium sive castrum præfati comitis reversus fuerat et sic mipassibile fuerat et erat quod dictus Jacobus crimen seu maleficium hujus modi potuisset perpetrasse attento potissime quod inter dictam villam d'*Argentam* et prædictam domum de *Capomesnil* fuerat et erat distantia novem leucarum viæ difficilis atque malæ, quæ novem leucæ sufficere debebant pro itinere unius diei potissime tempore hyemali. Dicebat ulterius quod juxta ordinationes regias duellorum in materia sive causa præsenti cadere non poterat gagium duellare, cum quatuor conditiones in talibus requisitæ non concurrerent, nam per factum evidens aut apparens non constabat aliqualiter dictum factum seu maleficium evenisse, aut dictam Margaretam cum violentia carnaliter cognitam extitisse, in tantaque materia dicto seu assertioni, præfatæ Margaretæ quæ dictis et voluntati prædicti sui mariti zelotipi cogebatur in omnibus obedire standum non erat nec ad voluntatem dicti militis judicandum, nulla etiam præsumptio contra dictum Jacobum in hac parte poterat denotari; nam dictus Jacobus prudens et discretus ad senium declinans jam quinquagenarius et amplius existebat et juxta propositum partis adversæ distantis novem leucarum de malo itinere pæna labore et frigore intervenientibus equitaverat incessanter; præterea si dictum factum evenisset, dicta Margareta quæ nobilis, proba, fortis et magnanimis existebat de unguibus aut aliis membris suis prœdicto Jacobo in vultu, vel aliis partibus sui corporis aliquas læsiones intulisset et fecisset de quibus nullatenus apparebat, nec etiam constabat quod dicta Margareta vulnerata fuisset sive loesa insuper propèe et circumquaque dictam domum de *Capomenil* fuerant et erant decem vel duodeci mansiones sive domus cum personis morantibus in eisdem, a quibus audiri potuisset clamor dictæ Margaretæ, quæ nihil sciverant aut audiverant de prædictis, sic contra veritatem adinentis. Dicta que mater præfati milites de facto prædicto diligenter investigans fuerat sufficienter informata quod dictum factum nullatenus evenerat, dictumque militem filium suum rogaverat ut a persecutione contra dictum Jacobum propter hoc facienda desisteret, quod dictus miles facere noluerat, et ob hoc dicta mater tristis et in animo turbata decessisse dicebatur pari que forma repertum fuerat per *Guidonem de Caligne* miltem avunculum præfati militis, factum hujus modi non fuisse perpetratum sed potius contra veritatem adinventum, et supposito quod de facto hujus modi contra dictum Jacobum aliqua fama fuisset aut esset, ipsa tamen fama non a fide dignis seu personis quibus credi deberet in hac parte sed duntaxat a prædictis milite et Margareta exosis et malevolis ac inimicis capitalibus ipsius Jacobi originaliter processerat et etiam procedebat, quare petebat et concludebat dictus Jacobus quod per arrestum sive judicium curiæ nostræ diceretur pronunciaretur et declararetur petitionem seu accusationem contra ipsum perdictum militem ut præmittitur factam non esse debite formatam, dictumque Jacobum super ipsa procedere non teneri, attento quod dictus miles non declaraverat nec declarare fecerat diem qua pretendebat dictum Jacobum comisisse seu perpetrasse crimen seu maleficium supra dictum aut saltem dictum militem teneri ad declarandum dictam diem; et in casu quo dicta petitio vel accusatio bona et bene formata diceretur quod dictus miles ad faciendum petitionem seu prosecutionem quam contra dictum Jacobum via gagii duellaris fecerat et facere nitebatur non esset audiendus nec admittendus ; diceretur etiam et pronuntiaretur quod super factis per dictum militem in hac parte propositis gagii duellum cadere non poterat et quod juxta materiam per dictum militem propositam gagium duelli secundum rationem et per ordinationes consuetudines et usus curiæ nostræ cadere non poterat nec debebat; et ab hujus modi petitione et accusatione dictus Jacobus absolveretur ; esset que ad omne suum propositum admittendus, ac illud sibi valeret et prodesset; et una cum hoc dictus miles ad emendandum dicto Jacobo verba injuriosa per ipsum militem in præsentia nostra contra dictum Jacobum ut dictum est proposita emenda honorabili coram nobis et in dicta curia nostra ac in locis aliis ubi deceret et prout nobis videretur faciendum, ac etiam in emenda utili quadraginta mille francorum auri aut alia prout ratio edoceret comdemnaretur, et si de præsenti hujus modi comdemnatio dictarum emendarum contra dictum militem non fieret quod per nos eidem Jacobo reservaretur prosecutio suarum injuriarum prædictarum de quibus prosequendis dictus Jacobus protestationem et retenutam faciebat; et ulterius in casu quo diceretur quod gagium duelli caderet in præmissis dicebat et proponebat dictus Jacobus quod facta contra ipsum ut præmittitur proposita vera non erant, ipsaque dictus Jacobus negaverat et negabat, ac in dicendis et manutenendis factis prædictis contra dictum Jacobum dictus miles male et falso mentitus fuerat et mentiebatur; et de et super hoc dictus Jacobus per se vel suum advocatum tanquam nobilis armiger in campo clauso se deffendere offerebat et ad hunc finem suum gagium projiciebat et projecit, protestationes in casu duelli defensori seu appellato requisitas seu necessarias et consuetas faciendo et contra dictum militem damnorum interesse et expensarum condemnationem requirendo. Dicto milite replicando dicente quod causæ seu palliationes odii per dictum Jacobum allegatæ fuerant et erant adinventæ et insufficientes nullamque veritatem ac nullum colorem veritatis habebant, et nihil ad præsentem causam quæ tam magna ardua et perciculosa existebat quod proditionem animæ, corporis, bonorum et honoris importabat operari poterant vel debebant; dicente insuper semper quod dictus miles cum suis uxoribus vitam bonam, pacificam et honestam duxerat absque melancholia seu zelotipia qualicunque; prædictaque petitio seu prosecutio sua secundum jus et omnem rationem, attento crimine supradicto, fuerat et erat sufficienter formata, nec tenebatur diem qua dictum crimen perpetratum extiterat alias quam superius exprimitur declarare dictumque crimen pro certo evenerat prout ex testimonio et assertione dictæ Margaretæ poterat apparere, quod quidem testimonium verum erat et quo ad hoc sufficiebat: nam crimen adulterii evidenter apparere non poterat, nec erat aliqualiter præsumendum quod dicta Margareta quam dictus Jacobus honestam confitebatur atque probam tantum crimen redundans in sui vituperium perpetuum revelasset, in tantaque constantia sic firmiter et sine variatione seu vacillatione quacunque perseverasset, nisi dictum crimen veraciter accidisset; dicente præterea quod attenta distantia de dicta villa *d'Argentan* ad dictam domum de *Capomesnil* præfato Jacobo divite bonis equis abundanter munito possibile fuerat parvo temporis intervallo ab eadem villa *d'Argentan* ad prædictam domum de *Capomesnil* accessisse et post dictum crimen commissum ad dictam villam rediisse; quare petebat et concludebat prout supra pronominato Jacobo plura in contrarium duplicando præponente et ut supra concludente. Quibus partibus in omnibus quæ circa præmissa in nostra presentia dicere, proponere, petere et requirere voluerunt ad plenum auditis et ad tradendum rationes suas per modum memoriæ in arresto appunctatis, nos certis et justis de causis voluimus et prædictæ nostræ Parlamenti curiæ per litteras nostras mandavimus ut ipsa curia nostra causam seu materiam hujusmodi videret et consuleret ac arrestum super hoc proferret et faceret sicut ratio suaderet. Tandem visis per dictam curiam nostram rationibus dictarum partium nobis et prædictæ curiæ nostræ in scriptis per modum memoriæ traditis, nec non certis informationibus de et super adminiculis sive conjecturis et præsumptionibus, causam sive materiam hujus modi concernentibus ac etiam depositione seu confessione prædictæ Margaretæ per ipsam curiam nostram de et super prædictis sufficienter diligenter et pluries interrogatæ, et examinatæ unà cum ordinationibus regiis super casibus duellorum editis et observatis, convocatis etiam ad hujusmodi causam sanius et securius consulendum pluribus consiliariis nostris tam de magno consilio nostro quam aliis, et consideratis matura et diligenti deliberationes omnibus in hac parte considerandis et quæ dictam nostram curiam movere poterant et debebant: per arrestum ejusdem nostræ curiæ dictum fuit quod petitio dicti militis erat et est bene et sufficienter formata, eratque et est dictus miles ad suum duelli gagium admittendus et per idem arrestum dictum fuit quod in præmissis duelli gagium cadebat atque cadit, illudque gagium duelli dicta curia nostra adjudicavit et adjudicat, et de die et loco quibus fiet dictum gagium ordinabimus ad nostrum bene placitum voluntatis. Pronunciatum decima quinta die septembris anno domini millesimo trecentesimo octogesimo sexto.

ARRESTA ET JUDICATA CRIMINALIA PROLATA IN PARLAMENTO QUOD INCEPIT IN CRASTINUM FESTI BEATI MARTINI HIEMALIS ANNO DOMINI MILLESIMO TRECENTESIMO OCTOGESIMO SEXTO.

Cum in certa causa in casu gagii duellaris coram

nobis et nostro consilio in nostra Parlamenti curia dudum mota et diutius ventilata inter dilectum nostrum *Johannem de Quarrouges* militem actorem et appellantem ex una parte, et *Jacobum Legris* armigerum defensorem et appellatum ex altera; super eo quod dictus miles eidem Jacobo imponebat quod idem Jacobus proditionaliter violenter et damnabiliter *Margaretam de Thiboville* uxorem dicti militis rapuerat et carnaliter cognoverat, fuisset in tantum processum quod per arrestum dictæ nostræ curiæ decima quinta die septembris ultimo præteriti probatum gagium duelli inter dictas partes extitit, adjudicatum quod quidem gagium seu dullum die et loco per nos assignatis, videlicet vigesima nona die decembris ultimo præteriti in campo clauso retro prioratum sancti Martini de Campis Parisius, in nostra præsentia inter partes prædictas factum et executum fuerit in quo dictus miles victoriam obtinuit contra dictum Jacobum convictum succunbantem et occisum, ac propter hoc ad justitiam positum prout casus exigentia requirebat; deinde vero pro parte dicti militis nobis et prædictæ nostræ curiæ fuerit requisitum, attenta victoria sua prædicta, quatenus emendæ homini utiles et aliæ conclusiones et petitiones suæ civiles damnorum interesse et expensarum alias per ipsum causam hujus modi litigando petitæ et requisitæ sibi declararentur et adjudicarentur, ac injuriæ quæ per dictum defunctum Jacobum perperam et inique factæ et illatæ fuerant ut præfertur juxta nostrum et dictæ nostræ curiæ arbitrium meliori modo quo fieri posset repararentur et adnullarentur, quod que de omnibus sibi in hac parte adjudicandis fieret integra et plenaria solutio et satisfactio primitus et ante omnem confiscationem quæ per finem et exitum seu executionem gagii duellaris hujus modi obvenerat, de et super bonis quibuscunque tam mobilibus quam immobilibus in et sub quacunque jurisdictione et in quocunque loco situatis et existentibus ad dictum Jacobum pertinentibus et quæ dictus Jacobus tempore commissionis seu perpetrationis dicti criminis aut saltem tempore quo fuerat coram nobis ad judicium propter hoc evocatus, tenebat, habebat et possidebat, quocunque titulo sive causa, et ad hujusmodi condemnationem solvendum et realiter adimplendum declararetur et pronuntiaretur bona prædicta dicti defuncti Jacobi extitisse et esse obligata et æffecta, attento potissime quod in materia seu casibus duellorum ut erat in casu presenti sic dici pronuntiari et fieri debebat, tam de jure quam de consuetudine, usu et stilo per totum regnum nostrum aut saltem in dicta curia nostra notorie observatis, ut dicebat, nonnullas rationes super hoc allegande, super quibus petitionibus et requestis tenore certarum nostrarum litterarum mandatum extitit per dictam nostram parlamenti curiam fieri bonum justitiæ complementum; tandem visis per dictam nostram curiam arresto et litteris nostris ac requestis petitionibus et conclusionibus de quibus superius habetur mentio, attentis que omnibus in hac parte attendendis et quæ dictam nostram curiam movere poterant et debebant :

Præfata curia nostra dicto *Johanni de Carrouges* militi tam pro emenda utili quam pro suis damnis interesse et expensis summam sex mille librarum turonensium adjudicavit et adjudicat per arrestum. Pronuntiatum nona die februarii anno domini millesimo trecentesimo octogesimo sexto.

FIN DE L'APPENDICE.

TABLE

DES

CHAPITRES CONTENUS DANS CE VOLUME.

CHAPITRE XXV. Comment le roi de Chypre fut tué et meurtri en son lit par son propre frère par l'enortement des mécréants pour la bonté et la hardiesse qui étoit au roi. 1

CHAP. XXVI. Comment le roi d'Arménie fut examiné et comment vingt mille Turcs furent morts et déconfits au royaume de Hongrie. 19

CHAP. XXVII. Comment le pape Urbain et le pape Clément eurent discussion ensemble et comment les rois de chrétienté furent différents à l'élection pour les guerres d'entre eux. 31

CHAP. XXVIII. Comment ceux de Lisbonne, qui tenoient la partie du roi de Portugal, envahirent moult grandement ceux de Castille pour les outrageuses paroles que ceux de Castille leur disoient. 41

CHAP. XXIX. Comment ceux de Portugal envoyèrent messages en Angleterre pour dire et noncier les nouvelles de leur pays au roi et aux grands seigneurs d'Angleterre. 50

CHAP. XXX. Comment Laurentien Fougasse, ambassadeur envoyé de Portugal en Angleterre, raconta au duc de Lancastre la manière du discord qui étoit entre Castille et Portugal. 76

CHAP. XXXI. Comment le dit Laurentien Fougasse raconta au dit duc de Lancastre la bataille qui fut à Juberote entre le roi de Castille et le roi de Portugal. 96

CHAP. XXXII. Comment le duc de Lancastre se partit lui et son armée du royaume d'Angleterre et comment ils s'en vinrent par mer devant le chatel de Brest. 119

CHAP. XXXIII. Comment le duc de Lancastre se partit de devant Brest en Bretagne et comment il s'en vint par mer devant la Corogne au royaume de Castille 132

CHAP. XXXIV. Comment le duc de Lancastre se partit de la Corogne et comment la ville de saint Jacques en Galice se rendit à lui; et du conseil que les barons de France donnèrent au roi de Castille. 144

CHAP. XXXIV. Comment le roi de Castille fut conseillé que on abattit tous petits forts et moûtiers de son royaume qui ne se pourroient tenir et prit-on les pourvéances pour les grosses villes pourvoir. 155

CHAP. XXXV. Comment François Ackerman fut occis d'un bâtard fils au sire de Harselles, un peu après ce que la paix fut faite entre le duc de Bourgogne et ceux de Gand, et des grands pourvéances qui se faisoient en Flandre pour le roi. 163

CHAP. XXXVI. Comment le roi d'Angleterre mit grandes gardes à tous les ports d'Angleterre pour résister contre la puissance du roi de France, et du conseil que les Anglois eurent de faire. 173

CHAP. XXXVII. Comment le roi de Portugal escripsit amiablement au duc de Lancastre, quand il sçut être arrivé à saint Jacques en Galice et du secours que le roi de Castille mandoit en France, et comment Ruelles fut pris des Anglois. 177

CHAP. XXXVIII. Comment messire Thomas Moreaux, maréchal de l'ost du duc de Lancastre, se partit de la ville de Saint Jacques en Galice et sa route et vint prendre Ville-lopez en Galice, laquelle par composition se rendit au duc de Lancastre, et des ambassadeurs que le duc envoya au roi de Portugal. . . . 186

CHAP. XXXIX. Comment les ambassadeurs du duc de Lancastre arrivèrent a Coïmbre en Portugal devers le roi et comment le dit roi et le dit duc parlèrent et s'allièrent par mariage. 200

CHAP. XXXIX. Comment, après les alliances du duc de Lancastre faites au roi de Portugal, le maréchal de l'ost du dit duc chevaucha parmi Galice et y prit et mit en l'obéissance du dit duc Pontevrède et plusieurs autres villes. 223

CHAP. XL. Comment ceux de Bayonne en Espagne se rendirent au duc de Lancastre et comment le maréchal de son ost entra dedans et en prit la saisine et possession. 232

CHAP. XLI. Comment le duc de Lancastre et la duchesse se tenoient à Saint Jacques en Galice, qui oyoient souvent nouvelles du maréchal de l'ost comment tout le pays se rendoit à lui et aussi au roi de Portugal. 240

CHAP. XLII. Comment ceux d'Angleterre payoient tailles dont ils murmuroient grandement et du conseil que messire Symon Burley donna à l'abbé et couvent de Saint Thomas de Cantorbie. 249

CHAP. XLIII. Comment le roi d'Arménie s'en alla en Angleterre pour traiter de paix, si il put, entre les rois de France et d'Angleterre et comment il exploita devers le roi d'Angleterre et son conseil. 256

TABLE.

CHAP. XLIV. Comment le duc de Berry vint à l'Écluse, là où le roi de France et les autres seigneurs étoient pour aller en Angleterre et comment le roi d'Angleterre festia à Wesmoustier les seigneurs qui avoient gardé les ports et passages d'Angleterre.. 268

CHAP. XLV. Comment le roi de France retourna de l'Écluse sans passer en Angleterre et de la fête qui fut après à Londres.. 273

CHAP. XLVI Comment deux champions joutèrent à Paris à outrance. L'un avoit nom messire Jean de Carrouge et l'autre Jacques le Gris.................................. 276

CHAP. XLVII. Comment le roi d'Aragon mourut et comment l'archevêque de Bordeaux fut mis en prison à Barcelonne de par le jeune roi d'Arragon et comment le duc de Lancastre fut en mautalent contre le roi d'Arragon................ 291

CHAP. XLVIII. Comment un champ de bataille fut fait à Bordeaux sus Gironde devant le sénéchal et plusieurs autres et comment messire Charles de Blois fut mis hors de prison d'Angleterre et laissa ses deux fils en son lieu en Angleterre....... 306

CHAP. XLIX. Comment le comte de Bouquinghen tint le siége devant Rennes et Nantes et puis retourna en Angleterre..... 311

CHAP. L. Comment le duc de Bourbon fut élu pour aller en Castille et plusieurs autres et comment messire Jean Bucq amiral de Flandre fut pris des Anglois et plusieurs marchands....... 321

CHAP. LI. Comment les Anglois arrivèrent à l'Écluse et de ce toutes gens s'ébahissoient et comment ils ardirent plusieurs villes.. 326

CHAP. LII. Comment le maréchal du duc de Lancastre prit la ville de Ribadane qui moult fort étoit tenue................ 333

CHAP. LIII. Comment le duc de Lancastre manda l'amiral et le maréchal lesquels conquéroient villes et châteaux en Galice pour être aux noces de sa fille que le roi de Portugal épousa... 347

CHAP. LIV. Comment le duc de Lancastre et ses gens chevauchoient vers la cité de Besances et comment ceux de Besances composèrent à eux et comment la duchesse et sa fille allèrent voir le roi et la reine de Portugal........................... 353

CHAP. LV. Comment la duchesse de Lancastre et sa fille alloient voir le roi et la reine de Portugal et comment la ville de Betanços se mit en composition au duc de Lancastre et elle se rendit à lui... 358

CHAP. LVI. Comment messire Thomas de Holland et messire Jean de Roye firent un champ de bataille à Betanços devant le duc de Lancastre...................................... 377

TABLE.

CHAP. LVII Comment le roi de Portugal et le duc de Lancastre eurent conseil ensemble que ils entreroient en Castille pour conquérir villes et châteaux en Castille............... 387

CHAP. LVIII. Comment messire Guillaume de Lignac et messire Gautier de Passac vinrent à l'aide du roi de Castille et comment ils eurent conseil, le roi et eux, comment ils se maintiendroient... 389

CHAP. LIX. Comment en Angleterre fut grand'pestilence entre les gentilshommes et les communes pour les finances et tailles... 405

CHAP. LX. Comment le connétable de France et plusieurs autres s'appareilloient pour aller en Angleterre conquérir villes et châteaux... 415

CHAP. LX. Comment le duc de Bretagne manda tous barons et chevaliers pour être au conseil à Vannes et après ce conseil comment il pria le connétable d'aller voir son châtel de l'Ermine et comment il le retint prisonnier en son dit châtel et le sire de Beaumanoir aussi en tel parti................... 424

CHAP. IXI. Comment le connétable de France fut délivré à la requête du sire de Laval par rançon et comment le connétable, pour sa délivrance faire, laissa au duc trois châteaux et une ville et paya cent mille francs................... 437

CHAP. LXII. Comment lettres furent écrites à la volonté du duc que le connétable lui rendoit ses villes et châteaux à lui et à ses hoirs à toujours et à jamais et comment on exploita tant que ces dites villes et châteaux furent livrés aux gens du duc... 441

CHAP. LXIII. Comment nouvelles vinrent au roi de France des parties d'Allemagne, lesquelles lui furent moult déplaisantes et à ses oncles aussi.................................... 451

CHAP. LXIV. Comment les gens au duc de Lancastre assaillirent la ville d'Aurench et fut prise, car la ville se rendit aussi comme les autres villes de Gallice..................... 454

CHAP. LXV. Comment le roi de Portugal ardit une ville quand Il départit du Port et assiégea deux châteaux; mais il les laissa par ennui.. 469

CHAP. LXVI Comment le roi de Portugal et ses gens prinstrent la ville de Férol par assaut et comment le roi de France fut défié du duc de Guerles................................ 474

CHAP. LXVII. Comment les ambassadeurs du roi de France vinrent devers le duc de Bretagne pour la prise du connétable, et de la réponse que il leur fit après ce que ils eurent fait leur relation... 495

TABLE.

APPENDICE. Voici l'acte dressé au parlement dans l'affaire de le Gris et Carrouge, tel que je l'ai extrait des registres du parlement pour le mois de septembre 1386.......... 503

ARRESTA et judicata Criminilia prolata in parlamento quod incepit in crastinum festi beati Martini hiemalis anno domini millesimo trecentimo octogesimo sexto............. 523

FIN DE LA TABLE DU DIXIÈME VOLUME.

www.ingramcontent.com/pod-product-compliance
Lightning Source LLC
Chambersburg PA
CBHW051357230426
43669CB00011B/1676